Erwin Reiss
Fernsehen unterm Faschismus
Elefanten Press

„Wer sich die Welt mit einem Donnerschlag erobern will, der darf nicht warten, bis ein andrer vor ihm blitzt, huiiiii...

.... Er muß den anderen hübsch gemütlich vor sich aufbaun und ihm ein Ding verpassen, das dann richtig sitzt!"

Erwin Reiss

„Wir senden Frohsinn“ Fernsehen unterm Faschismus

Das unbekannteste Kapitel deutscher Mediengeschichte

EP 20
ELEFANTEN PRESS® VERLAG GMBH
Berlin (West) 1979

Für ihre wertvolle Unterstützung dieser Arbeit durch
eine großzügige Ausleihe von Zeitschriftenmaterial
ist der
Staatsbibliothek Preussischer Kulturbesitz Berlin (West)
zu danken.

Gestaltung: Klaus Esche
Satz: Gerhard Karle
Lithografie: Claus Iller

Printed in Western Germany
1. Auflage, Berlin (West) 1979
ISBN 3-88520-020-1

Inhalt

„Wir senden Frohsinn"-Perspektive 1942

I.

Vorwort zum Versuch einer mediengeschichtlichen Rekonstruktion

26. Dezember 1977, Fernsehen der ARD und viele weitere Sender: „Guten Tag, meine sehr verehrten Damen und Herren, hier ist wieder der Internatonale Frühschoppen mit sechs Journalisten aus fünf Ländern: Information im Medienverbund. Zum 25. Geburtstag des Fernsehens in der Bundesrepublik Deutschland hat Werner Höfer am 2. Weihnachtstag multimediale Kollegen an seinen Diskussionstisch geladen." - „Was ist denn

das schon wieder? Ein multimedialer Kollege? ... Ich denke an Männer - an Frauen zu denken, wäre mir lieber, aber es hat sich keine entsprechende Frau finden lassen. Ich denke an Männer, die entweder in unserem Gewerbe gleichzeitig oder zu unterschiedlichen Zeiten den drei wichtigsten Informationsmedien dienen oder gedient haben. Als da sind: die Presse - in unserer Sprache seltsamerweise weiblich votiert -, der Hörfunk - merwürdigerweise männlich untergebracht - und das Fernsehen, sächlich wie sachlich. Aber der Unterschied zwischen Neutrum und neutral ist etwas größer als der Unterschied, der durch die zwei Striche, die den Umlaut erst hergeben, gebildet wird. Da gibt es..." Es folgt die weithin bekannte unerbittliche Vorstellung der illusteren Gemeinde.

Dann Parlieren über Welt-Friedensbotschaften, „Humor ist, wenn man trotzdem lacht", d. h. zum Tode Charles Chaplins; welches der Medien wohl am effektivsten sei. Staub aus der Schweiz über eine Erhebung zum Medienkonsum: „In der BRD gibt es eine Untersuchung..." Höfer: „Sie meinen in der Bundesrepublik Deutschland..." Höfer gibt weiterhin des US-Präsidenten Angel-Leidenschaft zu bedenken. Parlieren über treibstoffsparende Automobilproduktion. Höfer dazu: „Was gut ist für VW, ist gut für die Welt." Zum Schluß dieser Fernseh-„Geburtstagsfeier": „Fahren Sie vorsichtig, trinken Sie vorsichtig. Prost!"

Nur ein Beispiel dafür, wie man öffentlich die Television (seltsamer- oder merkwürdigerweise weiblich!) in ihrem Alter von über 40 Jahren galant auf 25 Jahre herunterschätzen kann, aber sicherlich eines der zuschauerstärksten Beispiele. Weniger mattscheiben-populär, dafür reichhaltiger an Experten waren bestimmt die anläßlich des 25jährigen Bestehens der ARD geführten 'Königsteiner Gespräche' am 27./28. 5. 1975[1]) Zwar wurde in dem Einleitungsreferat des damaligen ARD-Vorsitzenden ausführlich über die Rundfunkentwicklung, d. h. auch auf die Wiedererstehung des Fernsehens in der Bundesrepublik eingegangen, aber die Zeit von 1933 bis 1945 blieb ausgeblendet. Nicht aber daß man die Vergangenheit des Mediums dabei vollends vergaß, sondern nur eine bestimmte, denn ein Veteranen-Einwurf, „ein Diskussionsbeitrag von Dr. Kurt Wagenführ führt(e) zu einem Exkurs in die Geschichte des Rundfunks vor (!) 1933."[2])

„Eine integrierte historische Darstellung des Fernsehens steht noch aus, bislang zerfällt seine Geschichte mindestens in die seiner Technik und die seiner Organisationsformen (die seines Programms fehlt), so als ob es keinen Zusammenhang zwischen den Kommunikationsverhältnissen, ihrer technischen Bearbeitung und den inhaltlich-gestalterischen Objektivationen gebe."[3]) So ist die Feststellung, daß die Vergangenheit des in der Gegenwart bekanntesten Mediums am weitestgehenden unbekannt ist, durchaus angebracht. Die hiermit vorliegende Veröffentlichung will diese Vergangenheit, die Fernsehentwicklung unterm deutschen Faschismus etwas öffentlicher machen: unter Rückbezug auf den Rundfunk vor dem Machtantritt der Nazis 1933 und in der geschichtlichen Perspektive eines Wiedererstehens des Fernsehens nach 1945 in der Bundesrepublik Deutschland.

Im folgenden Kapitel II sind die Zielsetzungen dieser Arbeit angegeben, Ansätze zu bisherigen Versuchen einer entsprechenden mediengeschichtlichen Rekonstruktion des Fernsehens angemerkt, denn so vollständig unbekannt blieb seine faschistische Frühentwicklung nicht, daß sie gemeinhin so konsequent einfach nicht zur Kenntnis genommen werden konnte wie etwa in jener weihnachtlichen Fernseh-Parliergemeinde oder anläßlich der erwähnten ARD-Gespräche. Zum Schluß folgen in der Gegenstandsbestimmung durch Kapitel II Fragestellungen, in denen durch Vergleich mit der frühen Rundfunkentwicklung in Deutschland einige der wichtigsten Aspekte für die anschließende historische Rekonstruktion theoretisch vorwegdefiniert sind.

In den Kapiteln III und IV, im zentralen Abschnitt der Arbeit, liegt - zunächst für die vorkriegerisch-friedliche, daraufhin für die Entwicklung des Mediums im 2. Weltkrieg - der Versuch vor, Fernsehproduktion und -rezeption, dessen Nutzung für nicht ideologie-produktive Bereiche und vor allem dessen Einsatz für Nazi-Propaganda und Unterhaltungsideologie im medienökonomischen und kommunikationspolitischen Interessenbezug der faschistischen Herrschaftsvariante zu rekonstruieren. Versucht ist damit die Rekonstruktion einer besonderen mediengeschichtlichen Entwicklung in ihrem allgemeinen Bedingungszusammenhang ökonomischer und politischer Prozesse: eine Rekonstruktion, die Fernseh-Versuche für den Bombenkrieg ebenso einschließt wie die Situation des Unterhaltungskünstlers zwischen Widerstand und Anpassung, einen verhauenen Reichspropaganda-Ministerialdirektor ebenso wie den Fernsehzuschauer an Krücken. Und den Telefunken-Konzern ebenso wie die Marika Rökk, war doch eine der populärsten Sendungen des faschistischen Kriegsfernsehens 'Wir senden Frohsinn - wir spenden Freude'.

Kapitel V schließlich ist gewissermaßen ein Nachwort hinsichtlich einer deutschen Fernsehentwicklung nach der Befreiung vom Faschismus. Denn einesteils schließt der Versuch einer Rekonstruktion des Fernsehens unterm Faschismus den Blick auf den Prozeß mediengeschichtlicher Weiterentwicklungen ein. Anderenteils besteht eine der Zielsetzungen dieser Arbeit darin, die faschistische Vergangenheit des Mediums positiv nutzbar zu machen in den aktuellen Auseinandersetzungen um das Medium, d. h. gegen die gegenwärtige Bedrohung der nach 1945 erlangten Rundfunkfreiheit in der Bundesrepublik, Bedrohung durch staatliche Interventionen sowie durch Privatisierungsintentionen.

An der Stelle, an der 1939 Fernsehlustige Berlins sich das 'Lili Marleen'-Mädchen ansehen konnten, steht 1979 ein Sexshop- und Peepshow-Center. „Sehen Sie, das meinte ich vorhin mit unserer hauseigenen Peep-Show! Das ist das Echo am Morgen, herzlich willkommen um 7 Uhr 8!" Der Zeitfunk-Moderator des SFB-Hörfunks, der am 3. 8. 1979 diese Novität über den Sender brachte, meinte allerdings nicht, daß hinterrücks aus dem öffentlich-rechtlichen Rundfunk eine Peep-Show wurde. Er meinte vielmehr jenes An- und Ab-Piepen der Verkehrsdurchsage nach den Nachrichten. Es bleibt ihm und nicht nur ihm zu wünschen, daß es dabei bleibt.

14. 8. 1979

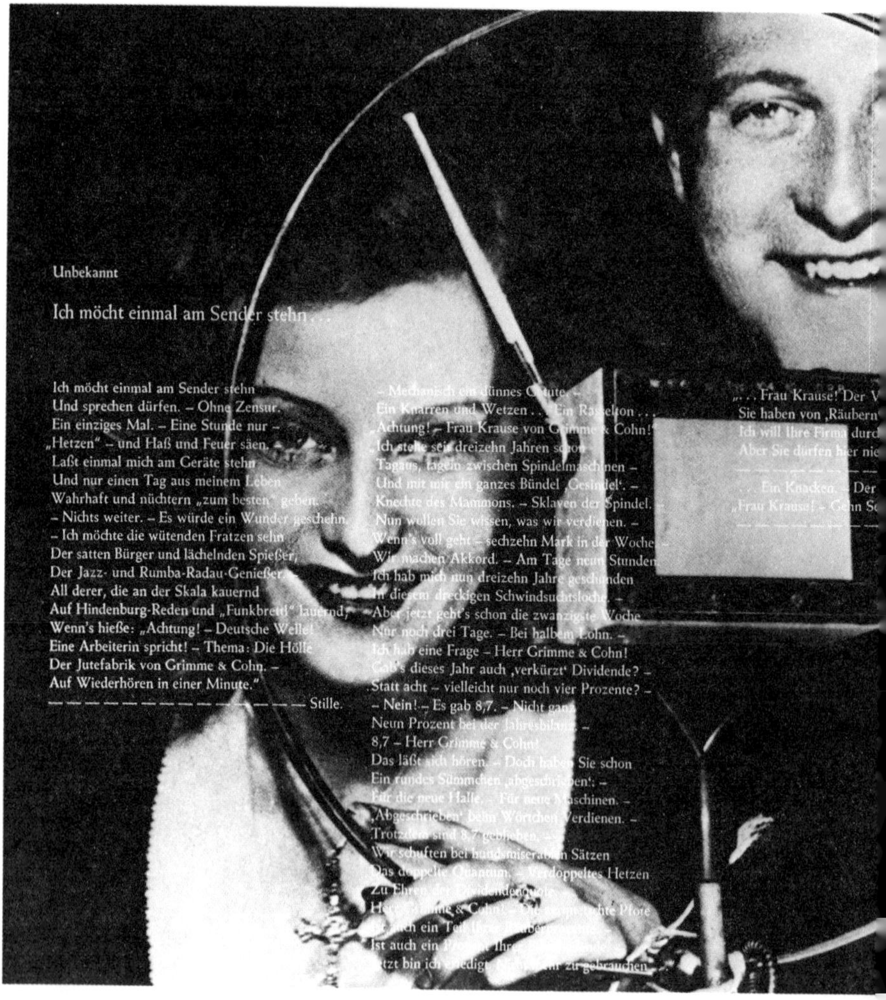

Unbekannt

Ich möcht einmal am Sender stehn . . .

Ich möcht einmal am Sender stehn
Und sprechen dürfen. – Ohne Zensur.
Ein einziges Mal. – Eine Stunde nur –
„Hetzen" – und Haß und Feuer säen.
Laßt einmal mich am Geräte stehn
Und nur einen Tag aus meinem Leben
Wahrhaft und nüchtern „zum besten" geben.
– Nichts weiter. – Es würde ein Wunder geschehn.
– Ich möchte die wütenden Fratzen sehn
Der satten Bürger und lächelnden Spießer,
Der Jazz- und Rumba-Radau-Genießer,
All derer, die an der Skala kauernd
Auf Hindenburg-Reden und „Funkbrettl" lauernd,
Wenn's hieße: „Achtung! – Deutsche Welle!
Eine Arbeiterin spricht! – Thema: Die Hölle
Der Jutefabrik von Grimme & Cohn. –
Auf Wiederhören in einer Minute."
— — — — — — — — — — — — — — Stille.

– Mechanisch ein dünnes Getute. –
Ein Knarren und Wetzen . . . Ein Rasselton . . .
„Achtung! – Frau Krause von Grimme & Cohn!"
„Ich stehe seit dreizehn Jahren schon
Tagaus, tagein zwischen Spindelmaschinen –
Und mit mir ein ganzes Bündel ‚Gesindel'. –
Knechte des Mammons. – Sklaven der Spindel. –
Nun wollen Sie wissen, was wir verdienen. –
Wenn's voll geht – sechzehn Mark in der Woche. –
Wir machen Akkord. – Am Tage neun Stunden.
Ich hab mich nun dreizehn Jahre geschunden
In diesem dreckigen Schwindsuchtsloche. –
Aber jetzt geht's schon die zwanzigste Woche
Nur noch drei Tage. – Bei halbem Lohn. –
Ich hab eine Frage – Herr Grimme & Cohn!
Gab's dieses Jahr auch ‚verkürzt' Dividende? –
Statt acht – vielleicht nur noch vier Prozente? –
– Nein! – Es gab 8,7. – Nicht ganz
Neun Prozent bei der Jahresbilanz. –
8,7 – Herr Grimme & Cohn!
Das läßt sich hören. – Doch haben Sie schon
Ein rundes Sümmchen ‚abgeschrieben': –
Für die neue Halle. – Für neue Maschinen. –
‚Abgeschrieben' beim Wörtchen Verdienen. –
Trotzdem sind 8,7 geblieben. –
Wir schuften bei hundsmiserablen Sätzen
Das doppelte Quantum. – Verdoppeltes Hetzen
Zu Ehren der Dividendenquote.
Herr Grimme & Cohn! – Die [illegible] Pfote
[illegible] auch ein Teil Ihrer [illegible]
Ist auch ein [illegible] Ihr[illegible]
Jetzt bin ich erledigt, [illegible] zu gebrauchen

„. . . Frau Krause! Der V[illegible]
Sie haben von ‚Räubern[illegible]
Ich will Ihre Firma durc[illegible]
Aber Sie dürfen hier nie[illegible]
— — — — — — — — — —
. . . Ein Knacken. – Der [illegible]
„Frau Krause! – Gehn S[illegible]
— — — — — — — — — —

II.
Gegenstandsbestimmung: z. B. Telefunkens „Feuerprobe“

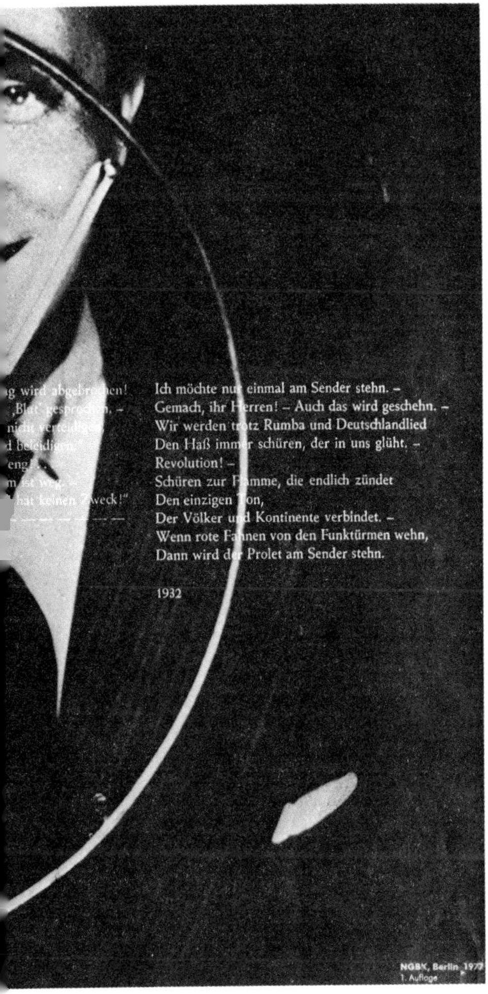

Absicht dieser Arbeit ist es, einer weitgehenden Unbekanntheit, Unerschlossenheit oder Verdrängtheit der Vergangenheit des Bürgers populärsten Mediums allgemein entgegenzuwirken, zu einer Dokumentation der Geschichte des Fernsehens beizutragen und damit Material für die weiteren Rundfunk-Kontroversen bereitzustellen. Besonderes Ziel dieses Versuches einer mediengeschichtlichen Rekonstruktion deutschen Fernsehens ist ein doppeltes:

Zielsetzungen

Nicht erst seit der neuesten Verjährungsdebatte (auch) um Nazi- und Kriegsverbrechen, nicht erst seit der national und international so zuschauerstarken 'Holocaust'-US-Serie [1]) oder dem Bekanntwerden mehr oder wenig aktiver NSDAP-Mitgliedschaft von Minister- und anderen Präsidenten beschäftigt sich das Fernsehen der Bundesrepublik mit dem deutschen Faschismus. Z. B. das am 15. 7. 1978 in der III. Programm-Reihe 'Das gefiel uns damals' (NDR, RB, SFB) ausgestrahlte Fernsehspiel 'Unruhige Nacht' - Darstellung von Gewissenskonflikten, humanitärer Verantwortung angesichts einer Deserteur-Erschießung durch die Nazis - wurde auch schon am 18. 3. 1955 gesendet. Für einen Konzentrationslager-Bericht mußten nicht erst ehemalige SS-Offiziere bei der 'Holocaust'-National Broadcasting Company als Berater oder Anbieter von selbstgedrehten Exekutions-Amateurfilmen vorstellig werden.[2]) So wurde etwa ein NDR-Fernsehspiel 'Ein Tag - Bericht aus einem Konzentrationslager' am 6. 5. 1965 urgesendet. Es gab und gibt immer wieder 30 - und 40-Jahres-Gedenksendungen. Es wird auch weiterhin einen 30. 1. 1933, 9./10. 11. 1938, 1. 9. 1939, 22. 6. 1941, 20. 7. 1944 und einen 8. 5. 1945 geben, ob in Fernsehdokumentationen oder in Fernsehspielen. Erst rund 40 Jahre nach seiner Produktion brachte das III. Programm von NDR, RB und SFB den antifaschistischen Volksfront-Agitationsfilm 'Das Leben gehört uns' von Jean Renoir für die FKP, aber er wurde gesendet am 28. 5. 1975. Desgleichen am 9. 11. 1978 im ZDF von Alain Resnais der Dokumentarfilm 'Nacht und Nebel' über das Todeslager Auschwitz, zwar bereits 1955 produziert. Nur wenige Tage nach dem 'Holocaust'-Pflichtübungsspektakel wurde in der ARD in Spielhandlung das Leben des Kommandanten jenes Lagers nachgezeichnet, 'Aus einem deutschen Leben' am 4. 2. 1979, aber ohne jene bis in Bundestagsdebatten inhalierte public-promotion. Im III. Programm von NDR, RB und SFB gab es am 3., 10., 17. und 24. 6. 1976 eine Folge 'Faschismus', den Versuch, die Nazi-Diktatur nicht nur in einzelnen Erscheinungen zu beschreiben, sondern von seinen ökonomisch-politischen Ursachen her zu erklären.

Wiederkehrender wichtiger Bestandteil des Fernsehens der Bundesrepublik sind Sendungen und Sendereihen über den Widerstand gegen die Nazi-Herrschaft (z. B. 'Widerstand ist Bürgerpflicht', ARD 7. 5. 1977, 'Verschwörung gegen Hitler', ARD 19. 7. 1979), über NS-Verbrechen-Prozesse (z. B. 'Spuren der Gerechtigkeit', ZDF 7. und 8. 11. 1976, 'Die Vergangenheit kehrt zurück', ZDF 27. 11. 1977) oder die Hitler-Verwertung (z. B. 'Verkaufsschlager Hitler?', ZDF 10. 1. 1978, 'Vom Führerbunker zur Reichskanzlei', ARD 8. 10. 1978).

Aber auch einfach Nazi-Unterhaltungsspielfilme wie 'Gefährlicher Frühling', Geschichte einer großen Jugendliebe und eines Kleinstadt-Klassentreffens, UFA 1943, ZDF 24. 4. 1977, oder 'Altes Herz wird wieder jung', eine Familienkomödie im Industriellenmilieu, TOBIS 1943, ZDF 21. 5. 1978 sind ebenso ein Beitrag an Fernseh-Faschismusdarstellung wie die Ausstrahlungen von Nazi-UFA-Wochenschauen im III. Programm ('Vor 30 Jahren', 'Vor vierzig Jahren' usw.) Selbstverständlich wäre es richtig, notwendig, solches unter dem Faschismus selbst entstandenes unterhaltungs-, bzw. direkt-propagandistisches Material auch weiterhin zu senden, d. h. nicht nur über die Zeit der Nazi-Herrschaft zu berichten, sondern aus ihr berichten zu lassen, aber eben nicht so, als ob diese mit Unterhaltung ohnehin nichts zu tun hätte, als ob sich deren Direkt-Propaganda wie von selbst verstehe, mit ihr ein für allemal voll identisch wäre und bliebe. Denn äußerst fragwürdig sind gerade solche nicht interpretierten, nicht kommentierten Fernseh-Faschismusdarstellungen, die sozusagen 1 : 1 über die bundesdeutschen Sender kommen, als Selbstdarstellungen, die sich genügen müssen, wenn es um die Direkt-Propaganda der Nazis geht, die sich anscheinend sowieso selbst genügen, wenn es sich um eine (in kapitalistischer Unterhaltungsideologie zur Ungeschichtlichkeit verklärte) Allgemeinmenschlichkeit von Lust- und Verwechslungsspielen handelt. Fast noch fragwürdiger sind solche Darstellungen letztlich allerdings als etwa die 1 : 1 - Ausstrahlung des 1934er-Reichsparteitagsfilms 'Triumph des Willens' von Leni Riefenstahl, wenn dieser damals unverkennbaren Schönheit und Bettgefährtin in einem Nachwort zu der Filmsendung am 9. 9. 1977 im III. Programm auch noch der 'Hitler - eine Karriere'-Macher Fest flattieren darf, natürlich fest wissenschaftlich, „beeindruckt" von „der Gattung".[3])

Trotzdem: Faschismusdarstellungen und -aufarbeitungen im Fernsehen (gerade der Bundesrepublik) kann es nicht genug geben, nie genug. Denn bei aller damit immer wieder provozierten, für die weitere Produktion nur sinnvollen Stellungnahme, d. h. wegen der im Prozeß demokratischer Meinungsbildung, Tatbereitschaft zu debattierenden Aussagewerten solcher und vergleichbarer Sendungen, ist doch gerade für die Vermittlung von Geschichtsbewußtsein dies ein effektives Medium. Muß doch wohl dem Fernsehen im Prozeß demokratischer Willensbildung für die Gegenwart der Bundesrepublik durch die Aufklärung ihrer Vergangenheit der Stellenwert einer äußerst wichtigen Sozialisationsinstanz zugestanden werden, d. h. als solche be- und ergriffen werden.

Gerade angesichts des „Wissenfriedhofs Nationalsozialismus" [4]) stellen sich dem Fernsehen Sozialisationsaufgaben einer Konfrontation mit der faschistischen Vergangenheit, die auch nach 30jährigem Frieden so wenig von selbst verjährt wie der 30jährige Krieg. Doch für eine kritische Rezeption und Interpretation sind immer wieder Tendenzen und Intentionen dieser dringend benötigten massenmedialen Geschichtsvermittlung zu bestimmen und zu bewerten: mit dem Ziel, in solcher Auseinandersetzung mit dem Fernsehen zu Konsequenzen und Perspektiven für dessen weitere Sozialisationstätigkeit gelangen zu können. Denn ein gesellschaftliches Bedürfnis nach Geschichtsvermittlung, geschichtlicher Bewußtwerdung gerade jener längst nicht abgegoltenen Zeit besteht ganz offensichtlich.

Auch wenn es sicherlich zutrifft, daß 1977 „der publizistische Sommer eine wahre Nazi-Renaissance" brachte [5]), so ist ein solcher Sachverhalt 30 Jahre nach der Befreiung vom Faschismus nicht schlechthin auf einzelkapitalistische Profitinteressen von Verlegern oder Film- und Fernsehproduktions-Unternehmern zu reduzieren, auch nicht auf ein gesamtkapitalistisches Interesse an jedweder Faschismus-Deutung, die sich dessen ökonomisch-politischen Bedingungszusammenhangs enthält, dafür die Nazi-Diktatur als Größenwahn-Schwachsinn, als Übermensch-Unmensch personifiziert oder den Faschismus überhaupt mit „der in den autoritär regierten Staaten ausgeübten Massenführung"[6]) und mit den Verhältnissen „autoritärer publizistischer Systeme"[7]) egalisiert. Weder Interessen an Vergangenheitsvermarktung noch ein Interesse an Vergangenheitsverfälschung können allein zu einer Erklärung führen, warum die 'Holocaust'-Sehbeteiligungen so hoch waren, warum 'Hitler - eine Karriere' mit seinen Einspielungen Rang II bzw. III erreichte hinter 'Der Spion, der mich liebte', 007-Ableger.[8]) Man kann mit Sicherheit davon ausgehen, daß nicht nur Altnazis und Neofaschisten Hitler sich zu einem Film-Fest werden ließen,[9]) sondern die Erfolge, die mit solchen Film- und Fernsehaufführungen erzielt wurden, gerade auch zu begründen sind durch ein tatsächlich vorhandenes gesellschaftliches Bedürfnis nach Aufklärung und Bewußtwerdung um das, was damals war, wie es dazu kommen konnte usw. Diesem Bedürfnis hat das Fernsehen nachzukommen, auf daß nicht weitere Generationen von Hitler wissen, daß er „braune Haare und Schuhgröße 41" hatte, „im großen und ganzen ein wenig zu weit gegangen" war, „Kinder (tötete), die behindert waren, damit nicht das ganze Land verdooft", er „nicht allein die Schuld (hatte), denn er hat die Menschen in einer Rede gefragt, ob sie den totalen Krieg wollen, und die Menschen haben einstimmig mit Ja geantwortet".[10])

Aus den Richtlinien für die Sendungen des Zweiten Deutschen Fernsehens: „Das Programm soll über die deutsche Wirklichkeit umfassend informieren und einen objektiven Überblick über das Weltgeschehen bieten. Hierzu gehören Darstellungen der deutschen Geschichte, des geschichtlichen Weges des deutschen Volkes...."[11]) Zur Sozialisationsaufgabe verpflichtet, aber auch geeignet ist das Fernsehen der Bundesrepublik nicht nur aufgrund seiner Reichweite und Kraft der Veranschaulichung, sondern auch aufgrund seiner noch gültigen besonderen kommunikationspolitischen Organisationsstruktur und seines darin begründeten soziokulturellen Auftrags. Denn das Fernsehen soll nicht „dem Staat" und nicht „einer gesellschaftlichen Gruppe" allein überlassen bleiben, sondern unter „Mitwirkung aller gesellschaftlich relevanten Kräfte" verwirklicht werden.[12])

Diese Organisationsstruktur des Mediums und daraus ableitbare Richtwerte für dessen Faschismus-Aufklärung stellen die Grundlage dar, auf die eine kritische Rezeption solcher Sendungen zu reflektieren hat. Doch wiederum erst eine historische Rekonstruktion der Entstehung und Entwicklung eines deutschen Fernsehens als besonderes Moment des allgemeinen gesellschaftlichen Prozesses schafft Voraussetzungen für eine weitere Arbeit der Bestimmung, Bewertung und Begründung dieser oder jener Tendenzen und Intentionen massenmedialer Vermittlung von Geschichtsbewußtsein. Trifft doch eine kritische Rezeption von Faschismus-Darstellungen im Fernsehen immer wieder auf die Grenzen von Gegenwart und Vergangenheit des Mediums selbst, die es für mögliche Alternativen zu durchstoßen gilt.

Eine Darstellung des Fernsehens im deutschen Faschismus im Interesse einer Erklärung der Faschismus-Darstellungen im gegenwärtigen Fernsehen - dies ist der eine Aspekt des besonderen Ziels dieser Arbeit.

Selbst die in neuerer Zeit praktizierte Anwendung des durch Privatisierungsforderungen und Staatsgängelungen gefährdeten öffentlich-rechtlichen Fernsehens läßt beispielhaft ersehen, wohin die drohende Weiterentwicklung in die eine oder/und in die andere Richtung führen kann. Um in dem an dieser Stelle interessantesten Zusammenhang zu bleiben, lassen sich zwei Sendungen anmerken, in denen das Fernsehen die Bevölkerung mit dem Faschismus konfrontierte.

ZDF, Freitag, 30. 12. 1977, 21.30 Uhr, 'Das ist Ihr Leben - Stationen eines Lebens im Spiegel der Erinnerung': Der Conférencier, bzw. Showmaster zu Kristina Söderbaum über ihren Werdegang als Filmschauspielerin: „Für den deutschen Film hatte eine politische Periode begonnen. Haben Sie das auch so empfunden?" - „Ja, natürlich, man hat sich darüber geärgert." ... „Veit Harlan drehte den Film 'Jud Süss', den Schicksalsfilm Ihres Lebens, Frau Söderbaum. Wie war Ihre Reaktion auf diese Aufgabe, die Ihrem Mann gestellt war?" - „Es ist klar, daß in dieser Zeit, daß man wußte, daß das kein guter Film werden konnte." ... „Sie hielten ja zu Ihrem Mann in bösen wie in guten Tagen. Wie sind Sie weitergekommen? Was waren Ihre nächsten Filme nach diesem unseligen 'Jud Süss'?" ... Damit war die „politische Periode" des deutschen Films anscheinend so vorbei, wie sie vor 1939 (!) nicht vorhanden war: nach wie vor Filmausschnitte; dazwischen viel Geplauder, Beifall, Gelächter, Geschmunzel, Gerührtheit, imposante oder amüsante Details aus ihrem Leben - jedenfalls so präsentiert: Sie war die „Reichswasserleiche", wuchs in einer Dienstvilla auf, wollte eigentlich Bauer werden, besuchte in Paris eine Schule für höhere Töchter, saß Heinrich George nackt auf dem Schoß - aber die Brüste waren mit Leukoplast zugeklebt - usw. Zum Abschluß der Talk-Master: „Kristina Söderbaum sollte nicht der Sündenbock für eine ganze Generation sein. Vielleicht kann man so Ihre Entscheidung abrundend erklären... Sie, Frau Söderbaum, haben Ihr Schicksal wieder in die Hand genommen, mit Erfolg. Kristina Söderbaum, das ist Ihr Leben." Zwanglose Schlußbilder, applaudierendes Publikum, Popmusik: Wahrlich keine Fernsehdokumentation über den Faschismus, aber zur Talk-Show, zum Amusement verwerteter Faschismus. Weswegen produziert? Produktion der Televersal Hamburg, copyrights by Ralph Edwards USA, hergestellt im Studio Hamburg, im Auftrag des ZDF: eine offensichtlich reichlich komplizierte Komplicenschaft zwischen Gemeinnützigkeits- und Kapitalverwertungs-Fernsehen. Eine US-Vermarktung solchen „Reichswasserleichen"-Amusements hatte man offensichtlich nicht ausgeschlossen, wenn vielleicht weniger für die Fernsehzuschauer in den Vereinigten Staaten als für ganz bestimmte in Chile, Argentinien, Brasilien oder Paraguay, wo der des 400 000fachen Mordes beschuldigte ehemalige KZ-Doktor Josef Mengele sicherlich nicht nur einen Fernseher hat(te).[13])

Soweit eine Kostprobe für den Fall, daß das öffentlich-rechtliche Fernsehen der Bundesrepublik nationalen Kleinausgaben von Reader's-Digest und ITT ausgeliefert wird, mit internationalem Anschluß selbstverständlich.

ARD, Donnerstag, 9. 8. 1979, 20.15 Uhr, 'Der Hitler-Stalin-Pakt - Blankoscheck für den Krieg': „20. April 1939. Hitlers 50. Geburtstag. Die deutsche Wehrmacht ist zur modernsten und schlagkräftigsten Streitmacht in Europa geworden." Zu diesem Kommentar Aufnahmen des grüßenden, Parade abnehmenden Hitler, Vorbeimarsch-Ausschnitte und -Totalen. Aufnahmen des grüßenden, Parade abnehmenden Stalin, Vorbeimarsch-Ausschnitte und -Totalen. Dazu der Kommentar: „1. Mai in Moskau. Stalin nimmt zum Tag der Arbeit die Parade ab. Aber seine Rote Armee ist schwächer als sie scheint. Stalin braucht Zeit, um sie stark zu machen." Mit solcher Angleichungs-Montage, die man in der Literatur Annomination (z. B. „Lieber tot als rot!") nennt, war wenige Minuten nach Beginn der Sendung der Kurs dieser Faschismus-Darstellung festgelegt, waren die Nazi-Diktatur und die Diktatur in der damaligen Sowjetunion als Totalitarismus abgefertigt. Daß mit dem Nichtangriffspakt zwischen Hitler und Stalin vom 23. 8. 1939 die Sowjetunion die internationale Arbeiterbewegung verraten, mit solcher Räuber-Brüderschaft die demokratischen Völker hintergangen haben soll, wird zwar nicht ausdrücklich so gesagt, sollte wohl aber durch die Sendung hindurch so gemerkt werden. Verfolgung und Vernichtung einer Opposition: ob es unter Hitler so etwas gab? Man erfährt in dieser Sendung jedenfalls nichts darüber. Aber in der Sowjetunion: „Ein Schauprozeß in Moskau: die große Säuberung. Um seine Herrschaft zu stabilisieren und die Einheit des Staates zu sichern, hat Stalin jede nur denkbare gegenwärtige und zukünftige Opposition ausgeschaltet: die bürgerliche Intelligenz, Fabrikdirektoren, Ingenieure..." Mit einem solchen Land, in dem fortwährend Verhaftungen vorgenommen wurden, „10 000 pro Tag, Tag für Tag, 2 Jahre lang", einen Nichtangriffspakt abzuschließen, das mußte doch nicht gut gehen können. Diese Fernseh-Faschismusdarstellung wurde denn konsequent so weitergeführt, daß man zum Schluß auch noch dahingehend die Nazis gewissermaßen von der Schuld am faschistischen Völkermord an Polen und Juden entlasten konnte, als man diesen in die Folge des mit Stalin geschlossenen Pakts rückte: „Die Deutschen selbst allerdings üben gerade in dem Land, das der Pakt mit Stalin ihnen auslieferte, die fürchterlichste Herrschaft aus. ... Hitler-Stalin-Pakt, das war nicht nur strategisches Spiel, es war menschliches Schicksal." Dazu Aufnahmen aus dem Warschauer Ghetto: ein Kind am Stock, ein halbverhungertes Kind auf dem Pflaster, eine schreiende Frau mit einem Kind im Arm auf der Straße. Umschnitt auf sich zuprostende feine Herren in Uniform und in Zivil, mit Kommentar: „Empfang zum Jahrestag der Großen Sozialistischen Oktoberrevolution in der Sowjetbotschaft in Berlin..." Also ein nazideutsch-sowjetsozialistischer Trinkspruch auf das Elend und den Tod der Verfolgten! Durch eine solche Geschichtsvermittlung muß man zu der Annahme kommen, daß Geschichte vom Abschluß des Paktes bis zum

Überfall auf die Sowjetunion vor allem in einem Welt-Monopolispiel mit „menschlichem Schicksal" bestand, bis zu den Schlußworten dieser Fernsehsendung: „Hätten die Westmächte Stalin nicht mit Waffen und Lebensmitteln im Wert von Milliarden geholfen, hätte Hitler nicht durch seine wahnwitzige (!) Ausrottungspolitik die Sowjetvölker gegen sich aufgebracht, wäre sicher nicht Russlands, wohl aber Stalins Herrschaft untergegangen. Am Ende behielt Stalin ganz Osteuropa, mehr als er durch den Pakt gewonnen hatte..." Da ist also den Westmächten und Hitler in dem Versuch, der sozialistischen Herrschaft in der Sowjetunion den Untergang zu bereiten, wohl einfach ein Fehler unterlaufen: man hätte das wohl besser machen sollen.

Dies war eine Sendung in der Reihe 'Gestern', für die ARD produziert vom WDR, dem die CDU bekanntlich Rotfunk-Vorwürfe zu machen pflegt.[14]) Soweit eine Kostprobe für den Fall, daß das öffentlich-rechtliche Fernsehen in der Bundesrepublik bestimmten Gruppen des Staates überlassen wird.

Beide Beispiele waren zwar Sendungen der noch bestehenden Organisationsstruktur des Fernsehens, d. h. neben solchen Sendungen sind noch andere möglich und werden auch gebracht, aber sie lassen doch Übergänge sichtbar werden zu jenen Bereichen, die mit einer Ablösung des öffentlich-rechtlichen Mediums eingehandelt werden könnten: durch Privatisierungsforderungen, bzw. Staatsgängelungen. Denn gesetzt der Fall, so wäre für das Fernsehen allerdings wohl mehr mit 'Eine Armee nackter Gretchen - Hitlers letztes Aufgebot'[15]) als mit 'Kennzeichen D'-Beiträgen über Neofaschismus[16]) zu rechnen, mehr mit einem Video Free Bavaria als mit einem Sender Freies Berlin.

Darin besteht der zweite Aspekt des besonderen Ziels der vorliegenden Arbeit: Nämlich durch historische Rekonstruktion der Vergangenheit deutschen Fernsehens dazu beitragen, dessen aktuelle Situation im Kräftespiel der verschiedenen an diesem Medium interessierten gesellschaftlichen Gruppen anschaulich, durchschaubar werden zu lassen. D. h. Kontinuitäten, Differenzen oder Kontrapositionen in der Entwicklung vom faschistisch-zentralstaatlichen zum bürgerlich-demokratischen, öffentlich-rechtlichen Fernsehen zu ermitteln, um diese für die gegenwärtigen Auseinandersetzungen, gegen Zerschlagungskampagnen und Zersetzungstendenzen der bestehenden Mediumsorganisation nutzbar zu machen. D. h. Erfahrungswerte von damals bereitstellen für die Erhaltung, Bekräftigung und Verstärkung der nach 1945 erlangten Rundfunkfreiheit.

Ansätze

Der mit dieser Arbeit vorgenommene Versuch einer Rekonstruktion früher Fernsehentwicklung enthält selbstverständlich nicht den Anspruch auf Vollständigkeit, vollständige Erstellung und Auswertung von dafür in Frage kommenden empirischen Befunden. Dafür wären Archivunterlagen aus den ehemaligen Reichsministerien, Rundfunkanstalten, Wehrmachtsstellen usw. heranzuziehen sowie z. B. durch Interviews mit Personen aus dem damaligen Produzenten- und Rezipientenkreis Arbeitsverhältnisse beim Sender, Besuchsfrequenzen in den Fernsehempfangsstellen, Qualität und Effektivität des Fernsehprogramms usw. zu erfragen. Denn gerade der produktionsästhetische Bereich, d. h. das eigentlich originäre Primärmaterial, läßt sich wahrscheinlich bis auf wenige erhalten gebliebene Filmkonserven - das Verfahren der Magnet-Aufzeichnung für Live-Sendungen gab es noch nicht - kaum mehr hinreichend erschließen. Von einer 1936 für das Fernsehen hergestellten Kompilation aus vier UFA-Spielfilmen von 1930 bis 1935 verwahrt das Bundesarchiv Original-Negative.[17]) Aber für eine Rekonstruktion des damaligen Fernsehprogramms bleibt man doch weitgehend auf zeitgenössische Rundfunk-Illustrierte verwiesen, bzw. - da es sich z. B. bei Fernsehspielen nicht selten um Bühnenstück-, Hörspiel- oder Drehbuch-Adaptionen handelte -auf literarische Vorlagen. Hinsichtlich des (sozusagen sekundären) Primärmaterials bezieht sich diese Arbeit daher in der Hauptsache auf die erhalten gebliebene einschlägige Publikums- sowie Fachpresse von damals und offizielle Publikationen am Fernsehen interessierter Institutionen.

An Sekundärmatieral nach 1945 liegt verhältnismäßig sehr wenig vor, dies insbesondere aus neuerer Zeit. Zwar sind darin teils sehr brauchbare Abbildungen und Daten vor allem in technikgeschichtlicher Hinsicht enthalten, so etwa in 'Archiv für das Post- und Fernmeldewesen' vom August 1953. Indes sind die dabei zusammengetragenen Befunde in ihrer theoretischen Entfaltung fast durchwegs unzureichend, vereinseitigend, verunklärend oder verklärend, wie z. B. in der im Auftrag des Bundesministers für das Post- und Fernmeldewesen herausgegebenen erwähnten Veröffentlichung in deren „Nachwort: Die Arbeit behandelt das erste Kapitel deutscher Fernseh-Geschichte, das mit dem Beginn des Jahres 1945 endet. Wenn es ihr gelingt, diejenigen, die heute am deutschen Fernsehen arbeiten, davon zu überzeugen, daß sie eine 25jährige Tradition zu wahren haben, dann hat sie ihre Aufgabe erfüllt." [18])

Nicht zuletzt ist dies jedoch auf dem Hintergrund einer dabei mehr oder weniger ausdrücklich eingenommenen Faschismus-Theorie zu sehen, der hier verständlicherweise ausführlich weder stattgegeben noch entgegnet werden kann. Aber wie jede sich mit einer besonderen Mediengeschichtsschreibung des Faschimus beschäftigende Arbeit enthält auch die vorliegende eine allgemeine faschismustheoretische Position, die an dieser Stelle zwar nicht abgeleitet und begründet werden soll, aber vielleicht auch etwas im Prozeß der Faschismus-Diskussion beitragen kann, z. B. zur Revision eines monolithischen Faschismusbildes, eines Bildes, das sowohl selbst dementsprechend ungebrochen in sich geschlossen erscheint als auch seinen Gegenstand für einen Monolithen in geschichtlich allseitiger Abgeschlossenheit hält und damit allen möglichen, wie auch immer modernen Varianten einer Faschismus-Totalitarismusdoktrin dient.

In 'Kritische Stichwörter zur Medienwissenschaft' von 1979 ist unter dem Geschichtsabschnitt des Stichworts 'Fernsehen' zu Recht auf dessen Defizit in der Mediengeschichtsschreibung hingewiesen und der Versuch gemacht, die Fernsehentwicklung in der Bundesrepublik in ihrem Bedingungszusammenhang ökonomischer Interessen, technischer Innovationen und politischer Intentionen zu bestimmen.[19]) Noch in diesem Beitrag wird aber von Winfried Lerg, bekanntlich gewissermaßen Le Grand Schtroumpf bundesdeutscher Rundfunkgeschichtsschreibung, eine Faschismusfernseh-Einschätzung von 1967 wiedergegeben: „ein Medium ohne Publikum", aus einem Aufsatz, in dem für die Entstehung eines neuen Mediums im Prozeß gesellschaftlicher Kommunikation einfach eine Analogie zwischen „Bevölkerungsexplosion" und „Kommunikationsexplosion" geltend gemacht wurde und totalitarismusdoktrinär die Rezeption des Fernsehens unterm deutschen Faschismus in „autoritäre publizistische Systeme" aufgelöst wurde.[20])

Neben den Fernseh-Rückblicken, in denen dieses Medium gerne erst 25 Jahre alt geschätzt wird, neben den wenigen Sekundärmaterialien, die entweder nur Zahlen- und Namen-Gerüste darstellen[21]), Technik-Populärdarstellungen mit einem kurzen Nazimuseums-Blick[22]) oder Veteranen-Reminiszenzen hauptsächlich aus den 50er Jahren[23]), daneben ist für die Publikationen, die den Versuch einer wissenschaftlichen Rekonstruktion von Fernsehgeschichte anstellten, ein mehr oder weniger gemeinsames Kennzeichen, daß darin der Faschismus so erscheint, wie dieser es wohl auch in Selbsteinschätzungen nicht recht für möglich gehalten hätte: monolithisch geschlossen, bis auf den durch Terror niedergehaltenen oder niedergemachten Widerstand in sich gleichsam widerspruchslos: totalitär. Als ob darin nicht ein ganzes System staatsmonopolistisch-kapitalistischer Widersprüche - allerdings in faschistischer Herrschaftsvariante - fortgewirkt hätte. So kann wohl auch für eine Erklärung vorantreibender oder zurückhaltender Momente faschistischer Fernsehentwicklung kaum jeweils nur ein einziger Grund eines scheinbar in seiner Totalität widerspruchsentwöhnten Ganzen geltend gemacht werden: z. B. nicht nur Ministerien-Kompetenzansprüche, nicht nur der Propaganda-Apparat, nicht nur Unterhaltungsreklame, nicht nur technische Voraussetzungen, nicht nur militärische Geheimhaltung und Kriegsaggression usw. Zu versuchen ist vielmehr eine Rekonstruktion der faschistischen Vergangenheit des Fernsehens - gerade hinsichtlich ihrer Nutzung für gegenwärtige und kommende Entwicklungen des Mediums -, die ausgeht von einem historischen Prozeß des Bedingungszusammenhangs ökonomischer und technischer, politischer und ideologischer, sozialer und kultureller Faktoren in seinen Widersprüchlichkeiten, in den auch die Fernsehentwicklung mit inbegriffen ist. Eine in dieser Hinsicht sehr weit fortgeschrittene Untersuchung zur Geschichte von 'Fernsehen unterm Hakenkreuz' aus der DDR wurde als Teil I, 'Das Fernsehkapital und sein Bruder Reichspost', 1970 in Band 3/4 der 'Mitteilungen des Postmuseums Berlin' veröffentlicht.[24]) Diese historisch-materialistische Untersuchung konnte so - neben der Vielzahl an (sozusagen sekundären) Primärmaterialien - als Sekundärdarstellung mit zu der Grundlage an Erkenntnisvoraussetzungen der vorliegenden Arbeit genommen werden.

Fragestellungen

Gegenstandsbestimmung der Arbeit heißt hier, neben Zielsetzungen und Ansätzen auch Fragestellungen anzugeben. Als Hinführung zum Gegenstand Fernsehen unterm Faschismus ist an dieser Stelle verzichtet auf einen Exkurs in dessen experimentelle, noch nicht massenmedial (d. h. nicht einfach massenhaft[25]) institutionalisierte und rezipierbare Vorgeschichte. Demgegenüber bevorzugt ist eine Einleitung, die bestimmte, für die Rundfunkentwicklung zum Massenmedium Fernsehen kennzeichnende Fragenkomplexe als Kurzfassung aus der Funkentwicklung zum Massenmedium Rundfunk vorwegnimmt.[26])

„Das Volk ist wirtschaftlich verarmt, und es ist nicht zu bestreiten, daß auch die geistige Verarmung Fortschritte macht... Erholung, Unterhaltung und Abwechslung lenken den Geist von den schweren Sorgen des Alltags ab, erfrischen und steigern die Arbeitsfreude: Aber ein freudloses Volk wird arbeitsunlustig. Hier setzt die Aufgabe des Rundfunks ein..., wenn gleichzeitig der Industrie ein neues Tätigkeitsfeld eröffnet ... wird, dann wirkt der Rundfunk aufbauend."[27]) Soweit am 29. 10. 1923 der vormalige Telefunken-Direktor, spätere Reichsrundfunkkommissar anläßlich der Eröffnung des Unterhaltungsrundfunks in Deutschland. Diese Worte bringen recht anschaulich den Ansatz für eine Gegenstandsbestimmung (auch) der deutschen Fernsehentwicklung zum Ausdruck: nämlich als Definition des ökonomischen und ideologischen Funktionszusammenhangs des Massenmediums, das ein Objekt „indirekter, weil durch öffentlich-rechtliche Einrichtungen vermittelter Verwertung kommunikationsindustriellen Kapitals und dementsprechend eine ... indirekte Mehrwehrtquelle" ist und „in die Prozesse der Warenzirkulation und Mehrwertrealisation unterstützend eingreift" sowie allgemeinen Bedingungen kapitalistischer Produktions- und Reproduktionsverhältnisse nützt, indem es beiträgt „zur Sicherung und Legitimation der Kapitalherrschaft und ihrer Konsequenzen für die gesamte Organisation gesellschaftlichen Lebens" sowie zur „Erhaltung und Wiederherstellung der in den kapitalistischen Verwertungsprozeß eingehenden individuellen Arbeitsvermögen."[28]) Daß das Fernsehen nicht erst nach 1945 zur Absicherung und Rechtfertigung, aber auch Erheiterung der Kapitalherrschaft diente, Zirkulationsagent wurde usw., läßt sich - wenn auch selbstverständlich differenziert - in der Rekonstruktion seiner Entwicklung im Faschismus nachverfolgen. Wenn damals nicht durch öffentlich-rechtliche, sondern staatlich dirigierte Einrichtungen vermittelt, eine Perspektive indirekter Kapitalverwertung eröffnete sich für die Elektroindustrie mit der Einführung des Fernsehens in Nazi-Deutschland gleichfalls, eine Perspektive, wie sie - wohl in anderen Worten - bereits mit der Eröffnung des Rundfunks angekündigt wurde.

Sowohl die Entwicklung der gesellschaftlichen Produktivkräfte im Monopolkapitalismus um die Wende zum 20. Jahrhundert[29]) als auch die Kämpfe der Großmächte um eine Neuverteilung der Welt, um die Erhaltung und Absicherung bestehender Kolonien und um eine Weltmarkt-Konkurrenz forcierten den Prozeß einer Entstehung neuer, entsprechend besserer Kommunikationsmittel.[30]) In Konkurrenz zueinander wurde sowohl bei AEG als auch bei Siemens in den letzten Jahren des 19. Jahrhunderts eine Sonderabteilung für die Entwicklung des Funks eingerichtet, in Zusammenarbeit mit der deutschen Armee und Marine.[31]) Aber erst durch staatliche Intervention und Vermittlung militärischer Stellen entschlossen sich diese beiden konkurrierenden Monopole des Elektrokapitals 1903 zur Gründung eines gemeinsamen Unternehmens: „Und als man von oben deutlich gewunken, schuf man die Gesellschaft Telefunken!", stand 1924 in 'Funkerinnerungen eines alten Soldaten'.[32]) Ein gesamtkapitalistisches, staatliches Interesse an einem neuen, besseren Kriegs-, Kolonial- und Zirkulationsmediums stand also schon in der Frühentwicklung des Funks (als eines noch nicht ideologieproduktiven Kommunikationsmittels) den Sonderinteressen des Elektrokapitals zur Seite.

Aber auch damals war und blieb solche staatliche Intervention nicht nur zur Herrschaftsabsicherung und Machterweiterung politisch begründet, sondern war für die vom Einzelkapital kaum zu erbringende Anlage und schwer zu verkraftende Langzeit-Verwertung des erforderlichen konstanten fixen Kapitals auch ökonomisch nötig. In diesen ökonomischen Voraussetzungen bestand wohl für die Elektroindustrie im deutschen Faschismus mit ein Grund für die anfängliche Zurückhaltung, nachfolgende Forcierung der Fernsehentwicklung in Richtung Massenproduktion für einen privaten Heimempfang. Denn mehr und mehr verlangte das in den elektroindustriellen Produktionsmitteln -teils rüstungstechnisch bedingt - vorgeschossene Kapital nach neuen Verwertungsmöglichkeiten, die z. B. in einer Weiterentwicklung des Rundfunks zu einem Massenmedium Fernsehen gesehen werden konnten, d. h. gewissermaßen in der Freigabe dieser Produktionsmittel für eine massenweise individuelle Konsumtion.[33]) Eine Art ökonomischer Kompensation zur faschistischen Zurückhaltung solcher Freigabe bestand schließlich sicherlich in der Entwicklung und Anwendung einer Kriegs- statt Unterhaltungselektronik.

Insofern unterschied sich die Entwicklung des Rundfunks zum Fernsehen von der des Funks zum Rundfunk als jene mit Kriegsvorbereitungen zusammenfiel, diese mit Kriegsfolgen. Schon der deutsche Funk vor dem 1. Weltkrieg wurde kriegerisch eingesetzt: zur Zerschlagung von Volks- und Befreiungsbewegungen in den Kolonialgebieten, dabei auch legionär zur Unterstützung ausländischer Regierungstruppen, so daß „nach erfolgreichem Abschluß der Kämpfe eine Anzahl von Angehörigen der Telefunkengesellschaft mit Orden" prämiert werden konnte.[34]) Vorbereitung und Durchführung des 1. Weltkriegs schließlich trieben die elektroindustrielle Produktion gewaltig voran. Für Telefunkens erste große "Feuerprobe" war das Schlachtfeld Verwertungsbereich und Versuchsgelände zugleich: nicht nur daß der Funk ein wichtiges Mittel der Kriegsführung war, sondern an der Westfront wurden Röhrensender auch schon ideologieproduktiv erprobt, indem man den Soldaten im Stellungskrieg über diese Sender Schallplatten abspielte und Gedichte aufsagte. In der Hinterlassenschaft des Krieges befand sich damit eine weitgehend entwickelte Funk-Kommunikation.

„So konnte die Technik zu einer Zeit soweit sein, den Rundfunk herauszubringen, wo die Gesellschaft noch nicht soweit war, ihn aufzunehmen." [35]) Technik, d. h. aber in diesem Fall nicht einfach Fertigkeit, Handhabung usw., sondern durch den Krieg akkumulierte Produktivkraft (als Produktionsmittel-Kapital), die auf Anwendung drängte. „Wohl zum erstenmal in der Mediengeschichte war im Fall des Fernsehens das kommunikative Leistungsprinzip schon vorhanden bevor es technisch realisiert werden konnte." [36]) Ob ein kommunikatives Prinzip ideell den dieses erst bedingenden materiellen Grundlagen so weit voraus sein kann, führte allerdings zu einer generelleren Diskussion über den Entwicklungsprozeß des Menschen in seiner Auseinandersetzung mit der Materie, die an dieser Stelle indes nicht stattfinden kann. Aber die materiell-technischen Voraussetzungen für ein deutsches Fernsehen waren in den letzten Vorkriegsjahren durchaus realisiert, wohl eben nur noch nicht in diesem Sinne der Technik als akkumulierte Produktivkraft, wie dies in jenen Nachkriegsjahren der Fall war, in denen der Funk in einen Rundfunk umschlagen konnte.

In einer der historisch wohl frühesten Gegenstandsbestimmungen zum Rundfunk, aus der allerdings z. B. der bundesdeutsche Zeitungsverleger-Verband für seine Forderungen nach Privatisierung des Mediums kaum etwas abzuleiten vermag, definierte Lenin: „Die Zeitung ist nicht nur ein kollektiver Propagandist und kollektiver Agitator, sondern auch ein kollektiver Organisator." [37]) Und Radio ist „die Zeitung ohne Papier und 'ohne Entfernungen'." [38]) D. h. das Medium selbst ist wesentlich bestimmt durch eine ihm innewohnende gesellschaftlich organisierende Potenz, nicht nur dadurch, daß es bereits bestehende oder mögliche gesellschaftliche Organisationen in ihrem Zusammenhalt zu bekräftigen und in ihrer Wirkung zu verstärken mag, sondern daß das Medium selbst gesellschaftlich organisierende Kraft besitzt. [39])

Oberbefehlshaber der Regierungstruppen von Berlin

Berlin, 18. Januar 1919.

Ausweis

Vorzeiger dieses Ausweises gehört einem der mir unterstellten Freiwilligen-Verbände an. Ich ersuche alle militärischen Dienststellen sowie A.- und S.-Räte, ihn in jeder Beziehung zu unterstützen. Der Vorzeiger ist berechtigt Waffen zu tragen.

Der Oberbefehlshaber

[40])

Der sowjetische Funkspruch eines Friedensdekrets 'An Alle!' im November 1917 und die kurze Herrschaft einer deutschen Zentralfunkleitung der Soldatenräte der Funkertruppen über die dem Telefunken-Direktor unterstellte Auslands-Funkstation im November 1918 ließen die gesellschaftlich organisierende Potenz des Mediums durchaus erkennen und waren offensichtlich so alarmierend, daß dieser einem Freiwilligen-Regiment gegen die revolutionären Arbeiter Berlins beitrat und daraufhin vom Konzern zum Staat überwechselte.[41])

Obwohl dieser ehemalige Telefunken-Direktor bereits im November 1919 öffentlich über einen „Rundfunk an alle" referierte, der „dem besiegten deutschen Volk eine erschwingliche Unterhaltung und Belehrung vermitteln soll" [44]), blieb der Funk vorerst im Dienste der Exklusivkommunikation innerhalb der Bourgeoisie, als Wirtschaftsfunk Zirkulationsmedium für Kapitaleigner. Denn aufgrund der damaligen gesellschaftlichen Kräfteverhältnisse war sein Durchbruch zum Massenmedium wohl „nicht erwünscht".[45]) Erst nachdem durch ein Ermächtigungsgesetz Voraussetzungen für Notverordnungen geschaffen und am 29. Oktober 1923 die letzten rechtmäßigen Arbeiter-Länderregierungen durch die Reichswehr zerschlagen waren, verklang an jenem Tag mit 'Deutschland, Deutschland über alles!' der erste deutsche Rundfunkabend.

Ziel und Tat der Nazi-Diktatur war bekanntlich von vornherein eine gründliche Zerschlagung der Arbeiterbewegung. Insofern brauchte sie wohl nicht mehr solche Befürchtungen vor Forderungen nach Rundfunk-Zugang oder einem eigenen Sender zu haben wie in einer Republik. Erst recht mußten da die Gründe für eine zurückgehaltene Freigabe des Fernsehens u. a. mehr in Befürchtungen der Nazis vor einer möglichen

Rundfunk - „ein kollektiver Organisator" [42])

Exklusivempfang [43)]

kommunikativen Disfunktion des Mediums zu Anfang liegen, dann in Sorgen um die Geheimhaltung seiner militärischen Nutzung, allgemein in einer faschistisch unzureichenden Konkurrenz-Koordination der Elektromonopole, allgemein in rüstungs- und kriegsbedingter Kaufkraftminderung und Rohstoffkontigentierung usw.

Die wiederholt restaurierte Legende von einem unpolitischen Rundfunk von 1923 bis 1932 gilt es so oft zurückzuweisen wie diejenige

48)

einer Rundfunk-Totalität politischer Propaganda von 1933 bis 1945, beide letztlich dienlich für die Legende von einem dritten Weg, der mit den beiden anderen aber auch gar nichts mehr zu tun haben soll. Gerade die Situation zwischen Anspassung und Widerstand, in der sicherlich viele der Unterhaltungskünstler beim Fernsehen des deutschen Faschismus waren, und die Tatsache, daß offensichtlich viele von ihnen verhältnismäßig unkompliziert und ohne weiteren Komplikationen über 1933 sowie 1945 kommen konnten, lassen auf eine bestimmte Unterhaltungskontinuität des Rundfunks schließen. Nämlich z. B. dahingehend, daß wohl weniger davon ausgegangen werden kann, daß alle diese Stars und Sternchen bewußt sich naziaktiv fühlten oder gar betätigten, als daß sie vielmehr in einem fortwährenden ideologischen Schein einer in ihrem Wesen durch die verschiedenen Systeme bürgerlicher Herrschaft erhaltenen kapitalistischen Gesellschaft leuchteten. Was sie durchaus nicht absolut entlastet, sondern allenfalls relativ zu Schwerindustriellen, Aufsichtsratsvorsitzenden, Ministerialdirektoren, Armeegenerälen oder Intendanten. Nicht erst durch den Machtantritt der Faschisten „war es mit dem unpolitischen Rundfunk" [47]) vorbei, sondern schon bevor es dieses Medium überhaupt gab.

Im Zusammenhang mit Einsprüchen gegen das Abspielen des Deutschlandliedes im Rundfunk schrieb 1924 die Funk-Stunde AG, die Sendegesellschaft Berlins, die einschlägige Presse mit der Bitte um Veröffentlichung an: „Die Funkstunde ist ein durchaus parteiloses, auf keinerlei politische Absichten eingestelltes Unternehmen, das lediglich im Dienste des Unterhaltungs-Rundfunks steht..." [49]) Wichtiger Bestandteil der ersten deutschen Rundfunk-Weihnacht war aber am 25. Dezember 1923 ein über den Berliner Sender ausgestrahlter „Politischer Weihnachtsgruß" des Zentrumspartei-Reichskanzlers. Und schon im Frühjahr 1924 hielt - neben Aufforderungen zum Tanz, Ratschlägen für den Haushalt usw. - ein „Frauenausschuß zur Bekämpfung der Schuldlüge" seinen Vortrag. [50])

Das im Klassenwiderspruch der realgeschichtlichen gesellschaftlichen Entwicklung begründete objektive Parteilichkeitsprinzip schließt den Rundfunk ein.

U. a. aus Gründen kriegswirtschaftlicher Deformationen und erheblicher Staatsschulden wurde 1923-1924 zwar statt eines zentralstaatlichen Rundfunks ein Länderrundfunk mit neun Sendegesellschaften durch Beteiligung privater Kapitale eröffnet. Aber entstand schon der Funk durch staatliche Intervention, so entwickelte sich der Rundfunk im Zuge der relativen Stabilisierung des Kapitalismus der 20er Jahre bald zum Staatsmonopol, wie es insbesonders in der unmittelbar vorfaschistischen Zeit zum Ausdruck kommen sollte. Denn als „seine Bedeutung als Mittel der öffentlichen Aufklärung und Beeinflussung sich immer schärfer abhob, ... ergab sich die staatspolitische Notwendigkeit, zur Sicherstellung dieses Zieles und zur Verhinderung einer mißbräuchlichen Ausnutzung... die erforderlichen Maßnahmen und Vorkehrungen zu treffen", gab 1927 der Reichsrundfunkkommissar bekannt. [51])

Schon der Funk war nicht nur unmittelbar ein Gegenstand besonderer ökonomischer Interessen - Verwertungsobjekt für das Elektrokapital. Das Medium kam auch aufgrund seiner nahezu unbegrenzten Reichweite und seiner prinzipiellen "Zirkularwirkung" [55]) allgemein für die

52) 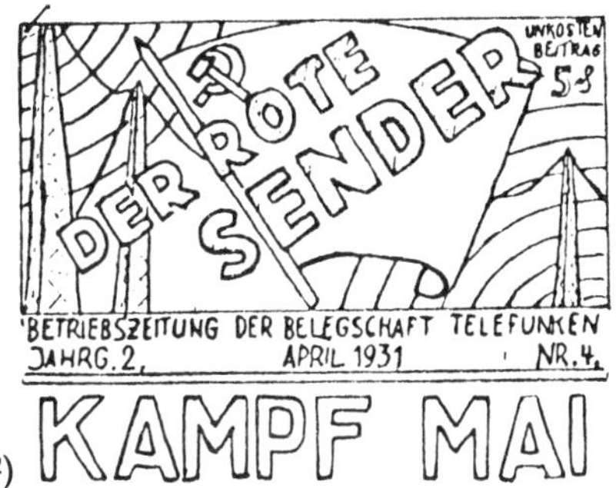

„Die technische Basis der großen Industrie ist revolutionär"

 53)

- das Fernsehen im Prozeß materieller Produktion: Der Mensch „tritt neben den Produktionsprozeß, statt sein Hauptagent zu sein." 54)

Erhaltung und Erweiterung ökonomischer Prozesse indirekt zum Einsatz: zur Zirkulationssteuerung.

Beim Fernsehen - gleichermaßen ein Gegenstand dieser besonderen ökonomischen Interessen - entfielen zwar zunächst gerade solche Qualitäten des Funks. Aber infolge des historischen Prozesses der Produktivkraftentwicklung, Arbeitsintensivierung - z. B. wurde bei der AEG bereits 1925 Fließbandproduktion eingeführt[56]) - ergaben sich für dieses Medium auch Perspektiven, allgemein für die Erhaltung und Erweiterung ökonomischer Prozesse genutzt werden zu können, diesmal im Unterschied zum Funk in direktem Einsatz: zur Produktionssteuerung. Es bestehen daher durchaus Gründe für die Annahme, daß auch gerade die Perspektive solcher Einsatzmöglichkeiten des Fernsehens Auswirkungen auf eine Forcierung der Frühentwicklung des Mediums hatte.[57])

Was indes für die folgende Rekonstruktion des Fernsehens unterm Faschismus vor allem von Interesse sein soll, ist dessen ideologieproduktive Perspektive.

DER TELEFUNKEN-KAMERAD
TELEFUNKENHAUS
Ein Volk
Ein Reich
Ein Führer!
URKUNDE
Auf Grund der Verfügung des Führers vom 29. August 1936 über den „Nationalsozialistischen Musterbetrieb" und der Anordnung des Reichsorganisationsleiters über den „Leistungskampf der deutschen Betriebe" verleihe ich dem Betrieb
„TELEFUNKEN"
heute am Nationalfeiertag des Deutschen Volkes auf Vorschlag des Gauobmannes der Deutschen Arbeitsfront
DAS GAUDIPLOM FÜR HERVORRAGENDE LEISTUNGEN

III.
„Gebt mir vier Jahre Zeit!“: für Verwechslungs-Lustspiele oder ein Bomben-Fernsehen?

Ebensowenig wie die Faschisten am 30. 1. 1933 aus dem Nichts zum Machtantritt erschienen, brachten sie ein zentralstaatlich durchmonopolisiertes, autoritär strukturiertes Rundfunk-System von daher mit.

Von der Rundfunk-Nazifizierung vor 1933 ...

Sie perfektionierten nur noch und pervertierten nun vollends einen längeren Prozeß der Durchsetzung dieses Systems, das zuletzt durch die Rundfunkreform der Notverordnungsregierung 1932 errichtet wurde, die den totalen Herrschaftsanspruch des kapitalistischen Staates auf das Medium und seine rund 4 Millionen Rezipienten verwirklichte: Die Privataktionäre wurden ausbezahlt, die Anteile der Sende-Aktiengesellschaften zu 51 Prozent an das Reich und zu 49 Prozent an die Länder übergeben. Reichsinnenministerium und Reichspostministerium teilten sich die Macht im zentralstaatlichen Herrschaftsbereich über den Rundfunk. Und im Programmbereich des Rundfunks sowie durch personalpolitische Repräsentanz in den Entscheidungsinstanzen der Sender wurde in der Folge der Wirtschaftskrise von 1929 und der Errichtung einer Präsidialdiktatur 1930 der Rechtskurs dieser Durchsetzung des staatlichen Rundfunkmonopols forciert.[1]) Programmdirektor der Reichsrundfunkgesellschaft wurde 1932 der Nationalsozialist Stapelfeldt, Leiter des Drahtlosen Dienstes der Nationalsozialist Beumelberg, Intendant der Sende-Gesellschaft Berlin der von der Deutschnationalen Volkspartei favorisierte Duske, unter dem als Hörspiel-Leiter Arnolt Bronnen, dessen Frau zum Freundeskreis von Goebbels gehörte, sich in den Faschismus hineindiente.[2]) Bereits am 22. 7 1932 teilte die Wochenschrift der Arbeiter-Radio-Bewegung 'Arbeiter-Sender' mit, daß der offizielle Rundfunk-Gruß beim Schlesischen Sender "Heil Hitler!" laute.

Goebbels spricht

Eine Anordnung des Reichsministers des Innern forderte eine Woche nach der Regierungsbildung unter Von Papen die Herren Reichsvertreter in den Überwachungsausschüssen der Rundfunk-Sender am 8. 6. 1932 auf, Darbietungen der NSDAP zuzulassen. Allein den Kommunisten war so weiterhin der legale Zugang zu diesem Massenmedium verwehrt. Indes richtete sich der Reichsminister des Innern im Einvernehmen mit dem Reichspostminister eine eigene tägliche Sendestunde ein, „um der Reichsregierung Gelegenheit zu geben, ihre Auffassung und Tätigkeit frei von Parteipolitik jederzeit mittels Rundfunk der breiten Öffentlichkeit näherzubringen" [3]), wie er es in einem entsprechenden Schreiben vom 11. 6. 1932 an den Reichsrundfunkkommissar ausdrückte. Am 5., 10. und 18. 7. 1932 hielt Goebbels Rundfunkansprachen, nachdem ihm dazu bereits im Monat davor eine Gelegenheit verschafft wurde. „Man kam auf die Idee, mich zu beauftragen, daß ich Goebbels an das Mikrophon verlockte. Wie aber konnte das ein schlichter Dramaturg?", gab 1954 Arnolt Bronnen zu Protokoll, der damals allerdings seinen Intendanten "nicht enttäuschen" wollte: „Ich . . . suchte nach langer Zeit wieder Goebbels auf. Der hatte inzwischen Frau Dr. Quandt geheiratet, hatte statt einer Anderthalb-Zimmer-Wohnung in Steglitz eine Zwölf-Zimmer-Wohnung am Reichskanzler-Platz in Charlottenburg . . . Goebbels griff zu, ich hatte ihm gleich ein Thema mitgebracht, 'Der Nationalcharakter als Grundlage der Nationalkultur' mit Material dazu, er stieg ein, nachdem ich ihm versichert hatte, daß das Thema auf seinen eigenen Anregungen beruhte. . . . So sprach in den letzten Juni-Tagen Goebbels über alle deutschen Sender. . . . In Wirklichkeit war er sehr stolz, hielt den Tag für ein historisches Datum und sandte mir ob meiner 'großen Verdienste' seinen handschriftlichen Dank." [4])

In Lackschuhen bei General Electric

Obgleich im Unterschied zur Kapitalfraktion der Schwerindustrie das an der Rundfunk-Entwicklung primär interessierte Elektro-Kapital aufgrund objektiver Begünstigung durch die Produktivkraft-Entwicklung und aufgrund der Klassenverhältnisse 1932 möglicherweise noch „so oder so, mit oder ohne Hitler" [5]), mit Notverordnungsregierung oder faschistischer Diktatur konnte, erklärte Carl Friedrich Von Siemens vor dem US-Konzern General Electric Company bereits am 27. 10. 1931 über die "Hitler-Bewegung": „Es wird nicht genügend gewürdigt, daß es die Selbstlosigkeit seiner Bewegung und die hohen nationalen Ideale sind, welche namentlich die Jugend aller Klassen zu seiner Fahne ziehen. Sie sind Hitlers wirkliche Parteigänger und das Rückgrat der nationalsozialistischen Partei. . . . Die Wurzel der Hitlerschen Bewegung ist der Kampf gegen den Sozialismus . . . Sie in den Vereinigten Staaten . . . werden besser als irgend ein anderer verstehen, daß ein gesundes und kräftiges Deutschland notwendigerweise ein geeintes nationales Deutschland sein muß . . . Demokratie als das einzig mögliche System . . . Ein sehr großer Teil unserer Öffentlichkeit ist von der Notwendigkeit überzeugt, diesen Zustand zu ändern." [6]) Welche neuen Verwertungsbereiche für das Elektro-Kapital sich gerade durch die faschistische Diktatur sowie die Vorbereitung und Durchführung des 2. Weltkrieges erschließen lassen sollten, stellte sich alsbald heraus: nicht zuletzt durch eine entsprechende Rundfunk-, d. h. Hörfunk- und Fernsehentwicklung.

Und gemäß den eigenen Perspektiven und Kalkulationen ließ das Elektro-Kapital noch vor dem Machtantritt der Faschisten die Arbeiterschaft sich organisieren, so etwa im späteren NS-Musterbetrieb Telefunken: „In der Tat konnten wir am 23. Juli 1931 in unserer ersten öffentlichen nationalsozialistischen Betriebsversammlung zu unserer größten Genugtuung feststellen, daß in die rote Front erstmalig eine Bresche geschlagen worden war. Die Kommunisten, denen freie Diskussionen zugesichert wurde, waren zwar unter Führung einiger kommunistischer Redner so zahlreich erschienen, daß mancher von uns . . . sprungbereit auf seinem Stuhl saß, um sich, falls es nötig sein sollte, seiner Haut zu wehren. Aber an der Disziplin der Nationalsozialisten scheiterten die Störungsversuche der Kommune und wirkte die Anwesenheit einiger recht stabil gebauter SA-Männer auf einige erhitzte Moskowiter recht beruhigend. . . . Auch die rosaroten Brüder . . . konnten nichts mehr gegen die mehr und mehr wachsende Betriebszelle ausrichten . . .", gedachte im Frühjahr 1938 der Telefunken-Betriebsobmann W. Hagelgans.[7])

[8])

[9])

Zwar anders gescheitelt: zweimal ein Telefunken - "PG"

Funkwarte und SA in Bärenstiefeln

Zur vorfaschistischen Vorwegnahme der "deutschen Rundfunkeinheit" [10]) gehörte aber auch noch die Hörer-Seite. Als Gegenzug zur zunächst vereint, dann gespalten von KPD und SPD getragenen Arbeiter-Radio-Bewegung, in der die von Rundfunk-Mitbestimmung und -Selbstdarstellung weitestgehend ausgeschlossene Arbeiterklasse sich zum Kampf um das neue Massenmedium organisierte[11]), wurde am 12. 8. 1930 auf Initiative nationalistisch eingestellter Journalisten der rechtsgerichtete Reichsverband Deutscher Rundfunkhörer gegründet.[12]) Zu den Mitbegründern dieser Hörer-Organisation gehörte Oberregierungsrat Erich Scholz, 1929 Mitglied des Politischen Überwachungsausschusses der Sende-Gesellschaft Berlins, ein Hauptinitiator der 1932er Reform zum zentralstaatlich beherrschten Rundfunk und am 10. 8. 1932 - neben Hans Bredow vom Reichspostministerium - vom Reichsministerium des Innern zum Reichsrundfunkkommissar bestellt, bereits seit Frühjahr 1932 Mitglied der NSDAP.[13]) Im Vorstand dieser Hörer-Organisation waren die Nationalsozialisten zunächst nur durch ihr Parteimitglied Horst Dressler-Andress vertreten[14]), am 14. 6. 1933 zum Leiter der Abteilung Rundfunk im Reichsministerium für Volksaufklärung und Propaganda ernannt, am 3. 7. 1933 außerdem zum Präsidenten der gerade gegründeten Nationalsozialistischen Rundfunkkammer, ab 1. 11. 1933 der diese vereinnahmenden Reichsrundfunkkammer in der Reichskulturkammer[15]). Zunächst begnügten sich die Faschisten damit, Gaufunkwarte, Kreisfunkwarte und Ortsgruppenfunkwarte für ihre Aufbereitung der Hörerschaft einzusetzen, aber schließlich „schufen wir im Rahmen des Reichsverbandes Deutscher Rundfunkteilnehmer die Verbandsgruppe Nationalsozialisten und errangen schon nach kurzem Anlauf im Dezember 1931 die Führung des Gesamtverbandes"[16]), wie der am 7. 7. 1933 zum Reichssendeleiter und in Personalunion einen Tag später zum Direktor der Reichsrundfunkgesellschaft ernannte Eugen Hadamovsky [17]) mitteilte. Am 19. 12. 1931 erzwangen die Nationalsozialisten die Durchführung einer außerordentlichen Generalversammlung dieses Reichsverbandes und die Neuwahl seines Vorstandes, den sie dadurch mit 5 von 8 Mitgliedern zu majorisieren vermochten, darunter Horst Dressler-Andress und Eugen Hadamovsky : „Und nun fand diese Versammlung fünf Tage vor Weihnachten in den vergoldeten Prunksälen des Hotels Prinz Albrecht in Berlin statt, wo die Bärenstiefel der Funkwarte und der SA-Männer über Teppiche gingen und das Parkett zerkratzten."[18]) Etwa zwei Monate nach der Bankett-Forderung des Herrn Von Siemens nach mehr Würdigung der "Hitler-Bewegung" vor Vertretern der General Electric Company in Lackschuhen, schickte der deutsche Faschismus sich an, den Rundfunk auch in Stiefeln zu erstürmen: Sein Elektro-Kapital brauchte auch seine Hörer. „Diese Pionierorganisation der deutschen Rundfunkhörer wurde und wird von besonderen Kräften innerhalb der Partei, den Funkwarten, geschaffen und getragen . . . Die Führung des Reichsverbandes Deutscher Rundfunkteilnehmer übernahmen ab 1932 nacheinander Dr. Joseph Goebbels, Horst Dressler-Andress und Eugen Hadamovsky ."[19])

. . . zur faschistischen Rundfunkeinheit

Ihre Vollendung erfuhren diese zentralstaatlichen Vereinheitlichungsbemühungen schließlich in der Organisationsstruktur des faschistischen deutschen Rundfunks. Sein Befehlsstand wurde die dem Reichsminister für Volksaufklärung und Propaganda unterstellte Nationalsozialistische Rundfunkkammer, nach Verabschiedung des Reichskulturkammergesetzes Reichsrundfunkkammer. „Die Reichsrundfunkkammer, als Teil der Reichskultur-Kammer, ist die Einheit, in der sämtliche Funkschaffenden auf der Sender- und Hörerseite des Rundfunks zusammenarbeiten. Sie ist die Organisation der geistigen, künstlerischen und technischen Arbeit, der Funkwirtschaft und der Hörerschaft . . . Damit ist die deutsche Rundfunkeinheit, die sich zunächst aus der freien Initiative der Hörerschaft und der Funkwirtschaft gebildet hatte, durch das Gesetz sanktioniert." [20]) Diese Institution hatte also die Aufgabe, vom Hörer bis zur Funkindustrie und vom Gerätehändler bis zur Programmkritik alle den Rundfunk berührenden Bereiche einer einheitlichen zentralen Staatskontrolle zu unterwerfen. Zehn verschiedene Organisationen waren an der von Hadamovsky und Dressler-Andress initiierten Gründungsversammlung der Rundfunkkammer am 3. 7. 1933 beteiligt: Funkindustrie, Radio-Händler, Kurzwellenamateure, Hörer, Kritiker, die Reichsrundfunk-Gesellschaft und auch die Fernseh AG. [21])

Fernseh-Versuche

Nach einer ersten offiziellen Vorführung des Fernsehens auf der 5. Großen Deutschen Rundfunkausstellung vom 31. 8. bis 9. 9. 1928 durch Telefunken und nach ersten regelmäßigen Fernsehrundfunkversuchen ohne Ton über die Sender des Reichspostzentralamtes ab 8. 3. 1929, Versuchssendungen, die nicht für den individuellen Konsum bestimmt waren, gründeten am 11. 6. 1929 die Robert Bosch AG, die Radio AG Loewe und andere Firmen die Fernseh AG, die sich die Fernsehpatentsicherung sowie die Geräteherstellung und -vertreibung zur Aufgabe machte. [22]) Nachdem 1932 auch das Elektro-Kapital von den Folgen der Wirtschaftskrise 1929 erfaßt wurde, der Exportwert der Funkindustrie gegenüber dem Vorjahr um rund 50 Prozent und der Gesamtumsatz um 40 Prozent zurückgingen [23]), gab es für diese Kapitalfraktion gewiss einen Grund und einen Zwang zur Suche und Erschließung neuer Verwertungsbereiche, bestand daher sicherlich ein Interesse, die Rundfunkentwicklung zu forcieren, d. h. den Hörfunk und das Fernsehen. Da mußte sich aber die Frage stellen, welche Gebrauchswerterwartungen mit dem Tauschwertinteresse an dieser Entwicklung korrespondierten, inwieweit neben diesem Sonderinteresse des funkindustriellen Einzelkapitals ein allgemeiner politischer Bedarf des faschistischen Staates, eine gesamtkapitalistisch gemeinsame Produktionsbedingung oder ein soziokulturelles Bedürfnis seitens der arbeitenden Bevölkerung für die Forcierung der Rundfunkentwicklung vorhanden war.

Diverse materiell-technische Voraussetzungen für die Einführung eines öffentlichen Fernsehens waren durch langjährige internationale Gemeinschaftsarbeit einzelner Wissenschaftler geschaffen, insbesondere durch die erstmalige Vorführung eines Fernsehens durch Elektronenstrahlröhren, durch die Zeilenzahl und damit Schärfe des Fernsehbildes ohne Leuchtkraftverlust erheblich gesteigert werden konnten, anläßlich der 8. Großen Deutschen Rundfunkausstellung im Sommer 1931. Auf dieser materiell-technischen Grundlage, von der aus eine kontinuierliche Ersetzung des bisherigen mechanisch-optischen durch ein vollelektronisches Fernseh-Verfahren möglich wurde, ergaben sich für die Geräteproduktion sowie für die individuelle Konsumtion des Fernsehens, zumindest der Möglichkeit nach, interessante Entwicklungsperspektiven.[24])

1935: Deutsches Fernsehen eröffnet!

Am 22. 3. 1935 eröffnete der faschistische deutsche Rundfunk einen regelmäßigen Fernsehbetrieb, zunächst an drei Tagen in der Woche, abends zwei Stunden, in Berlin und Umgebung. Reichssendeleiter Hadamowsky: „Heute beginnt der nationalsozialistische Rundfunk in Zusammenarbeit mit der Reichspost und der deutschen Industrie als erster Rundfunk der Welt den regelmäßigen Fernsehprogrammbetrieb. Einer der kühnsten Menscheitsträume ist verwirklicht. Unserer kleinen Versammlung in diesem Saal des Witzlebener Funkhauses werden zu gleicher Zeit über unseren Fernsehsender diejenigen Volksgenossen beiwohnen, die heute schon im Besitz eines Fernsehempfängers sind . . . Während wir hier im Saale atemlos lauschen und schauen, hat die Zeit eines neuen, unbegreiflichen Wunders begonnen. Nach dem 30. Januar 1933 hat der Rundfunk das Wort des Führers allen Ohren gepredigt. In dieser Stunde wird der Rundfunk berufen, die größte und heiligste Mission zu erfüllen: nun das Bild des Führers unverlöschlich in alle deutschen Herzen zu pflanzen. Das nationalsozialistische Gemeinschaftsleben erhält seine höchste und edelste Form in Zukunft durch die Beteiligung unseres höchsten und edelsten Sinnesorganes, des Auges. . . . Das soll nicht länger das glückliche Los einiger Auserwählter sein. Dem nationalsozialistischen Fernsehrundfunk erwächst die großartige Aufgabe, im wahren Sinne des Wortes ein Volk zum Sehen aufzurufen. Dem Rundfunk der Welt winkt die herrliche Mission, die Völker sehend zu machen und damit der Wahrheit und dem Frieden zu dienen. . . . Für diese Stunde wollen wir unermüdlich arbeiten. Damit eröffne ich das regelmäßige Fernsehprogramm des Fernsehsenders Berlin-Witzleben. Sie wird, wenn die deutsche Industrie heute handelt, die Industrie und Volkswirtschaften führend beeinflussen und damit auch dort Rundfunkentwicklungen einleiten, deren allgemeinen, aber auch insbesondere volkswirtschaftlichen Nutzen dann die deutsche, als die führende Industrie und der deutsche Handel als der exportierende Handel zu einem wesentlichen Teil für sich verbuchen kann. . ."[25]) Diese Stunde einer allgemeinen individuellen Teilnahme an einem Heim-Fernsehen sollte indes noch lange auf sich warten lassen: Zwei Jahre nach Eröffnung des Fernsehbetriebes schätzte man etwa 75 Heimempfänger[26]), dies im Vergleich dazu, daß damals der deutsche Rundfunk-Hörfunk mit 8 167 957 die größte Teilnehmerzahl in Europa hatte.[27]) So ist nach den Gründen zu ermitteln, aus denen offensichtlich die Entwicklung des Fernsehens einesteils zügig vorangetrieben wurde, anderenteils zumindest in der heutzutage gebräuchlichsten Erscheinung als Heim-Fernsehen zur massenhaften individuellen Rezeption zurückgehalten wurde.

Urknall, aus dem ein Fernsehgerät hervorgeht: „Und dann kommt plötzlich das Fernsehen, fast unbemerkt wie manche andere technische Neuerung; weshalb die Rundfunkleute selbst auch gar nicht gleich an die Macht der Konkurrenz glauben wollen." Irene Koss, erste Fernsehansagerin der Bundesrepublik Deutschland, an einem Tisch, auf dem ein Kalender den 26. Dezember ankündigt, liest von einem Blatt: „Eines nur ist Glück hienieden, eins, des Innern stiller Frieden." 28) Auch wenn es durchaus nicht zutrifft, daß das Fernsehen so entstand, wie es der derzeitige Leiter der Hauptabteilung Kultur und Gesellschaft (Hörfunk) bei SFB, Georg Groos, in seiner anläßlich des fünfzigsten Jahrestages der Eröffnung des Rundfunks in Deutschland in der ARD am 28. 10. 1973 ausgestrahlten Sendung allem Anschein nach für den 25. 12. 1952, den ersten Fernsehabend der BRD geltend machen will, so ist doch ein an anderer Stelle dieser Sendung geäußerter Satz in seiner Fragestellung zutreffend: „Ob Hitler zur Macht gekommen wäre, hätte es das Fernsehen schon gegeben, ist oft und kaum je überzeugend erörtert worden; fest steht, daß der Rundfunk zur Umerziehung und später zur Mobilisierung der Massen im Dritten Reich einen wesentlichen Beitrag leistete; Hitler selbst tat dabei nicht wenig." 29)

Damit ist ein spezifischer Stellenwert des Massenmediums angedeutet: sein ideologischer Gebrauchswert, in diesem Fall sein möglicher Nutzen als Propagandainstrument des deutschen Faschismus. Daß für die nationalsozialistische Massenbeeinflussung dem Fernsehen eine dem Tonfilm und dem Hörfunk gleichwertige Wirkungskraft zuerkannt werden konnte, ist schwer anzunehmen. Denn obgleich davon auszugehen ist, daß die faschistische Propaganda ein Interesse an entsprechender Forcierung des Fernsehens haben mußte, äußerte sich Reichssendeleiter Hadamovsky nur kurze Zeit nach seiner optimistischen Eröffnungsansprache zur Einführung des Fernsehens, das „das Bild des Führers in alle deutschen Herzen pflanzen" 30) sollte, in einem Gespräch mit dem Hauptgeschäftsführer der Wirtschaftsgruppe Elektroindustrie der deutschenWirtschaft und dem Leiter der Hauptabteilung Handel in der Reichsrundfunkkammer im Reichssender Berlin sehr viel verhaltener: „Ich will Ihnen verraten, daß ich im Augenblick nur ein einziges Volksfernsehgerät kenne, den Feldstecher. Die anderen sind noch nicht so weit entwickelt - ich glaube, sagen zu können, daß ihre Entwicklung noch eine Reihe von Jahren dauern wird." 31) Was allerdings nicht hieß, die Funkindustrie nicht zuversichtlich zu machen: „Gewiß wollen wir das Fernsehen zu einer Volksangelegenheit machen." 32)

Und auch der Telefunken-Konzern verbreitete in seinen für den Rundfunkhandel bestimmten Mitteilungen im Frühjahr 1935 noch eher Zurückhaltung: „Man verlangt heute klare und unverzerrte Bilder vom Film. Vom Rundfunk verlangt man höchste Qualität der Sendungen. Auf beiden Gebieten hat sich also in der Vorstellung des Publikums ein bestimmter

Qualitätsbegriff entwickelt, den man in die Entwicklungsarbeit des Fernsehens einbeziehen muß. Das Publikum kommt bereits mit besonderen Vorstellungen hinsichtlich Güte und Leistung an das Fernsehen heran, im Gegensatz zu den Anfängen der Film- und Rundfunkentwicklung, denen das Publikum ohne jegliche Vorbelastung gegenüberstand. (. . .) Je gründlicher die Untersuchungen und Versuche sein werden, die man auf dem Fernsehgebiet durchführt, desto sicherer bannt man die Gefahr, daß die überstürzte Herstellung von Fernsehempfängern in großer Serie den Fernsehgedanken, dem eine große Zukunft offensteht, diskreditiert."[33])

Das Dritte Reich in 180 Zeilen

Ein politisch-ideologischer Grund für den nur langsam vorankommenden Prozeß einer Freigabe des Fernsehempfangs für die private Teilnahme bestand anfangs wahrscheinlich vor allem in der verhältnismäßig geringen Zeilenzahl und demzufolge geringen Qualität des Fernsehbildes; nachdem die ersten Versuche noch mit 30 Zeilen je Fernsehbild, was nur rund einem Zwanzigstel der heutzutage üblichen Zeilenzahl entspricht, durchgeführt wurden, erfolgten 1933 Versuchssendungen mit 90 und dann 180 Zeilen. Auch der 1935 eröffnete regelmäßige Fernsehbetrieb strahlte Sendungen mit 180 Zeilen aus, wie auf einem Empfangsabend des Außenpolitischen Amtes der NSDAP für Vertreter der auswärtigen Diplomatie und Presse am 14. 5. 1936 der Staatssekretär des Reichspostministeriums es anhand praktischer Vorführungen vortrug: „Je größer die Anzahl der Bildpunkte ist, in die ein Bild zerlegt wird, umso besser wird das empfangene Bild, umso größer sind aber auch die technischen Schwierigkeiten der Übertragung. Im Anfang der Entwicklung hat man sich daher mit einer kleinen Zahl von Bildpunkten begnügt; im Lauf der Zeit sind Bildpunktzahl und damit die Bildgüte immer weiter gesteigert. Heute benutzen wir für die Fernsehübertragung eine Zerlegung des Bildes in 180 Zeilen."[34]), wobei man sich des Zeilensprungverfahrens[35]) bediente, durch das die Übermittlung möglichst flimmerfreier Fernsehbilder erreicht werden sollte.

Es ist anzunehmen, daß die verhältnismäßig geringe Zeilenzahl, die erst am 1. 1. 1938 für den regelmäßigen Sendebetrieb auf 441 erhöht wurde[37]), mithin ein politisch-ideologischer Grund dafür war, eine Massen-

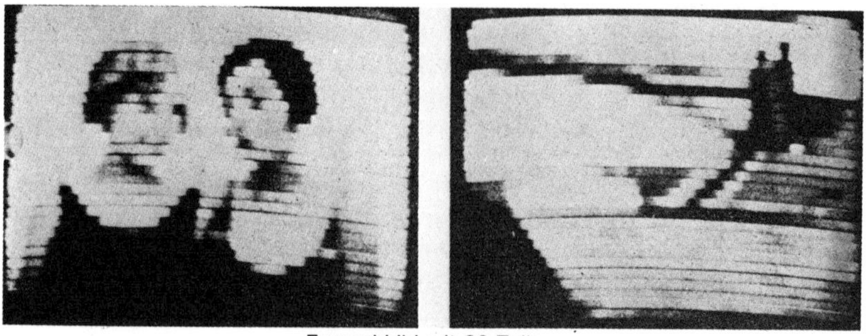

Fernsehbild mit 30 Zeilen

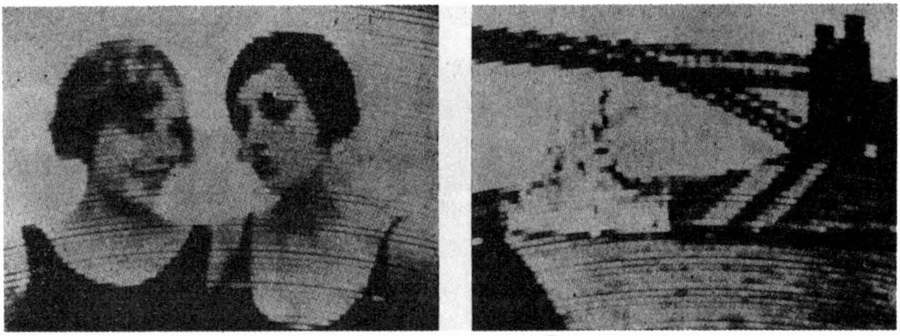

Fernsehbild mit 60 Zeilen

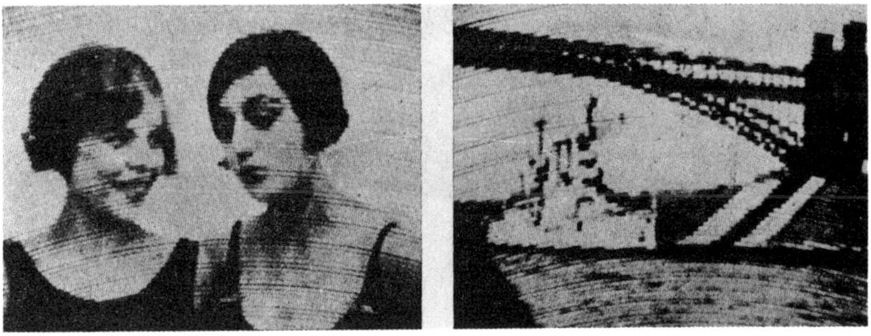

[36]

Fernsehbild mit 90 Zeilen

produktion von Heimempfängern zunächst einmal nicht zu forcieren. Denn die aus der geringen Zeilenzahl folgernde geringe Bildqualität, d. h. auch geringe propagandistische Effektivität hätte vielleicht „das Bild des Führers", das es „in alle deutschen Herzen zu pflanzen"[38]) galt, eher zu einem Nachtschattengewächs als zu einem Edelweiss werden lassen. Die Funktion des Fernsehens als Propagandaapparat für den Faschismus hätte so leicht in seine Disfunktion umschlagen können: dies vor allem durch Zusammentreffen produktionsästhetischer Schwächen und rezeptionsindividueller Freiheiten. „An technischen Mitteln steht uns eine Bildgeberapparatur zur Verfügung, die es gestattet, Kinofilme auf dem Fernsehwege zu übertragen. Es muß hierbei hervorgehoben werden, daß durch die technische Begrenzung der Bilder auf 180 Zeilen und 25 Bildwechsel eine Auswahl der verwendeten Filmbilder notwendig ist. Es empfiehlt sich, nur einfache Motive zu übertragen. Leider ist auch die Übertragung von normalen Kopien nur selten möglich ... Bei Filmen, die sämtliche Schwärzungsunterschiede enthalten, muß man fast stets ein ... wenig gedecktes, flaues Positiv für die Wiedergabe durch den Fernsehgeber herstellen."[39]) Soweit die materiell-technischen Bedingungen produktionsästhetischer Möglichkeiten für die Ausstrahlung von Filmmaterial. Es kann wohl als sehr wahrscheinlich gelten, daß die Führer des deutschen Faschismus etwas dagegen hatten, sich und ihre Massenversammlungen als „einfache Motive" auf

36)

Fernsehbild mit 180 Zeilen

„wenig gedecktem, flauem Positiv" auf das Fernsehbild eines Heimempfängers bringen zu lassen. „Im Gegensatz zu dieser einfachen Übertragung von Tonfilmen gestattet das bereits auf der vorigen Funkausstellung mit dem Fernseh-Übertragungswagen der Reichs-Rundfunk-Gesellschaft vorgeführte Zwischenfilmverfahren schon jetzt, direkte Fernsehsendungen mit einem kleinen Zeitunterschied von etwa einer Minute durchzuführen. Es ist geplant, am 1. Mai 1935 vom Tempelhofer Feld aus einen solchen Versuch vorzunehmen." 40) Neben der einfachen Ausstrahlung von bereits abgedrehten Filmen, Konserven, gab es, gewissermaßen als Vorläufer elektronischer Live-Übertragungen, die durch entsprechende Kamera-Entwicklung anläßlich der Olympischen Spiele 1936 in Berlin erprobt wurden, die Möglichkeit einer direkten Fernseh-Berichterstattung durch ein Zwischenfilm-Verfahren, mit dem Geschehnisse filmisch aufgenommen, an

Ort und Stelle entwickelt und kurz darauf über Film-Abtastgerät weitergegeben wurden. Aber auch für den Empfang dieser Fernsehbilder galt die 180 Zeilen-Begrenzung, der damals mit einer für Qualität und Effektivität von Propagandamitteln ungewöhnlichen Vor- und Rücksicht allenfalls bestätigt wurde, „daß hiermit schon recht gute Bilder zu übertragen sind." [41]) Außer diesen beiden Gelegenheiten, auf Umwegen des Films sich ins Fernsehbild setzen zu lassen, hätte für die nationalsozialistischen Größen noch die Möglichkeit bestanden, sich direkt aus dem Studio durch Paul Nipkows [42]) Scheibe zerlegen zu lassen, durch ein Abtastgerät, das eine in einer Kabine von 2,25 Quadratmetern [43]) Grundfläche befindliche Person zur Übertragung aufnehmen konnte.

Läßt sich ein Nazi-Führer abtasten?

Aber „das Abtastgerät, mit dem bei fast völliger Dunkelheit die Sprecher aufgenommen wurden, erfaßte nur einen Kopf, im besten Fall konnte man ein Brustbild sehen. Erst im Sommer 1936 'wuchsen' die ferngesehenen Menschen zu voller Lebensgröße, und im November des gleichen Jahres konnten in dem ersten Sendespiel 'Das Schaukelpferd' sogar drei Personen gleichzeitig gezeigt werden. Und wiederum nur vier Wochen später bewegten sich bereits sechs Personen im Bild. Das heißt, bewegen ist eigentlich ein bißchen viel gesagt, denn die 'Bühne', jener kleine schwarze Raum, den der Abtaster umfassen konnte, war so winzig klein, daß ein größerer Schritt bereits aus dem Bild herausführte. Weiße Holzleisten begrenzten diesen Spielraum, und stets mußte jemand auf dem Boden sitzen, um eventuellen 'Grenzübertritten' vorzubeugen. Ein neuer Inspizient hatte einmal diese Aufgabe zu erfüllen, während über seinem Kopf die 'Schiffsbar auf der Oceana' aufgebaut war. Eine Stewardess hatte gerade ein Glas zu putzen - ein extra dickes, massives Glas, sonst wäre es vielleicht unsichtbar geblieben -, in der Dunkelheit verfehlte sie die Tischplatte, das Glas fiel dem armen, auf dem Boden sitzenden Inspizienten aufs linke Auge. . . . Etwas später reichte man ihm eine Schiffshupe, mit der er die Abfahrt signalisieren sollte - anstatt in seiner Hand landete sie in seinem rechten Auge. Und da aller guten Dinge drei sind, stolperte einige Minuten später ein Akkordeonspieler und schlug dem Mann unterm Tisch sein Instrument mitten ins Gesicht." [44]) Es ist durchaus zu verstehen, daß für die Nazi-Führung derartige produktionsästhetische Bedingungen für propagandistische Auftritte wenig effektiv und daher nicht sonderlich interessant sein konnten: vor allem nicht im Verhältnis zu den sehr weitgehend entwickelten Medien Hörfunk und Tonfilm. Führer-Masse-Beziehungen ließen sich über die Totalen-Projektion im Kino sicherlich wirkungsvoller darstellen als Fackelzüge, Feuerpfannenflammen, Sturm- und Blutfahnen oder B(und)D(eutscher)M(ädchen)-Reigen auf dem 180 Zeilen-Fernsehbild am Heimempfänger. Auch hätte die schallende Größe der nationalsozialistischen Wort-, Trommeln- und Fanfaren-Propaganda möglicherweise sich mit ihrem visuellen Diminutiv auf dem 18 mal 22 [45]) oder 19 mal 23 [46]) Zentime-

47) Populärwissenschaftliche Fernsehkuh-Zerlegung: „Darum will man später zu noch erheblich mehr Bildzeilen übergehen"

48) Empfangselite

ter kleinen Fernsehbild am Heimempfänger schlecht vertragen, bzw. schlicht lächerlich gemacht.

Ob Goebbels oder Hitler - die noch Unansehnlicheren wie Reichsernährungsminister und dergleichen einmal ausgenommen - in einer fast völlig dunklen Studio-Zelle von 1,5 mal 1,5 Metern Spielraum sich für einen privaten Fernsehempfang hätten abtasten lassen, ob sie, in diesen dunklen Zellen den Blick der Öffentlichkeit gegenüber allein gelassen, mit ihrem blutunterlaufenen Imponier-Gebrüll einen der Lautsprecher-Übertragung auf Massenversammlungen oder der Wochenschau-Alternation von Führer-Kult und Massen-Totalen vergleichbaren Effekt hätten erreichen können, drängt sich zumindest als Frage auf.

Massenbeeinflussungsmittel und Fernseh-Rezeption

In ihren Versuchen, die Massen ideologisch zu mobilisieren, d. h. die Individualität des Einzelnen der arbeitenden Bevölkerung zu brechen und zugleich die in der Entwicklung der gesellschaftlichen Produktivkräfte objektiv enthaltene und von der revolutionären deutschen Arbeiterbewegung subjektiv mehr und mehr freigesetzte Potenz an Massenorganisation zu korrumpieren, lag den Nationalsozialisten zu ihrer Selbstdarstellung viel an Massenversammlungen. „Die Massenversammlung ist auch schon deshalb notwendig, weil in ihr der einzelne, der sich zunächst als werdender Anhänger einer jungen Bewegung vereinsamt fühlt und leicht der Angst verfällt, allein zu sein, zum erstenmal das Bild einer größeren Gemeinschaft erhält, was bei den meisten Menschen kräftigend und ermutigend wirkt", ließ Hitler 1927 gesperrt drucken, um danach einfach fortzufahren: „Der gleiche Mann würde im Rahmen einer Kompanie oder eines Bataillons, umgeben von allen seinen Kameraden, leichteren Herzens zum Sturm antreten, als er dies, ganz auf sich allein angewiesen, täte. Im Rudel fühlt er sich immer noch etwas geborgen und wenn auch in der Wirklichkeit tausend Gründe dagegen sprächen. ... Wenn er aus seiner kleinen Arbeitsstätte oder aus dem großen Betrieb, in dem er sich recht klein fühlt, zum ersten Male in die Massenversammlung hineintritt und nun tausende und tausende von Menschen gleicher Gesinnung um sich hat, wenn er als Suchender in die gewaltige Wirkung des suggestiven Rausches und der Begeisterung von drei- bis viertausend anderen mitgerissen wird, wenn der sichtbare Erfolg und die Zustimmung von Tausenden ihm die Richtigkeit der neuen Lehre bestätigen und zum erstenmal den Zweifel an der Wahrheit seiner bisherigen Überzeugung erwecken, - dann unterliegt er selbst dem zauberhaften Einfluß dessen, was wir mit dem Wort Massensuggestion bezeichnen. Das Wollen, die Sehnsucht, aber auch die Kraft von Tausenden akkumuliert sich in jedem einzelnen. Der Mann, der zweifelnd und schwankend eine solche Versammlung betritt, verläßt sie innerlich gefestigt: er ist zum Glied einer Gemeinschaft geworden." 49)

Dem Faschismus ging es darum, die Massen als Objekt der Mittel gesellschaftlicher Kommunikation entgegen ihrer objektiven Situation als Subjekt der historischen Entwicklung der Gesellschaft zum Ausdruck zu bringen, ohne ihnen die Möglichkeit zu gewähren, sich ausdrücken zu können. „Der Faschismus versucht, die neu entstandenen proletarischen Massen zu organisieren, ohne die Eigentumsverhältnisse, auf deren Beseitigung sie hindringen, anzutasten. Er sieht sein Heil darin, die Massen zu ihrem Ausdruck (beileibe nicht zu ihrem Recht) kommen zu lassen." 50) Und als Anmerkung dazu: „Hier ist, besonders mit Rücksicht auf die Wochenschau, deren propagandistische Wirkung kaum überschätzt werden kann, ein technischer Umstand von Wichtigkeit. Der massenweisen Reproduktion kommt die Reproduktion von Massen entgegen. In den . . Massenveranstaltungen . . und im Krieg, die heute sämtlich der Aufnahmeapparatur zugeführt werden, sieht die Masse sich selbst ins Gesicht. Dieser Vorgang, dessen Tragweite keiner Betonung bedarf, hängt aufs engste mit der Entwicklung der Reproduktions- bzw. Aufnahmetechnik zusammen." 51)

Abgesehen davon, daß bei einer Entwicklung des durchschnittlichen absoluten Wochenlohns von 22,88 auf 26,50 Mark 52) und des offiziellen Existenzminimums von 39,05 auf 40,00 Mark je Woche 53) von 1932 bis 1937 der Kaufpreis für einen Fernseh-Heimempfänger 1934 2500 - 3000 Mark und 1935 immerhin noch 1800 Mark betrug 54), daß also vorerst an ein Heimfernsehen als Massenbeeinflussungsmittel kaum zu denken war, und abgesehen davon, „daß vorläufig dem Fernseh-Sender Berlin-Witzleben nur eine lokale Bedeutung" 55) zukam und man „die Reichweite für einen sicheren Empfang etwa mit 50 Kilometer angeben" 56) konnte, daß also eine reichsweite Fernseh-Erfassung der Bevölkerung noch nicht möglich war, erschien die damalige Entwicklung der Reproduktions- und Aufnahmetechnik des neuen Mediums der nationalsozialistischen Propaganda wohl als noch zu wenig geeignet, die Masse durch Heimfernsehen sich selbst ins Gesicht sehen zu lassen. So bevorzugte man bei der Einführung des Fernsehens im Frühjahr 1935 den Gemeinschaftsempfang, gemeinschaftliches Fernseh-Erlebnis in Lichtspielhaus-Kleinausgaben. Im April 1935 wurde eine erste öffentliche Fernsehstelle im Reichspostmuseum für Publikumsbesuch freigegeben. Jeweils 30 Personen konnten bei freiem Eintritt auf zwei Fernsehempfängern ein 18 mal 22 Zentimeter großes Bild sehen. Man zählte bis zu 3000 Besucher täglich. Zwei weitere öffentliche Fernsehstellen folgten noch im Frühjahr, zwei im Herbst des gleichen Jahres. Und im Herbst 1935 wurde schließlich die erste öffentliche Großbild-Stelle für jeweils 294 Zuschauer im Postamt in der Turmstraße in Berlin eingerichtet, in der das Fernsehbild auf eine Fläche von 3 mal 4 Metern projiziert werden konnte.[57]

Kurzes Solo in der Dunkelzelle

Als im April 1934 erstmals Fernseh-Versuchssendungen mit Ton über den Sender Berlin-Witzleben als 180 Zeilen-Bild und über den Deutschlandsender als 30 Zeilen-Bild ausgestrahlt wurden, bestand das Programm, das noch nicht für die Öffentlichkeit freigegeben war, nur aus "Fernkino" und Musik-Übertragungen:

Uhr	Montag	Dienstag	Mittwoch	Donnerstag	Freitag	Sonnabend
9 - 11	Fernkino	Fernkino	Fernkino	Fernkino	---	Fernkino
11 - 12	---	Musik	---	Musik	---	Musik
15 - 16	Fernkino	---	Fernkino	---	---	---
20.30 - 22	Musik	Fernkino	Musik	Fernkino	Musik	---

58)

Nachdem im Sommer 1934 "Fernkino" durch "Tonfilm" und dies im April 1935 wiederum durch "Fernsehen" ersetzt worden war, wurde nach der Einführung des regelmäßgigen öffentlichen Fernsehbetriebes folgendes Programm angeboten:

Uhr	Montag	Dienstag	Mittwoch	Donnerstag	Freitag	Sonnabend
9 - 11	Fernsehen (RPZ)	Fernsehen (RPZ)	Fernsehen (RPZ)	Fernsehen (RPZ)	---	Fernsehen (RPZ)
11.30 - 12.30	Musik	Musik	Musik	Musik	---	Musik
15 - 16.30	Fernsehen (RPZ)	---	Fernsehen (RPZ)	---	---	---
17 - 20.30	Musik	Musik	Musik	Musik	Musik	Musik
20.30 - 22	Fernsehen (RRG)	Fernsehen (RPZ)	Fernsehen (RRG)	Fernsehen (RPZ)	Musik	Fernsehen (RRG)
22 - 24	Musik	Musik	Musik	Musik	Musik	Musik

59)

Am Sonntag wurde zudem von 17 bis 24 Uhr Musik gesendet.[60]) Die Aufteilung des Fernseh-Dienstes in Sendungen der Reichspostzentrale (RPZ) vormittags, nachmittags und zweimal abends je Woche und in Sendungen der Reichsrundfunkgesellschaft (RRG) an drei Abenden in der Woche läßt schließen, daß die Sendungen der Reichspostzentrale weiterhin Versuchszwecken dienten, während das eigentliche Publikumsfernsehen nur an drei Abenden in der Woche je eineinhalb Stunden ausgestrahlt wurde: „Das Programm ist noch recht dürftig: Musik, Bilder der Woche, Kulturfilme, Musik, das Filmlustspiel 'Die ideale Wohnung' und wieder Musik." [61]) Zwar kamen bereits 1935 Sänger und Schauspieler wie Johannes Heesters, Otto Gebühr, Fredy Rolf, Else Elster, Inge Vesten oder Carl de Vogt zu einem Live-Fernsehauftritt [62]): „Jeder Schauspieler sitzt mit Rücksicht auf den lichtempfindlichen Abtaster in einer gesonderten Dunkelzelle. Er darf sich nicht zuviel bewegen, sonst gerät er aus dem Bild. Am Boden sind Leisten angebracht. Er darf sie nicht überschreiten. Tut er es doch, packt ihn jemand an den Beinen und zieht in unauffällig in den Aufnahmebereich zurück." [63])

Daß Künstler von Bühne und Leinwand durch Fernseh-Auftritte für sich, letztendlich für die Etablissements und Produktionsgesellschaften, an die sie sich verkauften, Werbung machen, ist offensichtlich nicht erst im bundesdeutschen Fernsehen Usus, nicht erst in oder reklamatorisch zwischen Serien-Sendungen jüngeren Datums. Hitler 1944/45: „Von diesem Bilde hole ich mir neue Kraft, wenn die schlechten Nachrichten mich niederzudrücken drohen. Sehen Sie die gewaltigen, blauen Augen, diese große Stirn. Welch ein Kopf!" [66]) Laut der sehr viel späteren 007-Reklame-Devise hätte man 1935 sagen können: Otto Gebühr ist Friedrich der Große, von 'Fridericus Rex' 1922 bis 'Der große König' 1942. Fernsehwer-

64)

Militarismus-Reklame 1935: Fridericus Rex im Fernsehen

65)

1935: „Halt mein Freund, wer wird denn gleich in die Luft gehen!"

bung 1935 also nicht nur für eines Nazi-Schauspielers Spitzenhonorare, sondern auch für UFA oder TOBIS, aber auch 20 Jahre lang kontinuierlich für den deutschen Militarismus. Ob indes Otto Gebühr als der König oder Inge Meysel später als die "TV-Oma" für Intelligenzblatt-Leser[67]) ausgegeben wurde, ein kleiner Unterschied muß doch angemerkt bleiben: z. B. die Fernseh-Werbung für die Firma einer Entfaltungs-Paste durch Marika Rökk in der Bundesrepublik oder die Fernseh-Werbung - in der Tat erstaunlich - eines Nazi-Komödianten für ein nach wie vor handelsübliches Deo-Wässerchen und Raucher-Genüsse. Ob nun Fredy Rolfs kommerzielle Fernseh-Werbung repräsentativ für die Auftritte von Unterhaltungskünstlern in dem neuen Medium von damals war oder nicht, jedenfalls erhellt sie einen weiteren möglichen Stellenwert des Fernsehens: ob hinsichtlich seiner Mittelbeschaffung durch Werbeeinnahmen, als Zirkulationsinstanz für die Konsumgüterindustrie oder Reproduktions-Supplement für Künstler.

Abgesehen von den Solo-Auftritten für solche wurden „zunächst Wochenschauen und daran anschließend Filme unterhaltenden und belehrenden Inhalts gesendet."[68]) Nachdem nach der Funkausstellung im Sommer 1935 ein Großfeuer den Fernsehsender Berlin-Witzleben zerstört hatte, man deswegen für eine Weile über einen Hilfssender mit minimaler Leistung in einem Umkreis von 2 Kilometern in zwei öffentlichen Postamt-Stellen nur noch einen Fernseh-Empfang aufrecht erhalten konnte[69]), eröffnete der deutsche Faschismus 1936 - in sicherlicher Spekulation auf eine international-kapitale, innen- sowie außenpolitisch benötigte Ehrung, zumindest Duldung eines nationalsozialistischen Regimes anläßlich der bevorstehenden, in Deutschland stattfindenden olympischen Spielen durch „Tag- und Nacht"-Arbeit[70]) - gewissermaßen zum zweiten Mal einen regelmäßigen Fernsehbetrieb für die Öffentlichkeit Berlins und Umgebung. Die bisherige Programm-Struktur, die auch für die nächste Zeit wohl verbindlich bleiben sollte, hatte sich kaum geändert:

Uhr	Montag	Dienstag	Mittwoch	Donnerstag	Freitag	Sonnabend
9 - 11	Fernseh-Versuche	Fernseh-Versuche	---	Fernseh-Versuche	Fernseh-Versuche	Fernseh-Versuche
17 - 19.30	Musik	Musik	Musik	Musik	Musik	Musik
20 - 22	Fernseh-programm	Fernseh-programm	Fernseh-programm	Fernseh-programm	Fernseh-programm	Fernseh-programm
22 - 24	Musik	Musik	Musik	Musik	Musik	Musik

[71])

Wie ein über den Berliner Sender ausgestrahlter Fernseh-Abend damals ablief, veranschaulicht das folgende Sende-Protokoll:

Sujet	Sende-Art	Länge	Bemerkungen
1. Else Elster technische Ansage	Zelle	1 Minute	
2. Carl-Heinz Boese Eröffnungsworte	Zelle	2 - 3 Minuten	Nur für 15. 1. 1936
3. Else Elster Ansage für Willi Schaeffers	Zelle	1 Minute	
4. Schaeffers Ansage des Films	Zelle	1 Minute	Achtung! Bei Schlußwort Schaeffers umschalten auf Filmgeber
5. Film 'Rückblick'	Filmgeber	26 Minuten	Achtung! Bei Schluß umschalten auf Zelle
5.a Während der Film läuft, Mikrofone offen für Zwischensätze Sprecher Bublitz			
6. Schaeffers sagt Carl de Vogt an	Zelle	3 - 5 Minuten	(evtl. länger)
7. Carl de Vogt singt zur Laute	Zelle	5 Minuten	
8. Willi Schaeffers sagt Film an	Zelle	3 - 5 Minuten	Achtung! Umschalten auf Filmgeber
9. Film 'Querschnitte'	Filmgeber	11 Minuten	Achtung! Umschalten auf Zelle!
10. Willi Schaeffers sagt Else Elster an	Zelle	3 - 5 Minuten	
11. Elster Chanson	Zelle	4 Minuten	Begleiter am Flügel: Albes
12. Willi Schaeffers sagt de Vogt an	Zelle	3 - 5 Minuten	Am Flügel: Albes
13. Carl de Vogt singt zur Laute	Zelle	3 Minuten	
14. Else Elster Schlußabsage	Zelle	2 Minuten	

[72])

Frühe Fernseh-Lustspielkünstler

Auch 1936 offensichtlich kein Hitler und kein Goebbels in der "Dunkelzelle" [73]), sondern zwischen den Filmübertagungen kurze Solo-Einlagen mehr oder wenig prominenter Unterhaltungskünstler wie Carl-Heinz Carell, Berthold Ebbecke, Hugo Fischer-Köppe, Heinz Förster-Ludwig, Harry Gondi, Käthe Jöken-König, Friedrich Kayssler, Lotte Lorring oder Udo

Vietz.[74]) Ein Vergleich mit den Spielfilm-Auftritten dieser Darsteller in der Zeit von 1933 bis 1936 zeigt, daß zwar Otto Gebühr und Friedrich Kayssler in historischen Kriegsfilmen oder antisowjetischen Hetzfilmen mitwirkten, die zumeist „ staatspolitisch und künstlerisch besonders wertvoll" eingeschätzt und 1945 „gemäß Entscheidung der Alliierten Militärregierungen" zur Vorführung verboten wurden[75]), daß zwar Carl de Vogt 1934 in einem Film über den weiblichen Reichsarbeitsdienst mitspielte, dem damals dasselbe Prädiakt und 1945 dasselbe Verbot zuerkannt wurden[76]), daß zwar auch Johannes Heesters 1936 in einem 1945 verbotenen „historischen Spionage- und Abenteuerroman" auftrat.[77]) Aber gerade seine Laufbahn hört sich bekanntlich doch vielmehr so an: 'Der Bettelstudent' 1936, 'Wenn Frauen schweigen' 1937, 'Meine Tante-Deine Tante' und 'Das Abenteuer geht weiter' 1939, 'Liebesschule' und 'Die lustigen Vagabunden' 1940, 'Illusion' und 'Immer nur Du' 1941, 'Karneval der Liebe' 1943, noch 1944 'Es fing alles so harmlos an', 'Es lebe die Liebe' und 'Glück bei den Frauen', bereits 1950 wieder 'Zweimal verliebt', 'Wenn eine Frau liebt' oder 'Hochzeitsnacht im Paradies' und noch lange nach 1957 'Von allen geliebt'[78]). Von den 59 Spielfilmen, in denen 1933-1936 Carl-Heinz Carell, Berthold Ebbekke, Else Elster, Hugo Fischer-Köppe, Heinz Förster-Ludwig, Otto Gebühr, Harry Gondi, Friedrich Kayssler, Lotte Lorring, Willi Schaeffers und Carl de Vogt, also die Fernseh-Dunkelzellen-Prominenten von 1935/36 mitwirkten, waren 64,4 Prozent oder 38 Filme erklärtermaßen "Heitere Volksstükke","Alltagslustspiele", "Musikalische Liebeskomödien", "Militärlustspiele", "Schwänke", "Volkstümliche Operetten", "Ehekomödien", "Heimatlust-

85)

Inge Vesten, 'Wie ein Ei dem anderen ...'

86)

... war eine Fernsehsendung vom 2. September 1939: Else Elster spiele“, “Kriminallustspiele“, “Musikalische Ausstattungslustspiele“, “Revueoperetten” und vor allem immer wieder “Verwechslungslustspiele“.[79]) Weitere 21 Titel waren “Liebesromane“, “Aufklärungsfilme“, “Alltagsgeschichten“, “Frauen- und Sittenromane“ oder “Hochgebirgsfilme“ [80]), d.h. dass insgesamt 81, 4 Prozent der Spielfilmproduktion mit der Fernseh-Prominenz von 1935/36 im Zeitraum von 1933 bis 1936 gewöhnliche Unterhaltungsfilme waren, die dann auch das Alliierten-Verbot von 1945 nicht betraf; davon wurden nur 11 von den 59 Spielfilmen betroffen, nämlich zumeist die, die damals das nationalsozialistische Prädikat “staatspolitisch wertvoll“ erhielten, für die offene faschistische Propaganda als effektiv eingeschätzt wurden.[81]) Fernseh-Ansagerin Else Elster und Lauten-Sänger Carl de Vogt spielten 1933 in dem Film ’Wenn am Sonntagabend die Dorfmusik spielt’ mit, einem “heiteren Volksstück“ [82]); und der Fernseh-Gast Willi Schaeffers wirkte allein in den Jahren 1934 und 1935 in 10 “Verwechslungslustspielen“ und ähnlichen Spielfilmen mit [83]), Fernseh-Ansagerin Else Elster 1935 in der “Revueoperette“ ’Mach mich glücklich’ [84]).

Es gilt „Ideale zu propagieren, die an sich unpopulär sind“

Die Besucher der öffentlichen Fernsehstellen bekamen also Schauspieler, Schlager- und Operettensänger zu sehen, die ihnen größtenteils aus der gewöhnlichen leichten Unterhaltung bekannt waren.[87]) So liegt der Schluß nahe, daß auch für das damalige Fernsehen die Richtlinien Geltung bekamen, die Reichssendeleiter Eugen Hadamovsky 1934 für den Hörfunk aufstellte: „Der Hörer verlangt nach seiner täglichen Arbeit Erholung und Entspannung und sucht Unterhaltung und Unterhaltungsmusik... Die nationalsozialistische Bewegung .. hatte und hat Theorien und Ideale zu propagieren, die an sich unpopulär sind; nur besaß sie die Klugheit, alle diese Dinge populär zu sagen und so an die Masse heranzutragen. Genau so muß der Rundfunk arbeiten... Alles, was das Leben des deutschen Volkes ausmacht, soll der Rundfunk widerspiegeln. Volkshumor, heitere Dichtung , deutsche Volkslieder sind dazu angetan, nach Tagen harter Arbeit Stunden anspruchsloser Freude zu bringen. Lachen und Freude geben den freudigen Lebenstakt für die harten Stunden der Pflicht... Der Rundfunk, wie er heute ist, enthält sich nur scheinbar der Propaganda; er bringt sie indirekt“.[88]) Eine Propaganda also, die nur zu einem kleineren Teil aus direkten De- und Reklamationen faschistischer Anmaßungen und Ansprüche bestand, nur zu einem kleineren Teil die “unpopulären Ideale“ der Nationalsozialisten offen vortrug, sondern zu einem großen Teil indirekt durch Austattungs- und Verwechslungslustspiele oder Revueoperetten dem Terror-Regime Amüsement aufprojizierte. Die total direkte Propaganda reservierte man sich wohl in jener “Pyrokratie“ [89]) mehr für Massenaufmärsche, Fackelzüge oder Bücherverbrennungen, die effektiver zu kontrollieren und nötigenfalls direkter zu terrorisieren waren als Hörfunk- oder Fernsehkonsum.

Funktion und Disfunktion eines Massenmediums

Vielleicht spielte bei der Abschätzung des Verhältnisses von Amüsement- und Direkt-Propaganda für die Rundfunkdarbietungen und bei der Bevorzugung der Live-Medien für Direkt-Propaganda auch die Erfahrung mit, die der Faschismus bereits in seinen Frühversuchen, das Prinzip gesellschaftlich "organisierender Potenz" [90]) des Rundfunks nationalsozialistisch perfekt zu machen, hinnehmen mußte.

Der vom 21.9. bis zum 23.12.1933 währende Reichstagsbrandprozeß, der die Kommunisten der Brandlegung überführen sollte, wurde anfänglich im Rundfunk übertragen. Die Verantwortlichen dieser Schandtat sollten sich der Weltöffentlichkeit stellen. Als allerdings im Verlauf des Prozesses der Angeklagte Georgi Dimitroff, Mitglied der Exekutive der Kommunistischen Internationale, immer stärker als Ankläger gegen das faschistische Verbrecher-Regime hevortrat und schließlich "einen verdeckten Zweibund zwischen .. politischer Verrücktheit" einer "mißbrauchten Kreatur, die gegen die Arbeiterklasse ausgespielt wurde" und "politischer Provokation" der Nationalsozialisten [91]) für den Reichstagsbrand verantwortlich machte und seinen Freispruch durchsetzen konnte, sahen die Nazis sich genötigt, diese Rundfunkübertragungen abzubrechen [92]). Es war wohl abzusehen, daß die beabsichtigte Funktion des Rundfunks als Mittel faschistischer Direkt-Propaganda in seine Disfunktion für die Nazis umschlagen und sogar als antifaschistisches Organisationsprinzip wirken könnte. Dies ist vor allem im Zusammenhang mit der Vernehmung Görings am 4.11. und der Vernehmung Goebbels am 8. 11. 1933 [93]) anzunehmen, auf dem Hintergrund des vom 14. bis zum 18. 9. 1933 durch den Internationalen Untersuchungsausschuß zur Aufklärung des Reichstagsbrandes in London durchgeführten Gegenprozesses, der die angeklagten Kommunisten am 20. 9. 1933 freisprach und die Weltöffentlichkeit in einem in sechzehn Sprachen erschienenen 'Braunbuch über Reichstagsbrand und Hitlerterror' informierte. [94]) Auch schon vor diesem Abbruch faschistischer Direkt-Propaganda, zu dem wahrscheinlich auch wesentlich die in der im Exil in Prag herausgegebenen 'Arbeiter-Illustrierten-Zeitung' erschienenen Wort-Bild-Berichte [95]) und die bekannte Fotomontage John Heartfields (überragender Dimitroff "Der Richter" und Wichtling Göring "Der Gerichtete") [96]) beitrugen, hätten die Nazis Gelegenheit gehabt, die Schwierigkeiten kennenzulernen, die sich aus dem Versuch ergaben, das gesellschaftliche Organisationsprinzip des Rundfunks für ihre Interessen propagandistisch auszunutzen.

Arnolt Bronnen, vor dem 30. 1. 1933 Leiter der Hörspielabteilung am Sender Berlins, der bald danach "die größte Macht im Funk-Haus, eine größere als der Intendant" hatte [97]), gab über den Fackelzug an jenem Tag Unter den Linden später zu Protokoll: „Ich wollte weggehen, ich hatte Dienst draußen in Westend. Aber sie standen eisern um mich herum, ich hatte nie gefühlt, welche brutale Kraft in den Ellbogen der Männer steckte, wenn sie fasziniert starrten und nicht gestört sein wollten. Ich mußte bleiben, mußte mitbrüllen, denn sie begannen auf jeden, der nicht mitbrüllte, einzuschlagen, und als ich 'Heil!' schrie, schlug mir einer den Hut vom Schädel, weil ich nicht 'Heil Hitler!' geschrien hatte".[98])Soweit die unmittelbaren Kontroll-und Korrekturmöglichkeiten der Wirkungen von Direkt-Propaganda durch Live-Medien wie Massenaufmarsch und Fackelzug. Doch auch der Rundfunk übertrug jene Geschehnisse vom 30. 1. 1933.

Göring spricht: „Während ich hier am Mikrofon stehe, wälzen sich draußen vor den Fenstern der Reichskanzlei Hunderttausende von Menschen. Eine Stimmung (Geschrei), wie sie nurmehr zu vergleichen ist mit jenem August 1914, da ebenfalls eine Nation aufgebrochen ist, alles was sie besaß, zu verteidigen". Geschrei, Stimmen. Rundfunkreporter: „Jetzt haben wirs erreicht." Zweiter Reporter: „Wir haben nun wenigstens einmal den Versuch gemacht, einige von der Straße wahllos herauszugreifen und herauszubitten." Erster Reporter: „Kommen Sie doch einmal an das Mikrofon, neben mir. Was sind sie von Beruf, wenn ich fragen darf." - „Ich bin Schlosser, einundfünfzig Jahre alt." - „Waren Sie Soldat?" - „Jawohl, bei der Marine." - „Sagen Sie doch bitte einmal, was sagen Sie jetzt zu dieser ganzen Sache, die Sie hier erleben? Frank und frei, ohne jede - (bricht Satz ab)." - „Ich habe nur wahrgenommen, daß unsere preußische Polizei nicht mal die Ehre besitzt und unserem neuen Kanzler - (bricht Satz ab)." (Pause) Reporter: „Das stimmt aber nicht ganz, denn ich habe gesehen, wie ganze Schupos auf dem Wagen aufgestanden sind." - „Nein, die sind nicht aufgestanden (unverständlicher Nachsatz)." (Pause) Reporter: „Ja, aber ne ganze Reihe hab ich gesehen, die sind aufgestanden. (Und sofort anschließend) „Kommen Sie doch mal bitte her. Sie sind Student, ja?" - „Ja." - „Was haben Sie denn heute gesehen?" - „Am meisten hat mich ergriffen, wie ein voll besetzter Mannschaftswagen mit Schupos vor dem Fenster des Führers hielt, der Offizier aufstand, die ganze Mannschaft mit ihm. Und dem Führer ein kräftiges 'Heil Hitler!' darbrachten." Reporter: „Dann haben also die einen gesessen, eisern in ihrer Disziplin. Und die anderen, die haben dann (Pause) Begeisterung (Pause) gezeigt."[99])

Zwar fehlen Belege darüber, wie die Teilnehmer des individuellen Rundfunkkonsums auf eine solche massenmediale Versöhnungsbemühung zwischen den "eisern in ihrer Disziplin" Sitzengebliebenen und den vor "Begeisterung" Aufgesprungenen an ihrem Heimempfänger reagierten. Aber zumindest kann angenommen werden, daß im einen oder anderen Fall solche Direkt-Propaganda über das Fackel-Spektakel am 30. 1. 1933 auch schon die Eigengefahr ihrer Kehrseite zum Vorschein kommen ließ, daß vielleicht nicht zuletzt aus dabei entstandenen Befürchtungen später die Nationalsozialisten offiziell das erwünschte "Lachen", das "den freudigen Lebenstakt für die harten Stunden der Pflicht" geben sollte[100]), lieber der indirekten Unterhaltungspropaganda als der Direkt-Propaganda überließen und jener vor dieser im Rundfunk, in Hörfunk und Fernsehen, den Vorzug, ein Übergewicht gaben, was indes nicht heißt, daß die Nationalsozialisten dem Glimmern kapitalistischer Unterhaltungspropaganda nicht das Grollen faschistischer Direkt-Propaganda unterlegten, was indes heißt, daß die häufig verbreitete, zum Zweck der radikalen Differenzierung und Legitimierung der bundesdeutschen gegenüber der nazideutschen Rundfunkgestaltung aufgestellte Behauptung, daß damals nur oder überwiegend Führerreden und Marschplatten liefen, wohl nicht zutreffen kann.

Propagandafernsehen oder Fernsehpropaganda?

Zwar spekulierte in seiner Eröffnungsansprache auf der Großen Deutschen Rundfunkausstellung am 16.8.1935 Reichsminister Goebbels, „daß das deutsche Fernsehen in kurzer Zeit einen märchenhaften Aufschwung nehmen werde“, ordnete dabei für die “Rundfunkschaffenden“ an, „nicht .. in diesen schweren Zeiten dem Volke das Herz noch schwerer zu machen“, sondern „die Gemüter (zu erleichtern), die Sinne (zu) ermuntern, die Herzen (zu) stärken“.[101]) Aber bereits im Frühjahr 1935 wurde seitens der Fernsehtechnik der Zeilen- und Bildwechselzahl, mit der auch auf der Rundfunkausstellung Übertragungen durchgeführt wurden, bestätigt, daß dabei „immer noch ein ermüdendes Flimmern sich bemerkbar macht“.[102]) Und nachdem die zum 1. Mai 1935 angesetzte Live-Übertragung wahrscheinlich nicht nur wegen „noch zu geringer Beteiligung am Fernsehen“ und “schlechten Wetters“[103]) abgesetzt worden war, erklärte Reichssendeleiter Hadamovsky über alle deutschen Rundfunksender zur Möglichkeit eines Massenkommunikationsmittels Fernsehen: „Ich habe aber niemals Zweifel darüber gelassen, daß hierzu noch ein Kampf und eine Entwicklung von Jahren erforderlich sind.“[104]) Zwar wurde damals recht stark Fernseh-Propaganda betrieben: „Das Fernsehen muß uns wirklich zusätzliche Kulturmöglichkeiten schaffen. ...Daß wir nun aber fast alle Sinne am Erleben teilnehmen lassen können, darf und soll nicht zu einer Proletarisierung der Kulturproduktion führen; wenn wir alle am Erlebnis teilnehmen lassen, so heißt unsere Aufgabe damit nicht Proletarisierung, sondern umgekehrt Aristokratisierung der Kulturproduktion, d.h. Ausschalten des Schlechten, Vernichten des Minderwertigen, Durchsetzung des Führerprinzips auch in der Kulturproduktion“.[105]) Aber von einem Propaganda-Fernsehen schien man aufgrund des wohl noch zu schwachen Effekts weniger halten zu können. Der Rundfunk-Mann, der am 30. 1. 1933 nur unordentlich "Heil Hitler!" geschrien haben soll, sich aber ordentlich aus der Republik in die faschistische Diktatur hinüber- und vorangedient hatte, zur Situation 1934: „Ich gehörte also immer noch dazu, ein Enfant terrible des Nationalsozialismus. Was mich von den Juni-Schlächtern trennte, waren Fragen der Taktik (...) Ich kam, ich ging, wie ich wollte. Von Zeit zu Zeit beriefen mich Dressler-Andress und Hadamovsky, fragten nach meinen Plänen. Ich verwies, anfangs mehr des Witzes halber, aufs Fernsehen. Die beiden nahmen es ernst. Ich erhielt den dienstlichen Auftrag, ein Exposé über die Aufnahme eines Fernseh-Programm-Betriebes innerhalb der RRG auszuarbeiten. Das war natürlich reizvoll.“[106]) Und am 22. 3. 1935 „war der von mir angeregte Fernseh-Programm-Betrieb eröffnet worden. Es war eine reine Hochstapelei, denn es gab weder ein Fernsehen, noch ein Programm, höchstens einen Betrieb.“[107])

Dank eines Liebhabers militärischer Wissenschaften

Fernseh-Propaganda, aber wenig Interesse an Propaganda-Fernsehen: Daß die Faschisten dem neuen Kommunikationsmittel anscheinend nicht primär den Stellenwert einer "Kulturproduktion" [108]), einer direkten Reproduktion und Massenmobilisation ihrer Ideologie zukommen lassen sollten, deutete Hadamovsky bereits in seiner reichsweiten Rundfunk-Erklärung im Mai 1935 an: „Das Fernsehen wird sich nach unserem Programm auf der Senderseite rasch, auf der Empfangsseite allmählich und schrittweise entwickeln." [109]) Schon sehr viel deutlicher wurde dies im Frühjahr 1936 dem Rundfunk-Mann Arnolt Bronnen, den Goebbels „alle die Jahre nur Olgas wegen gehalten" [110]) hatte, seiner damals durch Selbstmord aus dem Leben geschiedenen Frau wegen, beigebracht, als er gegen den Willen von Hadamovsky vom Reichsministerium für Volksaufklärung und Propaganda eine Stellung beim Fernsehen bekommen sollte: „Für mich sprach nur, daß die RRG mit ihrem Fernseh-Sender nicht weiterkam. ... Da geriet ich erneut ins Blickfeld des Propaganda-Ministeriums. ...'Bringen Sie mir bis morgen ein Exposé über die Rolle des Fernsehens im A-Falle.' Ich hatte keine Ahnung, was der A-Fall sei, und zog mich grübelnd in meine Behausung zurück. Nun hatte aber .. ein alter Liebhaber der militärischen Wissenschaften zahlreiche fremdsprachige Werke und Zeitschriften, die sich mit Krieg und Rüstung befaßten. Unter diesen fand ich in französischen Zeitschriften Aufsätze, welche die Television in der Maginot-Linie betrafen. Da fiel es wie ein Blitz in mich ein: A-Fall ist Kriegsfall! Du sollst ihnen helfen, das Fernsehen zum Kriegs-Instrument zu machen. Es war eine schreckliche Entdeckung für mich. ... Ich mußte mitmachen. So schrieb ich ein Ex-

„Schießen die Herrschaften mal?": 1935 auf dem Rummelplatz in 'Ich liebe alle Frauen'

V 2 - nein danke!

[112])

zerpt aus den französischen Aufsätzen. ... Jedenfalls schien das Propaganda-Ministerium mit meiner Leistung zufrieden, und nur wenige Tage später empfing ich die Verfügung über mein Konto wieder, empfing mich Hadamovsky. Ich war wiederum in die Reichs-Sendeleitung aufgenommen, wurde wiederum der Programm-Leitung des Fernsehsenders zugeteilt."[111]) Wie auch immer jenes Exposé ausgesehen haben mag, die Forcierung der Fernsehentwicklung war ausschlaggebend in den rüstungswirtschaftlichen und aggressionskriegerischen Interessen des deutschen Faschismus begründet. Zwar wurde jenes Exposé im Auftrag des Propaganda-Ministeriums angefertigt, was den Schluß zuläßt, daß als Verwendungszweck des Fernsehens seine damals der Tendenz nach gegebenen, indes noch schwach entwickelten Möglichkeiten für Unterhaltungs-, gar Direkt-Propaganda vor Augen standen. Aber der drohende, in Friedensdeklamationen der Nazis wiederholt angedrohte Krieg hatte bereits mit zur Forcierung der Fernseh-Entwicklung beigetragen.

Nachdem die Hitler-Regierung am 19. 10. 1933 offiziell den Austritt aus dem über Abrüstung verhandelnden Völkerbund proklamiert[113]) hatte, erließ sie am 16.3.1935, also nur fast eine Woche vor Eröffnung des Unterhaltungs-Fernsehbetriebes in Berlin, ein 'Gesetz für den Aufbau der Wehrmacht'[114]). Damit waren wichtige Voraussetzungen für eine zügige militärische Aufrüstung Deutschlands geschaffen. Und von Anfang an war die Fernsehentwicklung so in Angriff genommen wie sie schließlich im Krieg aufgegeben werden mußte: im Dienste der Wehrmacht.

Ministerkompetenzenstreit

So war denn auch der dem Fernsehen „einen märchenhaften Aufschwung"[115]) voraussagende Eröffnungsredner auf der Großen Deutschen Rundfunkausstellung am 16.8.1935 eigentlich der falsche Mann: Anstelle des Propagandaministers Goebbels hätte damals dem Reichsluftfahrt-Minister Hermann Göring, der Goebbels' Abteilung ohnedies nur für ein "Nachtwächter-Ministerium"[116]) hielt, die Aufgabe zugestanden, sich zur Fernehentwicklung zu äußern, denn ihm war das neue Kommunikations-, d.h. also Militarisationsmittel durch "Erlaß des Führers und Reichskanzlers über die Zuständigkeit auf dem Gebiete des Fernsehwesens" vom 12.7.1935 unterstellt: „Die weitere Entwicklung des Fernsehwesens erfordert dringend eine Zusammenfassung der staatlichen Zuständigkeiten in einer Hand. Mit Rücksicht auf die besondere Bedeutung des Fernsehwesens für die Flugsicherung und den nationalen Luftschutz ordne ich daher an: Die Zuständigkeiten auf dem Gebiete des Fernsehwesens gehen auf den Reichsminister der Luftfahrt über, der sie im Benehmen mit dem Reichspostminister ausübt."[117])

Ein Flugsicherungs-Fernsehen statt eines Gemütsermunterungs-Fernsehens: Sicherlich paßte dies Goebbels nicht in das Konzept und kam es infolge dieses Erlasses zu Kompetenzstreitereien zwischen den zwei Ministerien, so daß am 11.12.1935 Hitler in einem Ergänzungserlaß bestimmte: „Der Reichsminister der Luftfahrt ist zuständig für alle zur

Sicherung der Luftfahrt, des Luftschutzes und der Landesverteidigung erforderlichen Maßnahmen auf dem Gebiete des Fernsehwesens; soweit die Landesverteidigung berührt wird, ist er innerhalb der Wehrmacht federführend. Die Aufgabe des Reichsministers der Luftfahrt umfaßt ... auch die Genehmigung zur Herstellung und zum Inverkehrbringen von Fernsehaufnahmen aus Luftfahrzeugen und von Geräten oder Mitteln für das Fernsehen sowie im Einvernehmen mit dem Minister für Volksaufklärung und Propaganda die Genehmigung zu Veröffentlichungen aller Art über die vorbezeichneten Geräte und Mittel durch Wort,Schrift, Bild und Ton (einschließlich Erteilung von Unterricht, Abhaltung von Vorträgen, öffentlicher Vorführungen von Bildern oder Filmen, Veranstaltungen von Ausstellungen auf diesem Gebiet). ... Dem Reichsminister für Volksaufklärung und Propaganda obliegt die darstellerische Gestaltung von Fernsehübertagungen für Zwecke der Volksaufklärung und Propaganda. Er hat in Fragen, die die Landesverteidigung betreffen, das Einvernehmen mit dem Reichsminister der Luftfahrt herbeizuführen."[118]) Dieser zwar zugunsten des Propagandaministeriums ergangene Ergänzungserlaß ließ aber anscheinend die Oberbefehlsgewalt über das Fernsehen weiterhin beim Luftfahrtministerium, allerdings Hitler unterstellt. Einerseits wird damit nochmals ersichtlich, daß Fernsehübertragungen von 'Jungfrau gegen Mönch', 'Der Schrecken vom Heidekrug' oder 'Meine Frau, die Schützenkönigin' höchstoffiziell zum "Zwecke der Volksaufklärung und Propaganda" erfolgten.[119]) Andererseits scheint sich damit zu bestätigen, daß die Fernsehentwicklung des deutschen Faschismus nicht primär einem ideologischen Gebrauchswert für Unterhaltungs- oder Direkt-Propaganda dienen sollte, sondern dem gesamt-monokapitalistischen Zweck der Kriegsvorbereitungen, der, wie sich später herausstellen sollte[120]), hin und wieder auch in Widersprüche zum Sonderinteresse der Tauschwertrealisation des dem Fernsehen zugrundeliegenden Elektrokapitals geriet.

Fernseh-Lenkwaffen

Doch darin scheint auch eine Art Kontinuität oder Tradition kapitalistischer Medien-Innovationen zu stecken. Einer der ersten deutschen Filmkonstrukteure, Oskar Messter, der „auch als Begründer der deutschen Filmindustrie angesehen wird", in die am 18. 12. 1917 gegründete UFA (Universum Film Aktiengesellschaft) immerhin schon als "Messter-Konzern" einging, stieß, nachdem „das Großkapital .. das Kino als profitablen Wirtschaftszweig und wirkungsmächtiges Propagandainstrument im Sinne des deutschen .. Imperialismus" entdeckt hatte, im ersten Weltkrieg als „Vertreter des Filmwesens .. selbst in die Militärbürokratie vor", um damit „den Film begünstigende Entscheidungen" zu beeinflussen. Er hatte sich freiwillig zur Truppe gemeldet und wurde „als Sachverständiger für die Kriegsberichterstattung in die Presseabteilung des stellvertretenden Generalstabs berufen. .. Messter entwickelte zudem einen Reihenbildner für die Luftaufklärung."[121]) Am 15.7.1935, drei Tage nachdem durch Regierungserlaß dem Luftfahrtministerium der Nazis die Kompetenz in Sachen Fernsehentwikklung reserviert worden war, wurde, laut Akten des Reichspostministeriums, ein Patent angemeldet, das darauf hinausging, "mit Hilfe des Fernsehens die Lenkung unbemannter Fahrzeuge durchzuführen"[122]), wobei vor allem vorgeschlagen wurde, "eine Anwendung dieses Gedankens auf den Bombenabwurf von Flugzeugen"[123]) vorzunehmen. „Dem Patent folgend sollte die Angriffswaffe einen Fernseh-Aufnahmeapparat enthalten, der ihre jeweilige Lage an der Abschußstelle sichtbar zu machen gestattete. Von hier aus konnte die Waffe mit Hilfe von eingebauten Steuermechanismen über Funk ins Ziel gelenkt werden."[124]) Man kann zwar davon ausgehen, daß Reichssendeleiter Hadamovsky, als er im Mai 1935 über Rundfunk dem Fernsehen eine Entwicklung voraussagte, die auf „der Senderseite rasch, auf der Empfangsseite allmählich"[125]) ablaufen sollte, an die kommunikativen Möglichkeiten des neuen Mediums dachte. Aber sicherlich war es auch notwendig, die Senderseite des Fernsehens forciert zu entwikkeln, um aus einer televisuell ferngelenkten Angriffswaffe bombensichere Positionsaufnahmen zu übermitteln. Allerdings sollte es auch in den Jahren 1939 - 1944, in denen es dann zumindest vom Entwicklungsstand der materiell-technischen Grundlagen her ernster zu nehmende Projekte gab, bei Versuchen bleiben, wohl bis auf die Ausnahme fernsehgelenkter Luftangriffe im Frühjahr 1945 zur Zerstörung der vor der sowjetischen Befreiungsarmee liegenden Oder-Brücken.[126])

Der Leiter des Reichspost-Fernsehreferats am Apparat

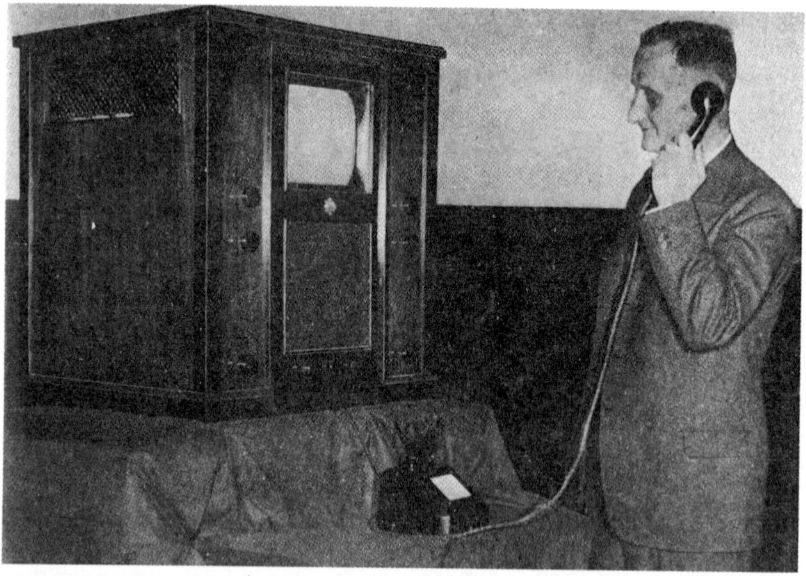

[127])

„Eine Gewähr dafür, daß die Person, die sich zur Führung des Fernsehgesprächs meldet, die verlangte ist, wird von der Deutschen Reichspost nicht übernommen."

Nachdem bereits 1935 „Versuche, das Fernsehen über Kabel zu übertragen, ... mit gutem Erfolg durchgeführt worden" waren [128]) und auf der Großen Deutschen Rundfunkausstellung vom 16. bis 28. 8. 1935 „die Deutsche Reichspost ... ihren neuen Gegenfernsehsprecher im praktischen Betrieb vor(führte), so daß jeder Ausstellungsbesucher die Möglichkeit hat, selbst ein Fernsehgespräch zu führen" [129]), wurde am 1. 3. 1936 „die Fernseh-Sprechverbindung Berlin-Leipzig dem Betrieb übergeben." [130]) Der Fernseh-Sprechdienst, der für die Dauer der Leipziger Frühjahrsmesse vom 1. bis 9. 3. 1936 der Allgemeinheit mit je zwei Sprechstellen in Berlin und Leipzig zugänglich gemacht wurde, sollte nach einer solchen ersten Versuchszeit ab 25. 6. 1936 für den ständigen Verkehr zugelassen werden. Für ein Dreiminuten-Gespräch mußten 3 Reichsmark aufgebracht werden, zuzüglich 50 Pfennige für eine "Herbeirufgebühr":

„Die Fernsehgespräche können, frühestens am Nachmittag des Vortages, mündlich bei allen Annahmestellen der Post- und Telegraphenanstalten in den Ortsbereichen Berlin und Leipzig, außerdem mündlich oder fernmündlich - auch von öffentlichen Münzfernsprechern aus - bei den Fernsehsprechstellen angemeldet werden. Der Anmelder hat dabei seinen Namen und seine Wohnung anzugeben, ferner Namen und Anschrift desjenigen, mit dem er das Fernsehgespräch führen will, sowie Fernsehsprechstelle, von der aus er das Gespräch zu führen beabsichtigt, und die gewünschte Fernsehgesprächszeit. Er ist auch berechtigt, eine Ersatzperson für den Verlangten zu bezeichnen oder für sich selbst einen Vertreter zu stellen. Eine Gewähr dafür, daß die Person, die sich zur Führung des Fernsehgesprächs meldet, die verlangte ist, wird von der Deutschen Reichspost nicht übernommen. Die Fernsehsprechstelle vereinbart nach Überprüfung der Sprechmöglichkeit mit dem Anmeldenden die Zeit der Ausführung des Fernsehgesprächs. Er erhält eine Laufnummer zugteilt mit der Aufforderung, sich unter Angabe dieser Nummer kurz vor der bestimmten Gesprächszeit bei der vereinbarten Fernsehsprechstelle zu melden. Die Gebühren sind im voraus zu entrichten. Über die gezahlte Gebühr empfängt der Anmeldende einen Fernsehgesprächsschein ... Die volle Gebühr wird erstattet, wenn keine Sprech- oder Sehverständigung erzielt werden konnte." [131])

Abgesehen von der peinlichen Gründlichkeit, die bei der Anmeldung und Durchführung eines Fernsehgesprächs geübt werden sollte, abgesehen von den für die arbeitende Bevölkerung kaum erschwinglichen [132]) Gesprächsgebühren, läßt auch der Anlaß zur Einrichtung eines Fernseh-Sprechdienstes, eine Waren-Messe, darauf schließen, daß diese Variante der faschistischen Fernsehentwicklung weniger das Ziel eines allgemeinen interindividuellen Kommunikationsmittels verfolgte als dem Kapital ein neues Zirkulations- und seinem Staat ein **neues** Administrationsmittel liefern sollte. Und wiederum mußten wohl auch militärische Kalkulationen für die Eröffnung eines Fernseh-Gegensprechens im Spiele sein. „Die feierliche Inbetriebnahme" nahm der Reichspostminister in Berlin vor, indem er das Fernseh-Gegensprechen gegenüber dem gewöhnlichen Fernsehen als "Fernsehunterhaltung" differenzierte: „Diese Fernsehunterhaltung erfordert aus Gründen der Geheimhaltung usw. eine Kabelverbindung zwischen den Sprechstellen So entstand ein neues Problem: das Fernkabel. Ein Problem deshalb, weil die Anforderungen an ein solches Kabel außerordentlich hoch sind. Unsere Industrie hat uns unter Beratung durch unser Reichspostzentralamt ein solches hochwertiges Kabel gebaut und heute ist der Zeitpunkt gekommen, zu dem wir das erste Kabel für den Fernsehsprechverkehr dem Betriebe übergeben wollen. Meine Herren, die Stunde, die wir jetzt erleben, ist von einschneidender Bedeutung für die Geschichte des Nachrichtenwesens. Eisenbahn, Kraftwagen und Flugzeug brachten uns die schnelle Beförderung über Land und Meer, Telegraph und Fernsprecher die zeitlose Übermittlung des geschriebenen und gesprochenen Wortes über beliebige Entfernungen. Die Fernsehunterhaltung über beliebige Enfernungen, die nun anschließt, erfüllt einen weiteren Traum der Menschheit. ... Wir hoffen, die Anziehung, die die alte und angesehene Handels- und Messestadt Leipzig auf die Gäste aus der ganzen Welt ausübt, damit noch erhöhen zu können." [133]) Dem Wortlaut dieser Eröffnungsansprache des damaligen Reichspostministers, eines Freiherrn, nachgehend, lassen sich interessante Aspekte für eine Rekonstruktion des für die Einführung eines Gegensprech-Fernsehens relevanten Interessenzusammenhangs auffinden. Diese Variante der Fernsehentwicklung auferlegte augenscheinlich der Nutzung des Mediums eine gewisse Geheimhaltung. Daß damit ein für die interindividuelle Allgemeinkommunikation zu gewährleistendes Postgeheimnis, das es faschistisch ohnedies nur als Reichspost-Heimlichkeitsgemeinheit hätte geben können, gemeint war, ist sicherlich auszuschließen. Die faschistische Entwicklung des Kabelfernsehens muß aus anderen Gründen der Geheimhaltung erfolgt sein.

Streckenweise Kabelfernsehen

Allem Anschein nach von der Bevölkerung wenig wahrgenommen, bzw. ihr gegenüber viel verheimlicht, wurde in der Folge der Eröffnung eines Fernsehsprech-Spektakels das Fernsehkabel „über Leipzig hinaus bis München verlängert", sodaß 1937 „zwischen Berlin und Nürnberg" durch weitere Verlegungen schließlich auf „das längste Fernsehkabel der Welt" gedeutet werden konnte. [134]) Gewiß: „Die Reichsparteitage in Nürnberg sind die politischen Feiertage des deutschen Volkes (...) Die Reichssendeleitung und die Forschungsanstalt der Deutschen Reichspost haben den Versuch unternommen, die Berliner Volksgenossen an den Nürnberger Ereignissen durch Fernsehsendungen unmittelbar teilnehmen zu lassen ... Zur Übermittlung der Bildsendungen mußte Nürnberg durch ein Breitbandkabel der Deutschen Reichspost mit der Reichshauptstadt verbunden werden." [135]) Aber wohl auch für den mit der Fernsehübertragung vom Reichsparteitag gesuchten Propagandaeffekt können „Gründe der Geheimhaltung" nicht zutreffen, aus denen erst eine Breitbandverkabelung zwischen den Großstädten Hitler-Deutschlands erforderlich wurde und mit dem Bau von Autobahnen begann.[136]) Bei der faschistischen Frühentwicklung von Kabelfernsehen wurden, laut Reichspostminister, „seit 1933 die wehrwichtigen Belange stärkstens beachtet. Das zeigte sich schon bei der Wahl der Kabelführung." [137])

Neben dem Zirkulationsdienst, in den die Eröffnung des Fernseh-Gegensprechens zur Erhöhung der Anziehung der Handels- und Messestadt Leipzig gestellt wurde, gab es also noch die militärische Perspektive, unter der eine Breitbandverkabelung erfolgte: Dafür allerdings müssen „Gründe der Geheimhaltung" gelten gelassen werden. Daß Kriegsvorbereitungen auch und gerade dieser Variante faschistischer Fernsehentwicklung Antrieb gaben, geht überdies aus Akten des Reichspostministeriums hervor, wonach „während des Bürgerkriegs" zwischen Republikanern und Faschisten in Spanien General Franco „vom Führer des Großdeutschen Reiches einen Fernsehapparat geschenkt" bekam.[138]) Das aber war nicht ein Fernsehstuben-Empfänger für nationalsozialistische Verwechslungslustspiel-Propaganda, sondern „eine komplette Gegensprechanlage" [139]) für den militärischen Einsatz von Kabelfernsehen, zu dem es allerdings vorerst infolge des schwer zu definierenden Frontenverlaufs im Bürgerkrieg nicht kommen sollte. In Deutschland, wo der antifaschistische Widerstandskampf nicht zu einem militärisch organisierten Ausbruch kam, schien man sich indes viel von der forcierten Entwicklung der Kabelkommunikation zu versprechen:

„Die Reichspost ... riskiert bei Telefunken über 500 Millionen Mark für den Ausbau eines Fernseh-Telefonnetzes von 2500 Kilometern Länge bis nach Nürnberg und München. Es ist das bisher längste Fernsehkabel der Welt - aber der Ansturm bleibt aus. Vier Jahre später verschwinden die 'Särge', wie das Volk die düsteren Zellen nennt." [140]) Wenn auch am 16. 9. 1939 der Dienst der öffentlichen Fernsehsprechstellen eingestellt wurde, die bis dahin errichteten Kabelanlagen über eine Länge von 4340 Kilometern blieben vorerst bestehen und wurden für Zwecke des eben ausgelösten Weltkrieges dem Oberkommando der Wehrmacht unterstellt.[141])

Der Direktor der 1939 gegründeten Reichspost-Fernseh GmbH konnte so 1943 veröffentlichen lassen, daß „in den ersten beiden Kriegsjahren ... nunmehr das deutsche Breitbandkabelnetz eine Anwendung erfahren (hat), die ... auch die technischen Fachgenossen, die seit Jahren mit der Planung und dem Ausbau dieses Netzes befaßt waren und mit der Liebe des redlichen Arbeiters zu der von ihm bearbeiteten Sache einen scharfen Blick für die technischen Möglichkeiten der Breitbandtechnik besaßen, in Erstaunen gesetzt hat." [142])

Zu den technischen Bedingungen des Verhältnisses von Fernsehfunk und Kabelfernsehen ist festzuhalten, daß man damals zwar davon ausging, daß als Fernsehwelle, die "schwundfreie" Übertragungen gewährleistet, sich "nur die ultrakurze Welle" eignet [144]), daß indes „für die Reichweite eines Ultrakurzwellensenders ungefähr optische Verhältnisse gelten" [145]), d. h. „daß man einen Fernsehsender nur so lange empfangen kann, als man eine Sendeantenne sehen kann, wobei man sich natürlich Häuser, Bäume usw. fortdenken muß ... Wenn wir in Berlin die Fernsehsendungen aus Nürnberg drahtlos empfangen wollten, dann müßte der Sendeturm in Nürnberg, das in der Luftlinie rund 375 Kilometer von Berlin entfernt liegt, eine Höhe von ungefähr 10 Kilometern haben" [146]), wozu man selbstverständlich nicht bereit, nicht in der Lage war. Obwohl ein Fernsehen auf Ultrakurzwelle am geeignetsten erschien, setzte man mehr und mehr die Entwicklung des Breitbandkabels durch: „Mit der Entwicklung der Fernseh-

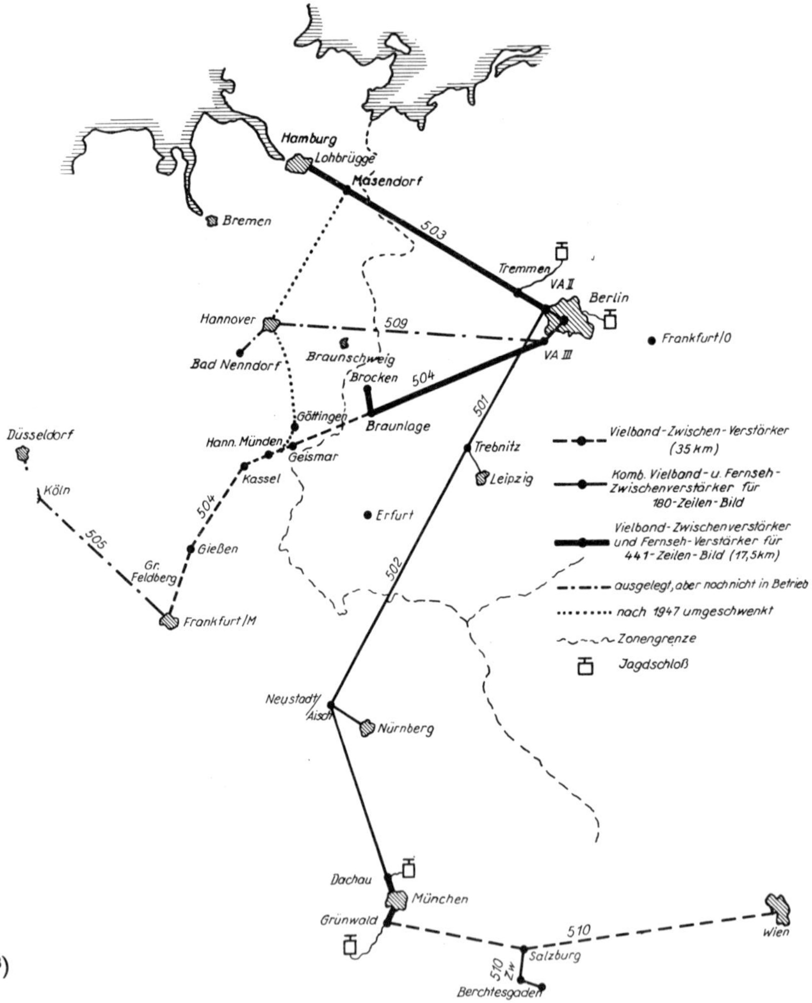

143)

Breitbandverkabelung Deutschlands nach der Befreiung vom Faschismus 1945: "Jagdschloß" d. h. Panorama-Sichtgerät, das Luftlage-Aufnahmen zu einem Luftwaffen-Gefechtsstand überträgt.

technik war es notwendig, zur Übermittlung des beim Fernsehen notwendigen großen Frequenzbereiches Breitbandkabel einzuführen." [147]) Durch die forcierte Verlegung von Breitbandkabelstrecken, denen die Nazis offensichtlich einen kriegskalkulierten Vorzug vor der Ultrakurzwellentechnik gaben, mußte die Entwicklung dieser Technik im allgemeinen und eines damit tendenziell möglichen massenkommunikativen Fernsehens im besonderen zunehmend in Rückstand geraten, was nicht zuletzt Vorwürfe seitens der auch an einer Kapitalverwertung durch Heimfernseher-Massenproduktion interessierten Elektroindustrie auslöste und die Nazi-Regierung wiederholt zu entsprechenden Versprechen zwingen sollte. [148])

Die anscheinende Überbewertung, zumindest Bevorzugung der Breitband-gegenüber der Ultrakurzwellentechnik hinsichltich beabsichtigter Kriegseinsätze des Fernsehens läßt auf eine wirklich tausend Jahre währende, überdauernde Selbsteinschätzung und -verherrlichung des deutschen Faschismus schließen. Ohne hier militärkommunikationstechnische Kenntnisse vorlegen zu können oder provozieren zu wollen, ist anzunehmen, daß, wenngleich mehr oder weniger bombensicher verlegt, ein Fernkabelverbund nur so lange seine Kriegsfunktion - nämlich nicht abhörbare, nicht einsehbare Sofort-Übermittlung von Bild und Ton in reversibler Individualkommunikation - auszuüben vermag als mit großer Sicherheit angenommen werden kann, daß besessene oder besetzte Territorien nicht vom Gegner befreit oder zurückerobert werden. Ist diese Annahme nicht mehr zu halten, zumindest auch auszuschließen, besteht auch für die militärische Fernsehkommunikation die Gefahr eines Umschlags ihrer faschistischen Funktion in eine Disfunktion. Daß die Militärs General Francos erst Mitte 1943 zu der Absicht kamen, „das Fernsehgegensprechen als Nachrichtenmittel innerhalb der Befehlsstände der spanischen Wehrmacht auszubauen" [149]), ließe sich durchaus in diesem Sinne auslegen: Solange ständig Veränderungen im Frontenverlauf zu erwarten waren, hätten die Faschisten nicht ausschließen können, daß das Nazi-Präsent, erst einmal zum Einsatz gebracht, auch den Republikanern und ihren Verbündeten in die Hände hätte fallen können.

Dennoch mehr Monokel als Elektro-Optik

Noch einmal zur Eröffnungsansprache des Reichspostministers am 1. 3. 1936 anläßlich der Einführung des Fernseh-Sprechverkehrs in Berlin. In seinem geschichtlichen Rückblick auf die Entwicklung der Kommunikations- und Transportmittel vergaß der Freiherr Von Eltz-Rübenach zwei Aspekte: die Schiffahrt und den Funk, bzw. Rundfunk. [150]) Dies mag als Zufall gewertet werden können. Aber just in einer „Stunde . . . von einschneidender Bedeutung für die Geschichte des Nachrichtenwesens" [151]), in der die für den Fernsehsprechverkehr benötigten Fernkabelverbindungen herausgestellt wurden, diese beiden für den historischen Entwicklungsprozeß der gesellschaftlichen Produktion und Reproduktion so ausschlaggebenden Kommunikations- und Transportmittel unberücksichtigt zu lassen, muß dennoch Folgerungen provozieren.

Im Zusammenhang mit der Verlegung von Fernkabeln an die Schiffahrt zu erinnern, hätte vielleicht an England denken lassen, das im Vergleich zu Deutschland nicht nur auf eine viel mächtigere Schiffahrts-Tradition zurückblicken konnte, sondern um die Jahrhundertwende, als es an eine Neuaufteilung der Welt durch die industriell entwickeltsten Nationen ging, auch das Kabelmonopol, d. h. die Weltherrschaft über die mit Draht betriebenen Funkverbindungen innehatte, dieses schließlich auch auf den sich entwickelnden drahtlosen Funkverkehr auszuweiten anfing, d. h. auf den Schiffahrts-Funkverkehr, was zunächst auch die deutsche Marine dem englischen Monopol unterwarf.[152]) Auch hinsichtlich des Funks und seiner Entwicklung zum Rundfunk war wohl angesichts der faschistischen Forcierung der Breitbandkabel- und der Hintanstellung der Ultrakurzwellen-Technik eher etwas Zurückhaltung geboten, hatte doch wiederum zunächst England ein Funk-Weltmonopol inne, den Rundfunk vor Deutschland eingeführt[153]); daß es sich um wirkungsstarke Entwicklungen im Bereich der Ultrakurzwellentechnik handeln sollte, mit denen im späteren Kriegsverlauf England gegen die Nazi-Wehrmacht operierte, konnte der damalige Reichspostminister, bereits seit dem 1. 6. 1932 in den Reichsregierungen für das Verkehrsressort verantwortlich[154]), selbstverständlich nicht wissen. Aber aus den Ausführungen dieses Ministers, eines Abkömmlings aus Raubritter- und klerikaler Mitteladels-Dekadenz mit Burg über der Mosel in Familienbesitz[155]), läßt sich zumindest in Ansätzen rekonstruieren, inwieweit letztlich der deutsche Faschismus in seiner Herrenrassen-Verklärung und für seine Verkehrung gesellschaftlicher Produktivkräfte in Destruktivgewalten mehr und mehr tausendjährig-kurzsichtige Wissenschafts- und Technik-Repräsentanten oder -Laufburschen, weltherrisch-dümmliche Parasiten hervorzubringen vermochte als die Experten zu halten oder zu verkraften.

Dies ist bemerkenswert angesichts noch 1973 verbreiteter Behauptungen eines totalen Einsatzes von Kommunikationstechniken - dies allerdings wiederum reduziert auf deren direkt ideologische Funktion - durch den Nationalsozialismus[156]), überrascht aber wenig angesichts der faschistischen Paarung hoch entwickelten industriellen Fortschritts mit teils kleinbürgerlich-parvenugeladener, teils aus dem Kaiserreich herübergeretteter Reaktion. Außer daß für die Wehrmachts-Prominenz mißglückte Startversuche der V 2-Rakete 1942 durch Fernseh-Übertragung demonstriert wurde[157]) und televisuell ferngelenkte Luftangriffe erst kurz vor Kriegsende 1945 auch nicht den beabsichtigten Effekt hatten[158]), kam aus der von Hitler erlassenen Kollaboration zwischen Reichsluftfahrtministerium und Reichspostministerium allem Anschein nach weder für die Fernsehentwicklung noch für die Kriegsführung der Faschisten allzu viel heraus. Und auch die Vernachlässigung der Ultrakurzwellen- gegenüber der forcierten Breitbandkabel-Technik erwirkte letztendlich nicht nur eine Unterentwicklung des Fernsehens als Massenkommunikationsmittel[159]), sondern führte auch zu bösen Überraschungen angesichts der militärischen Kommunikationstechniken der Alliierten.[160]) Zu dem Sachverhalt, daß der Faschismus objektiv nicht in der Lage sein konnte, die emanzipatorischen

Potenzen von Wissenschaft und Technik zu realisieren und die darin in internationaler Kooperation entwickelten Produktivkräfte freizusetzen, kam anscheinend die subjektive Verfassung der Nazi-Generalität und -Regierung, sich allzu gern ihrem Fridericus Rex-Komplex hinzugeben: Kriegsführung nicht mit Elektro-Optik, sondern mit Monokel.

Das Weihnachtsmärchen von der Fernseh-Erleuchtung 1883

Obwohl das Fernsehen des deutschen Faschismus nicht primär und exklusiv als Massenkommunikationsmittel für Propagandazwecke entwickelt wurde und auch seine beachsichtigten Funktionen als Militarisations- und Zirkulationsmittel augenscheinlich zunächst noch nicht so effektiv zur Ausübung kamen, lag den Nazis viel an der Fernsehpropaganda. Und da das neue Medium eine technische und wissenschaftliche Entwicklung voraussetzte, mußte es dafür sicherlich Patenteintragungen und Namen geben. Zwar setzte sich diese Entwicklung, ihre Frühversuche in der Foto-Telegrafie eingeschlossen, über Jahrzehnte hinweg aus vielen Einzelerkenntnissen englischer, französischer oder deutscher Wissenschaftler und auch Bastler zu einer internationalen Gemeinschaftsarbeit zusammen.[161])

Aber da für den Nazi-Ideologen Internationalität - womöglich Internationalismus - definitiv „die internationale jüdische Weltfinanz"[162]), die „internationale Weltbegaunerei" durch Juden[163]) war oder / und "Bolschewismus" als „Versuch des Judentums . . , sich die Weltherrschaft anzueignen"[164]), brauchten sie einen Erfinder deutscher Nationalität, möglichst einen einzelnen - so und nicht in kollektiv-differenzierter Arbeit wurden und werden nach bürgerlicher Tradition Erfindungen nun einmal gemacht -, den sie sich und der Welt herumzeigen konnten. Und die Nazis fanden einen, den sie bis zu seinem Staatsbegräbnis am 30. 8. 1940 auch ordentlich herumreichten:

„1883 . . . Über die Riesenstadt breitet die heilige Nacht ihren stillen Glanz. Die Menschen eilen ihren Wohnung zu. Hinter den Fenstern blüht das Licht der Weihnachtskerzen auf, und leise dringen die alten Lieder nach draußen, die immer wieder an diesem Fest in uns aufstehen. In der kleinen Bude . . sitzt ein einsamer junger Mann. Kein Weihnachtslicht leuchtet ihm, aber in ihm brennt das Feuer der suchenden, vorwärtstreibenden Kraft. In dieser Nacht entwickelte Paul Nipkow die Grundprinzipien des Fernsehens, die im folgenden Jahre vom Kaiserlichen Patentamt in der Patentschrift Nr. 30 105 Klasse 21: Elektrische Apparate - geschützt wurde . . . Es ist beglückend, zu wissen, daß Güte und Hilfsbereitschaft einer Frau dem jungen Erfinder die Barmittel gaben, die er zur Kostendeckung der Patentierung gebrauchte. Nipkows spätere Gattin, die 1884 den Studenten nur flüchtig kannte, der überströmend von seinem Suchen und Wollen und vom Fernsehenkönnen erzählte, lieh ihm dreißig Mark, die das Patentamt verlangte."[165]) Und aus einer zeitgenössischen populärwissenschaftlichen

Darstellung, wie es Weihnachten 1883 dem von Reichssendeleiter Hadamovsky aus seinem Rentner-Dasein ausgegrabenen Paul Nipkow einfiel, das Fernsehen zu erfinden: „Stille Nacht, heilige Nacht. Der kleine Kanonenofen glüht mit voller Kraft, das Licht der Petroleumlampe taucht alles in gelbroten Schein. Es ist sehr einsam. Zu einer kurzen Heimfahrt . . . hat das bisschen Geld nicht gereicht. Jetzt müßte man dabei sein dürfen, bei den Eltern und Geschwistern. Oder wenigstens zusehen dürfen. Über Häuser und trennende Nacht hinweg! Fernsehen . . ." 166)

Während weltberühmte Wissenschaftler wie Prof. Albert Einstein, in der 1933 veröffentlichten Foto-Sammlung 'Juden sehen Dich an' gewissermaßen steckbrieflich als "ungehängt" 167) abgebildet, dessen „wissenschaftlichen Arbeiten . . unter dem Jubel der Nazis auf dem Scheiterhaufen der Berliner Universität verbrannt" 168) wurden, oder Prof. Arthur Korn von der Technischen Hochschule Berlin, „dem das Verdienst gebührt, die ersten praktischen Methoden zur Verwirklichung des Fernsehens angegeben zu haben" 169), entlassen, verfolgt und verjagt wurden, machten die Nazis aus einem senilen **Rentner** einen reinrassig deutschen Fernseh-Genius. „Als am 1. Mai 1935 die deutschen Arbeiter unter der Hakenkreuzfahne durch die Städte und Dörfer marschierten, hielt in Berlin ein glücklicher alter Mann ein Telegramm in seinen Händen, das seine großen Verdienste würdigte . . . Er erhielt einen Ehrensold und wurde Ehrenpräsident der Fernsehgemeinschaft, welche die führenden Männer des Rundfunks, der Wissenschaft und der Wirtschaft umfaßt." 170) Hitler und Goebbels verschickten Ehrungstelegramme an ihn, am 29. 5. 1935 verlieh Reichssendeleiter Hadamovsky dem Fernsehsender Berlin-Witzleben den Namen des von den Nazis gezeugten Fernseh-Vaters. 171)

172)

„Paul Nipkow, der Vater des Fernsehens"

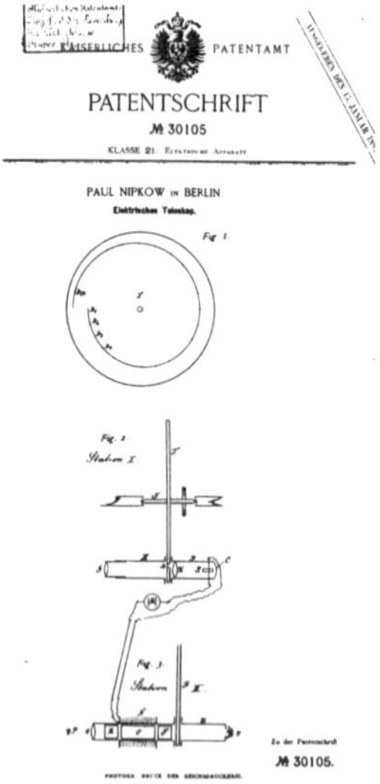

173)

Patentschrift einer Weihnachts-Erleuchtung

Paul Nipkow ließ am 6 1. 1884 den Entwurf für eine Spirallochscheibe patentieren, die zwar als Mittel zur Fernseh-Anwendung des Prinzips mechanisch-optischer Bildfeld-Zeilenzerlegung brauchbar war.

Das Prinzip selbst allerdings wurde bereits 1843 von dem englischen Wissenschaftler Alexander Bain erfunden.[174]) Und im Grunde genommen bleibt auch von der Scheibe für Nipkow nicht mehr viel übrig, denn in der Entwicklungsgeschichte der Foto-Telegrafie des 19. Jahrhunderts wurde auch diese bereits 1880 in der von dem Franzosen Constantin Senlecq, einem Amateur, herausgegebenen Schrift 'Le Télectroscope' öffentlich dargelegt.[175]) „Möglicherweise hatte Nipkow .. diese längst bekannten und angewandten Prinzipien für sich selbst noch einmal nachentdeckt", aber sein „dilletantisches Verhältnis zur apparativen Entwicklung der Bildtelegrafie ließ es zu, daß er zur technischen Realisierung seines 'elektrischen Teleskops' ausgerechnet solche Bauteile vorschlug, die kurz zuvor in der Fachpresse als für Bildübertragungszwecke erwiesenermaßen untauglich befunden waren." [176])

Das Patent stieß damals auf keinerlei Interessen und verfiel ungenutzt. Und während international Wissenschaftler und Techniker sich weiterhin um die Fernsehentwicklung bemühten, zog sich Nipkow davon zurück und war als Konstrukteur bei einer Eisenbahnsignal-Bauanstalt beschäftigt[177]); bzw. auf nationalsozialistisch: „In seinen Veröffentlichungen waren Dinge vorgeahnt, die zum Teil heute noch nicht Wirklichkeit sind. Seine technische Begabung stellte Nipkow später in den Dienst der Sicherung des Eisenbahnwesen." [178]) Während der von den Nazis zum ersten Fernseh-Helden Deutschlands und der übrigen Welt hochgespielte Paul Nipkow sich mit der Eisenbahn abgab, gelangen dem von den Nazis verfolgten und vertriebenen Arthur Korn erheblich Fortschritte in der Entwicklung von fototelegrafischen Apparaten: „Der Apparat von Korn wurde von 1910 an von mehreren großen europäischen Journalen (in Frankreich von 'L'Illustration') für die Übermittlung von Aktualitäten-Fotos benutzt." [179]) Das schien weder die Nazis noch Nipkow etwas anzugehen.

„Eine Nutzung für das Fernsehen in unserem Sinne hatte er nicht angegeben"

Auf der am 16. 8. 1935 in Berlin eröffneten 12. Deutschen Rundfunkausstellung, der ersten nach der im Frühjahr erfolgten offiziellen Einführung eines regelmäßigen Fernsehbetriebes, gab es auch eine „Fernsehstraße. Mitten durch die Fernsehhalle zog sich in doppelter Reihe die Fernsehstraße, in der 20 Fernsehempfänger gleichzeitig den drahtlosen Empfang der 180zeiligen Fernsehsendungen über den Ultrakurzwellensender Witzleben und später über den Ausstellungs-Ersatzsender zeigten." [180]) Von den 20 ausgestellten Fernsehempfängern hielt nur noch die Süddeutsche Telefonapparate-, Kabel- und Drahtwerke AG an einem mechanisch-optischen Verfahren mit zwei Spiegelschrauben-Empfängern fest, während die übrigen Aussteller Elektronenstrahlröhren-Empfänger demonstrierten[181]), denn nachdem „von 1930 an Manfred Von Ardenne in Deutschland wichtige Arbeiten über fluoreszierende Bildschirme und über die Fokalisation von Elektronen-Bündeln durchführte" und „auf der Aufnahme-Seite 1931 Wladimir Zworykin . . in den Vereinigten Staaten . . die erste Elektronenröhre zur Bild-Erfassung . . , das Ikonoskop, realisierte" [182]), konnte die Entwicklung so weit fortschreiten, daß „gegen 1935 die Zeit des mechanischen Fernsehens ablief, das nunmehr den Platz dem elektronischen Fernsehen abtrat." [183]) Für die Nazis war die Rundfunkausstellung 1935, die sie von einer „Funkmesse . . der Händler, Techniker und Presseleute . . zu einer echten Volkssache" machen wollten und dazu „Hunderttausende von deutschen Volksgenossen in Sonderzügen nach Berlin kommen" ließen [184]), auch ein Anlaß, ihren Fernseh-Erfinder posieren zu lassen: Aber „die Lochscheibe 'beherrschte' im Gegensatz zu den selbstgefälligen Illusionen Paul Nipkows keinen einzigen der ausgestellten Empfänger." [185]) Eine Mitteilung aus dem Reichspostzentralamt rapportierte im September 1935 über die Rundfunkausstellung: „Erwähnt sei ebenfalls noch die im Original vorhandene Schenkungsurkunde über einen Telefunken-Fernsehempfänger an den Erfinder des Fernsehens Paul Nipkow." [186]) Hätte der Beschenkte einmal Deckplatte und Rückwand seines Fernsehers abgemacht, hätte er eine elektronische Bildröhre zu Gesicht bekommen, denn auch die fünf vom Telefunken-Konzern auf die Rundfunkausstellung geschickten Geräte waren mit Elektronenstrahlröhren ausgerüstet. [187])

Vom Märchenerzähler zum Chefredakteur

Aber zu seinem 75. Geburtstag überbrachte „bei der Abendveranstaltung auf der Großen Deutschen Funkausstellung am 22. August ein Vertreter der Frankfurter Universität . . dem deutschen Fernseherfinder die Ernennung zum Ehrendoktor"; und durch die Presse ging ein Bild, das Paul Nipkow, nunmehr Dr. h. c., und Gattin im Kreise von Reichsrundfunkkammer-Präsident Horst Dressler-Andress und Reichssendeleiter Eugen Hadamovsky sowie weiteren Nazi-Repräsentanten präsentierte. [188]) Anläßlich der Ankündigung der nach dem Ausstellungs-Brand am 23. 12. 1935 erfolgten Wiederaufnahme des deutschen Fernsehbetriebes, der in sieben öffentlichen Postamt-Fernsehstellen empfangen werden konnte, gratulierte ihm die Presse mit einer Bildveröffentlichung von ihm, zusammen mit seiner Gattin Arm in Arm vor Blumen und neben mit einem Hakenkreuz geschmückten Fernseher sitzend: „Der Vater des Fernsehens Dr. e. h. (nunmehr in weihnachtlich aufgenordetem Latein also) Paul Nipkow feierte Mitte Dezember mit seiner Gattin das Fest der Goldenen Hochzeit." [189])

So entsprach es schließlich nur nazistischer Endlösungs-Konsequenz, für einen unbedarften Rentner am 30. 8. 1940 „auf Anordnung des Führers mit einem feierlichen Staatsakt das Staatsbegräbnis" [190]) zu zelebrieren, nachdem über die zurückliegenden Jahre hinweg Fortschritt und Menschlichkeit bis zum letzten Atemzug ergebene Wissenschaftler, Künstler und Intellektuelle verfolgt, vertrieben, heimlich erschlagen und bestenfalls noch verscharrt wurden. „Zum erstenmal wurde einem Geisteswissenschaftler . . eine solche Ehrung zuteil." [191])

„Ein und ein halbes Jahr lang wurde er zerprügelt, ertaubt und erblindet, aber sie haben ihn nicht gebeugt, nicht gebrochen, nicht ermüdet. Er starb nicht durch Selbstmord, er erlag in einem Kampfe des Geistes den Stahlruten und der Bestialität. Man brach ihm unter dem Johlen der Kerkermeister einzeln die Finger, man verstümmelte seinen Körper, man ließ ihn auf dem Boden kriechen und Speichel ablecken. Vieles andere vermag seine nach seinem Tod geflüchtete Frau, wie sie sagt, nicht auszusprechen." [192]) Im Unterschied zu des Schriftstellers, "Schutzhäftlings" Erich Mühsam, nur ein Beispiel unter bekanntlich sehr vielen, heimlicher 17-Monate-Ermordung war Paul Nipkows Staatsbegräbnis ein kurzer „feierlicher Staatsakt", der „dem Erfinder die Dankbarkeit der Nation bezeugte", und wurde im Fernsehen übertragen. [193])

Und wenn er auch gestorben ist, so lebt er allem Anschein nach auch noch 20 Jahre nach Machtantritt der Nazis als Vater des Fernsehens fort. Der Verfasser jener zeitgenössischen populärwissenschaftlichen Darstellung von Nipkows Fernseh-Erleuchtung 1883, zugleich sein Biograph, Eduard Rhein, erzählte rechtzeitig zu Weihnachten 1953 der bundesdeutschen fernsehinteressierten Öffentlichkeit die Geschichte nochmals, nun allerdings als Chefredakteur von 'Hör zu!', der wohl bekanntesten Rundfunk-Programm-Illustrierten. [194])

1936: das Olympische Spektakel

Nachdem offiziell bestätigt war, daß der Fernsehsender in Berlin, der 'Paul Nipkow-Sender', am 15. 1. 1936 wieder regelmäßig in Betrieb genommen wurde, ging man daran, auch die Fernsehentwicklung für die zum 1. bis 16. 8. angesetzten Olympischen Sommerspiele in Deutschland zu forcieren: „So wird im kommenden Sommer der Versuch unternommen, vom Reichssportfeld einen Teil der Olympischen Spiele unmittelbar zu übertragen." [196]) Vorbereitung und Durchführung des Spektakels, durch das dem Inland und vor allem der ausländischen Welt Respekt vor nazideutscher Größe abgerungen werden sollte, eröffneten auch für die Verwertungsinteressen des Elektrokapitals neue Aussichten.

Kampfstätten für Telefunken

Nicht nur daß der Telefunken-Konzern dabei in Berlin „die verschiedenen Kampfstätten mit elektroakustischen Anlagen auszurüsten hatte für „einwandfreie Schallversorung" auf dem Gelände des Reichssportfeldes selbst sowie auf den übrigen „Kampfstätten". [197]) „Telefunken kann stolz darauf sein, hier wieder einmal in der Lautsprechertechnik einen völlig neuen Weg für die Schallverteilung gegangen zu sein." [198]) Bereits für diese „Kampfstätten" wurden tragbare Kurzwellensender und -empfänger konstruiert. Schon 1935 wurden vom Telefunken-Konzern „tragbare Kurzwellensender für Reportagezwecke" herausgebracht: „Bei der anläßlich eines Pirschgangs in der Schorfheide vom Berliner Sender durchgeführten Reportage mit einem Kurzwellensender erwies er sich in dem unwegsamen

[195] 1936: an der Kamera Walter Bruch, „der Schöpfer" des PAL-Farbfernsehens für Telefunken

Gelände ebenfalls als außerordentlich vorteilhaft, da das Mikrofon nur über eine verhältnismäßig kurze Leitung mit dem auf dem Rücken getragenen Kurzwellensender verbunden zu sein braucht." [199]) Und was damals noch unter der Losung „Mit Büchse und Mikrofon durch die Schorfheide" [200]) erprobt wurde, erhielt durch die Olympischen Spiele Anlaß genug, weiterentwickelt zu werden. Über die im Anschluß an die Besetzung Österreichs vom 12./13. 3. 1938 erfolgte Bejubelungsfahrt der Hilter-Führung durch Berlin berichtete die Werkzeitung des Telefunken-Konzerns, daß es „seine neue Aufgabe ist, durch den Bericht unmittelbar vom Schauplatz der Ereignisse her, durch die uneingeschränkte Übermittlung der entscheidenden Worte im geschichtlichen Augenblick das Menschliche mit dem Historischen zu verbinden. .. Ein .. Kurzwellengerät fuhr im Auto unmittelbar hinter dem Wagen des Führeres mit. Zwei vorn am Kühler angebrachte Mikrofone, deren Lautstärke vom Innern des Wagens aus geregelt werden konnte, nahmen den Jubel der Massen und das gesamte Klangbild dieser Feierstunde auf. In dem Wagen stand der Reporter mit einem der Richtmikrofone, wie sie Telefunken schon zur Olympiade 1936 erprobt hatte, und gab seinen Bericht, ohne daß die ihn umbrausenden Heilrufe der Tausende übertönen konnten."[201]) Letztlich allerdings dienten die Erfahrungen, die seitens der Elektroindustrie während der Olympischen Spiele durch den Einsatz von Kurzwellensendern gemacht werden konnten, dazu, diese Geräte ihrem eigentlichen Ziel zuzuführen: „Schon am 1. September, als die deutschen Truppen die Grenzen Polens überschritten, waren auch die Männer des Rundfunks mitten unter ihnen ... Sie waren und sind auch jetzt noch immer und überall dabei, wo sich etwas ereignet - mit wachen Sinnen, stehen bereit, das Wichtigste und Interessanteste zu erfassen und in Worten für den Hörer zu gestalten - in der Hand die 'graue Flasche', im Gürtel die entsicherte Pistole, hinter sich Kurzwellensender, Kabel und Übertragungswagen ... Diese Propaganda-Kompanien sind Truppenteile der deutschen Wehrmacht."[202]) Aber nicht nur daß 1936 der Telefunken-Konzern die gesamten elektroakustischen Anlagen für die Olympischen Spiele in Berlin lieferte und zur Überwachung des Spielbetriebs Kommandoanlagen für die Reichsbahn, die Verkehrspolizei und eine Verkehrsregelung aus der Luft stellte.[203]) Auch für die fast 3000 Hörfunkberichte, die von den Sommerspielen über eine 40-Länder-Zentrale in fast alle Welt übermittelt wurden, hatte die Elektroindustrie die entsprechenden Voraussetzungen zu schaffen.[204]) „Wenn also die Berichte über den Verlauf der Kämpfe in allen Sprachen der Welt ... von ungezählten Hörern in Übersee vernommen werden können, so können wir stolz darauf sein", denn die Richtantennen und teils die Sender des anläßlich der Olympiade erneuerten, verstärkten und erweiterten Netzes an Übersee-Richtstrahlern kamen vom Telefunken-Konzern.[205]) Schließlich entstand wohl das Plakat zu den Scheinwahlen vom 29. 3. 1936, wonach jedermanm Hitlers Tiraden durch den rund 75 Mark teuren Volksempfänger hören sollte, mehr aus Wunschvorstellungen der Reichsrundfunkkammer-Nazis als aus den Kommunikationsbedürfnissen der Bevölkerung. Dafür, daß eben nicht „ganz Deutschland ... den Führer mit dem Volksempfänger" hörte, spricht jedenfalls auch das Angebot an Rundfunk-Empfangsgeräten, das allein der Telefunken-Konzern in jenen Tagen Olympischer Sommerspiele bereithielt: 12 Empfänger zu Preisen von 143 bis 490 Mark.[206]) Daß es sich dabei nicht einfach um einen Werbungswitz der Firma handelte, daß dabei nicht einfach eine Tauschwert-Spekulation ohne realitätsbezogene Gebrauchswert-Kalkulation betrieben wurde, geht aus einer Statistik über die Rundfunk-Empfängerproduktion für die Jahre 1932 - 1943 hervor, wonach bereits 1936 über 70 Prozent der produzierten Geräte nicht Volks-, sondern Markenempfänger waren.[207])

Wenn auch eine Produktionsstatistik allein nicht direkte Schlüsse auf das Verhältnis der tatsächlich abgesetzten Empfänger zuläßt, so wird doch aus der allgemeinen Tendenz einer stark rückläufigen Volksempfängerproduktion ersichtlich, daß der Telefunken-Konzern mit seinem

208)

Markenempfänger-Angebot im Sommer 1936 zumindest ein objektives Kommunikationsbedürfnis der Bevölkerung richtig kalkulierte. Denn selbst im Spitzenjahr der Volksempfängerproduktion, 1934, betrug deren Anteil mit 888 520 Stück nur 44,4 Prozent gegenüber der Produktion von Markenempfängern und fiel im Kriegsverlauf, bei allgemeinem Produktionsrückgang, von 21,6 Prozent 1939 auf 0,01 Prozent oder 90 Stück 1943.[209]) Da mit dem verhältnismäßig billigen Volksempfänger infolge seiner geringen Empfangsleistung nur eine sehr begrenzte Zahl von Sendern und kaum Auslandsstationen gehört werden konnten, damit jedenfalls die Olympischen Spiele, hätten diese statt in Berlin in Übersee stattgefunden, nicht hätten empfangen werden können, wird es verständlich, daß mit zunehmender Supranationalisierung von Nazi-Aktionen - vom Olympia-Spektakel über Okkupationen bis zum offenen Aggressionskrieg - in der deutschen Bevölkerung mehr und mehr ein Bedürfnis entstehen mußte, nicht nur fortwährend Deutschland über alles zu hören, sondern möglichst auch alles über Deutschland.

Von Telefunken „ein Wort, das Deutschlands Ruf in die ganze Welt hinaustrug"

Das Zusammenspiel des Telefunken-Konzerns mit der Nazi-Führung durch die Olympiade war anscheinend einträchtig-einträglich. Seine Werkszeitung jedenfalls erschien zu den Scheinwahlen vom 29. 3. 1936 mit einem Hitler-Porträt - „Deutschland wahrhaft frei!" - auf der Titelseite.[210]) Es war ein Telefunken-Angestellter, der als letzter Läufer die Olympische Flamme auf dem Reichssportfeld entzündete; ein Telefunken-Oberingenieur rief am Abschluß der Spiele „die Jugend der Welt" zu der nächsten Olympiade 1940: „So kam es, daß auch das letzte Wort der Olympischen Spiele aus dem Munde eines Mannes unserer Telefunken-Gefolgschaft gesprochen wurde, ein Wort, das Deutschlands Ruf in die ganze Welt hinaustrug."[211]) Am 24. 8. 1936 bedankte sich das Organisations-Komitee für die XI. Olympiade Berlin 1936 mit "Heil Hitler!" bei der Telefunken-Gesellschaft mit „Anerkennung für den Einbau der elektroakustischen Einrichtungen und für die Wartung und Bedienung dieser Einrichtungen während der Spiele."[212]) Die 'Arbeiter-Illustrierte Zeitung', in Prag im Exil herausgegeben, erschien am 1. 7. 1936 als „Führer durch das Land Olympia", der von Antifaschisten an Teilnehmer und Besucher der Olympischen Spiele abgegeben wurde und unter anderem „eine Übersichtskarte über alle Gefängnisse, Zuchthäuser, Konzentrationslager und andere Folterstätten" enthielt und auf die Zentren der Rüstungs- und Kriegsproduktion aufmerksam machte.[213])

Während Antifaschisten in Deutschland Flugblätter, in denen teils Material aus dieser 'Arbeiter-Illustrierten Zeitung' reproduziert war, unter die Olympia-Besucher verteilten[215]), nutzte die deutsche Elektroindustrie und die Telefunken-Gesellschaft die Gelegenheit und ließ ihre „neue Fernsehkamera die Feuertaufe erleben."[216]) Das Zusammenspiel von Elektrokapital und Nazi-Führung trieb anläßlich der faschistischen Propaganda-Olympida auch die Fernsehentwicklung voran, dies insbesonders auf der Aufnahme-Seite, sodaß die Sommerspiele in Berlin dem Fernsehen sozusagen die Live-Premiere verschafften, d. h. Außen-Direktübertragungen, die nicht mehr nach dem bisher gebräuchlichen Zwischenfilm-Verfahren erfolgten, sondern durch elektronische Fernsehkameras: „An sieben verschiedenen Stellen des Reichssportfeldes hat die Deutsche Reichspost diese neuen 'Bildfänger' eingesetzt. . . Der Bildfänger (elektrisches Auge) gleicht äußerlich einer großen Bildkamera. Er enthält im Gegensatz zu allen bis heute gebräuchlichen Bildsendeeinrichtungen keinerlei mechanisch bewegliche Teile; auf rein elektrischem Weg wird das Bild aufgenommen, zerlegt und übertragen."[217] Zwar konnte damals anscheinend die Direktübertragung mit dem Zwischenfilmbericht hinsichtlich der Bildqualität noch nicht mithalten[218], wobei daran zu erinnern ist, daß nach wie vor das 180 Zeilen-Bild dominierte.

[214]
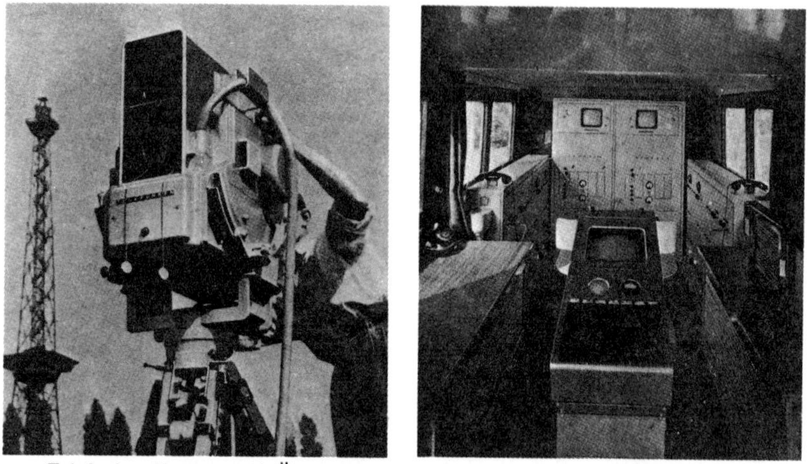

Telefunken-Kamera und -Übertragungswagen für die "Kampfstätten" von 1940

Zwar erinnerte sich später der damals dem Aufnahme-Leiter zugewiesene Arnolt Bronnen mehr an „den Führer", daß dieser seit 1933 „noch gedunsener, käsiger im Gesicht, noch fahriger, weniger beherrscht im Gehaben"[219] war, als an ein Fernseh-„Wunder des Miterlebens."[220] Aber mit dieser Entwicklung auf der Aufnahme-Seite waren zumindest die materiell-technischen Grundbedingungen für ein vollelektronisches Fernsehen geschaffen. 1936 ließ Paul Nipkow auf dem Messegelände in Berlin sich vor einer "Telefunken-Fernseh-Freilichtkamera" interviewen[221], vor einer elektronischen Kamera folglich, nicht hinter einem Lochscheiben-Abtaster. Hätte man die Olympischen Spiele nach Nipkows Scheiben-Patent direkt, also ohne Zwischenfilm-Verfahren übertragen wollen, hätte man dieses Legitimations-Spektakel des deutschen Faschismus in einer fast völlig dunklen Abtast-Zelle von inzwischen etwas mehr als 1,5 mal 1,5 Metern Spielraum[222] aufführen müssen: „Als Hitler das Stadion betrat sagte er nur: das ist zu klein."[223]

Die goldene Kamera wird vergeben

Die elektronischen Kameras, die neben dem herkömmlichen Verfahren der Zwischenfilm-Übertragung Bilder von den Olympischen Spielen übermittelten, wurden sowohl von der Fernseh-AG als auch von der Telefunken-Gesellschaft gestellt.[224]) An der der letzteren stand Walter Bruch, seit 1935 in der Fernseh-Abteilung von Telefunken beschäftigt; von ihm, der in den 60er Jahren für Telefunken die Entwicklung des P(hase) A(lternation)L(ine)-Farbfernsehens bis zu seiner offiziellen Einführung am 25. 8. 1967 durchsetzte, wird behauptet, daß der 1942 von den Nazis okkupierte Fernsehsender in Paris „bis zur Invasion . . ein friedensmäßiges Fernsehen" abstrahlte.[225]) Eine Fernsehkamera, mit der die Olympischen Spiele des deutschen Faschismus übertragen wurden, diente nach dem Kriege dem Springer-Verlagskonzern als Vorlage für die Anfertigung der von der auflagenstärksten Programmzeitschrift 'Hör Zu' zur Fernseh-Preisvergabe ermittelten Goldenen Kamera.[226])

Zwar wurde auch auf der Empfangs-Seite recht viel Aufwand betrieben: „Während der Olympischen Spiele wurden neben der üblichen Abendsendung von 20 - 22 Uhr täglich von 10 - 12 und 15 - 19 Uhr Übertragungen vom Reichssportfeld durchgeführt. . . Dies Programm, das in den Tagesstunden fast nur unmittelbare Übertragungen der Wettkämpfe auf dem Reichssportfeld brachte, wurde in 28 öffentlichen Fernsehstellen Berlin und seiner näheren Umgebung wiedergegeben", wobei eine im Reichspostministerium zur Groß-Projektion für jeweils fast 100, eine im Postamt NW 21 für 300 Besucher angeboten wurde.[227]) Aber die Tatsache, daß der Fernseh-Mann, der damals dem Aufnahme-Leiter für die Übertragung der Olympischen Spiele zugteilt war, später in seinen Erinnerungen mehr an einen "käsigen" Hitler als an ein Meisterwerk der Fernsehtechnik dachte, könnte schließen lassen, daß jenes tägliche 8-Stunden Fernsehen wohl eher auf ein Maximum an Aufführ-Quantitäten als auf ein Optimum an Vorführ-Qualitäten hinauslief.[228]) „Das ungünstige Wetter machte uns manchen Strich durch unsere Absichten, und es war mir nicht unlieb, daß wir mit der Fernseh-Arbeit wieder mehr ins Studio gehen mußten; denn ich dachte mir, daß alles Aktuelle, alle Außenaufnahmen dem Kriege dienlich waren, zum Kriege steuerten, während die Studio-Arbeit doch nur rein künstlerische Ziele verfolgen konnte", gab Arnolt Bronnen 1954 zu Protokoll.[229]) Daß diese gegenseitige Verabsolutierung von einerseits aktuellen und andererseits künstlerischen Sendungen selbst eine Verklärung kommunikationspolitischer Realitäten war und ist, daß „rein künstlerische Ziele" sehr wohl „dem Kriege dienlich" sein sollten, ist an späterer Stelle noch eingehender auszuführen. Aber abgesehen von möglichen Gedächtnislücken, auch abgesehen von der persönlichen Entwicklung Arnolt Bronnens vom Freund Bert Brechts zum Spezi der Nazi-Führung und schließlich zu deren Enfant terrible, abgesehen von seiner sich damals wohl in Haß-Liebe geäußerten Einstellung zum Nationalsozialismus, die ihn auch nicht ganz freiwillig vom Hörfunk und von der Schriftstellerei zum Fernsehen brachte, so mußte er wohl gerade als Autor und Dramaturg, Sendespiel-Leiter beim Hörfunk und später beim Fernsehen eher in der Lage sein, produktionsästhetische Qualitäten und mögliche Effektivitäten eines sich neu entwickelnden Mediums zu beurteilen als die Zeitungs-Nachschreiber der offiziellen Olympiaden- und Fernseh-Propaganda.

„Jeder, der sich eignet, das ganze Volk kann senden": Rundfunkausstellungen

Zwar wurde über die Große Deutsche Rundfunkausstellung vom 28. 8. bis 6. 9. 1936 von „gewaltigen Fortschritten der deutschen Fernsehtechnik" [230]) oder vom Fernsehen als der „wirklichen Sensation" [231]) jenes Jahres berichtet. Bereits die Ausstellung vom 16. bis 25. 8. 1935 war unter der Losung „Volk sendet für Volk!" um drei Tage verlängert worden: Nach der Ausstellungseröffnung durch Goebbels wurde damals ein „Volkssender" präsentiert, über den „der Sprechchor des Arbeitsdienstes mit geschultertem Spaten" sprach und „Flieg, deutsche Fahne flieg!" ertönte. [232]) „Jeder, der sich eignet, das ganze Volk kann senden." [233]), so wurde berichtet, falls er wenigstens einen "Ariernachweis" vorlegen konnte. [234]) „In wochenlanger Arbeit haben die Funkwarte und Beauftragten der Sender aus der Fülle der Voranmeldungen schon zum größten Teil das ausgewählt, was am wirkungsvollsten zur Sendung gebracht werden kann, und in Programmen zusammengestellt. Dabei haben Volksgruppen, d. h. Vereine, Arbeitskameradschaften, Chöre und Kapellen, zunächst vor dem einzelnen Volksgenossen Berücksichtigung gefunden." [235]) Das waren z. B. die Werkschar der Telefunken-Gesellschaft, das Blasorchester der Städtischen Wasserwerke Berlin oder ein Hausorchester der Accumulatoren-Fabrik AG. [236])

Zwar stand „im Mittelpunkt" der Rundfunkausstellung von 1936 „wiederum der Volkssender": „Im Gegensatz zum vorigen Jahr sind diesmal die Darbietungen des Volkssenders nicht mehr improvisiert, sondern sorgfältig vorbereitet und eingeteilt. . . So wird der Rundfunk zum Diener und Förderer echter Volkskunst in deutschen Landen." [237]) Nachdem die deutschen Faschisten sich die rote Fahne, das Signal der internationalen revolutionären Arbeiterbewegung, zumindest als Hintergrund für ihr Hakenkreuz bewußt angeeignet hatten [238]), die proletarische Faust zum schlaff gehaltenen Hitler-Gruß entballt, den Abdruck von Sichel und Hammer auf den ersten 1. Mai-Abzeichen noch für zweckmäßig gehalten hatten und den Kampfgesang der Arbeiterbewegung zum Stampfgebrüll entstellt hatten, machten sie sich offensichtlich auch an die Perversion der in der Arbeiter-Radio-Bewegung entwickelten „Vorschläge zur besseren Verwendung der Apparate im Interesse der Allgemeinheit (. . .), also den Zuhörer nicht nur hören, sondern auch sprechen zu machen und ihn nicht zu isolieren, sondern ihn in Beziehung zu setzen." [239]) An jenem Hörfunk-"Volkssender" von 1936 spielte ein zwölfjähriges „Mädelchen, Tochter eines Drehers", Handharmonika, trug „ein Hüttenarbeiter eigene Dichtungen" vor, trat am 2. 9. die Kapelle der Hamburger Hochbahn auf und sang am 5. 9. ein Männergesangsverein "Gemeinwohl" von den Krupp-Werken. [240]) Aber, soweit aus der greifbaren einschlägigen Presse von damals ersichtlich, ähnliche Übertragungen durch das Fernsehen, die man nach der Ersetzung der Dunkelkammer-Abtastung durch die elektronische Kamera der Möglichkeit nach hätte durchführen können müssen, kamen nicht zustande: trotz der „gewaltigen Fortschritte der deutschen Fernsehtechnik."[241]) Und sicherlich auch trotz des - mit der 1936 nunmehr erreichten Entwicklung materiell-technischer Voraussetzungen - zunehmenden Drucks seitens der Elektroindustrie nach neuen Verwertungsmöglichkeiten sowie des zu erwartenden Interesses an tatsächlich massenmedialer Ideologieproduktion durch das Fernsehen seitens des Nazi-Propaganda-Apparates.

Kupfer aus Spanien für Legionäre aus Deutschland

Aber 1936 war nicht nur ein Jahr Olympischer Spiele. Am 6.6.1936 stellte sich in Frankreich eine aus der demokratischen Bewegung gegen die am 6.2.1934 mißlungenen faschistischen Umsturzversuche hervorgegangene Volksfrontregierung vor.[242]) Am 16. 2. 1936 trug in Spanien die Volksfront den Sieg davon.[243]) Als am 18. 7. 1936, am Vortag der beabsichtigten Durchführung einer Volksolympiade in Barcelona, die Faschisten sich anschickten, die Volksfrontregierung in Spanien zu stürzen und damit den Bürgerkrieg zu provozieren, konnte das der Nazi-Regierung in Deutschland und der internationalen Reaktion nur willkommen sein.[244]) Aber die Militärs General Francos hatten den Widerstand der Volksfront unterschätzt: „Verzweifelt suchte er beim Ausland Hilfe gegen das eigene Volk."[245]) Am 22. 7. 1936 flog der Leiter des deutschen Militärspionageapparates mit einem Stabsoffizier Francos nach Berlin: „Hier meldete er sich sofort beim Leiter der Hitlerschen Militärspionage, Admiral Canaris", der als Emissär des deutschen Marine-Nachrichtendienstes im ersten Weltkrieg in Spanien Franco kennengelernt hatte. „Er brachte die Emissäre Francos zu Göring, Himmler und Hitler, flog selber nach Italien, um Mussolinis Unterstützung für Franco zu gewinnen, hatte mit Franco mehrfach Konferenzen und empfing von ihm die höchsten Orden und Auszeichnungen."[246]) Für Nazi-Deutschland konnte eine Aggression gegen die Volksfront im Westen aus mehrerlei Gründen nur von Interesse sein. Eine sofortige und allseitige Unterstützung der faschistischen Meuterei in Spanien, im Rücken der französischen Volksfrontregierung, mußte dem deutschen Faschismus als damals höchstes Gebot internationaler Aktionen erscheinen, „denn darüber muß man sich endlich vollständig klar werden: Der unerbittliche Todfeind des deutschen Volkes ist und bleibt Frankreich."[247])

Neben einem allgemein-kapitalistischen gab es auch ein Spektrum an sonder-monopolistischen Gründen, daß die Nazi-Regierung den spanischen Faschisten auf der Stelle und in vollem Umfang Unterstützung gewährte: „ Die IG-Farben beherrschten die spanische Farbstoffproduktion. Die Elektrokonzerne Siemens und AEG produzierten in Spanien elektrotechnische Ausrüstungen. Der Krupp-Konzern war an der Erz- und Hüttenindustrie .. beteiligt."[248]) Bevorzugte Zuwendungen der für die Rüstungsproduktion benötigten Eisenerze für die deutsche Schwerindustrie, des auch für die Fernsehentwicklung ausschlaggebenden Kupfers aus Spanien sollten den Ausgleich für den Nazi-Beistand schaffen.[249]) Während unter der Siemens-Belegschaft in Berlin Verhaftungen von Arbeitern, die sich mit dem republikanischen Spanien solidarisierten, durch die Gestapo durchgeführt wurden, wurde am 20. 7. 1936 durch die Republikaner aufgedeckt, daß sämtliche Leiter der in Spanien tätigen Gestapo-'Hafendienste' „von deutschen Firmen angestellt und voll bezahlt worden waren. Ihr erster Chef, Karl Cord, war ein höherer Angestellter des Siemens-Konzerns."[250])

Während am 1. 8. 1936 vor der Weltöffentlichkeit das Propaganda-Spektakel der Olympischen Sommerspiele in Berlin aufgezogen wurde, war unter strengster Geheimhaltung eine 'Reisegesellschaft Union', ein vom Stellvertreter Görings entsandtes Vorauskommando der späteren 'Legion Condor' nach Spanien unterwegs: 86 Mann, ausgesuchtes fliegendes und technisches Personal, rund 100 Tonnen Kriegsmaterial, darunter Jagdflugzeuge und Flak-Geräte; 372 Tonnen Bomben und Munition wurden am 14.8. nachgereicht; und „nach Eingliederung der schon in Spanien anwesenden deutschen Soldaten umfaßte die 'Legion Condor' im Spätherbst 1936 etwa 4500 Mann. Das größte Kontingent stellte die Luftwaffe" mit Kampf- und Jagdgruppen, Aufklärungsstaffeln sowie einer Luftnachrichtenabteilung; auch zu den Panzerkompanien des Heeres kam eine Nachrichtenkompanie.[251])

Der Direktor der Telefunken-Gesellschaft, der gemeinsamen Tochter der AEG und des Siemens-Konzerns, gab es anläßlich einer Grundsteinlegung für neue Gebäudekomplexe der Firma offen zu, daß „es aber vor allem die Wehrmacht (ist), der Telefunken in diesem Augenblick seinen herzlichen Dank mit Freuden ausspricht .. Wir mußten gerade der Wehrmacht in all ihren Gliederungen, dem Heere, der Kriegsmarine und der Luftwaffe, einen Betrieb mit bester Leistungsfähigkeit zur Verfügung stellen."[252]) Nach der „großen Ouvertüre des Live-Fernsehens .. ging man mit den elektronischen Kameras wieder ins Laboratorium zurück", sich eingestehend, daß Olympiade sowie Rundfunkausstellung 1936 „eben doch nur eine Vorschau auf die Zukunft des Fernsehens vermittelt" hatten.[253]) Oder anders ausgedrückt: Der Telefunken-Konzern verfolgte nicht nur mit einer Fernseh-Abteilung sein Interesse an der Entwicklung eines neuen Massenkommunikationsmittels durch Übertragungsversuche sportlicher Wettkämpfe, sondern erwartete offensichtlich auch Möglichkeiten der Kapitalverwertung durch den Krieg.

Wenngleich es allem Anschein nach auf der Rundfunkausstellung vom 28. 8. bis 6. 9. 1936 nur einen "Volkssender"-Hörfunk und kein entsprechendes Fernsehen gab[255]), so stand doch damals der Telefunken-Konzern auch mit an der Front der Forcierung ideologischer Einsatzmöglichkeiten des neuen Mediums. Die Zentrale der Telefunken-Fernseheinrichtung war dabei eine Verstärker-Anlage, von der aus der Empfang von einer Innen-Bühne, von einem "Freilicht-Bildfänger" und von einem Filmgeber durch Telefon-Rückleitung koordiniert, von da wiederum auf die Fernsehempfänger, auf Heim-Projektion und auf Großbild-Projektion weiterge-

Wir grüßen die Kameraden der „Legion Condor"

Wir sind stolz darauf, daß aus unseren Reihen erprobte Mitarbeiter sich so erfolgreich für die große Sache eingesetzt haben, und auch darauf, daß auf dem spanischen Kriegsschauplatz wichtige Funkanlagen und zahlreiche Funkgeräte unseres Werkes ihre Feuerprobe voll bestanden haben.

Berlin, den 6. Juni 1939

Die Gefolgschaft und der Vorstand der Telefunken G. m. b. H.

254)

leitet werden konnte.[256]) „Viermal am Tage rollte das Kabarettprogramm, das aus Gesangsstücken, Tanznummern und Rezitationen bestand, über die Bühne. In den Zwischenpausen lief der Film, oder es wurden, wenn es nicht gerade regnete, Übertragungen aus dem Freien gemacht. Die Fernsehkabarettbühne war so aufgebaut, daß der Ausstellungsbesucher die Darbietung im Original sah und gleichzeitig im davor aufgestellten Empfangsgerät das übertragene Fernsehbild."[257])

Auf der - im Vergleich kaum größer als der Waschraum des Telefunken-Standes angelegten - Spielfläche der durch dunkelgrüne Glasscheiben direkt sowie über die davor aufgereihten Monitore vermittelt von dem Besucher einsehbaren Innen-Bühne wurde keine Hakenkreuz-Fahne geweiht, nicht der "Blutzeugen" der nationalsozialistischen "Bewegung"[259]) gedacht, auch keine Nazi-Friedensdeklamation über das offiziell

258)

Rundfunkausstellungs-Telefunkenstand 1936: Fernsehaufführung von 'Ich habs - das Lied vom Schnaps'

erstmals am 1. 9. 1936 zur Rechtfertigung der faschistischen Intervention gegen das Volksfront-Spanien mißbrauchte internationale "Nichteinmischungskomitee"[260]) vorgebracht, sondern lief - ganz im Dienste der Erheiterungs-Verordnungen von Goebbels - ein ganz einfaches Varieté ab: „Inge Felix hat uns in einem Lied verraten, daß 'jede Frau ein bißchen Komödie spielt'"; ein Solo-Steptänzer trat als „junger Mann, der gut pfeifen kann" auf; an Liedern wurde z.B. "Der Anzug", eine "Konfektionsarie", oder "Der Donaudampfschiffahrtsgesellschaftskapitän", "Stellen Sie sich vor, ich wär ein wilder Räuber", "Ach, verzeihn Sie meine Dame, Gottlieb Schulze ist mein Name" und "Ich habs - das Lied vom Schnaps" vorgetragen.[261])

'Angriff'-Dichter als Fernseh-Intendant

"Die Arbeit klingt und ruft zu großen Taten:/Wir sind der Arbeit gläubige Soldaten,/Wir sind die Zukunft über Fluch und Fron:/Denn wir sind Deutschland - wir sind die Nation."[262])

In der Rundfunkführung kam es im Frühjahr 1937 zu Umbesetzungen und Neuregelungen, die sich wohl auch auf die inhaltliche Konstitution des Hörfunk-Fernsehbetriebes auswirken sollten. Nachdem durch Hitler-Erlaß am 2. 2. 1937 die Personalunion in der Leitung des Reichsverkehrs-und Reichspostministeriums aufgehoben worden war, wurde Wilhelm Ohnesorge zum Reichspostminister bestimmt. Am 19. 3. 1937 richtete Propagandaminister Goebbels als neue Stellung die eines Generaldirektors und Reichsintendanten des deutschen Rundfunks ein und setzte Heinrich Glasmeier darauf, der damit zugleich Vorstands-Vorsitzender der Reichs-Rundfunk-Gesellschaft wurde. Mit dieser Durchsetzung des "Führergesetzes"[263]) erhielt Reichssendeleiter Hadamovsky einen direkten Vorgesetzten, was faktisch einer Entmachtung gleichkommen mußte. Auch dem anderen der zwei Nazi-Stiefelstürmer des deutschen Rundfunks vom Dezember 1931 [264]) erging es nicht viel anders: Dressler-Andress, bisher Präsident der Reichsrundfunkkammer und Leiter der Abteilung Rundfunk im Reichsministerium für Volksaufklärung und Propaganda, wurde durch Hans Kriegler ersetzt und zum Leiter einer Abteilung für „die volkskulturellen Aufgaben innerhalb des Ministeriums“ gemacht.[265]) So wurden der „Auto-Mechaniker Hadamovsky“ und der „Exmatrose Dressler-Andress, der 1918 auf einem kaiserlichen Kriegs-Schiff die rote Fahne gehißt hatte, der lange Zeit Soldatenrat und, seiner Behauptung nach, auch eine Zeitlang Mitglied der KPD gewesen war“,[266]) die zwei einstigen Nazi-Desperados des Rundfunks abqualifiziert, zugunsten von Herren mit wohl gepflegteren Manieren, mit denen möglicherweise auch gegenüber Auslandsrepräsentanten besser Kredit zu machen war. Heinrich Glasmeier, „ehvordem Archivar irgendeines kleinen Fürsten .., war nunmehr Herr über die größte kulturelle Institution im Reiche der Deutschen. Und um dies zu zeigen, ließ er sogleich Kündigungen an sämtliche führenden Männer der deutschen Sender herausgehen, 112 an der Zahl.“[267])

Von dieser “Neuregelung“ betroffen wurden wahrscheinlich vor allem respektlose Bürgerbräu-Draufgänger von einst und Parteiabzeichen-Opportunisten vom Frühjahr 1933, Rohlinge oder Bücklinge, die allen Bemühungen um eine seriöse und solide Pose der neuen Führungsgarnitur nur abträglich werden konnten. Auch im Fernsehen wurde besetzt. Aber welchen Stellenwert die neuen Rundfunk-Nazis diesem Medium zugestanden, auch daß es offensichtlich zutraf, daß „obwohl das Fernsehen gerade damals interessant zu werden begann“, seine kulturelle Weiterentwicklung nun “aussichtslos“[268]) erscheinen mußte, geht recht anschaulich aus den Aufzeichnungen Arnolt Bronnens hervor, der noch im Oktober 1933 in einem Offenen Brief „das Gelöbnis treuester Gefolgschaft“ zu Hitler mitunterschrieb[269]), aber in jenem Jahr der “Neuregelungen“ als Schriftsteller Berufsverbot erhielt.[270]) „So blieb nur der Rundfunk als schwache Möglichkeit. Das Fernsehen brauchte Mitarbeiter. Glasmeier hatte dem Fernsehprogramm-Betrieb den Rang eines selbständigen Senders verliehen .. und hatte den .. früheren Kultur-Redakteur des ’Angriffs’, Hans Jürgen Nierentz, zum Intendanten des Fernseh-Senders ernannt. Nierentz war .. Sohn eines im Kriege gefallenen Oberlehrers, war .. unerzogen, haltlos, in bornierten Haß- und Rachegefühlen herangewachsen. Die ’Maul auf und schrei!’-Lyrik der ersten Jahre des Nationalsozialismus hatte ihm zahlreiche Gedichte entlockt, die mangelnde Anerkennung seitens der zünftigen Poesie hatte ihn mit dem schwärigen Ressentiment des kleinen Spießers gegenüber jeder Art von Geist erfüllt. Und doch waren Reste von Bildung, von Wissen in diesem Menschen. Er wußte um seinen Unwert, wußte auch, daß er keine Möglichkeiten mehr hatte, diesen Unwert zu überwinden. So versoff er sich in jungen Jahren. Er konnte sich ein, zwei Monate lang halten, war dann ein böser, harter Chef, nachtragend, selber faul, von seinen Mitarbeitern Unmögliches verlangend. Aber eines Tages packte es ihn, er soff tagelang, weinte, klagte, bat seine Freunde in seine Wohnung, rutschte auf den Knien vor ihnen herum, bettelte um Verzeihung für seine verpfuschte Existenz. Man hielt ihn dann mühsam vom Sender fern, damit es keinen Skandal gäbe. ... Zum Schluß stand Nierentz allein, ich ihm gegenüber, dazwischen eine Reihe neuer, unbeholfener, unzuverlässiger Leute. .. Es gab nun niemanden mehr unter den früheren guten Freunden, der den jungen Alkoholiker bei seinen Räuschen vom Funk-Haus fernhielt. Eines Tages stand Nierentz lallend im Tor-Bogen, der zum Garagen-Hof führte, er begrüßte mich stahlend, ich wich ihm aus. Er starrte mir nach, offensichtlich war er dabei, wieder zu sich zu kommen, die Chauffeure grinsten .. Es gab täglich wichtige Angelegenheiten, welche der Intendant persönlich entscheiden mußte. Ich hatte bisher solche Sachen schonend ruhen lassen, so lange, bis Nierentz wieder vernehmbar war. Das tat ich nun nicht. Ich ließ Glasmeier anrufen, ihn um seine Entscheidung bitten. .. Tags darauf wurde er vom Dienste suspendiert und in eine Trinker-Heilstätte verschickt. Der Sender war kaputt...“[271]) gegangen, wohl 1939, unter der Intendanz dieses vormaligen Reichsfilmdramaturgen.[272]) Die Einsetzung eines solchen Fernseh-Intendanten zeugt sowohl von der Ignoranz der Nazi-Führung hinsichtlich der in dem Kommunikationsmittel angelegten Möglichkeiten seiner kulturellen Handhabung als auch von der Konsequenz, mit der eine faschistische Diktatur materiell-technische Vorarbeit kommunikativer Innovationen - wohl objektiv auswegslos - verkommen lassen mußte: d.h. nicht zuletzt auch aufgrund des mit solcher Diktatur gegebenen Zwangs zur Vernichtung kreativer Aktivität und zur Aufzucht von Stümper-Monstern für die Direktion von Wissenschaft und Kunst.

Unterwegs zum Heimfernseher

1937 gelang es, die Zeilenzahl des Fernseh-Bildes von versuchs- auf betriebsweise auf 375 Zeilen zu erhöhen.[273]) Im Frühjahr wurde dies auf der Weltausstellung in Paris vorgeführt, um zu demonstrieren, “welchen gewaltigen Aufschwung das Fernsehen nach dem politischen Umbruch in Deutschland erfahren hat.“[274]) Hielt damals auch Reichspostminister Ohnesorge sorgsam den Fernseh-Sprechverkehr, der in seinem 180-Zeilen-Betrieb in Paris ebenfalls vorgeführt wurde, für wichtiger als den Fernseh-Rundfunk[275]), so konnte er doch am 15. 6. 1937 die Einführung des 441-Zeilen-Bildes bekanntgeben, das zwar erst ab 1. 11. 1938 den 180-Zeilen-Betrieb voll ersetzen konnte[276]), aber bis zur Einstellung des faschistischen Fernsehens in Deutschland bestehen blieb.

Von 180 auf 441 Zeilen

Auf der 14. Großen Deutschen Rundfunkausstellung vom 30. 7. bis 8. 8. 1937 in Berlin wurde einheitlich ein 441-Zeilen-Fernsehen als Versuchsbetrieb vorgeführt: „Der Aufstieg von dem bisherigen 180-Zeilen - zum 441-Zeilen-Bild bringt Bereicherung des Bildinhaltes, die Einführung des Zeilensprungverfahrens beseitigt das Flimmern.“[277]) Zwar waren die Reaktionen auf diese neue Fernsehentwicklung nicht durchwegs bis zur Schwärmerei begeistert: „Der bedeutendste Fortschritt des Fernsehens in Deutschland ist .. das 441-Zeilenbild, durch welches die Schärfe des Kinofilms nahezu erreicht wird“.[278]) Fernsehspielleiter Arnolt Bronnen: „So glichen die neuen Fernsehbilder in den Apparaten bereits schlechteren Film-Bildern, hatten vor diesen jedoch .. eine stärkere Leuchtkraft voraus.“[279])

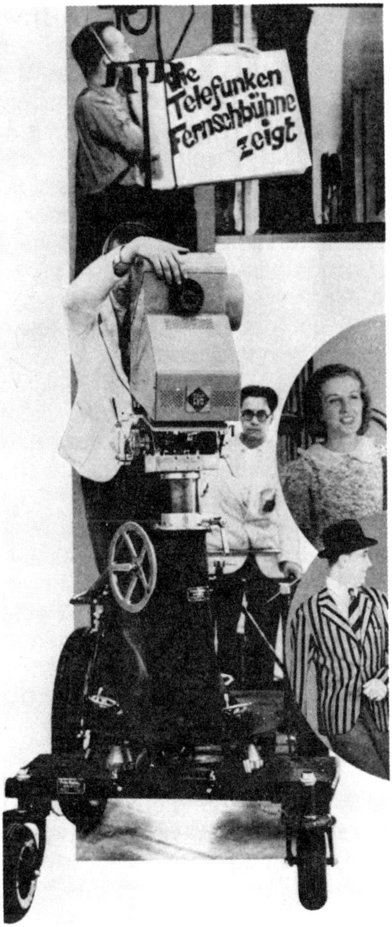

283)

284)

Rundfunkausstellung 1937, fahrbare Elektronenkameras, aber nach wie vor Fernsehstuben-Empfänger: Entwickelte kapitalistische Produktionstechnologie, Monopolkonkurrenz zwischen Telefunken und Fernseh-AG, faschistisch unterentwickelte Rezeptionssoziologie - Kennzeichen eines Nazi-Fernsehens

Fernsehstelle der Deutschen Reichspost 50821 *

Eintrittskarte

für den 29. 3. 40

Vorführungszeit von 20 bis 22 Uhr

Jugendliche haben zu den Fernsehvorführungen nur bei jugendfreien Vorführungen in Begleitung Erwachsener Zutritt.

VI (5. 39) 1200 Blöcke 2600 2 A

RPD 29• Din A 8, 6 c 60 farbig

285)

Der Fernseh-Sachverständige der Reichspost: “Durch das 441-zeilige Bild mit dem Zeilensprungverfahren werden .. bereits 50 v.H. der Bildgüte erreicht, die man einmal zu erzielen hofft.“[280]) Schließlich eine Techniker- und Amateur-Zeitschrift zum Fernsehen auf der Funkschau 1937: „Die Fortschritte sind gegenüber dem Vorjahr nicht unbeachtlich. Alle Firmen machen vom Zeilensprungverfahren Gebrauch, so daß das noch im letzen Jahre so störende Flimmern praktisch verschwunden ist. Die Zeilenzahl betrug einheitlich 441 .. Allerdings arbeitet der Witzlebener Fernsehsender immer noch auf 180 Zeilen, und man hört, daß die Umstellung des Betriebs auf das 441-zeilige Bild noch geraume Zeit dauern wird.“[281]) Aber man muß wohl festhalten, daß mit den auf der Fernsehschau der Rundfunkausstellung von 1937 - vorerst versuchsweise - demonstrierten Entwicklungen materiell-technisch ein Bedingungszusammenhang hergestellt war, auf dem das neue Medium sich zu einem effektiven Massenkommunikationsmittel voranbringen hätte lassen können. Die dazu benötigten Heimfernsehempfänger der Telefunken-Gesellschaft, der Fernseh-AG und anderer Firmen waren - allerdings noch nicht als Serienprodukte, sondern als Einzelstücke - zu begutachten: „Mit wenigen Ausnahmen waren die Bilder der Heimempfänger gleichmäßig gut“ und im Durchmesser zwischen 30 und 50 Zentimeter groß, die von Heimprojektionsempfängern leuchteten auf einer Fläche von 50 mal 60 Zentimetern.[282])

Neben der Empfangs-Seite war auch auf der Aufnahme-Seite der Entwicklungsprozeß des Fernsehens augenscheinlich so weit vorangeschritten, daß eine Freigabe für seine ideologische Massenfunktion durch individuelle Heim-Konsumtion immer aktueller werden mußte. Es war nicht mehr zu übersehen, daß „die Elektronenkamera .. als dasjenige universell anwendbare Mittel zu erachten (ist), welches der Aufnahmetechnik künftig die betriebs- und bedienungsmäßige Einheitlichkeit verleihen wird.“[286]) Auf der Aufnahme-Seite wurde auch das Zwischenfilmverfahren weiterentwikkelt, das als einzige Konserve-Möglichkeit - eine magnetische Videoaufzeichnung war noch nicht erfunden - selbstverständlich nicht von der Live-Sendung verdrängt werden konnte, denn „die Zwischenfilmaufnahme stellt in der Fernsehtechnik gewissermaßen das Gegenstück zur Schallplatte beim Tonfunk dar.“[287]) So war 1937 nicht nur die Studio- und weitgehend die Außen-Aufnahme elektronisch ausgerüstet, sondern auch der für die Fernseh-Abstrahlung eingesetzte Filmgeber.[288])

Redner-Fernsehen

Eine interessante Novität der damaligen Rundfunkausstellung war eine vom Telefunken-Konzern vorgeführte Redner-Großbildübertragungs-Anlage, mit der Personen als über-lebensgroßes Bild projiziert werden konnten. Diese Anlage sollte der „Übermittlung des Großbildes eines Versammlungsredners” dienen, „der in einem beleuchteten Saal spricht, dabei aber nicht durch grelle Anstrahlung gestört werden soll. Die Vorführung zeigte, mit welcher Vollkommenheit diese Aufgabe gelöst werden kann. Die vor dem Redner angebrachten photoelektrischen Zellen entsprechen dem Mikrophon bei Hörübertragungen.”[289]) Mittels Elektronenstrahlröhre wurde dabei auf Monitore sowie in Großprojektion übertragen.

Aber kein Reichspostminister, kein Fernsehintendant und kein Reichssendeleiter schien von dieser Übertragungs- und Großprojektionsanlage Gebrauch zu machen, erst recht nicht ein Propagandaminister oder sein Führer: Jedenfalls kann Gegenteiliges aus der greifbaren einschlägigen Presse nicht rekonstruiert werden, wobei wohl davon auszugehen ist, daß bei allfälliger gelungener Inanspruchnahme dieser Novität auch entsprechend darüber berichtet worden wäre. Zwar hatte „jeder Ausstellungsbesucher .. Gelegenheit, das Rednerpult zu besteigen und sich auf dem Leuchtschirm eines gegenüber aufgestellten Fernsehempfängers selbst

Was ich erlebt in siebzehn Tagen
am Telefunken-Fernsehstand,
mit ein'gen Worten will ich's sagen,
was alles sich zusammenfand. 290)

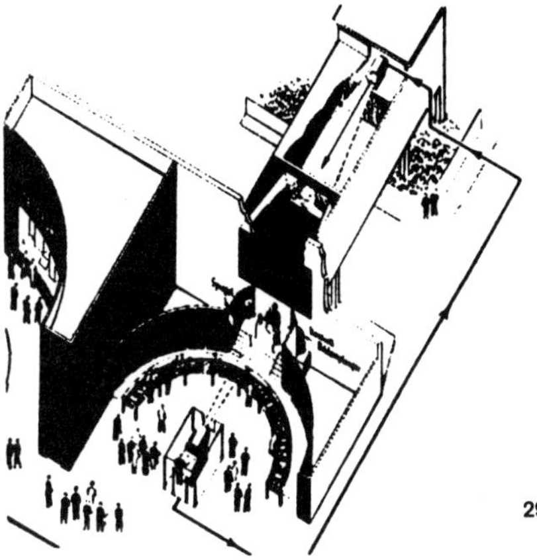

291)

Redner-Aufnahmegerät für eine Großbild-Übertragungsanlage, Telefunken 1937

zu sehen." 292) Dies allerdings ist nur einer Techniker- und Amateurzeitschrift von 1937 zu entnehmen, während die Programm-Massenpresse sich anscheinend nicht zu einem Beifall genötigt sah.

Leitspruch der Reichspost für die Fernsehschau der Rundfunkausstellung 1937: „Wir wissen, daß im Fernsehen ungeahnte Möglichkeiten schlummern, die für viele Gebiete des menschlichen Lebens und der Kultur wichtig sind und deshalb wollen und müssen wir unter den ersten sein, die sich seiner bemächtigen." 293) Dieser Absichtserklärung lag die Tatsache zugrunde, daß zwar elektrotechnisch die Voraussetzungen für einen Massen-Heimempfang des Fernsehens weitgehend geschaffen waren, kommunikationspolitisch im Sinne der Nazi-Regierung indes anscheinend nicht. Aus dem Sonderdienst der 'Nationalsozialistischen Rundfunk-Korrespondenz', die seit 10. 2. 1937 vom Zentralverlag der NSDAP als „gemeinsames Instrument" der „Presseveröffentlichungen" von „Partei, Staat und Rundfunkführung" herausgegeben wurde 294), anläßlich der Ausstellungseröffnung am 30. 7. 1937 läßt sich ermitteln, daß Propagandaminister Goebbels in seiner Rede nicht ein Wort zum Fernsehen hervorbrachte 295), dafür umso mehr die "Neuordnung" vom Frühjahr, um „auch im Rundfunk das autoritäre Prinzip konsequent durchzuführen", begrüßte, eine neue Volksempfänger-Serie von 300 000 Stück zu einer Preisermäßigung von rund 15 Prozent und eine Preisreduzierung bei der alten Serie auf 59 Mark ankündigte. 296)

Goebbels ist gegen Gebrüll

Und vor allem ging Goebbels immer wieder auf die Programmgestaltung des Rundfunks ein, feststellend, „daß der Umfang der Musik um 11 v. H. erweitert worden sei, um insbesondere den Wünschen der werktätigen Schichten nach Unterhaltungsmusik weitestgehend entgegenzukommen." [297]) Auch wenn Goebbels dabei das Fernsehen nicht extra ansprach, so muß doch wohl davon ausgegangen werden, daß seine Forderungen gegenüber dem Rundfunkprogramm nicht nur den Hörfunk betrafen, sondern in ihrer Geltung unausgesprochen auch das Fernsehen einschlossen, weswegen Teile seiner diesbezüglichen Äußerungen hier wiedergegeben zu werden verdienen: „Erholung, Unterhaltung und Entspannung zu geben. Das ist keine Aufgabe zweiter, sondern allererster Klasse. Denn es ist ein Unterschied, ob ein Volk mit Freude und Optimismus seiner schweren Lebensaufgabe dient, oder ob es kopfhängerisch und pessimistisch den Sorgen des Alltags gegenübertritt. Es kann auch nicht Sache des Rundfunks sein, nur künstlerische Spitzenleistungen zu senden. Er muß seine Darbietungen wenigstens im großen Ganzen auf die breiten Massen einstellen ... Ich bin weit davon entfernt, hier einem bequemen Opportunismus das Wort zu reden. Aber ich weiß aus eigener Erfahrung, daß nach Tagen schwerer Sorge und Last eine Stunde der Entspannung und unterhaltsamer Erholung oft Wunder wirkt." Goebbels warnte davor, „daß es Aufgabe des Rundfunks sei, Experimente zu machen" und richtete seine Warnung auch an "einen Teil unserer Hörspiele, mit denen der deutsche Rundfunk zu gewissen Zeiten geradezu überschwemmt wurde. Sie wirken in ihren gebrüllten Ekstasen auf den Zuhörer aufreizend und abstoßend." [298]) Reduzierung der Wortsendungen zugunsten eines musikalisch unterhaltenden Programms blieb so 1937 ein unmißverständlicher Rundfunk-Imperativ der Nazis. [299]) Für die damalige Rundfunkausstellung war auch „der beängstigende Trubel des 'Volkssenders' einem wohlgeordneten festlichen Programm gewichen." [300])

Anscheinend nun doch für zu gefährlich hielten die Nazis ihre "Experimente" mit einem - wie streng auch immer überwachten - Zulaß jedermanns zu ihrem "Volkssender", denn das von Goebbels geforderte „autoritäre Prinzip" des faschistischen Rundfunks hätte vielleicht so selbst noch mit der egalitären Verklärung des deutschen Volkes in offenen, d. h. in diesem Fall öffentlich vernehmbaren Widerspruch geraten können: Selbst eine faschistisch dirigierte Werkschar der Telefunken-Gesellschaft oder Männergesangsgruppe der Krupp-Werke enthält - zunächst wenigstens einmal objektiv - mehr gesellschaftlichen Zündstoff als Hans Söhnker oder der Berliner Weg der Grethe Weiser. „Die Idee des 'Volkssenders', die in den letzten Jahren das Gesicht dieser alljährlichen Leistungsschau des Rundfunks bestimmte, ist erschöpft und wird uns nur noch durch das Auftreten einiger Gruppen von Volkskünstlern in Erinnerung gebracht. An ihre Stelle tritt in diesem Jahr das Leitwort 'Jeder Reichssender einmal in der Reichshauptstadt ... Da beginnt der Deutschlandsender am Eröffnungstage mit ... 'Allerlei von Zwei bis Drei', 'Und jetzt ist Feierabend' ... Berlin folgt mit einer Elite der volkstümlichsten Rundfunkkünstler" [301]), darunter sol-

304)

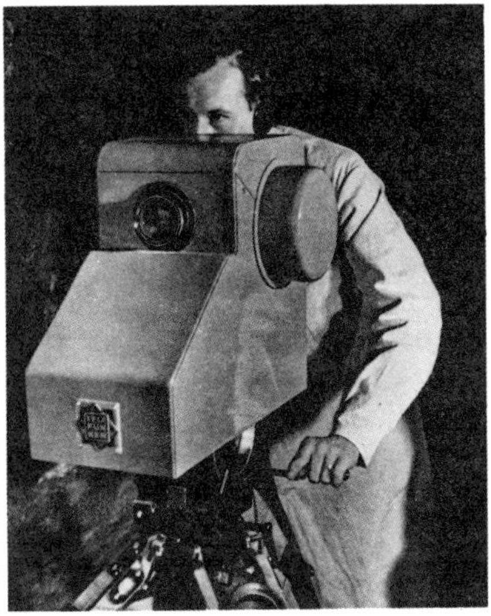

305)

"Bildfänger"

„Freilich, wie sie es handhabt (äußerlich) und zum Tönen bringt (künstlerisch): das ist ein einzigartiger ästhetischer Genuß": Ingrid Larssen

che, die bereits 1935/1936 Solo-Auftritte im Fernsehen hatten, wie Carl de Vogt, der Lautensänger und "Arbeitsdienstfilm"-Darsteller[302]), oder Ingrid Larssen, die „Symphonie in Blond mit Saxophon."[303]) Von Goebbels und seiner Mannschaft befürchtet wurde offensichtlich nicht nur eine Propaganda-Disfunktion „gebrüllter Ekstasen", aus einem gewissermaßen volkstümlich gemachten Medium hervorgehende gesellschaftlich organisierende, wenngleich vielleicht nicht antifaschistische, so doch unnazistische Potenz. Der "Volkssender" wurde abgeschafft; Gemütsaufheiterung blieb Maxime des Programms, auch für die Fernsehstuben: „Lustspiel, Operette, Revue, Varieté, dazu die aktuelle Wochenschau und andere Filme."[306])

Durch Fernsehen "Beherrscher der Welt" ?

Es ist sicherlich ein Kennzeichen für eine weitgehend vorangeschrittene Entwicklung des Fernsehens zum Kulturfaktor, daß sich 1937 der Weltrundfunkverein bereits mit Komplexen wie „Fernsehen und Urheberrechte" oder „Fernsehen und Tonfilm" zu befassen hatte.[307]) „Im Zusammenhang mit dieser technischen Aufwärtsentwicklung des Fernsehens ist die Bekämpfung der bisher fast allgemeingültigen Anschauung bemerkenswert, die Post und Telegraphie als reine Wirtschaftsunternehmen betrachtet wissen wollte, als Transport- und Verkehrswesen, als eine Einrichtung zur Beförderung von Nachrichten. .. Auch der Fernsehfunk wird seine kulturelle Sendung erweisen - nicht nur innerhalb der Volksgemeinschaft, sondern als Verbindung unter den Völkern der Erde."[308]) Und sicherlich hatte der Reichspostminister auch ein wenig aus Kenntnis über den Entwicklungsstand des Fernsehens sich zum "Vorkämpfer"[309]) einer „kulturellen Sendung" des fernsehtechnischen Fortschritts hochspielen lassen können.

Der Reichssendeleiter verfiel einem Vergleich des Fernsehens mit dem Fliegen: beide Male diese Ungebundenheit, die „uns zum Beherrscher der Welt" macht.[310]) Gemischt kamen die Äußerungen der Amtsleitung Rundfunk der NSDAP zur Fernsehschau der Rundfunkausstellung 1937, in einer Mischung von Kultischem und Ökonomischem: „Ewig ist der Zug des Menschen in die Weite. Rastlos sucht er den engen Lebensraum zu erweitern, den ihm seine Körperkräfte und seine Sinnesorgane gesteckt haben. .. So ist das Fernsehen eine der stärksten und innerlichsten Sehnsüchte der Menschheit. ... Auf der Rundfunkausstellung konnten sich die Besucher davon überzeugen, daß die technische Entwicklung auf einem Höhepunkt ist, auf dem der Besitz eines Fernsehempfängers für jedermann eine wertvolle Bereicherung seines Lebens bedeuten würde. Nun müssen die wirtschaftlichen Schwierigkeiten, die solch eine umwälzende Erfindung immer mit sich bringt, gelöst werden. Nun muß mit der Zeit aus der wissenschaftlichen Laboratoriumsarbeit fabrikationsmäßige Herstellung werden. Fabriken mit ihren komplizierten Maschineneinrichtungen müssen im Laufe der Zeit entstehen, und die Kapitalien für die jahrelange Entwicklungsarbeit und für die Fabrikeinrichtung müssen Rentabilität versprechen. Und schließlich müssen in Zusammenhang damit die Fernsehapparate so billig werden, daß möglichst viele Volksgenossen sie sich kaufen können, weil ja wiederum nur durch großen Absatz nachher die gewaltigen Anlagekosten wieder hereinkommen können. Außerdem aber müssen nun erst genügend Fernsehsender errichtet werden."[311]) Aber bis zu einer Serienproduktion von Fernseh-Heimempfängern sollte es noch eine Zeit dauern, wenn auch - aus Zwängen der Umschlagsforcierung der lange und hoch vorgeschossenen fixen konstanten Kapitale - die Elektroindustrie mehr und mehr auf ein Massen-Fernsehen hindrängte.[312])

Zwar wurde bereits Ende 1937 von einem Farbfernsehen geschwärmt[313]); aber „das neue Fernsehbetriebsverfahren, das in absehbarer Zeit im ständigen Fernsehsendebetrieb eingesetzt wird"[314]), blieb vorerst insofern Wunschvorstellung, als das herkömmliche 180-Zeilen-Fernsehen, neben den neuen 441-Zeilen-Versuchen, noch bis Ende 1938 in Betrieb bleiben sollte: dies wohl aus ähnlichen Gründen, die umgekehrt für eine Massenproduktion ausschlaggebend sein mußten, diesmal nicht einer ausbleibenden, sondern einer durch das herkömmliche Verfahren noch nicht ausreichend abgeschlossenen Kapitalverwertung.

Indes, „das große Publikum merkt zunächst kaum etwas"

Und was die Forderung nach weiteren Sendestationen betrifft, so wurde zwar für den westdeutschen Bereich eine auf dem Brocken, für Süddeutschland eine auf dem Feldberg montiert. Die Zuschauerzahl, die damals dafür angegeben wurde, war aber wohl mehr Verblendung als

[315]

Brocken-Fernsehsender 1937 für Westdeutschland: bald 16 Millionen Zuschauer?

Erhellung: Brocken „für 3 Millionen Menschen", Berlin für „8 Millionen", Feldberg „für 5 Millionen. . ., so daß im nächsten Jahr bereits 16 Millionen Menschen erfaßt werden können."[316])

Im Sommer 1937 gab es rund 75 Heimempfänger, noch im Sommer 1939 etwa 200.[317]) Für den Hörfunk war eine solche Zahlen-Frisur kaum nötig: Am 1. 1. 1937 wurden nicht etwa 66 Millionen „Menschen erfaßt"[318]), sondern es gab einfach 8 167 957 offizielle Rundfunkteilnehmer.[319]) Sicherlich weitaus korrekter als jenes Fernsehzahlen-Taschenspiel ist folgende Mitteilung an gleicher Stelle: „Über die schnellen Fortschritte in der Entwicklung des Fernsehens wäre viel zu sagen. Fast jede Woche bringt neue Erkenntnisse, neue Erfahrungen und Verbesserungen. Das große Publikum merkt zunächst kaum etwas von diesem Werdegang."[320])

So waren 1937 nach wie vor nur die öffentlichen Fernsehempfangsstellen in Berlin und Umgebung in Betrieb. Aus Berichten der Reichspostdirektion: „Der Besuch der Fernsehstellen ist bei der ersten abendlichen Vorführung (von 20-21 Uhr) durchschnittlich sehr gut. Die zweite Vorführung (von 21-22 Uhr) ist dagegen in allen Fernsehstellen etwas schwächer besucht. ... Sehr oft sind hier von 21 - 22 Uhr weniger als 10 Personen anwesend."[321]) Oder: „Nach den bisherigen Beobachtungen hat es den Anschein, als ob sich in den Fernsehstellen z. T. regelmäßig dieselben Leute einfinden, denen weniger daran gelegen ist, sich über den Stand des Fernsehens zu unterrichten, als eine billige Unterhaltungsstätte und Wärmequelle zur Verfügung zu haben. So ist u. a. in einer Fernsehstelle beobachtet worden, wie ein jüdischer Händler mit einem schmutzigen Sack nicht nur an einer, sondern an beiden Sendungen teilgenommen hat. Dadurch wird aber anderen Volksgenossen der Platz in den Fernsehstellen weggenommen und der Aufenthalt verleidet." Dieser Mitteilung folgte die Anweisung, auf jeden Fall zu verhindern, „daß durch die vorgenannten unerwünschten Gewohnheitsbesucher die anständigen und am Fernsehen wirklich interessierten Volksgenossen abgedrängt werden."[322]) Abgesehen vom Nazi-Rassismus, von dem auch das Fernsehen erfaßt wurde, geht aus diesen Berichten hervor, was aus dem Reichspostministerium dem "anständigen" Zuschauer zugedacht wurde: nicht sich durch das neue Medium unterhalten zu lassen, sondern „sich über den Stand des Fernsehens zu unterrichten."

Ein Volk in fernsehtechnischer Andacht statt in Varieté-Stimmung zu halten, dazu hätte der Propagandaminister dem Reichspostministerium sein Einverständnis sicherlich nicht geben können. Auch wenn damals ein Volk von Fernsehern bei weitem noch nicht in Sicht war, sondern vielmehr „das große Publikum .. zunächst kaum etwas von diesem Werdegang" eines neuen Mediums merkte und von der Elektro-Technokratie letztlich vor vollendete Tatsachen, unwidersprechliche Sachzwänge gestellt werden sollte.

Denkschrift der Fernseh-AG: zwar nicht für die Allerärmsten

Im Dezember 1937 konnte der Sender Berlin sein Fernsehen in neuen, großzügigen Räumen im Deutschlandhaus am Adolf-Hitler-Platz aufnehmen.[323]) In Vorbereitung der 15. Großen Deutschen Rundfunkausstellung vom 5. bis 21. 8. 1938 drängte das Elektro-Kapital immer stärker auf die Freigabe einer Fernsehheimempfänger-Serienproduktion hin. Eine vertrauliche Denkschrift der Fernseh-AG an das Reichspostministerium vom 14. 7. 1938 brachte das entsprechende Interesse zum Ausdruck: „Es liegt der Gedanke nahe, alle die Kreise, die heute an der Einführung des Fernsehens interessiert sind, zusammenzufassen und an der Finanzierung des allgemeinen Fernsehens mithelfen zu lassen. An der Einführung des Fernsehens ist nicht nur die Fernsehindustrie, die Deutsche Reichspost und Reichs-Rundfunk-Gesellschaft in höchstem Grade interessiert, sondern auch die Elektrizitätswirtschaft. ... Es wäre nun denkbar, die genannten Gruppen, die man mit Rücksicht auf die bedeutenden politischen und kulturellen Aufgaben des Fernsehens noch um die D.A.F. (Deutsche Arbeitsfront) oder ihre Unterorganisation K.d.F. (Kraft durch Freude) erweitern könnte, zu einer Finanzierungsgesellschaft zusammenzufassen, welche die Auflegung so großer Serien von Fernsehgeräten ermöglichen könnte, daß der Preis des Einzelgerätes sich bereits so weit absenken ließe, daß zwar für den Anfang nicht die Allerärmsten, aber doch schon weite Kreise der Bevölkerung für die Anschaffung eines Fernsehgerätes interessiert werden könnten. Daß die Fernsehindustrie heute in ihrer technischen Leistungsfähigkeit bereits soweit fortgeschritten ist, derartige Geräte herzustellen, beweist die Funkausstellung 1938. So sei z. B. auch auf den kleinen Empfänger der Fernseh A.G. hingewiesen, der bei ganz ausgezeichneten technischen Qualitäten schon bei einer Auflage von 1 000 Stück sich mit ca. 850.– verkaufen ließe."[324])

Die Situation zur Duchsetzung des Verwertungsinteresses des Elektrokapitals schien nicht ungünstig zu sein, denn allein an Anlagemitteln erhöhte die Reichspost ihre Forschungsförderung für die Fernsehentwicklung von 18 Millionen Mark 1937 auf 23 Millionen Mark 1938.[325]) Und auch die politische Einschätzung des Fernseh-Heimempfangs durch das

Reichspostministerium schon im Frühjahr 1938 schien der Forderung der Medienindustrie sehr entgegenkommen zu können: „Vom politisch-propagandistischen Standpunkt bietet der Fernsehrundfunk gerade mit Hilfe einer weitverbreiteten Heimempfänger-Teilnehmerschaft ein über die Möglichkeit des Tonrundfunks weit hinausgehendes Mittel, mit Unterstützung des Bildes auf die Volksgesamtheit in wichtigen staatspolitischen Dingen einzuwirken, ihr Interesse zu wecken und durch den Augenschein zu überzeugen", obgleich aufgrund der „verwandschaftlichen Beziehungen ... zum Tonfilm", der „auch aus nicht zu unterschätzenden psychologischen Gründen auf die öffentliche Vorführung vor größeren Teilnehmergruppen ... angwiesen" sei, zugleich neben dem Heimempfang nach wie vor der Empfang in den öffentlichen Fernsehstellen empfohlen wurde.[326]) Jedenfalls ließ der Reichspostminister sehr umgehend der Fernseh -AG am 22. 7. 1938 mitteilen, daß eine allgemeine private Teilnahme am Fernsehen voraussichtlich am 1. 10. 1938 freigegeben werden sollte.[327]) So kam auf Vorschlag der Telefunken-Direktion noch während der 15. Rundfunkausstellung am 10. 8. 1938 eine Konferenz von Vertretern der Elektroindustrie im Reichspostministerium zustande. Zwar kam das Ministerium einer Forderung der Telefunken-Gesellschaft, daß die Reichspost eine Serienproduktion aufkaufen und die Empfänger wie Telefonapparate vermieten sollte, nicht nach. Aber die Konferenzteilnehmer konnten den Entschluß fassen, einen Fernseh-Einheitsempfänger, gleichsam einen Fernseh-Volksempfänger, auf den Markt zu bringen: 4 600 Geräte sollten in einer ersten Serie produziert werden, wobei die einzelnen Firmen entsprechend ihrer Kapitalstärke beteiligt wurden und die Reichspost 25 Prozent des Risikos für den Produktionsanlauf übernahm.[328])

Telefunken überträgt Goebbels

Auf der 15. Rundfunkausstellung war 1938 „zum erstenmal Gelegenheit gegeben, unter Anwendung des endgültigen deutschen Fernsehsystems - 441 Zeilen/Zeilensprungmethode - Bilder über Kabel und vor allem drahtlos vorzuführen."[329]) Die Telefunken-Gesellschaft stellte eine „Super-Bildfangkamera" vor, mit der gegenüber den früheren Kameras „Empfindlichkeitssteigerungen bis zum 20fachen erreicht" werden konnten und auch bei Schlechtwetter oder abends Außenübertragungen möglich wurden.[330]) Qualitätsnachweis: Eine „Telefunken-Bildfangkamera" übertrug die Abfahrt des Propagandaministers von der Funk- und Fernsehschau in die Ausstellungsräume, wartete bis in die späten Abendstunden „auf geeignete Opfer" und machte sich auch „im Lager der Hitler-Jugend" bekannt.[331])

Im Deutschlandhaus war „eine völlig neue Fernsehsendebühne" für Live-Übertragungen errichtet worden; dabei konnten „mehrere Aufnahme-Kameras ... gleichzeitig arbeiten und überblendet werden."[332]) Und bis zur 16. Rundfunkausstellung vom 28. 7. bis 6. 8. 1939 konnten die materielltechnischen Grundlagen für ein massenmediales Fernsehen noch weiter vervollkommnet werden: die Telefunken-Gesellschaft ließ für die Studio-Aufnahmen von einer Hauptspielfläche von nunmehr 27 Quadratmetern eine Mischkontrollanlage entwicklen, mit der die in schnell wechselnder, ununterbrochener Spielfolge von verschiedenen Bühnen aufgenommenen Fernsehbilder ineinander übergeblendet werden konnten. Außer dieser vollelektronischen Ausrüstung eines Bild- und Tonregie-Raums, der von seinen prinzipiellen Anlagen her bereits dem heutigen Entwicklungsstand entsprach, stellte sowohl die Telefunken-Gesellschaft als auch die Fernseh-AG technisch verbesserte elektronische Filmgeber vor.[333]) Für die Live-Sendung sowie für die Film-Übertragung waren damit einem massenmedial einsetzbaren Fernsehen die elektrotechnischen Bedingungen weitgehend vorgegeben. Aber hinsichtlich einer privaten Teilnahme am Fernsehen passierte anscheinend nichts, oder wenigstens wenig. In der im Anschluß an die Rundfunkausstellung von 1938 veröffentlichten Bilanz - „Was die Rundfunkwirtschaft sagt" - ist nach wie vor kein Wort zur Entwicklung des Fernsehens zu finden.[334]) Am 1. 11. 1938 wurde zwar endlich das vom Reichspostministerium bereits am 15. 6. 1937 angekündigte 441-Zeilen-Fernsehen vollends in Betrieb genommen.[335])

Infolge der Rüstungsproduktion stiegen seit 1936 die durchschnittlichen Bruttowochenlöhne ständig etwas an; jedoch in absoluten Zahlen ausgedrückt, betrugen sie 1938 27,84 Mark.[336]) D. h. einen Werktätigen hätte damals der einzige aus der Telefunken-Empfängerproduktion lieferbare 441-Zeilen-Fernseher, dessen Verkaufspreis mit 2500,– Mark angegeben wurde[337]), rund 2 Jahre Arbeitslohn gekostet.

Okkupationsziele

Des Reichspostministers Versprechen, eine generelle private Fernsehteilnahme zum 1. 10. 1938 zu gestatten, konnte offensichtlich nicht eingehalten werden. Stattdessen wurde das durch Kabel betriebene Fernseh-Gegensprechen weiterentwickelt. Am 12. 7. 1938 „eröffnete die Deutsche Reichspost den Fernsehsprechdienst zwischen der Reichshauptstadt und der Hauptstadt der Bewegung, so daß nunmehr Fernsehgespräche zwischen Berlin, Leipzig, Nürnberg und München geführt werden können."[338]) Desgleichen wurde eine Breitband-Verkabelung nach Hamburg und nach Frankfurt (Main) geplant. Dazu wurden auch in der Übertragungstechnik des Fernsehsprechens Verbesserungen angestellt: Durch die Erhöhung der Bildwechselzahl auf 50 in der Sekunde wurde eine „hinreichende Allgemeinbeleuchtung der Fernsehsprechzelle" ermöglicht und „das Bildflimmern restlos beseitigt."[339])

Nach der Okkupation Österreichs vom 12./13. 3. 1938 durch den deutschen Faschismus konnte das Fernsehkabelnetz „nunmehr nach Wien weitergeführt" werden.[340]) Daß diese forcierte Breitbandverkabelung in Deutschland und den von den Nazis besetzten Gebieten letztlich im Militärdienst stand, läßt sich hier nicht durch weitreichende Detail-Daten nachweisen, ist jedoch sicherlich nicht zu kurz geschlossen. Wenn auch nicht der damaligen Presse mitgeteilt wurde, um welche „durch das Bild gegebenen Möglichkeiten, von denen wir später mit Selbstverständlichkeit einmal Gebrauch machen"[341]), es sich beim Fernsehsprechen handeln sollte, so spricht doch zum einen die im Frühjahr 1939 veröffentlichte Ankündigung, daß eine fünfte Fernsehsprechstelle Berlins demnächst in den neuen Gebäuden des Flughafens Tempelhof eingerichtet werden sollte, etwas dafür, daß diese Fernsehentwicklung militärische Interessen verfolgte.[342]) Zum anderen spricht dafür die allgemeine Stoßrichtung des deutschen Faschismus in den Jahren 1938 und 1939.

Aus einer Niederschrift über die Besprechung in der Reichskanzlei am 5. 11. 1937, 16.15 - 20.30 Uhr, an der Hitler, der Reichsaußenminister, der Reichskriegsminister und die drei Oberbefehlshaber der Wehrmacht teilhatten: „Zur Lösung der deutschen Frage könne es nur den Weg der Gewalt geben." Abzuklären war nur noch, wann und wie das Kommando gegeben werden sollte. „Die Aufrüstung der Armee, Kriegsmarine, Luftwaffe sowie die Bildung des Offizierskorps seien annähernd beendet. Die materielle Ausstattung und Bewaffnung seien modern, bei weiterem Zuwarten läge die Gefahr ihrer Veraltung vor." Hitler erklärte, es sei „sein unabänderlicher Entschluß, spätestens 1943/45 die deutsche Raumfrage zu lösen." Aber auch der Fall frühzeitigerer militärischer Aktionen wurde auf jener Besprechung vorüberlegt, nämlich „wenn die sozialen Spannungen in Frankreich sich zu einer derartigen innenpolitischen Krise auswachsen sollten, daß durch letztere die französische Armee absorbiert und für eine Kriegsverwendung gegen Deutschland ausgeschaltet würde, sei der Zeitpunkt zum Handeln gegen die Tschechei gekommen. ... Zur Verbesserung unserer militär-politischen Lage müße in jedem Fall einer kriegerischen Verwicklung unser erstes Ziel sein, die Tschechei und gleichzeitig Österreich niederzuwerfen, um die Flankenbedrohungen eines etwaigen Vorgehens nach Westen auszuschalten. ... An sich glaube der Führer, daß mit hoher Wahrscheinlichkeit England, voraussichtlich aber auch Frankreich die Tschechei bereits im Stillen abgeschrieben und sich damit abgefunden hätten, daß diese Frage eines Tages durch Deutschland bereinigt würde."[343]) Uneinigkeitstendenzen in der französischen Volksfront, in deren Rücken auch dank der Nichtinterventions-Einmischung ihrer sozialdemokratischen Regierungsspitze sowie der englischen Regierung die spanische Republik mit Unterstützung des deutschen Faschismus vernichtet wurde, gab es verstärkt in der zweiten Hälfte von 1937. Nachdem am 6. 2. 1934 der offene faschistische Staatsstreich in Frankreich mißlang, ging die Reaktion mehr und mehr zu einer Auszehrung der Volksfront über, zu ihrer Zersetzung durch spätere Nazi-Kollaborateure.[344]) Weder die französische noch die englische Regierung intervenierte gegen die Okkupation Österreichs durch die Nazis am 12./13. 3. 1938.

„Z. B. Ermordung eines deutschen Gesandten"

Hitler am 10. 11. 1937: „Die Umstände haben mich gezwungen, Jahrzehnte lang fast nur vom Frieden zu reden. Nur durch die fortgesetzte Betonung des deutschen Friedenwillens und der Friedensabsichten war es mir möglich, dem deutschen Volk Stück für Stück die Freiheit zu erringen und ihm die Rüstung zu geben, die immer wieder für den nächsten Schritt als Voraussetzung notwendig war. Es ist ganz verständlich, daß eine solche

Jahrzehnte lang betriebene Friedenspropaganda auch ihre bedenklichen Seiten hat." [345]) In dieser öffentlichen Rede Hitlers kam also nochmals der am 5. 11. 1937 in der Reichskanzlei gefaßte Aggressionsentschluß zum Ausdruck, allerdings für die Öffentlichkeit in der gemäßigteren Variante, die auf eine Zerreißprobe der Geduld „deutschen Friedenswillens" durch das Ausland anzuspielen versuchte.

Bereits am 22. 4. 1938 wurde eine Grundlage zum 'Fall Grün', d. h. zur Möglichkeit eines militärischen Angriffs auf die CSR erstellt. Eine Zusammenfassung der diesbezüglichen Besprechung Hitlers mit seiner Generalität: „1.) Strategischer Überfall aus heiterem Himmel ohne jedem Anlaß oder Rechtfertigungsmöglichkeit wird abgelehnt. Da Folge: feindliche Weltmeinung, die zu bedenklicher Lage führen kann. Solche Maßnahmen nur zu Beseitigung des letzten Gegners auf dem Festlande berechtigt. 2.) Handeln nach einer Zeit diplomatischer Auseinandersetzungen, die sich allmählich zuspitzen und zum Kriege führen. 3.) Blitzartiges Handeln auf Grund eines Zwischenfalls (z. B. Ermordung eines deutschen Gesandten im Anschluß an eine deutschfeindliche Demonstration.)" Und schon eine weitere geheime Kommandosache vom 20. 5. 1938, in der niedergelegt wurde, daß keinerlei Absicht bestehe, die CSR „in nächster Zeit durch eine militärische Aktion zu zerschlagen", vorausgesetzt, daß nicht „die politischen Ereignisse in Europa eine besonders günstige und vielleicht nie wiederkehrende Gelegenheit dazu schaffen", enthielt handfeste Folgerungen für die Vorbereitung eines Angriffs auf die CSR: Waffenkrieg, Propagandakrieg und Wirtschaftskrieg.

Der Propagandakrieg, der zusammen mit wirtschaftlichen Sanktionen gegen die CSR dem militärischen Überfall zeitlich vorausgehen sollte, „muß einerseits die Tschechei durch Drohungen einschüchtern und ihre Widerstandskraft zermürben, andererseits den nationalen Minderheiten Anweisungen zur Unterstützung des Waffenkrieges geben und die Neutralen in unserem Sinne beeinflussen." [346]) Am 29. 9. 1938 unterzeichneten in München die Regierungsvertreter Englands, Frankreichs sowie der faschistischen Bündnispartner Deutschland und Italien die Nazi-Offensive zur CSR-Okkupation. Die Überlegung der deutschen Faschisten, daß England und Frankreich im Falle derartiger Operationen sich heraushalten würden, war offensichtlich keine Fehleinschätzung. Aufgrund dieses Abkommens marschierte am 1. 10. 1938 die Nazi-Armee in die CSR Ein. Hitler am 12. 9. 1938: „Unter der Mehrheit der Nationalitäten, die in diesem Staat unterdrückt werden, befinden sich auch dreieinhalb Millionen Deutsche. ... Diese Deutschen sind nun ebenfalls Geschöpfe Gottes. ... Ich kann aber den Vertretern dieser Demokratie nur sagen, daß uns dies nicht gleichgültig ist. (Heil-Geschrei) Und daß, wenn diese gequälten Kreaturen kein Recht und keine Hilfe selbst finden können, sie beides von uns bekommen werden. (Heil-Geschrei)" [347]) Mit der Eröffnung der schrittweisen Vereinnahmung der CSR, dieser Errichtung einer wichtigen Aggressionsgrundlage gegen die Sowjetunion, der damit intendierten Zerstörung und Nazi-Aneignung eines industriell relativ stark entwickelten, bürgerlich-demokratischen Schutzterritoriums gegenüber dem Balkan-Faschismus und seinem Terrorismus[348]) konnte das kapital-internationale Ausland eigentlich nur einverstanden sein.

Mit Glückwünschen aus dem Ausland

Am 30. 9. 1938, 15.20 Uhr, schickte Monsieur Flandin, Führer der großbürgerlich-reaktionären Parlamentsgrupperiung 'Demokratische Allianz', Hitler ein Glückwunsch-Telegramm: „Bitte Sie, meine glühenden Glückwünsche anzunehmen für die Aufrechterhaltung des Friedens, mit der Hoffnung, daß aus diesem historischen Akt eine vertrauensvolle und herzliche Zusammenarbeit zwischen den vier in München vereinten europäischen Großmächten erwachsen möge." [349])

Abgesehen von einer gewissen Tradition dieses antikommunistischen Räuberfriedens bis hinein in die privatkapitalistische bundesdeutsche Medien-Bewältigung der Nazi-Vergangenheit - Über das Heil-Geschrei zu Hitlers CSR-Tiraden geblendet, der Schallplatten-Kommentator: „In der Münchner Konferenz des 29. September 1938 wird der Friede der Welt noch einmal gerettet." [350]) - bleibt dabei festzustellen, daß die französische Regierung ihren Bündnisverpflichtungen von 1925 nicht nachkommen wollte, daß auch die Regierungen Englands und Polens die durch ein Bündnis mit der CSR von 1935 begründeten Beistandsangebote der Sowjetunion unterliefen, daß selbst die Machthaber in Prag, Kleinbourgeoisie und Agrarier, eine sowjetische Hilfe ablehnten, ein CSR-Minister auf einer Versammlung sein Kronen-schweres Portemonnaie zückte und ausrief: „Hitler wird mir dies lassen; ich lasse mich lieber von ihm schlucken als mich retten von Woroschilow!", Befehlshaber der Roten Armee.[351])

Schandvertrags-Gebrüll und Sektrausch-Geflüster

Sicherlich half der faschistische "Propagandakrieg", die Okkupation Österreichs sowie bis zum 15. 3. 1939 der gesamten CSR vorzubereiten und durchzuführen. So „gaben Nazi-Sender allen faschistischen Strömungen und Bewegungen in anderen Ländern, die sich gegen die Regierungen ihrer Länder richteten, bereits vor dem zweiten Weltkrieg Auftrieb, Anweisung und Unterstützung. Dies war z. B. in Österreich ... der Fall." Die faschistischen Umstürzler in der CSR erhielten „durch den Nazi-Rundfunk ebenfalls jede mögliche Hilfe." [352]) Und „bereits 1938 erfaßte das Netz des faschistischen Kurzwellensenders alle Erdteile" [353]), über den Auslandsdeutsche oder auch einfach Bürger des Auslands in aller Welt mit Völkischem, Sippen-, Ahnen- und Rassenforschungsgerätsel usw. beliefert oder vor der Weltöffentlichkeit Besetzungen in Befreiungen und Überfälle in Verteidigungen uminterpretiert werden sollten.

Aus einer Zusammenstellung über die Schallaufnahmen der Reichs-Rundfunk-Gesellschaft von Anfang 1936 bis Anfang 1939 geht hervor, daß vom 17. 6. 1933 bis zum 21. 3. 1938 zur „Vereinigung von Deutschland und Österreich" - den nachfolgenden Wahlkampf also noch ausgeschlossen - allein rund 250 Aufnahmen für den Rundfunk gemacht wurden,[354]) rund 100 vom 10. 9. bis 2. 12. 1938 über die „Angliederung des Sudetengaues an das Altreich", darunter neben vielen "Sieg-Heil"-Rufen,

Jubeln oder Führer-Reden eine „Unterhaltung mit Einwohnern von Freiwaldau über ihre Leiden durch die Plünderungen und Geiselverschleppungen durch die Tschechen" oder ein „Gespräch mit einer Volksgenossin über den Tschechenterror."[355]) Und über 50 Schallaufnahmen weist diese Zusammenstellung allein für die kurze Zeit vom 15. 3. bis zum 5. 4. 1939 aus, von der „Besetzung des volksdeutschen Senders" bis zum Bericht über den Empfang des „Reichsprotektors" in Prag.[356])

Rückt man allerdings die Anzahl der direkt-propagandistischen Schallaufnahmen von 1936 bis 1939 in eine Gesamtproportionalität, so kann festgestellt werden, daß nur knapp 1/10 der Aufnahmen auf die Ressorts "Innenpolitik" und "Außenpolitik" kamen, wenig mehr als für die allgemeinen Sportberichte (die von den olympischen Spielen ausgeschlossen) gemacht wurden; aber fast 2/3 jener Aufnahmen entfielen auf das Gebiet der Musik.[357]) Viel weniger die faschistische Direkt-Propaganda demnach als eine indirekte durch die kapitalistische Unterhaltung, durch Gemütserheiterung, wie sie durch die Naziführung wiederholt gefordert wurde.

Denn „Erholung, Unterhaltung und Abwechslung lenken den Geist von den schweren Sorgen des Alltags ab, erfrischen und steigern die Arbeitsfreude: Aber ein freudloses Volk wird arbeitsunlustig. Hier setzt die Aufgabe des Rundfunks ein."[358]) Dies ist nicht original Goebbels[359]), sondern wurde anläßlich der Eröffnung des deutschen Rundfunks am 29. 10. 1923 vom früheren Telefunken-Direktor und späteren Reichsrundfunkkommissar vorgetragen. „Die Aufgabe des Rundfunks", das Volk in seiner Ausbeutung und Unterdrückung durch „Unterhaltung und Abwechslung" in Stimmung zu halten, scheint also eine bestimmte Tradition zu haben. Auch in der faschistischen Version bürgerlicher Herrschaft hatten offensichtlich die Funkmedien - ähnlich dem Film - vornehmlich die Aufgabe, ideologische Bündelung durch ideologische Zerstreuung zu erwirken. So verflüchtigten denn Sektrausch-Getändel und Heuboden-Geflüster das „Schandvertrags"-Gebrüll oder das „Heldengedenk"-Geraune, das wohl nicht generell den medialen Alltag bestimmte, sondern vielmehr akut zu entsprechenden Anläßen durchbrach.

„Vierzehn Jahre lang haben die Parteien des Zerfalls, des Novembers, der Revolution das deutsche Volk geführt und mißhandelt, vierzehn Jahre lang zerstört, zersetzt und aufgelöst. Es ist nicht vermessen, wenn ich heute vor die Nation hintrete und sie beschwöre: Deutsches Volk, gib uns vier Jahre Zeit, dann richte und urteile über uns, deutsches Volk, gib uns vier Jahre!"[360]) So schloß Hitler seine öffentliche Ansprache am 10. 2. 1933 im Sportpalast Berlins. Goebbels spielte persönlich Hörfunk-Reporter an jenem Abend: „Ich glaube, wir greifen nicht zu hoch, wenn wir sagen, daß in Deutschland mindestens zwanzig Millionen Menschen Zeugen dieses einzigartigen Ereignisses sind. ... Der Gau Berlin hat an zehn öffentlichen Plätzen große Riesen-Lautsprecher aufgestellt."[361]) Am 30. 4. 1937 wurde die Eröffnung einer unter dieser Losung - „Gebt mir vier Jahre Zeit!" - stehenden Nazi-Leistungsschau in Berlin über alle deutschen Sender übertragen, nur anscheinend über den Fernsehsender nicht. Denn ein Hinweis auf die Mitwirkung dieses Mediums an jenem Ausstellungs-Spektakel, das auch Panzerwagen oder Flak-Geschütze zeigte und schon beinahe in einer Art Multi-Media-Schau aufgemacht war, ist nicht zu finden: Eine Halle war „sonnenstrahlenförmig überspannt von einer 3000 Quadratmeter großen Decke, deren Mittelpunkt ein gewaltiges Hoheitszeichen ziert. Über ein 120 Meter breites Halbrund ziehen sich Treppenstufen zu je 9 Sockeln empor, von denen jeder eine Anzahl von Lichtbildern im Ausmaße von 8,50 Metern Höhe und 6 Metern Breite zeigt, die wie die Seiten eines Buches in gleichmäßiger Folge aufblättern." Und im Durchgang zu dieser Halle war „ein Vorführungsraum geschaffen worden, in dem eine Filmreportage den Ablauf der vier Jahre zeigt. Die Reichsrundfunkkammer bringt hier Tonmontagen mit Ausschnitten aus den großen Reden des Führers." [362])

Reichsparteitag

Zum vierten Mal fand der Nazi-Reichsparteitag in Nürnberg vom 6. bis 13. 9. 1937 statt, sicherlich ein geeigneter Anlaß für eine aufwendige politische Direkt-Propaganda - auch durch den Rundfunk: 5 Übertragungswagen, mit Verstärkerzentrale, Schallplattenschneideapparatur (Tonband-Mittschnitt wurde erst im Weltkrieg entwickelt) und eigene Strombelieferung in Vollausrüstung, waren im Einsatz, 32 Verstärkerstationen, 86 Mikrofone, 64 Rundfunkingenieure und -techniker und erstmals Motorrad-Kurzwellensender.[363]) In Kolonnen an Hitler vorbeimarschierende Funkberichter gab es schon im Vorjahr: „Es war das erstemal, daß ein Bericht nicht nur vom Gesichtspunkt des Beschauers, sondern auch aus den Reihen der braunen und schwarzen Bataillone, also gewissermaßen aus der Front unmittelbar über tragbare Kurzwellensender gegeben wurde." [364]) D. h. also gewissermaßen auch ein weiterer Manöver-Einsatz für den Telefunken-Konzern in seiner Entwicklung portabler Kurzwellensender vom „Pirschgang in der Schorfheide" über die "Kampfstätten" der Olympischen Sommerspiele, die Reichsparteitags-"Front" und die Heimkehr des Österreichs-Heimbringers bis zu den Propaganda-Kompanien im Krieg.[365]) Nach der Breitbandverkabelung zwischen Berlin und München mit ihren Nebenverbindungen nach Leipzig und Nürnberg wurden diese Fernseh-Kabelstrecken zum Reichsparteitag 1937 in Betrieb genommen. Schon im Vorjahr wurde über den Sender in Berlin vom Reichsparteitag berichtet, allerdings noch mittels Filmkonserve und Sonderflugzeug. 1937 kam über eine Kabelstrecke von 1735 Kilometern Länge „eine durchaus brauchbare Übertragung der Fernsehbilder" [366]) zustande, die man in den öffentlichen Fernsehstuben in und um Berlin und Leipzig verfolgen konnte. Aber auch dabei ließ sich wohl nicht viel Aufsehen machen, war die Propaganda-Wirkung für die Nazis doch eher eine indirekte, weniger die einer ideologisch unmittelbaren politischen Beeinflussung als wahrscheinlich die der Betroffenheit durch die Ahnung des technisch Machbaren: „Selbstverständlich hat es sich hier um einen ersten Anfang gehandelt. Noch sind die technischen Voraussetzungen nicht alle erfüllt." [367])

Wahrscheinlich geeigneter für eine Direkt-Propaganda durch

audio-visuelle Mittel war der Film. Vor allem eine Person ging in die Geschichte der Nazi-Parteitags- und -Olympiaden-Reportagen ein:

Z. B. Leni Riefenstahl

Über den Reichsparteitag von 1934 drehte sie mit einer Mannschaft von ungefähr 170 Leuten den UFA-Film 'Triumph des Willens', von dem der Fernsehsender Witzleben zum 30. 1. 1938 eine Kurzfassung brachte.

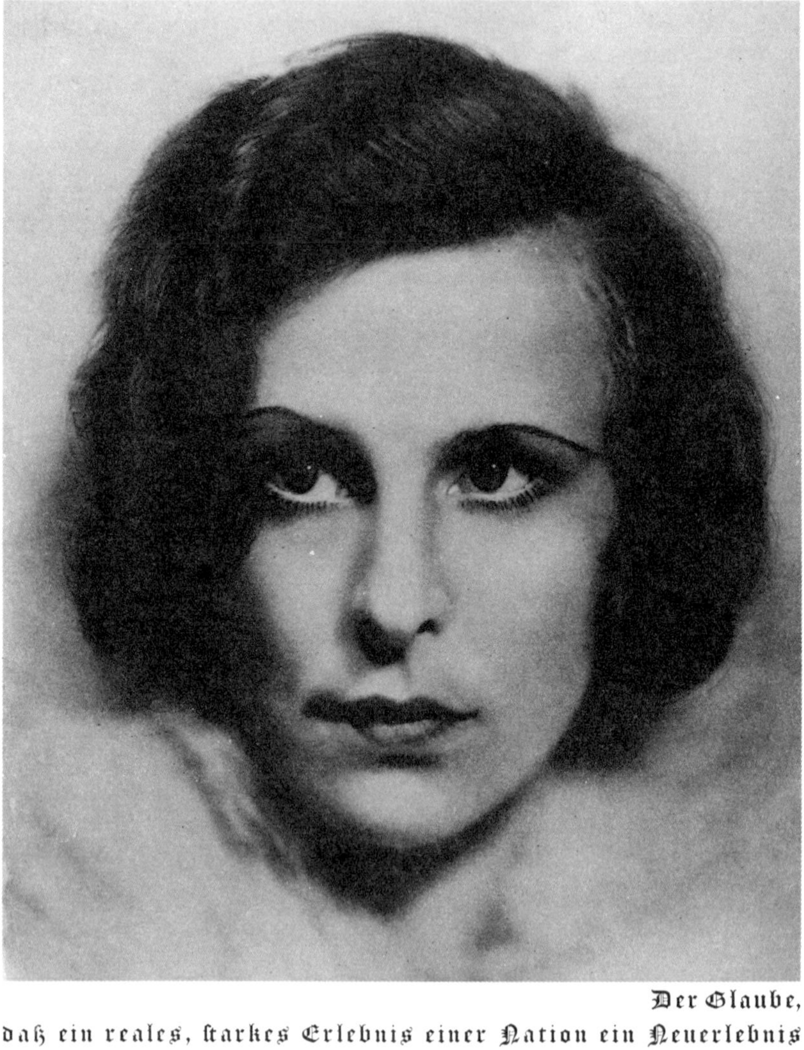

368)

Der Glaube, daß ein reales, starkes Erlebnis einer Nation ein Neuerlebnis durch den Film finden könne, wurde in Deutschland geboren.

Über den Parteitag von 1935 ließ die NSDAP-Führung sie den Wehrmachtsfilm 'Tag der Freiheit' herstellen, der am 30. 12. 1935 uraufgeführt wurde: „Parade der Tanks", „Die Marine marschiert" oder „Am schweren Geschütz" lauteten die daraus damals in der Rundfunk-Programm-Presse veröffentlichten Streiflichter.[369] Am 19. 4. 1938, „Vorabend des Führergeburtstages", fand die Welturaufführung des mit Handkamera und Schwenkkran gedrehten zweiteiligen Olympiaden-Films 'Fest der Völker' und 'Fest der Schönheit' statt.[370] Diesem Film Leni Riefenstahls wurde damals wiederholt eine trefflich gelungene Verbindung von Mitteln des Films und des Hörfunks bescheinigt[371], den beiden „aktivsten Propagandisten für das Aufbauwerk des Führers."[372]

Leni Riefenstahl in einem am 6. 4. 1976 im Zweiten Programm des französischen Fernsehens ausgestrahlten Interview zu dem Olympiaden-Film: „Meine Kollegen waren eifersüchtig. Sie dachten, ich wäre die Protegierte Hitlers. So war es nicht, denn ich hatte keine derartigen Kontakte mit Hitler. Er bewunderte meine Filme, das stimmt. Ich war nicht die Mätresse des 3. Reiches. Ich war nicht der Engel der dreißiger Jahre. Ich war nur eine Filmemacherin. ... Hitler und Goebbels, die Regierung - niemand hatte vor der Premiere eine Film-Minute gesehen. Nur einmal bekam ich durch Anruf eine Anweisung aus dem Propaganda-Ministerium. Goebbels wollte nicht, daß man die Schwarzen zu den Helden der Spiele machte."[373] D. h. sie konnte sich frei bewegen, ohne Überwachung dem Dreh, ohne Direktiven dem Schnitt hingeben. Ihre Film-Tätigkeit für die Nazi-Propaganda erfolgte aus freien Stücken, ohne besondere Reglementierung. Vielleicht ging ihr 1932 „der Ruf voraus, sie wäre Hitlers Bett-Gefährtin."[374] Und wenn schon: ihrer Meinung nach hat(te) sicherlich sein Bett ebensowenig etwas mit Politik zu tun wie ihr Schnitt.

[368]

Leider ist die Sonne hinter den Wolken verschwunden. Doch als der Führer kommt, brechen die Strahlen durch das Gewölk: Hitlerwetter!

Leni Riefenstahls Aussagen, daß sie ohne Zwänge und Überprüfungen nur ihrer Filmerei nachgehen konnte, entlasten allerdings weniger die Nazi-Prominenz und ihr Propaganda-Ministerium als daß sie -ungewollt, uneinsichtig - vielmehr sie selbst als zuverlässigen „aktivsten Propagandisten" belasten. Wenn sie bekennt, ohne Einwirkungen Hitlers Filme gedreht haben zu können, deren Auswirkungen bei ihm eine Bewunderung hervorriefen, war sie entweder uneingestanden mit der Propaganda der Nazi-Ideologie identifiziert oder reproduziert(e) in - zumindest objektiver Selbsttäuschung - einen auch in faschistischer Ideologie eingegangenen Grundsatz kapitalistischer Massenkommunikation: über gesellschaftliche Vorgänge nur Nachricht zu geben, nur berichten, nur Mitteilung machen zu wollen und zu können, bzw. nichts als reine Unterhaltung zu betreiben. Als ob unwidersprochen und unbestraft sowohl Direkt-Propaganda als auch Unterhaltungspropaganda nicht auch für den deutschen Faschismus gewirkt hätten.

Zum Fernsehprogramm 1938

Ein Rückblick auf die ersten vier Jahre faschistischen Rundfunks anläßlich der Leistungsschau 'Gebt mir vier Jahre Zeit' im Frühjahr 1937 läßt erkennen, auf welche Änderungen in der Programmstruktur es den Nazis ankam: „Während 1932 alle deutschen Rundfunksender zusammen über eine Sendeenergie von 522,25 KW verfügten, arbeiten sie heute mit fast der doppelten Sendeleistung. Die Zahl der Sendungen stieg im gleichen Zeitraum um 49 v. H., die Dauer der Sendungen um 57,6 v. H. Das gesprochene Wort nahm 1932 noch 21,5 v. H. der Gesamtsendezeit in Anspruch, 1936 dagegen nur noch 11,9 v. H." Umso erstaunlicher, wenn man bedenkt, daß darin auch die Reportagen von den Olympischen Spielen enthalten sein müßten. „Dementsprechend stieg der Anteil der Musik von 64 v. H. auf 74,4 v. H., und der Zeitfunk von 4,1 v. H. auf 6,1 v. H. Die letzte Zahl beweist, wie nach 1933 der Rundfunk vor allem erstes politisches Instrument und Sprachrohr des Führers war. Nach 1933 also Abnahme des ledernen Vortrags, ... Zunahme der unterhaltenden, enstpannenden und künstlerisch gestalteten Sendungen." [375]) Hinweis genug also, daß der Nazi-Hörfunk bei weitem noch nicht einmal zu 1/10 „Sprachrohr des Führers" war, aber zu fast 3/4 z. B. 'His Masters Voice'. Für das Fernsehen ließen sich zwar keine vergleichbaren Gesamtproportionalitäten ermitteln, aber auch Programm-Ausdrucke, z. B. vom ersten Monat 1938 können zumindest schwerpunktmäßig Auskunft geben:

Uhr	Montag (3. 1. 1938)	Dienstag	Mittwoch	Donnerstag	Freitag	Sonnabend
20	Ein netter alter Mann (Hörszene)	Die Speise-karte (Fern-sehspiel)	UFA-Ton-woche	Hinein, hi-nein! (Ulk)	Vor der Hal-testelle (Kurzge-spräch)	UFA-Ton-woche
20.05	UFA-Tonw.	UFA-Tonw.		UFA-Tonw.	UFA-Tonw.	
20.18	Musik aus unseren vier Wänden (L. Hainisch)	Buntes Aller-lei (L.Hai-nisch)	Tante Inges Garten (NS-DAP-Film)	Schneeflok-ken (Spuk, (A.Bronnen)	Fünf Perso-nen suchen Anschluß (UFA-Film)	NS-Kinder-heim-Film
20.23						+ Fernseh-kabarett (L. Hainisch)
20.30			Achtung, Ro-tes Licht (Verkehrser-ziehung)		Das Patent-kunstschloß (UFA-Film)	
20.47					+ Eulenspie-gelei (Lingen)	
21.00	Das gestohle-ne Herz (Scheren-schnittfilm)	Knigge und wir (Tobis-Film)				
21.05					UFA-Tonw.	
21.12	Liebe zur Harmonika (UFA-Kultur-film)					
21.14			Alkohol am Steuerrad (UFA-Film)			
21.17		Fahrt durchs Kinderland				
21.18				Kater Lampe (Tobis-Film, V. Harlan)	Fünf Perso-nen.... (W)	
21.25	Bauern-musiken					
21.28		Die Sänger von der Wa-terkant	Die Lokomo-tivenbraut (UFA-Film)			
21.30					Das Patent-kunstschloß (W)	Truxa (Tobis-Film)

Uhr	Montag (3. 1. 1938)	Dienstag	Mittwoch	Donnerstag	Freitag	Sonnabend
21.40	Die Geige lockt (UFA-Film)					
21.42			Letzte Grüße von Marie (UFA-Film v. 1931)			
21.47					Eulenspiegelei (W)	
21.48		Eine tolle Fuchsjagd (Trickfilm)				
21.51				Abenteuer im Zoo (Trickfilm)		
Schluß	21.50	21.56	21.57	21.57	22.00	21.51

Uhr	Montag (10. 1. 1938)	Dienstag	Mittwoch	Donnerstag	Freitag	Sonnabend
20.00	UFA-Tonw.	UFA-Tonw.	UFA-Tonw.	Hörszene (W. v. 3. 1.)	UFA-Tonw.	zwei kraus, zwei glatt (Fernsehspiel)
20.05						Blende auf! Heiterer Wochenbericht)
20.13	NS-Kinderheimfilm (W. v. 8. 1.)	Tante Inges Garten (W. v. 5. 1.)	SS singt		NS-Kinderheimfilm (W. v. 8.u.10.1.)	
20.15				UFA-Tonw.		
20.17						UFA-Tonw.
20.18			Kernspruch			
20.19			Deutsche Vergangenheit wird lebendig (SS-Film)			
20.23	Fastnachtsspiel (A. Bronnen)				Eine kleine Königstragödie (Tobis-Kulturfilm)	

Uhr	Montag (10. 1. 1938)	Dienstag	Mittwoch	Donnerstag	Freitag	Sonnabend
20.28				Adrian, der Tulpendieb (Schelmenspiel, Hainisch)		
20.30		Schneeflokken (W.v.6.1.)			Besuch im Karzer (UFA-Film)	Was ein Häkchen werden will (UFA-Film)
20.35			SS singt			
20.39			NSDAP-Wintersport-Film			
20.48	Die Medaille (UFA-Film)					
20.50						Magisches Kabarett (A. Bronnen)
21.00			W		W	
21.15	Klingende Täler und Berge(Tobis-Film)					
21.30	Höchstleistungen im Skilauf (Terra-film)	Achtung Kurve (UFA-Film)		7mal um die Welt in 1 Sekunde (UFA-Kulturfilm)		
21.46				Musikal. Seifenblasen (Trickfilm)		
Schluß	21.51	21.49	22.00	21.55	22.00	21.50

Uhr	Montag (17. 1. 1938)	Dienstag	Mittwoch	Donnerstag	Freitag	Sonnabend
20.00	UFA-Tonw.	Die gräusliche Moritat vom August Anton Knobelbecher	UFA-Tonw.	UFA-Tonw.	Kurzgespräch (W.v. 7. 1.)	UFA-Tonw.
20.05					UFA-Tonw.	
20.10		UFA-Tonw.				
20.13	Winterhilfswerk-Wunschkonzert-Film		NS-Kinderheim-Film (W.v.8.,10. u. 14.1.)	Wunschkonzert-Film (W. v. 17.)		Blende auf! (Heiterer Wochenbericht)

Uhr	Montag (17. 1. 1938)	Dienstag	Mittwoch	Donnerstag	Freitag	Sonnabend
20.18					Die Ballmutter (UFA-Film)	
20.23		Der Floh der Oseirara (FS, L. Hainisch)	Fips, der Affe (n.W.Busch)			Wunschkonzert-Film (W. v.17.u.20.1.)
20.28	Fastnachtsspiel (A. Bronnen, W. v. 10. 1.)			Kabarett in Dur und Moll (Bronnen)		
20.36					Seine beste Erfindung (UFA-Film)	
20.40						Adrian, der Tulpendieb (FS,Hainisch, W.v. 13.1.)
20.53	Knigge und wir, (Tobis-Film,W.v.4.1.)		Affenstreiche (UFA-Kulturfilm)			
20.55		Gold aus dem Meer (Fernsehbericht)				
21.00					W	
21.09	Fünf Personen... (W.v. 7. 1.)					
21.13			UFA-Tierfilm			
21.15		Jagd in Trakehnen (UFA-Kulturfilm)		Kraft und Grazie (Terra-Kulturfilm)		
21.21	Mit dem Hute in der Hand (über Höflichkeit)					
21.23			UFA-Tierfilm			
21.25				Abschieds-Symphonie (UFA-Kurzf.)		
21.28		Kunstgewerbliches Grenzlandschaffen				

Uhr	Montag	Dienstag	Mittwoch	Donnerstag	Freitag	Sonnabend
21.32	Achtung, Kurve!(UFA-Film, W. v. 11. 1.)					
21.33			Gute Freundschaft (Tobis-Film)			
21.41				Was ein Häkchen werden will (UFA-Film, W. v. 15.1.)		Eine tolle Fuchsjagd (Trickfilm, W. v. 4. 1.)
21.43		Tanzendes Holz (UFA-Kulturfilm)				
21.48			Abenteuer im Zoo (Trickfilm, W. v. 6. 1.)			
Schluß	21.51	21.53	21.54	22.01	22.00	21.48

Uhr	Montag (24. 1. 1938)	Dienstag	Mittwoch	Donnerstag	Freitag	Sonnabend
20.00	UFA-Tonw.	UFA-Tonw.	UFA-Tonw.	UFA-Tonw.	UFA-Tonw.	Blende auf! (Heiterer Wochenbericht)
20.13	Schneeflokken (W.v.6. u. 11. 1.)	Ein Schubert-Abend in Alt-Wien (Spiel, Hainisch)	Die gräusliche Moritat.. (W.v. 18.)	Tante Inges Garten (W. v. 5.u.11.1.)	Eine ideale Wohnung (UFA-Film)	UFA-Tonw.
20.23			Eine kleine Königstragödie (Tobis-Kulturfilm, W.v. 14.1.)			
20.25						Magisches Kabarett (A. Bronnen, W. v. 15. 1.)
20.30			Künstler und Werk	Das Grünkäppchen u. Der ermordete Klavierstimmer (Grotesken)		

Uhr	Montag (24. 1. 1938)	Dienstag	Mittwoch	Donnerstag	Freitag	Sonnabend
20.37					Seine beste Erfindung (UFA-Film, W v. 21.1.)	
20.50			Traumulus (Syndikat-Film)			
21.00				Die Sänger von der Waterkant (W. v. 4. 1.)	W	
21.10		Drei Mäderl um Schubert (Syndikat-Film)				
21.13	Höchstleistungen im Skilauf (Terra-Film, W. v. 10. 1.)					
21.20			Kunst der Maske (Kulturfilm)			
21.21				Besuch im Karzer (UFA-Film, W.v.14.)		
21.25						Siebenmal um die Welt in einer Sekunde (UFA-Kulturfilm, W v. 13. 1.)
21.33			Wunder der Kugel (UFA-Kulturfilm)			
21.36	NSDAP-Wintersport-Film (W.v. 12.1.)					
21.44			Als man anfing zu filmen (UFA-Kulturfilm)			
Schluß	21.56	21.44	21.58	21.50	22.00	21.41

Uhr	Montag (31. 1. 1938)	Dienstag	Mittwoch	Donnerstag	Freitag	Sonnabend (5. 2. 1938)
20.00	SA marschiert	UFA-Tonw.	UFA-Tonw.	UFA-Tonw.	UFA-Tonw.	Vom Deutschlandhaus zum Presseball
20.13		NS-Kinderheim-film (W v. 8.,10.,14. u. 19. 1.)	Gold aus dem Meer (W. v. 18.)	Kabarett in Dur und Moll (Bronnen)	Ball im Metropol (Terra-Film)	
20.25	Triumph des Willens					
20.30		Grünkäppchen u. Der ermordete Klavierstimmer (W. v. 27. 1.)				
20.33					Durch Berlin fließt immer noch die Spree (Tobis-Kulturfilm)	
20.38			Wunschkonzert-Film (W v.17.u.20.1.)			
20.45					Fünf Personen... (W v.7.u.17.1.)	
20.53			Der Floh der Oseirara (FS, Hainisch, W v. 18. 1.)			
21.00	W	Die Sänger von der Waterkant (W v.4.u.27.1.)		Was ein Häkchen werden will (UFA-Film, W v.15. u. 20. 1.)	W	
21.20				Kunst der Maske (W v. 26. 1.)		
21.21		Besuch im Karzer (UFA-Film, W v. 14.u.27.1.)				
21.27			Jagd in Trakehnen (UFA-Kulturf., W v. 18. 1.)			

Uhr	Montag (31. 1. 1938)	Dienstag	Mittwoch	Donnerstag	Freitag	Sonnabend
21.33				Der Schauspieldirektor (UFA-Film)		
21.40			Kunstgewerbliches Grenzlandschaffen (W v. 18.1.)			
[376] Schluß	22.00	21.50	21.55	21.53	22.00	24.00

Aus diesem Monat Fernsehprogramm Berlins geht hervor, daß die von der Nazi-Führung wiederholt aufgestellte Forderung an den Rundfunk nach möglichst viel Erheiterung und Erbauung auch für dieses neue Kommunikationsmittel gelten mußte. Außer dem täglich - der Sonntag blieb sendefrei - ausgestrahlten 13minütigen Bildbericht der UFA-Tonwoche bestand das Programm, das gewöhnlich allabendlich von 20 bis 22 Uhr in den öffentlichen Fernsehstellen zu sehen war, hauptsächlich aus Varieté-oder Kabarett-Live-Veranstaltungen, "Kultur"- und Spielfilm-Konserven des UFA-Konzerns und anderer privaten Gesellschaften. Am längsten dauerten dabei die Varieté- oder Kabarettsendungen: zwischen einer dreiviertel und einer Stunde.

Schusterjungs aus Berlin und Schuhplattler aus München

Von Liebesfilmen, Ehekomödien oder Verwechslungslustspielen bekannte Publikumslieblinge wie Ingeborg von Kusserow[377]) oder Carl de Vogt[378]) traten im 'Bunten Allerlei' auf. Im 'Kabarett in Dur und Moll' spielte der Expeditionsfilm-Komponist ('Das Weib bei fernen Völkern', Tonfassung 1935) Otto Frederich[379]) eine „singende Säge". In der „heiteren Loge" dieser Varieté-Sendung saßen Axel von Ambesser, der am 6. 2. 1979 im Renaissance-Theater in Berlin (West) noch sein 'Omelette Surprise' als Verwechslungslustspiel servierte[380]), und Gretel Hartmann, die 1936 in dem 1945 von den Alliierten Militärregierungen verbotenen "Revolutionsfilm" über den Oktober 1917 ('Weisse Sklaven') mitwirkte.[381]) In der "ernsten Loge" war Erika Dannhoff zu Gast, Luis Trenker-Mitspielerin ('Berge in Flammen' 1931, 'Der Rebell' 1932), aber auch für 'Zimmermädchen - dreimal läuten' (1933) oder den Kalten Krieg-Film 'Weg ohne Umkehr' 1953 (nicht 1935) zu haben.[382]) Zu ihr gesellte sich in einer weiteren Kabarett-Folge Ivo Veit, bis 1941 am Fernsehsender in Berlin tätig, 1942 Darsteller in dem 1945 von den Alliierten Militärregierungen verbotenen antisowjetischen "Abenteuerfilm" 'GPU', ab 1948 für „zahlreiche populäre Veranstaltungen" beim RIAS wieder aktiv[383]), 1971 beim RIAS verantwortlich für "Unterhaltende Hörbilder".[384]) Neben der "singenden Säge", Musik und Tanz wurden in diesem Fernseh-Varieté auch "Parterre-Akrobatik" und ein "Ping-Pong-Akt" geboten, traten „die Frau mit der eigenartigen Stimme" und „der Mann ohne Wort", Henry Lorenzen, auf, den man von Lustspielen, Autorennen-, Segelflieger- und Polizeihund-Filmen her kennen mußte, der 1942 auch in der 1945 gleichfalls verbotenen UFA-Durchhalte-Rührseligkeit 'Die große Liebe' der Zarah Leander mitspielte und es 1955 zu 'Liebe, Tanz und 1000 Schlager' brachte oder 1956 zum 'Mustergatten' kam.[385]) In dem Kabarett 'Vom Alex bis zur Wiesn', das wohl die Reichshauptstadt mit "der Hauptstadt der Bewegung"[386]) auch noch fernseh-spassig verbinden sollte und so das bayerische "Schuhplattlertrio" durch einen "Schusterjungentanz" aus Berlin vervollkommnete, trat gegenüber einem "Münchner Fähnlein" ein "Berliner Fähnchen" - beachtlich die Regional-Souveränität in den Endungen - auf: Für das "Chen" spielten u. a. Erich Kestin, als Darsteller aus Militär- und Verwechslungs-Lustspielen, Kriminal-und Sittenfilmen bekannt, 1953 zur 'Schlagerparade' oder zum 'Keuschen Josef' avanciert[387]), und Charlotte Kolle, damals Schauspielerin und Kabarettistin, nach 1945 bis 1960 in rund 1 000 Sendungen des RIAS, des NWDR-Berlin (West) und schließlich des SFB tätig[388]).

Publikumslieblinge in Varieté-Auftritten[381]), die teils vor 1933 und nach 1945 auch nur nichts als reine Unterhaltung für die kapitalistischen Medien machten, wahrscheinlich ebenso wenig von der Nazi-Führung um Hitler und Goebbels in ihrem Wirken dressiert, wie Leni Riefenstahl in ihrer Selbsteinschätzung bekennt. Erheiterung und Erbauung dominierten das Fernsehprogramm weitestgehend, bis auf zwei Ausnahmen, die sicherlich nicht dem Zufall geschuldet waren, sondern vielmehr die Regel bestätigten: Am 12. 1. 1938 beherrschen -abgesehen von der üblichen UFA-Tonwoche - SS und NSDAP vollständig die Sendungen des Abends. Allerdings nicht so eindeutig auszumachen ist der Grund oder äußere Anlaß für die direkt-propagandistische Dominanz in diesem Fall[390]) wie für das Fernsehprogramm vom 31. 1. 1938: 25 Minuten 'SA, marschiert!' und 30 Minuten 'Triumph des Willens', danach Wiederholung beider Sendungen. Die Ausstrahlung einer Kurzfassung des Reichsparteitags-Films von Leni Riefenstahl und einer - offensichtlich live aufgeführten - SA-Veranstaltung erfolgte sicherlich aus Anlaß der Wiederkehr des Tages des faschistischen Machtantritts am 30. 1. 1933. Auch nicht eindeutig aus den Fernsehprogramm-Ausdrucken läßt sich rekonstruieren, inwieweit die zahlreichen "Kultur"-Film-Sendungen direkt-propagandistisch operierten: bei 'Affenstreichen' ist es weniger anzunehmen als bei 'Kunstgewerblichem Grenzlandschaffen'.[391])

Onkel Tobias vom RIAS 1938

'Die Sänger von der Waterkant' oder 'Fahrt durchs Kinderland' wurde von Fritz Genschow geleitet. Auch er mußte aus zahlreichen Spielfilmen bekannt sein und noch werden. Ob 'Morgenrot', UFA-Seekriegsfilm 1933, 'Flüchtlinge', antikommunistische UFA-Kriegshetze 1933, „künstlerisch besonders wertvoll" und mit Staatspreis honoriert, 'Henker, Frauen und Soldaten', "künstlerisch wertvoller" Kriegsfilm von 1935, der "künstlerisch wertvolle" Arztroman 'Ein Volksfeind' 1937, ob 'Dreizehn Mann und eine Kanone', Kriegsfilm von 1938, oder ob der Wehrmachtskameradschaft verherrlichende Soldatenfilm 'Drei Unteroffiziere' von 1939, "staatspolitisch wertvoll" und "volksbildend", alle diese Filme, in denen Fritz Genschow mitspielte, wurden 1945 von den Alliierten Militärregierungen verboten. Aber der Rundfunk im Amerikanischen Sektor Berlins holte ihn nach 1945 zur Mitarbeit am Kinderfunk herbei: 'Onkel Tobias vom RIAS'. Daneben war er großteils als Märchen-Regisseur, -Drehbuchautor und Produktionsleiter tätig.[392]) Das Internationale Handbuch für Rundfunk und Fernsehen von 1971/72 weist ihn als Inhaber und Geschäftsführer einer Produktionsgesellschaft in Berlin (West) aus.[393])

Auffällig an dem Fernsehprogramm am Jahresbeginn 1938 ist auch, daß neben der UFA-Tonwoche, Varieté- und Kabarettveranstaltungen oder "Kultur"-Filmen verhältnismäßig häufig kurze Spielfilme gesendet wurden. Dabei wurden teils Kurzfilme vornehmlich des UFA-Konzerns ausgestrahlt, wie z. B. 'Fünf Personen suchen Anschluß (12 Minuten) oder 'Achtung, Kurve!' (19 Minuten) von Jürgen Von Alten, bei den Nazis Regisseur und gelegentlich auch Drehbuchautor von Abenteuerfilmen, Soldatenlustspielen oder Kriegsliebesfilmen, nach 1945 in Fernsehregie, als Kurzfilmer und Bühnenautor tätig.[394])

Urlaub auf Ehrenwort war und bleibt Urlaub auf Ehrenwort

Daß es sich bei der Ausstrahlung dieser Filme nicht immer einfach um Wiederholungen handelte, sondern mitunter um verschiedene Folgen einer Reihe, darauf deutet etwa 'Achtung, Kurve!' hin, UFA-Produktion, die zu einem anderen Sendedatum mit verändertem Schauspielerbestand und in anderer Regie ausgestrahlt wurde.

Weitere im Fernsehprogramm Anfang 1938 gesendete UFA-Kurzfilme waren 'Besuch im Karzer', in der Regie von Richard Schneider-Edenkoben, Nazi-Lustspielregisseur verschiedener Spielfilme[395]), gedreht, 'Die Ballmutter' von Alwin Elling, der es von 'Eine Seefahrt die ist lustig' 1935 bis zu 'Sanatorium total verrückt' 1953 schaffte[396]), oder 'Seine beste Erfindung' in der Regie von Charles Klein, der zu dem UFA-Kriegsfilm 'Urlaub auf Ehrenwort' von 1937 („staatspolitisch und künstlerisch besonders wertvoll", mit Auszeichnung auf der Biennale in Venedig 1938, 1945 verboten) das Drehbuch schrieb[397]); das Verbot der Alliierten Militärregierungen von 1945 sollte allerdings kein Hinderungsgrund sein, diesen Kriegsfilm 1955 in der CDU-regierten Bundesrepublik wieder zu drehen: Charles Klein schrieb einfach nochmals das Drehbuch[398]), der Nazi-Regisseur Wolfgang Liebeneiner führte Regie in diesem nunmehr vom 1. in den 2. Weltkrieg umgelegten Stück.[399]) 'Seine beste Erfindung' brachte u. a. auch Rudolf Platte als bekannten Lustspiel-Darsteller auf die Mattscheiben der Fernsehstuben: „Bestimmt nicht langweilig ist die Schnitzeljagd von Radio Bremen, hier in Koproduktion mit dem RIAS." Zu sehen ist Rudolf Platte, der in einen Mittelklasse-Volkswagen einsteigt und davongefahren wird. „Man rückt näher an den Hörer heran. Jeder kann mitmachen. Ein Prominenter, von den Funkleuten an geheimem Ort versteckt, muß gesucht und gefunden werden. ..." Rudolf Platte mit den Funkleuten und unter Kopfhörern, durch die sein Schlager ertönt:

„Meine Frau ist fort, meine Frau ist weg. Was hat sie nur im Sinn? Vielleicht knabbert sie am Mäusespeck in der Mausefalle drin. Vielleicht springt sie kopfüber in den Fingerhut hinein. Meine Frau ist fort, meine Frau ist weg. Und ich bin ganz allein." Nach der Aufklärung des Falls, ein Reporter mit Rudolf Platte: „Sehen Sie, man sollte immer ein Experiment wagen. Und man sollte auch ein bißchen Rundfunk machen mal außerhalb der Konvention und außerhalb des Konservativen..." [400]) Für den Beleg eines hörernahen und unkonventionellen Rundfunks in der BRD holte sich der SFB für eine anläßlich des fünfzigsten Jahrestages der Eröffnung dieses Mediums in Deutschland in der ARD am 28. 10. 1973 ausgestrahlten Fernsehsendung den Erheiterungs-Veteranen Rudolf Platte ins Spiel. Es ist nicht schwer verständlich, daß in dieser Gedenksendung nicht auch ihm zu seinem 35jährigen Fernseh-Jubiläum gratuliert wurde, nicht schwer verständlich, daß kein Wort zu solcher Unterhaltungstradition fiel. Und doch ist man stets aufs neue erstaunt, mit welcher Selbstverständlichkeit dies immer wieder passiert. Daß auch in der Zeit nationalsozialistischer Herrschaft die leichte Unterhaltung den Rundfunk dominierte - in der Bundesrepublik vor allem seitens der Mediums-Inside-Geschichtsschreiber gerne vernachlässigter oder unterschlagener Fakt -, daß auch vor 1933 und über 1945 hinaus ein und dieselben Unterhaltungsdarsteller aktiv waren und sind, könnte zu der Behauptung verleiten, daß sie auch im deutschen Faschismus doch bloß das getan hätten, was sie schon immer machten: nichts als Unterhaltung, die mit Politik nichts zu tun hat. So unhaltbar eine solche Behauptung für den Versuch persönlicher Entlastung ist, so kennzeichnend veranschaulicht sie die auch im Faschismus nicht hinwegzubrüllende Kontinuität kapitalistischer Kommunikationspolitik und ihres ideologischen Spektrums.

¾ Unterhaltungs-, ¼ Direkt-Propaganda

An Sendezeit setzte sich das Fernsehprogramm im ersten Monat 1938 wie folgt zusammen, wobei angemerkt werden muß, daß aus den Presse-Ausdrucken eine eindeutige Zuordnung zu einem der drei gewählten Ressorts nicht in allen Fällen hervorgehen kann:

	Unterhaltung (Min.)	Direkt-Propaganda (Min.)	Belehrung (Min.)
Mo. 3. 1.	5+42+12+15+10 =84 (70%)	13	13
Di. 4. 1.	5+42+10+21+8 =86	13	17
Mi. 5. 1.	2+9+13 =24	13	17+44(?)+14(?)
Do. 6. 1.	5+60+33+6 =104 (86,7%)	13	
Fr. 7. 1.	12+17+15+W =88	13+W	5
Sa. 8. 1.	67+21 =88	13+W	
Mo. 10. 1.	25+27+16+20 =88	13+10	

	Unterhaltung (Min.)	Direkt-Propaganda (Min.)	Belehrung (Min.)
Di. 11. 1.	60+19 =79 (66%)	13	17
Mi. 12. 1.	–	13+5+16+20+W	1(?)
Do. 13. 1.	15+62+11 =88	13	16
Fr. 14. 1.	29+W =58	13+W	16+W
Sa. 15. 1.	5+12+20+60 =97 (80,1%)	13	
Mo. 17. 1.	15+25+16+12+19 =87	13	11
Di. 18. 1.	10+32 =42	13	11+13+15+10
Mi. 19. 1.	30+20+10+15+6 =81 (67,5%)	13+10	10
Do. 20. 1.	15+47+16+20 =98 (81,1%)	13	10
Fr. 21. 1.	5+18+20+W =86	13+W	
Sa. 22. 1.	12+17+60+8 =97	13	
Mo. 24. 1.	60 =60	13+20	23
Di. 25. 1.	57+34 =91	13	
Mi. 26. 1.	10+7+30 =47	13	20+13+11+14
Do. 27. 1.	30+21+29 =80	13	17
Fr. 28. 1.	24+23+W =94	13+W	
Sa. 29. 1.	12+60 =72	13	16
[401] Mo. 31. 1.	– –	25+30+W	

Addiert man die Sendezeit an Unterhaltung, erhält man 1 819 Minuten, für die Direktpropaganda 619 Minuten. Sieht man einmal ab vom Ressort der Belehrung, für das Zuordnungen ohnedies am wenigsten eindeutig vorzunehmen sind, da dabei sowohl direktpropagandistische als auch Momente der Unterhaltung hineinspielen können, so ergeben sich rund ¾ für die Unterhaltung, rund ¼ für Direkt-Propaganda an Sendezeit-Anteil dieser beiden Ressorts allein.

Das Fernsehen als Spielfilm-Kompressor

Neben den UFA-Tonwochen, den "Kultur"-oder "Dokumentar"-Filmen wurde ein weiterer Bereich des Fernsehprogramms durch Konserven bestritten: z. B. durch 'Kater Lampe', ein Tobis-Film von 1936, ein „ländliches Lustspiel, Holzschnitzermilieu Erzgebirge", jugendfrei, „künstlerisch wertvoll", 1945 verboten.[402] Dieser vom späteren 'Jud-Süss'-Regisseur Veit Harlan[403] gedrehte Spielfilm war 2 421 Meter lang, was einer Vorführdauer von rund 1 Stunde entspricht. Im Fernsehen wurde er in einer 33 Minuten-Fassung gezeigt. Auch der 1936 gedrehte Tobis-Spielfilm 'Truxa', ein „Abenteuer- und Sensationsfilm, Artisten- und Varietémilieu", der 2 675 Meter lang war,[404] also etwas mehr als 1 Stunde dauerte, ging als 21 Minuten-Fassung über den Sender. Und noch im selben Zeitraum konnten die Besucher der Fernsehstellen drei weitere Spielfilm-Kompressionen erleben: 34 Minuten den rund 1 Stunde langen Syndikat-Film 'Dreimäderlhaus' von 1936, „Liebesromanze, Alltags- und Künstlermilieu Alt-Wien, volksbildend"[405]), 30 Minuten aus einem mehr als 1 Stunde dauernden „Psychologischen Sitten- und Schülerdrama, Kleinstadtmilieu", aus dem Syndikat-Spielfilm 'Traumulus' von 1936, „staatspolitisch und künstlerisch besonders wertvoll", 1945 verboten[406]) sowie 20 Minuten aus einem fast einstündigen „Liebesroman, Gesellschaftsmilieu Berlin vor dem 1. Weltkrieg"[407]), aus dem Terra-Spielfilm 'Ball im Metropol' von 1937. Mehr als bereits damals vorgespielte Meinungen über ästhetische Bezugsverhältnisse zwischen Film und Fernsehen vermag dieses Programm Aufschluß zu geben über die kommunikationsökonomischen Realitäten der Medienindustrie.

Bereits im Jahr der Eröffnung des regelmäßigen Fernsehbetriebes finden sich Äußerungen zum Verwertungsverhältnis zwischen Lichtspielhaus und Fernsehstube: „In dem wöchentlichen Fernsehprogramm des Berliner Senders finden wir immer einen Tonfilm, dessen Uraufführung mindestens zwei Jahre zurückliegt. Um durch das Fernsehen die Kinotheater nicht zu schädigen, wenn später viele zehntausend Teilnehmer am Fernsehen sein werden, hat man diese starke zeitliche Verschiebung eingeführt."[408]) Dennoch: dem ästhetischen Erlebnis solcher Spielfilm-Rezeption kommt man heute wohl am nächsten durch die Abspielung der privat käuflichen UFA-Superacht-Verschnitte aus Produktionen des damaligen Konzerns: z. B. 'Zu neuen Ufern' von 1937, ein „Frauen- und Abenteuerroman' mit Zarah Leander an der Spitze, von 1 Stunde und 12 Minuten Spieldauer in zwei Rollen zu 15 Minuten komprimiert[409]), oder der 2. Weltkrieg-Film 'Stukas' von 1941, „staatspolitisch wertvoll, künstlerisch wertvoll, volkstümlich wertvoll, jugendwert", 1945 von den Alliierten Militärregierungen verboten, von 1 Stunde und 9 Minuten desgleichen zu zwei Mal 15 Minuten kurzgefaßt[410]), wobei in diesem Fall der UFA-Vertrieb es sich nicht nehmen ließ, sich und die Bevölkerung der Bundesrepublik Deutschland mit den Kriegsaggressionen des deutschen Faschismus zu identifizieren: „Die deutschen Sturzkampfflieger haben ... in ungezählten Einsätzen entscheidenden Anteil an den Erfolgen unserer Waffen gehabt"[411]), möglicherweise auch einfach von Erinnerungen an die Vormachtsstellung des Film-Konzerns während der Nazi-Regierung verklärt.

Fernsehspiele, ihre Autoren und Regisseure

Aber neben solcher Nach- und Verschnitt-Verwertung für das Film-Kapital finden sich im Programm zu Beginn des Jahres 1938 auch bereits Fernsehspiele in mehreren Varianten. Nur an zwei Abenden der ersten Woche wurde das Programm mit dem Bildbericht aus der UFA-Tonwoche eröffnet. Viermal wurde eine Sendespiel-Variante von 5 Minuten als Auftakt ausgestrahlt. Am 3. 1. 1938 war diese eine "Hörszene", 'Ein netter alter Mann' betitelt, schon beinahe so wie man später in der Bundesrepublik den Autor dieses Kurzstücks hätte einschätzen können: Hugo Hartung, nach 1945 für zahlreiche Hör- und Fernsehspiele tätig, Mitglied der Akademie der Künste, ab 1950 Romansschriftsteller ('Der Himmel war unten' oder 'Stern unter Sternen') und Drehbuchautor (z. B. 'Liebe, Luft und lauter Lügen' 1959).[412]) Am 4. 1. war diese Fernsehspiel-Variante von 5 Minuten Sendezeit tatsächlich als "Fernsehspiel" ('Die Speisekarte') ausgedruckt, am 6. 1. hieß sie "Spaß für den Fernsehsender" ('Hinein, hinein!'), am 7. 1.

"Kurzgespräch" ('Vor der Haltestelle'). Wie wenig auch immer sich dramaturgische Konzeptionen oder ideologische Intentionen aus solchen Programm-Ausdrucken rekonstruieren lassen, so scheint doch die damalige Studiobühnen-Aktivität zumindest ansatzweise Auskunft geben zu können über die Versuche, neben der üblichen "Kultur"-, "Dokumentar"- oder Kurzfassungsspielfilm-Ausstrahlung auch originäre Fernseh-Genres zu entwikkeln. Und dies nicht nur in 5-Minuten-Varianten, denn die Programmankündigung für den Fernseh-Abend vom 6. 1. 1938 gibt einen 60minutigen "winterlichen Spuk" bekannt, 'Schneeflocken' von Heinz Förster-Ludwig, der auch in dem 1938 staatspolitisch prämierten, 1945 verbotenen, 1955 in der BRD wiederverfilmten UFA-Durchhaltestück 'Urlaub auf Ehrenwort' mitwirkte.[413])

Nachdem am 10. 7. 1943 westliche alliierte Streitkräfte auf Sizilien gelandet waren, die Mussolini-Regierung vierzehn Tage später gestürzt worden war, am 8. 9. das Waffenstillstandsabkommen zwischen Italien und den anglo-amerikanischen Truppen bekannt wurde, besetzte die Nazi-Wehrmacht Rom, entwaffnete das italienische Heer, um die faschistische Verteidigung selbst in Angriff zu nehmen. Anordnung Hitlers vom 10. 9. 1943: „Um in dem gemeinsamen Kampf des Deutschen Reiches und des Faschistischen Italien den Erfolg zu gewährleisten, bestimme ich Folgendes: ... Als Sonderberater für polizeiliche Angelegenheiten bei der Italienischen Faschistischen National-Regierung bestelle ich den SS-Obergruppenführer und General der Waffen-SS Wolff."[414]) Dieser Chef des persönlichen Stabes des Reichsführers der SS und Verbindungsoffizier zu Hitler trug die Hauptverantwortung für die Ermordung von 300000 polnischen Juden. Und „in Italien beging er seit September 1943 zahllose Verbrechen. Wolff ließ 15000 italienische Männer, Frauen und Kinder umbringen. Auf sein Schuldkonto kommen die an Häftlingen im KZ Dachau durchgeführten verbrecherischen Experimente."[415]) Während ein SS-Sonderverband im Auftrage Hitlers am 12. 9. Mussolini aus seiner Festungshaft befreite und er am 15. die Führung der faschistischen Gegenregierung antrat, saß der Fernseh-"Spuk"-Autor Heinz Förster-Ludwig 1943-1944 als Sendeleiter beim Rundfunk von Torino. Nach 1945 war er für den RIAS sowie für den NDR tätig, war aber auch wieder in Spielfilmen zu sehen: 'Eine Nacht im Séparée' 1950 oder 'Vati macht Dummheiten' 1953.[416])

Die meisten dieser Sendespiele, von denen es auch Varianten einer zehnminütigen „gräuslichen Moritát", eines halbstündigen „großen Kurz-Fernseh-Opern-Schauspiels" oder einer einstündigen Folge von "Schelmenroman"-Szenen gab, wurden damals - wie die meisten der Kabarett-und Varieté-Livesendungen - von Leopold Hainisch oder von Arnolt Bronnen geleitet. Der im Zuge der "Neuordnung" im Frühjahr 1937 vom Generaldirektor und Reichsintendanten des deutschen Rundfunks als Fernseh-Intendant eingesetzte Hans Jürgen Nierentz[417]) „hatte sich als Oberspielleiter den Wiener Leopold Hainisch mitgebracht. Da aber beide vom Fernsehen nichts verstanden, wurde ich unter Versprechungen verlockt, Hainisch einzuschulen. Ich schulte ein und startete die ersten größeren Fernseh-Spiele, welche Aufsehen machten. Obwohl ich dabei zum ersten

Male die Möglichkeiten der Fernsehregie gezeigt hatte, wurde auf Betreiben von Nierentz mein Name verschwiegen. Ich hoffte immer noch, schließlich blieb mir ja auch gar nichts anderes übrig ... So arbeitete ich wie ein Wahnsinniger. Ich machte allein den ganzen Sender, machte Aufführung nach Aufführung, schuf Erfolg nach Erfolg für den neuen Intendanten. Er mußte mir danken. Er dankte mir. Am 28. Juni berief er das ganze Personal des Fernsehsenders zusammen, erklärte mich in entehrender Weise als unkameradschaftlich, untüchtig, faul, erklärte mich als einen Feind des Nationalsozialismus, der gegen seinen eigenen Intendanten dauernd intrigiere, erklärte mich aller meiner Funktionen und Arbeiten für enthoben." [418]) Doch am 30. 6. 1937 erhielt Arnolt Bronnen die Mitteilung, daß die mit der "Neuordnung" von der Reichsrundfunkgesellschaft am 23. 3. erlassene Kündigung zurückgenommen wurde, was zumindest dem Fernseh-Intendanten den entsprechenden Rückhalt entziehen mußte. [419]) Zu jener Zeit schrieb man über den Fortschritt von der "Fernsehschmiere" zum "Fernsehfunkspiel", von der "Inszenierungskunst" des Spielleiters, von allgemein anerkanntem Erfolg mit einer Fernsehspiel-"Kriminalgroteske", daß man früher zu einem „Spiel gewissermaßen in der Fläche" sich genötigt sah, während sich nunmehr alles „zwischen der vordergründigen Großaufnahme bis in die perspektivische Tiefe" abspielen konnte, daß die Zeiten des „Drängeln und Stammeln"-Fernsehens ebenso wie der hilflosen Spiele, „wo - für den Zuschauer geradezu schmerzhaft - der eine dem anderen im Wege stand", nunmehr vorbei waren. [420])

Revue-Fernsehen bis Mitternacht

„So beginnt das Spiel, getragen von der Liebe und der Begeisterung aller, die Anteil an ihm haben. .. Denn es ist ihr Glück, den Menschen, für die sie senden, einen Abend bereitet zu haben, der Entspannung gebracht hat, Freude und Zufriedenheit", äußerte sich damals der Fernseh-Intendant von Witzleben. [421]) Auch 1938 sollten diese Erheiterungs-Empfehlungen für das Fernsehen ihre Gültigkeit behalten. Am 5. 2. 1938 konnte man in Berlin erstmalig bis Mitternacht fernsehen, als anläßlich des Presseballs ein vierstündiges Sonnabend-Programm mit Live- und Film-Sendungen ausgestrahlt wurde. [422]) „Als im Marmorsaal Prinz Karneval mit seinem glänzenden Gefolge aufmarschierte und die Bilder der Tanzrevue abrollten, öffnete sich in dem weit entfernten Kaisersaal der Vorhang vor einer Großprojektionsfläche und ließ darauf zum Staunen der Zuschauer die Vorgänge der Revue fernsehen." Und die Darbietungen von diesem Fest wurden auch in die öffentlichen Fernsehstuben übertragen, in denen „es an diesem Abend ein Sonderprogramm über den Presseball, das bis 24 Uhr dauerte", gab. [423]) Für den Telefunken-Konzern, der - wie die Fernseh-AG - für eine Freigabe des neuen Kommunikationsmittels zum Massenmedium werben mußte, war das selbstverständlich ein willkommener Anlaß, unter der Parole 'Der Presseball sieht fern' eine große Fernseh-Schau aufzuziehen. Die Unkosten dafür, 35 621,79 Mark, wurden aus Reichspost-Einkünften zurückerstattet. [424])

425) 

Ein mutiges Experiment

Ein 'Kraft durch Freude'-Abend

Auch im weiteren Verlauf des Fernsehprogramms während des ersten Quartals von 1938 dominierte der Erheiterungs-Imperativ aus dem Propagandaministerium. Zwar wurden weiterhin wiederholt "Kultur"-Filme gesendet, deren mögliche direkt-propagandistische Stoßrichtung sich aus der bloßen Ankündigung kaum bestimmen läßt: 'Kunstgewerbliches Grenzlandschaffen' und 'Kinder aus aller Welt'. Auch der NS-Kinderheim-Film 'Das Leben wird schöner' wurde wiederholt. Zwar strahlte das Fernsehen am 10. 2. einen Film vom Winterhilfswerk-Wunschkonzert im Deutschlandsender aus, anschließend eineinhalb Stunden einen 'Kraft durch Freude'-Propaganda-Abend; einmal auch einen "Kultur"-Film der Deutschen Arbeitsfront. Aber zur Hauptsache bestand das Programm - neben Tierfilmen, Verkehrsbelehrung, Berufsberatung oder Benimm-Hinweisen und selbstverständlich den UFA-Tonwochen - aus Unterhaltung: Musikalische Komödien, heitere Begebenheiten, Bunte Berlin-Abende oder Seemanns-Abende, Fernsehkomödien, heitere Selbstbekenntnisse oder Karnevalsabende mit 'Drei tolle Tage', 'Schöne, närrische Welt' und 'Aufbruch zum Ball' gingen - neben vielen Kurz- oder Verschnitt-Filmen - als Live-Veranstaltungen über die Mattscheiben der Fernsehstuben. Und auch nach dem

12./13. 3. 1938, nach der Nazi-Okkupation Österreichs, konnte die Unterhaltung diese Position im Fernsehen halten: Fernsehkomödien, wiederum heitere Selbstbekenntnisse, Varieté-Tricks, Solisten-Parade, ein Zehnminuten-Verschnitt eines rund einstündigen musikalischen Ausstattungslustspiels mit Marika Rökk, am 21. 3. eine Stunde lang 'Vorsicht, frisch gestrichen! - Erlebnisse auf einer Frühlingsbank' oder am 31. 3. 'April, April! - Wir wollen Sie mit Scherz und Tollerei ins Bockshorn jagen'.

Bis vielleicht auf die UFA-Tonwochen und wenige Ausnahmen war allem Anschein nach in den deutschen Fernsehstuben damals nichts über die Nazi-Kriegsvorbereitungen zu erfahren, nichts von einer Entlassung des Kriegsministers und des Oberbefehlshabers des Heeres und die Ersetzung des Reichskriegsministeriums durch das Hitler direkt unterstellte Oberkommando der Wehrmacht am 4. 2. 1938, nichts von der Besetzung Österreichs und den anschließenden Wahlkampagnen für die "Volksabstimmung" zur „Wiedervereinigung Österreichs mit dem Deutschen Reich" am 10. 4. 1938, es sei denn, man rechnet die knappe Viertelstunde 'Bauernhochzeit in Kärnten' dazu, einen am 11. 4. gesendeten UFA-"Kultur"-Film.[426])

Etwas anders reagierte der mit unvergleichlich höherer Reich-

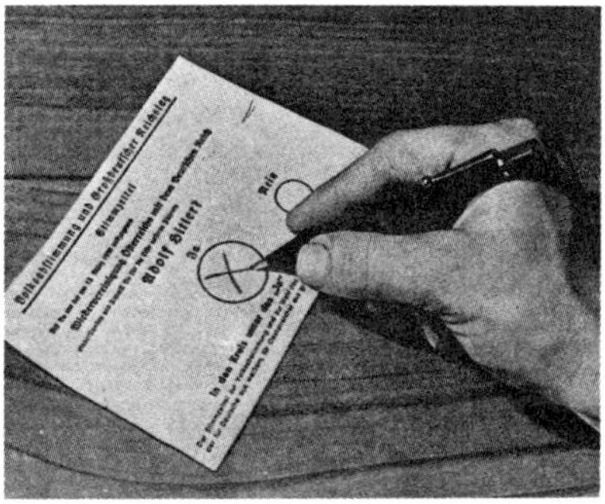

427)

"Wiedervereinigungs"–"Abstimmung" am 10. 4. 1938: „Die nationalsozialistische Bewegung hat Ideale zu propagieren, die an sich unpopulär sind; nur besaß sie die Klugheit, alle diese Dinge populär zu sagen und so an die Masse heranzutragen." - Der Reichssendeleiter 1934

428)

Der Reichspropagandaminister 1937: „Es ist ein Unterschied, ob ein Volk mit Freude und Optimismus seiner schweren Lebensaufgabe dient, oder ob es kopfhängerisch..." - 'Es leuchten die Sterne' - Star am 27. 3. 1938 weite operierende Hörfunk, auch im okkupierten Land. Die Österreichische Radio-Verkehrs AG, ein vom Rundfunk-Monopol des Staates konzessioniertes privatwirtschaftliches Unternehmen, am 12. 3. 1938: „Um 6.45 Uhr begann nämlich das erste nationalsozialistische Programm, und zwar mit den Worten: 'Der erste Gruß des nationalsozialistischen Österreichs gilt dem Führer.' Es folgte das Deutschland- und Horst-Wessel-Lied, anschließend die Verlesung eines Zitates aus 'Mein Kampf'. Und kurz darauf, um 10.50, wurde schon der erste Vortrag über das Thema 'Die Frau im nationalsozialistischen Staat' gesendet. Es muß späteren Betrachtungen vorbehalten bleiben, diese Ereignisse und Tatbestände ordnungsgemäß auszuwerten, sie seien deshalb erst einmal nur festgestellt." [429]) Was damals „späteren Betrachtungen vorbehalten bleiben" sollte, läßt sich auswerten. Allerdings noch späteren Betrachtungen vorbehalten bleiben muß wohl eine Erklärung, weswegen der erste Nazi-Österreich-Rundfunk-Vortrag ausgerechnet die Frau zum Gegenstand nehmen mußte.

Wenigstens eine Halbinsel des Friedens, der „Freude und Zufriedenheit" muß das Fernsehprogramm in Berlin damals inmitten stürmischer Kriegsvorbereitungen dargestellt haben, bis auf eine Ausnahme eben. Ähnlich dem 12. oder 31. 1. 1938 war der 1. April ein aus der üblichen Abendunterhaltung herausragender Fernsehtag: 20.00 Uhr Aktueller Bildbericht, 20.13-20.33 Uhr 'Flüchtlinge', Kurzfassung einer antisowjetischen UFA-Kriegshetze von 1933, u. a. mit Hans Albers und Veit Harlan, am 1. Mai 1934 mit Staatspreis honoriert, 1945 verboten [430]), 20.33-20.53 Uhr 'Verräter', Kurzfassung eines UFA-„Abenteuerfilms, Rüstungs- und Wehrmachtsmilieu", von 1936, „staatspolitisch und künstlerisch besonders wertvoll, volksbildend", u. a. mit Willi Birgel und Paul Dahlke, mit Biennale-Prämie 1936 in Venedig, 1945 verboten, [431]) 21.00-22.00 Wiederholung des Programms. [432]) Aus welchem Grund, zu welchem Anlaß just an jenem Tag direkt-propagandistische Hetze den Unterhaltungs-Durchschnitt verdrängen mußte, ist wohl ebensowenig eindeutig zu bestimmen wie für den vergleichbaren Ausnahmefall vom 12. 1. jenes Jahres, nämlich ob es sich dabei um allgemeine Stimmungsmache oder um ideologische Kriegsmobilmachung anläßlich eines besonderen Vorfalls oder Gedenktages handelte.

Fernsehen ohne Kamera- und Tonmann?

Auch im Hinblick auf die 15. Rundfunkausstellung vom 5. bis 21. 8. 1938 in Berlin wurde eine große Unterhaltungs-Schau für das Fernsehen vorbereitet: 'Endstation Berlin', live gesendet.

Einzelheiten über den Programmablauf von damals sind sicherlich nicht leicht herauszubekommen. „Trotzdem wollen wir ganz kurz verraten, daß der Ort der Handlung, soweit man tatsächlich von Handlung reden kann, durch einen Bahnhof dargestellt wird. Der Bühnenbildner liefert Prospekte, die alle mit einem Bahnhof zu tun haben. Wir werden eine Sperre sehen, eine Wartehalle, einen Restaurationsbetrieb usw. Vor diesem Hintergrund wird sich das Programm abwickeln. Der Titel 'Endstation Berlin' ist zugleich ein symbolischer Titel. [434]) Gemeint war zwar offiziell für „Idee und

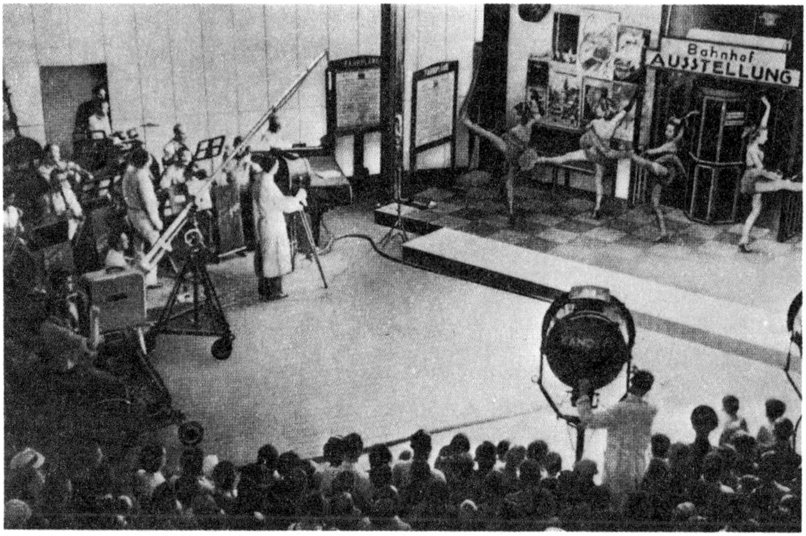

[433])

Leistung allen Fernsehschaffens"[435]), erfährt allerdings hinsichtlich der nachfolgenden Jahre und vor allem auch eingedenk der Tatsache, daß es damals in Deutschland für viele nicht diesen Bahnhof als Endstation gab, einen anderen Gehalt. Auf der Fernsehbühne in Berlin hüpfte jedenfalls damals ein Quartett leichtgeschürzter, dekolletierter Revue-Girls.

Die Besucher bei der Fernsehbühne auf der Rundfunkausstellung nahm das gemeinsame Instrument der Presseveröffentlichungen von Partei-, Staats-und Rundfunkführung zum Anlaß, einmal an ihrer Statt einen Blick auf das Zustandekommen einer Live-Sendung zu werfen, da die Bühnen-Zuschauer allenfalls „etwas mitleidig" die in der „Gluthitze" der Scheinwerfer auftretenden Darsteller hätten verfolgen können. „Daß ihnen dabei der Schweiß in Strömen von der Stirn läuft, erscheint ihnen nur verständlich. Daß aber auch die vielen anderen bekannten und unbekannten Mitarbeiter des Fernsehsenders schwitzen müssen, wenn auch nicht buchstäblich, das kommt ihnen dabei nicht zu Bewußtsein." Also wurden alle Mitwirkenden aufgeführt, die mit Schweißtropfen zu kämpfen hätten: Autor, Dramaturg, Intendant, Oberspielleiter, Besetzungs-Sachbearbeiter, Schauspieler, Bühnenbildner, Garderobier, Regisseur, Dekorateur, Friseur und Maskenbildner. Dies alles, „auf daß der Zuschauer Respekt bekommt vor jenen Männern, die das Fernsehen zur neunten (!?) Großmacht unseres Jahrhunderts erheben sollen und eines Tages vielleicht auch werden."[436]) Daß dieses Medium im Nazi-Deutschland überhaupt keine "Großmacht" werden sollte, hing wohl nicht zuletzt auch - neben den objektiven, durch Kriegsvorbereitung und -führung gegebenen Bedingungen - von solchem subjektivem Unverständnis der Sachverständigen in der Partei-, Staats- und Rundfunkführung ab, für die offensichtlich - und dies sicherlich sehr im Unterschied zu den Sendungs-Mitwirkenden - Fernsehen weiter nichts als das herkömmliche Bühnenstück war, bloß mit etwas mehr Schweiß. Denn alle Fernsehleute, die erheblich dazu beitragen, daß das Geschehen auf der Bühne nicht nur audiovisuell redupliziert wird, sondern auch dem neuen Medium originäre ästhetisch-dramaturgische Produktionsmöglichkeiten realisiert werden können, indem sie an den entsprechenden Mitteln mit den entsprechenden Qualifikationen arbeiten, sind in dieser "Respekt"-Abstattung mit nicht zu übersehender Konsequenz nicht berücksichtigt: die Leute von der Kamera, vom Ton, von der Bildmischung usw.

„Gefahr, daß die gewollte Schwere lächerlich wirkt"

Nichtsdestotrotz wartete rund einen Monat nach der Rundfunkausstellung 1938 das nämliche Instrument der Nazi-Rundfunkführung mit einer Schlagzeile „Eine Kunstform - das Fernsehspiel" auf: „Das Fernsehspiel in seiner heutigen Form hat in den letzten 18 Monaten eine ganz beachtliche Entwicklung erlebt. ... Eine Eigenart wurde von Anfang an bevorzugt: Groteske. Sie entspricht deshalb dem Fernsehen besonders, weil man bei ihr leichter eine technische Unzulänglichkeit übersieht. Mit Recht ist man bisher mit den ernsten oder tragischen Stoffen noch vorsichtig gewesen, denn für sie besteht leicht die Gefahr, daß die gewollte Schwere lächerlich wirkt."[437]) Dieser noch im September 1938 geäußerte, offiziell gemachte Hinweis auf „technische Unzulänglichkeiten" des Fernsehens könnte zu einer der 40 Jahre nach der Machtübernahme an den deutschen Faschismus gestellten Frage, „ob Hitler zur Macht gekommen wäre, hätte es das Fernsehen schon gegeben"[438]), zumindest immanenten Antwort führen lassen. Fernsehen als direkt-propagandistisches Massenbeeinflussungsmittel für eine allgemeine private Rezeption hätte damit nicht im Interesse der Nazi-Führung stehen können.

Ganz im Unterschied zu fernsehstörungsbedingten Krümmungen in Theo Lingens Cremeschnitten-Mittelscheitel hätte ein Wegflimmern von Hitlers Stink über dem Maul zutiefst disfunktionale Propaganda-Effekte auslösen können. Aber das allein erklärt selbstverständlich nicht den Vorzug, den auch der Faschismus dem "Grotesken" gegenüber dem "Tragischen" geben mußte. Denn daß die Schwere des durchzustehenden Alltags in Verwechslungs-Lustspielen und Varieté-Sensationen aufgelöst werden sollte, war wiederholt die Empfehlung aus dem Propagandaministerium an die Rundfunkleute. Und man kann wohl auch von den objektiven Bedingungen ausgehen, daß es Tragisches im Faschismus nicht für seine Täter, aber allerdings für seine Opfer gibt.[439]) So dominierte denn auch leichte Unterhaltung in den Programmen des Hörfunks und des Films - auch damals schon wahrhaftig keine Medien mit „technischer Unzulänglichkeit". Und es zeugt von dem Unvermögen, bzw. dem Unwillen der Nazi-Fernsehsachverständigen, die soziokulturelle Entwicklung dieses Mediums richtig einzuschätzen, wenn sie erst, bzw. noch im September 1938 mit folgender Äußerung aufwarteten: „Es zeugt von der Unermüdlickeit der Arbeit, wenn trotzdem auf der letzten Rundfunkausstellung der Fernsehsender sich nicht auf die Darstellung technischer Dinge beschränken mußte, sondern in einer eigenen Schau die kulturelle Seite der Programmgestaltung lebendig werden ließ." [440]) Bei soviel zu klein gemachten Kinderschuhen des neuen Kommunikationsmittels muß man überrascht sein, wenn an gleicher Stelle erklärt wird, daß „das Fernsehen vom Oktober ab für die Allgemeinheit freigegeben ist" [441]).

Doch „manchen Fernsehfreund in den Stuben mag es kalt überlaufen"

Es wurde denn auch nicht im Oktober 1938 für den individuellen Heimempfang als Massenmedium freigegeben. Dafür wurde im Herbst 1938 im Fernsehen ein Regenmantel gezeigt, der nach einem zivilen Mord am Tatort zurückgelassen wurde: „Man erkennt deutlich alle Einzelheiten. Manchen Fernsehfreund in den Stuben mag es kalt überlaufen." Dank der Tatsache, daß von dem Indiz Detail- und Großaufnahmen in annehmbarer Bildqualität gezeigt werden konnten, „ist das Fernsehen offiziell in die Reihe jener Fahndungsmittel eingereiht worden, die die Polizei zu benutzen pflegt. Hoffen wir, daß es auch in Zukunft noch oft mithelfen darf, der Gerechtigkeit zum Siege zu verhelfen." [442]) Doch wirklich „manchen Fernsehfreund in den Stuben" hätte es „kalt überlaufen" müssen, hätte man ihm bekannt gemacht, zu welchen Siegen das Fernsehen den Nazis verhelfen sollte, wie aus einem Aktenvermerk im Reichspostministerium vom 29. 4. 1938 hervorgeht: „1. .. Das Fernsehen ist im Kriegsfalle ein neues, vorzügliches Nachrichtenmittel für die schnelle und geheime Wiedergabe von Befehlen und Meldungen zwischen den Dienststellen der Wehrmacht. 2. Fernsehen liefert scharfe Bilder von Gegenständen, Personen, Skizzen, Kartenausschnitten bei der Empfangsstelle, die sich außerdem fotografieren lassen. 3. Durch Fernsehen schnellerer Empfang als bei der Funktelegrafie, besonders bei der Übermittlung längerer Texte; Wegfall des Ver- und Entschlüsselns. 4. Wegfall der Peilgefahr für die Sender, da die Übertragung der fotografischen Aufnahme der Fernsehsendung nur wenige Sekunden dauert. 5. Für den feldmäßigen Einsatz müssen sicher arbeitende, möglichst kleine und leichte Geräte geschaffen werden. 6. Schaffung eines Flugzeug-Aufnahmegerätes zum Einblick in das Feindgelände." [443]) Nach den „vier Jahren Zeit", die der faschistischen Fernsehentwicklung von den Versuchssendungen im Frühjahr 1934 bis zu diesem Aktenvermerk im Frühjahr 1938 gegeben wurde, stellte sich nach wie vor die Frage: Kommt nun der Fernseh-Volksempfänger oder nicht, Freigabe des allgemeinen Fernsehfunks oder nicht?

Illusionen- und Apparate-Produktion

"Das Auge der Nation - Der deutsche Sehfunk ist da!" lautete eine Schlagzeile in der Rundfunk-Programm-Presse bereits am 7.9.1934, mehr als ein halbes Jahr vor der Eröffnung eines regelmäßigen Fernseh-Betriebs: „Wer aber etwa RM 650.- hat, der kann -zunächst wenigstens in Berlin- auch schon von morgen ab die deutschen Fernsehsendungen in seinem Heim haben!" [444]) Daß noch am 21.9.1938 die Ankündigung einer Freigabe des Fernsehens für die Allgemeinheit zum Oktober sich als Fehlanzeige herausstellen sollte, läßt darauf schließen, daß die Vorhersage ebenso wie die Preisangabe für einen Fernseh-Volksempfänger unter den damaligen Verhältnissen gedankenloser Optimismus oder verlogene Propaganda war. Und nicht viel anders -Illusion oder Desinformation- verhält es sich damit:

„Unser Fernsehwagen hat die Feuerprobe anläßlich der Eröffnung der Funkausstellung durch die Fernsehaufnahme von der Rede des Herrn Reichsministers Dr. Goebbels bestanden.“[445]) Daß es sich bei der Abbildung des Propagandaministers nicht um eine Fernsehaufnahme, sondern um einen Filmstreifen handelte, konnte der Leser sichtlich gerade noch für sich korrigieren. Aber daß er - als möglicher Zuschauer - ein Fernsehbild von filmgleicher (optischer) Qualität empfangen könnte - das bei dem 180-Zeilen-Versuchen beim Sender Berlin-Witzleben oder gar 30-Zeilen-Versuchen beim Deutschlandsender, dies mußte er einfach annehmen, sollte es glauben.[446]) Auch die Weissagung des Präsidenten der Reichsrundfunkkammer nach der Rundfunkausstellung von 1937 schafften mehr Illusionen als Fernsehapparate, wenn er meinte, daß nun „die Möglichkeit“ gegeben sei, „im kommenden Jahr einige tausend Fernsehempfänger zu produzieren und damit die Voraussetzungen für eine gewisse Auflage von Fernsehsempfängern zu schaffen“, so daß 1938 „16 Millionen“ fernsehen können sollten.[447]) Das war im September. Schon im November kam eine Richtigstellung des Präsidenten zur Frage „Kommt der Fernseh-Volksempfänger?“: „Er rückte im Verlauf seiner Rede von jener Meldung ab, daß schon im nächsten Jahr der Fernseh-Volksempfänger auf den Markt käme.“[448]) Rück- und Ausblick zur Jahreswende 1937/38 zu dieser Vierjahres-Frage enthielt Realistisches sowie unbedarft oder zweckgerichtet Illusionistisches: „In diesem Augenblick, wo also die Rundfunkwirtschaft sich allerbester Gesundheit erfreut, wo aber die Entwicklung der Rundfunkteilnehmerzahlen der Höchstgrenze zustrebt, steht die Einführung des Fernsehrundfunks im Jahre 1938 bevor. .. Der erste Weg, der jetzt zum Endziel hin gegangen wird, verlangt die Erfassung sämtlicher Haushaltungen für den Rundfunk. Der neue Weg, im nächsten Jahr begonnen, erfordert das gleiche für den Fernsehrundfunk.“[449]) Realistisch an dieser Einschätzung war mit Sicherheit - um es einmal so kurz zusammenzufassen - die ökonomische Basis der Fernsehentwicklung, von der her das Verwertungsinteresse des Elektrokapitals auf eine massenhafte individuelle Konsumtion bislang ungenutzter Teile fixen Kapitals [450]) drängte. Illusionistisch ging es einmal mehr im - desgleichen kurz gesagt - ideologisch-politischen Überbau zu und her, denn nachdem die Nazi-Führung zunächst einmal unvergleichlich mehr Interesse an Fernseh-Propaganda als an - wie auch immer konzipiertem - Propaganda-Fernsehen erkennen ließ und am 5.11.1937 endgültig den Aggressionskrieg beschlossen hatte [451]), war dem neuen Medium wohl eher der Weg eines Militiarisations- als der eines Kommunikationsmittels bestimmt.

Ein Empfänger für "manchen Volksgenossen"

Schließlich einige Impressionen von der Fernsehschau anläßlich der Rundfunkausstellung von 1938: „Der Haupteindruck, den man beim Besuch der diesjährigen Fernsehschau erhält, ist bemerkenswert: Das Fernsehen wird endlich reif für die Öffentlichkeit." [452]) Farbfernseh-Demonstrationen wurden so durchgeführt, daß dabei die Einzelfarb-Bilder sich vermischen ließen „zu einem bunten Gesamtbild, das dem Original einigermaßen gleicht." [453]) Die vollständige Umstellung auf den 441-Zeilen-Betrieb stand bevor, der eine verhältnismäßig hohe Bildqualität versprach. Die Fernsehindustrie war mit entsprechenden Heimempfänger-Angeboten auf

[459])

Emmi Sonnemann: „Sie müssen in erster Linie immer die Speisen auf den Speisezettel setzen, die jahreszeitlich bedingt sind!", sagt mein Mann, Hermann -

die Freigabe der allgemeinen individuellen Teilnahme vorbereitet, wobei untere Preisvorstellungen „um etwa 800 Mark herum“ bestanden, was „zwar noch nicht vielen, aber doch immerhin manchen Volksgenossen den Kauf eines Fernsehgerätes“ ermöglichen sollte.[454]) Daneben wurden auch Luxus-Apparate für ganz wenige “Volksgenossen“ ausgestellt. Und die Rundfunk-Fachpresse sah von den materiell-technischen Grundlagen der Fernsehentwicklung her anscheinend keinerlei Veranlassungen, der Nazi-Führung zu mißtrauen: „Zunächst gibt die Reichspost den Verkauf von Fernsehempfängern an jedermann etwa im Oktober dieses Jahres frei.“[455])

Unter der Losung “Freude und Miterleben“[456]) stand die 16. Rundfunkausstellung vom 28. 7. bis 6. 8. 1939 in Berlin, deren Hauptattraktion sicherlich das Fernsehen war, das täglich von 10 bis 20 Uhr sendete. Auch wurde nun ein in Gemeinschaftsarbeit von Fernsehindustrie und Reichspost entwickelter Fernseh-Volksempfänger vorgestellt, der „in einer Serie von 10 000 Stück erscheinen“[457]) und „etwa in einigen Monaten zu einem Preis von 650.- RM zum Verkauf gebracht werden“[458]) soll.

Der Fernseh-Volksempfänger 1939: „Das hübsche in Lautsprecherfeld und Bildfeld aufgeteilte Gehäuse ist mit 37 cm Höhe, 65 cm Breite und 38 cm Tiefe kleiner wie (!) mancher normale Rundfunkempfänger. Die Fernsehröhre liefert ein 20 mal 23 cm großes Bild, dessen günstigste Betrachtungsentfernung von etwa 1,7 bis 2 m sich durchaus der Eigenart des Heimempfängers anpaßt.“[460])

Endlich schien es soweit zu sein: Anläßlich der Rundfunkausstellung wurde die allgemeine Freigabe des privaten Fernsehempfangs bekannt gegeben[461]). Die Laufbahn einer neuen Kommunikationstechnik zum Massenmedium konnte beginnen. Und der Reichspropagandaminister wiederholte in seiner Eröffnungsansprache noch einmal, wie sich das Rundfunkprogramm des deutschen Faschismus anhören - und nunmehr auch ansehen - sollte: „Besonders angesichts des Ernstes der Zeit, die wir augenblicklich durchleben, hat der Rundfunk ganz bestimmte Aufgaben zu erfüllen. Es geht nicht so sehr darum, ein schweres und ernstes Programm, das am Ende nur ein Bruchteil des Volkes erfassen kann, zu senden, sondern vielmehr darum, den breiten Millionenmassen unseres Volkes in ihrem schweren Daseinskampf soviel wie möglich Entspannung, Unterhaltung, Erhebung und Erbauung zu vermitteln.[462])

Hitlers Angst, daß noch “irgendein Schweinehund“ vermittelt

Aber sicherlich wußten die breiten Millionenmassen über den “Ernst der Zeit“ im Sommer 1939 nicht dasselbe wie die Nazi-Führung.

Befehl des Oberkommandos der Wehrmacht (OKW) vom 3. 4. 1939 über den “Fall Weiss“, d. h. deutsche Invasion Polens: „Zum 'Fall Weiss' hat der Führer noch folgendes angeordnet: 1. Die Bearbeitung hat so zu erfolgen, daß die Durchführung ab 1. September 1939 jederzeit möglich ist. 2. Das OKW ist beauftragt, eine genaue Zeittafel für den 'Fall Weiss' aufzustellen und die zeitliche Übereinstimmung zwischen den drei Wehrmachtsteilen durch Besprechungen zu klären."[463]) Und aus dem Bericht über eine Besprechung Hitlers mit den Führern des Militärs vom 23. 5. 1939: „Weitere Erfolge können ohne Blutvergießen nicht mehr errungen werden. .. Es handelt sich für uns um die Erweiterung des Lebensraums im Osten und Sicherstellung der Ernährung. .. Zwingt uns das Schicksal zur Auseinandersetzung mit dem Westen, ist es gut, einen größeren Ostraum zu besitzen. .. Es entfällt also die Frage, Polen zu schonen, und bleibt der Entschluß, bei erster passender Gelegenheit Polen anzugreifen. .. Grundsatz: .. ist nur dann von Erfolg, wenn der Westen aus dem Spiel bleibt."[464]) Am 2. 8. 1939, noch während der Rundfunkausstellung, bezeichnete die Presse von Partei, Staat und Rundfunkführung das Fernsehen als „im Zustand des Experimentierens befindlich", von dem noch nicht „grundsätzlich Neues ausgehen könnte."[465]) Zwar gab es im Sommer 1939 nur rund 200 Geräte für einen privaten Empfang des Fernsehens.[466]) Aber nach der publizistischen Begeisterung um die Freigabe dieses Mediums für die allgemeine Teilnahme erscheint solche Herunterspielung, in die sicherlich weder Fernseh-Industrielle noch -Macher eingestimmt hätten, doch recht absonderlich.

Am 22. 8. 1939 erklärte Hitler vor den Oberbefehlshabern der Wehrmacht: „Nun ist Polen in der Lage, in der ich es haben wollte. .. Ich habe nur Angst, daß mir im letzten Moment irgendein Schweinehund einen Vermittlungsplan vorlegt."[467]) Bemühungen seitens der Sowjetunion um eine internationale Zusammenarbeit zur Abwehr des drohenden Überfalls Nazi-Deutschlands auf Polen wurden durch eine Beschwichtigungs- und Verzögerungstaktik der Regierungen Frankreichs und Englands, die offensichtlich nicht den "Schweinehund" spielen wollten und einer antifaschististischen Allianz eine antisowjetische Konspiration vorzogen, mit Erfolg unterlaufen.[468]) Am 23. 8. schloß die Sowjetunion mit Deutschland einen Nichtangriffsvertrag ab, nicht als Ursache eines Abbruchs der Militärverhandlungen mit den Regierungen in Frankreich und England, sondern als deren Folge.[469]) Sicherlich ließ sich dieser Vertrag durch die Nazi-Führung, die ja dem Namen nach noch eine "Arbeiterpartei" repräsentieren sollte, propagandistisch gegenüber der deutschen Arbeiterschaft - die Arbeiterbewegung war ja zerschlagen, unterdrückt, in die Illegalität und ins Exil getrieben - verwerten. Viele waren damals wahrscheinlich nicht in der Lage, die Hinterhältigkeit, mit der die Nazis diesem Vertrag zustimmten, so zu durchschauen, wie sie spätestens am 22. 6. 1941 für jedermann einsehbar werden mußte, am Tage des Überfalls auf die Sowjetunion. Der Fernsehspielleiter, der damals aus Gründen der Rekonvaleszenz in einem kleinen Ort im Nordosten Deutschlands war, Arnolt Bronnen, damals zumindest noch ein Pro-Kontra-Nazi: „Das wäre die Rettung. Im Nu war der ganze Ort beflaggt wie wohl noch nie. Unbeschreiblich war die Freude dieser Menschen, Handwerker, Fischer und Bauern, welche dunkel fühlten, daß nur der Friede ihnen die bedrohte Heimat erhalten konnte. Darum tobte wohl auch der Kreisleiter, als er von der Beflaggung erfuhr, und drohte jedem mit dem KZ, der nicht sogleich die Fahnen - die er, vielleicht nicht ganz zu Unrecht, als ein Bekenntnis zur Freundschaft mit der Sowjetunion, wenn nicht gar zum Bolschewismus, auffaßte - einziehen würde... Hitler hatte den Krieg, der für den 26. August geplant gewesen war, noch einmal verschoben. Vielleicht für immer verschoben."[470])

Überfall auf einen Sender

Am 24. 8. 1939 wurde der Fernsehsender in Berlin auf Anordnung des Oberkommandos der faschistischen Wehrmacht stillgelegt[471]), rund einen Monat nach der Freigabe eines allgemeinen individuellen Fernsehempfangs in Deutschland, rund eine Woche vor dem Überfall der Nazis auf Polen.

„Hören Sie zu, Naujocks! Der Führer, der Reichsführer SS und Gruppenführer Heydrich haben beschlossen, Sie mit einer großen Aufgabe zu betrauen. Mit der Durchführung bin ich als Leiter der Geheimen Staatspolizei beauftragt. Es ist der unumstößliche Entschluß der obersten Führung, die polnische Frage militärisch zu lösen. Es wird sich als notwendig erweisen, der Weltöffentlichkeit für die direkte Auslösung des Krieges einen Anlaß anzubieten. In der Nacht vor Kriegsbeginn werden die Polen einen deutschen Rundfunksender überfallen: Gleiwitz. Zum Beweis dessen wird ein Toter am Eingang des Senders gefunden werden, den man als polnischen Freischärler identifizieren wird. .. Die Sache in Gleiwitz läuft? - Jawohl, Herr Oberführer. - Leute da? - Jawohl. - Sender angesehen? - Jawohl. - Schön. Und nun zum Detail. Es geht bei der Sache mit dem Sender nicht um einen Anschlag an sich. Man hat den Vorteil, gehört zu werden, von vielen Leuten. Diese Gelegenheit werden Sie wahrnehmen und werden einen Aufruf zur Verlesung bringen. (Pausezeichen-Signet 'Deutschland, Deutschland über alles') Wir wollen hier entlang gehen. Ich denke mir die Sache so: Da Sie doch polnisch sprechende Leute haben - einen suchen Sie aus und beauftragen ihn mit der Abfassung des besagten Aufrufs. In diesem Aufruf müßte das Reich aufs gemeinste geschmäht werden. Es müßte darin heißen, daß jetzt die Stunde der Abrechnung mit uns Deutschen gekommen ist und jetzt die polnischen Waffen das Wort haben. Oder so ähnlich. Der Mann, der das verliest, müßte sehr aufgeregt sein. Natürlich müßte ein Teil des Aufrufs in deutscher Sprache verlesen werden, er soll ja hier verstanden werden, natürlich in einem schlechten Deutsch. Und vergessen Sie nicht, während des Verlesens immer Lärm machen. Haben Sie sich das alles gemerkt? Ich verlasse mich da völlig auf Sie, Naujocks. - Jawohl, Herr Oberführer. - Gut. - Oberführer, Sie sprachen in Berlin von einem Toten. Sind da schon genauere Entscheidungen getroffen worden, wen das betreffen soll? - Ja, und zwar folgendes: Ich werde Ihnen .. einen Mann anliefern. Ich habe da für ein paar ähnliche Aktionen einige Häftlinge aus Buchenwald , Sachsenhausen und Dachau kommen lassen. Dieser Mann wird Ihnen kurz vorher übergeben. Obergruppenführer Heydrich wird Sie persönlich von Berlin aus anrufen, wenn es soweit sein wird. Er wird Ihnen im Verlauf dieses Gesprächs sagen, merken Sie sich diese Worte: Fordern Sie die Konserven bei Müller an und machen Sie sie dann und dann auf. Ihr Stichwort ist also 'Konserven'. - Jawohl, Herr Oberführer, verstanden! - Sie rufen mich an, und ich liefere Ihnen den Mann. Er wird bewußtlos sein. Dieser Mann wird dann erschossen aufgefunden werden, vor dem Sender.[472])

Hier also wurde das massenmedial in die Tat umgesetzt, was in der Besprechung zwischen Hitler und seiner Generalität schon am 22. 4. 1938 für den "Fall Grün", d.h. Angriff auf die CSR vorgeschlagen worden war: „Blitzartiges Handeln auf Grund eines Zwischenfalls (z.B.Ermordung..)[473]), der von den Nazis selbst herbeizuführen war. Man rechnete mit dem Propaganda-Effekt, den eine mitten in die beschauliche Musik zum Feierabend hinein gesendete Tirade vorgetäuschter polnischer Aufständischer gegen Deutschland haben sollte.

Am 19. 11. 1945 gab Alfred Naujocks „freiwillig und ohne jeden Zwang" vor dem Internationalen Militärgerichtshof in Nürnberg zu dem von ihm geleiteten Überfall eine eidesstattliche Erklärung ab: „Müller sagte, er hätte ungefähr zwölf oder dreizehn verurteilte Verbrecher, denen polnische Uniformen angezogen werden sollten, um zu zeigen, daß sie im Laufe der Anschläge getötet worden seien. Für diesen Zweck war für sie eine tödliche Einspritzung vorgesehen ..; dann sollten ihnen auch Schußwunden zugefügt werden. Nachdem der Anschlag beendet war, sollten Mitglieder der Presse und andere Leute auf den Schauplatz geführt werden."[474]) Über den Leiter dieser Rundfunk-Aktion, die den Nazis den Vorwand für die Auslösung des 2. Weltkrieges verschaffte, schrieb 1964 die westdeutsche Illustrierte 'Quick': „Er lebt unauffällig in Hamburg, ist weder reich noch arm, noch schuldbedrückt - einer unter Millionen Deutschen. Sein Name: Alfred Naujocks. Beruf: Kaufmann. Er könnte noch hinzusetzen: Nicht vorbestraft."[475])

"Gemeingut des Volkes"?

„Seit 5 Uhr 45 wird jetzt zurückgeschossen!"[476]) Als Hitler dies nun am 1. 9. 1939 unter Beifall vor dem deutschen Reichstag ausrufen konnte, war die kurzlebige Freigabe allgemeinen Fernsehempfangs schon lange wieder zurückgenommen worden. Noch im August machte die Presse für Technik und Kultur des Fernsehens und Tonfilms auf das inzwischen Berlin, Leipzig, München, Nürnberg und Hamburg sowie "in Kürze" Frankfurt/Main, Wien und andere Städte umfassende Fernseh-Kabelnetz aufmerksam, über das reichsweit ein einheitliches Fernsehprogramm für den Heimempfang gesendet werden sollte.[477]) Aber wohl in Befolgung des Aktenvermerks im Reichspostministerium zum Kriegsfernsehen vom 29. 4. 1938[478]) wurden im September 1939 die diesem Kabelnetz angeschlossenen Fernsehsprechstellen der Öffentlichkeit entzogen[479]), wurden die Fernseh-Kabelanlagen endgültig für „wehrwichtige Belange"[480]) reserviert: dies sicherlich inoffiziell, nachdem zuvor offiziell diese Fernsehsprechstellen für "veraltet"[481]) erklärt worden waren.

Und was fürderhin mit dem Fernsehen als potentiellem Massenkommunikationsmittel, dem Vorbereitung und Auslösung des Aggressionskriegs durch den deutschen Faschismus die Perspektive genommen hatten, sich abspielen sollte, wurde im November 1939 im Auftrag des Reichspostministeriums bekanntgegeben, diesmal allerdings weniger akten-exakt als - für die breitere Öffentlichkeit - schicksalhaft verklärt: „Inzwischen hat sich die eiserne Klammer kriegerischer Ereignisse um das deutsche Volk gelegt. Forschung und Fortschritt in Wissenschaft und Technik pflegen solchen Ereignissen nicht zur erliegen, sondern sie mit dem Triumph deutscher Schaffenskraft zu erfüllen! Mag sich die Ausbreitung des Fernsehrundfunks dadurch zunächst auch verzögern, so handelt es sich doch immerhin nur um eine noch nicht lebensnotwendige Bereicherung des Hörrundfunks, um eine Ergänzung, die wegen der höheren Anschaffungskosten nicht sehr bald Gemeingut des Volkes werden kann.“[482])

1939 bis 1949 diente das Fernsehen des deutschen Faschismus als Exklusivmedium hauptsächlich und gezielt der ideologischen Heilung bei den Kriegsverwundeten sowie der ideologischen Vorbeugung bei den Rüstungsarbeitern. Deutsches Fernsehen im Kriegsdienst für Angriffswaffen und Nachrichtenübermittlung einerseits[483]), anderserseits:

Verwundete sehen fern[484])

IV.
Vom Gemeinschaftsempfang zum Volksfernseher: Sieht ganz Deutschland den Führer?

[1])

Mit der 16. Grossen Deutschen Rundfunk- und Fernseh-Rundfunk-Ausstellung vom 28. 7. bis 6. 8. 1939 in Berlin waren die materiell-technischen Voraussetzungen für eine allgemeine Freigabe des Mediums zu privatem Heimempfang weitestgehend geschaffen: auf der Produktions- und Senderseite sowie auf der Empfangsseite.

Sehr fortschrittlich, rein technisch

Neben den elektronischen Kameras gab es für die dem neuen Medium originären, gewissermaßen fernsehgenuinen audiovisuellen Live-Produktionen Bildmischungs- und Mischkontrollanlagen, über die direkt Aufnahmen der verschiedenen Kameras zu einer Sendung aneinander geschnitten oder ineinander übergeblendet werden konnten: Anlagen, die in ihrer Grundkonzeption bereits der Ausrüstung eines heutigen Ton- und Bildregieraumes im Fernseh-Funkhaus oder -Übertragungswagen entsprachen.

2)

3)

Ton- und Bildregie-Zentrale 1939 und 1969

Zwar war die Leistungskapazität der UKW-Sendeanlagen zunächst auf Berlin und Umgebung begrenzt, aber weitere Stationen auf dem Brocken und Feldberg waren in Errichtung begriffen: „Ersterer wird schon in absehbarer Zeit Probesendungen aufnehmen; wenn er Ende 1939 fertig ist, wird er eine Reichweite von etwa 100 Kilometern haben, während es der Feldberg-Fernsehsender auf etwa 80 Kilometer bringen wird; allerdings dauert seine Fertigstellung noch einige Zeit." [4]) Neben den Übertragungswagen stand für die Belieferung der Sendezentrale mit Aufnahmen innerhalb Berlins ein Kabelnetz zur Verfügung, dem wichtig erscheinende Orte (z. B. Olympiastadion) angeschlossen waren. Ausserdem ließen die Nazis seit Jahren ein Breitbandkabelnetz verlegen, das von Berlin aus Leipzig, München, Nürnberg, Hamburg, den Sender auf dem Brocken umfasste und demnächst nach Frankfurt/Main, Wien und anderen Städten ausgeweitet werden sollte. [5])

Was für die Programm-Illustrierten eine Tänzerin des Fernseh-Balletts verdeckt vorzeigte, wurde auf der Rundfunkausstellung 1939 erstmals der Öffentlickeit präsentiert: ein Fernseh-Einheitsempfänger, an dessen Serienproduktion in Absprache mit dem Reichspostministerium die Firmen der Funkindustrie (Blaupunkt-Werke GmbH für die Fernseh-AG, Radio AG Loewe, Lorenz AG, TeKaDe, Telefunken GmbH) gemeinsam beteiligt waren. [9]) Dies, so ließen die Firmen jedenfalls mitteilen, „oft unter Hintansetzung der eigenen Interessen", so daß für 650 Mark ein Heimempfänger auf den Markt gebracht werden sollte. [10]) „Bild und Tonteil können separat eingeschaltet werden. Das ist sehr wichtig, da man beabsichtigt, ganztägig Programme des Deutschlandsenders oder des Reichssenders Berlin über den UKW-Sender zu geben. Man kann also den Fernsehempfänger auch dann einschalten, wenn kein Bild gesendet wird." [11]) Inwieweit die Mitteilung über eine Hintansetzung einzelner Firmen-Interessen bei dieser ersten deutschen Fernsehempfänger-Serienproduktion zutrifft, läßt sich vermutlich schwer nachprüfen. Unschwer allerdings läßt sich wohl festhal-

6)

7)

8)

ten, daß mit der beabsichtigten Zulassung eines allgemeinen Privatempfangs für die Kapitalfraktion der Elektroindustrie insgesamt dieser lange geforderte Verwertungsbereich nunmehr erschließbar werden sollte, wenn auch möglicherweise der Verkaufspreis des einzelnen Gerätes aus er Sicht des Unternehmers sehr knapp kalkuliert gewesen sein mag: sollte doch die Freigabe des Fernsehens als Massenmedium auch zum Massenabsatz führen.

Kommt die Goebbels-Glotze?

Vereinfachung und Vereinheitlichung der Gerätekonstruktion, dadurch Verbilligung, auch Vereinfachung der Empfängerbedienung - darin steckten Voraussetzungen für solche Kalkulationen und Spekulationen. Spekulationen? Die Auslösung des 2. Weltkrieges durch den Faschismus mit dem Überfall auf Polen jedenfalls mußte zwangsläufig einer tatsächlich massenmedialen Weiterentwicklung des Fernsehens zuwiderlaufen: entsprechende Anordnungen durch das Oberkommando der Wehrmacht und Verklärungen aus dem Reichspostministerium [12]) lassen dies erkennen. Und anhand der Programm-Presse von damals läßt sich auch das Inkrafttreten der Stillegungs-Anordnung für den Fernsehsender Berlin vom 24. 8. 1939 [13]) verifizieren: Die Rundfunk-Illustrierte 'Die Sendung' enthielt in ihrer zu Sonntag, dem 3. 9. 1939 erschienen Nummer 36 (bis einschließlich Sonnabend, 11. 11. 1939) keine Programm-Ausdrucke für den Berliner Fernsehsender mehr. [14])

Doch noch einmal zurück zur letzten Rundfunk- und Fernsehausstellung vor dem Krieg: „Besonders überraschte einen aber etwas, was in keinem Programm stand. Beim Betrachten eines Bildes auf dem vor uns befindlichen Fernsehschirm eines Empfängers wanderte der Blick seitwärts, auf die Bildschirme der weiter entfernt stehenden Geräte, und siehe da: Dort war das Bild fast genau so schön zu sehen. Das riss den Betrachter aus einem andachtsvollen Zuschauen; denn noch vor Jahresfrist konnte man nicht behaupten, daß ein so von der Seite angesehener Bildschirm ein Bild zeigte, das man als auch nur brauchbar angesprochen hätte. Eine Kleinigkeit - unwichtig?! Nein!!! Denn beim Empfang im Heim wird man ja auch nicht alle Zuschauer genau vor den Bildschirm hinbauen können, einige werden seitlich davon sitzen müssen, und da ist es von ausschlaggebender Bedeutung, daß sie das Bild genau so gut sehen können, wie jemand der sich direkt davor befindet."[15]) Wie Recht der Berichterstatter mit seinem Hinweis auf diese Verbesserung am 20 mal 23 Zentimeter großen Bildschirm behalten sollte, wird die weitere Entwicklung der Fernseh-Rezeptionsverhältnisse während des Krieges ersehen lassen. Fehlgeschlossen dagegen hatte der Berichterstatter einer anderen Rundfunk-Illustrierten mit einer 3-V-Beschwörung: „Zum Volksempfänger und zum Volkswagen tritt nun auch der Volksfernseher als neuestes Ergebnis einer einheitlichen und zielbewußten Führung." [16]) Denn der Aggressionskrieg dieser Führung verunmöglichte alsbald den individuellen Heimempfang des Fernsehens für die Masse der deutschen Bevölkerung.

Wie man 1939 in die Röhre sieht

Statt solcher Rezeptions-Intimität fand mehr und mehr die Darstellung eines Gemeinschaftsempfangs Verbreitung: Empfang in Gruppen, Sippen, allerdings andächtig um den Volksempfänger und unter dem Hitler-Porträt. Zwar galt 1939 diese Darstellung eines Gemeinschaftsempfangs zunächst dem Hörfunk - aufgrund seiner weitestgehenden massenmedialen Entwickeltheit sicherlich.

„Der Führer spricht!" - Manch einer hört ihn nicht [21])

17)

18)

„Der Führer spricht!." sollte das Losungswort für diesen Gemeinschaftsempfang wohl werden, dessen Medium dabei von Wissenschaft und Technik entrückt, auf übernatürliche, übermenschliche Kräfte des "Wieheißterdochgleich"[19]) verrückt wurde: „Adolf Hitler hat die Weltgeschichte hörbar gemacht! .. Adolf Hitler hat die Tat hörbar gemacht! ..- Adolf Hitler hat die Wahrheit hörbar gemacht! .. 'Der Führer spricht ...' Die Technik ist diesem Willen untertan. Es wäre lächerlich, dieses Ereignis ursächlich dem technischen Rüstzeug der Zeit zuzuschieben. .. Er hat ja überhaupt erst bewiesen, wie das Genie sich solche Mittel unterwirft. Der Rundfunk ist von Adolf Hitler erst entdeckt worden!"[20])

Jenes im Auftrag des Reichsintendanten des deutschen Rundfunks angefertigte Bild[21]) läßt die von den Nazis erwünschte Rezeptionssituation zwar nur für den Hörfunk ersehen. Doch der anläßlich der Funkausstellung 1939 vorgefundene Fakt einer Verbesserung des Fernsehbildes, das nunmehr auch aus seitlicher Position, d. h. von mehreren Zuschauern zugleich in ausreichender Qualität zu sehen war, sollte sich tatsächlich als nicht nebensächlich herausstellen. Fernsehen als Gemeinschaftsempfang blieb und wurde erst recht die hauptsächliche Rezeptionssituation im Krieg:

[22])

ob in einem Heim der Hitler-Jugend - „Pimpfe sehen fern" - oder in anderen Nazi-Verbänden, schließlich in Lazaretten und nach wie vor unentgeltlich in den öffentlichen Fernsehstuben Berlins und der näheren Umgebung. 12 davon gab es 1939 vor dem Krieg, in denen je für 30 bis 40 Zuschauer ein Empfangsgerät aufgestellt war[23]): Leipziger Straße 13 (Mitte), Geisbergstraße 7 (Schöneberg/Wilmersdorf), Berliner Straße 62 (Wilmersdorf), Masurenallee 8 - 14 (Charlottenburg), Artilleriestraße 10 (Mitte, heute Tucholskystraße), Hauptstraße 27 (Schöneberg), Braunauerstraße 62 (Neukölln, heute Sonnenallee), Richardstraße 119 (Neukölln), Bergstraße 1 (Steglitz), Dottistraße 12 (Lichtenberg), Wollankstraße 134 (Pankow), Am Kanal 16

(Potsdam).[24]) Ende 1939 gabe es zwar nur noch 4 öffentliche Fernsehstuben, dafür aber in der Leipziger Straße 15 (Mitte) eine als „Großbildstelle für 300 Personen", wo heute das Postmuseum der DDR in Berlin steht,[25]) die weiteren Ecke Bellevuestraße/Potsdamer Platz (Tiergarten/Mitte), Friedrichstraße 110 - 112 (Mitte) und Hardenbergstraße/Kantstraße (Charlottenburg), wo heute ein Sex-Shop- und Peep-Show-Center ist.[26]) Anfang 1940 wurde die Empfangslokalität in der Leipziger Straße als „Großbildstelle für 120 Personen" angegeben; dazu kam wieder das Postamt in der Geisbergstraße, neu eine Großbildempfangsanlage Ecke Turmstraße/Lübecker Straße (Tiergarten).[27]) Dazu wurden im Frühjahr 1940 auch wieder die Fernsehstellen in der Masurenallee, Bergstraße, Hauptstraße, Berliner Straße und Wollankstraße in Betrieb genommen, während der Empfang Ecke Bellevuestraße/Potsdamer Platz eingestellt wurde.[28]) Und im Herbst 1940, ein Jahr nach Auslösung des 2. Weltkrieges durch den deutschen Faschismus, kamen wieder hinzu die Fernsehstellen in der Dottistraße, in der Braunauerstraße und im Hauptpostamt Neukölln sowie eine neue in der Gerichtsstraße 50 - 51 (Wedding).[29]) In Berlin und der näheren Umgebung also 14 Fernsehstellen insgesamt, die allem Anschein nach nicht ausschließlich auf eine einzelne Bevölkerungsschicht hin zielgruppengerichtet waren. Konnte man doch sowohl in solch einem repräsentativen Geschäfts- und Vergnügungsviertel wie Friedrichstraße, Bellevuestraße/-Potsdamer Platz und Leipziger Straße (daselbst in einer Großbildstelle für 300, bzw. 120 Personen), in den Mittelstandsgegenden wie Geisbergstraße, Berliner Straße, Bergstraße oder Wollankstraße als auch in Arbeitervierteln wie Lichtenberg, Neukölln, Wedding und in der Großbildanlage in der Turmstraße öffentlich das Fernsehprogramm des Berliner Senders empfangen.[30]) Welche Besucher im einzelnen damals sich dieses Fernsehprogramm ansahen, aus welcher Bevölkerungsschicht sie kamen, ob z. B. die Empfangsstelle in der Hauptstraße, einer Geschäftsstraße, abends von den Geschäftsinhabern, Kunden, den Verkäuferinnen oder Arbeitern aus dem möglichen Einzugsgebiet der Nebenstraßen aufgesucht wurde, läßt sich aus heutiger Sicht wohl nur sehr schwer recherchieren.[31])

Unterhaltungs- und Propaganda-Fernsehen vor dem Krieg

Was sich anschaulicher rekonstruieren läßt ist das, was diese Besucher damals zu sehen bekamen: das Fernsehprogramm (mitunter auch einzelne Sendungen), wie es zu Anfang des Jahres 1939 strukturiert war, inwieweit seine Tendenzen, Intentionen sich durch den Krieg änderten.

Von Jahresanfang bis zur Rundfunk- und Fernsehausstellung 1939 (28. 7. - 6. 8.) wurde in der Zeit von 20.00 bis 22.00, bzw. 22.20 Uhr gesendet, zunächst als "unmittelbare" Sendung ein 'Zeitdienst' von 15 oder 30 Minuten, dann als Filmsendung ein 'Aktueller Bildbericht' von 30 oder 15 Minuten, dazwischen nach und nach verschiedene Fernsehdienste, die noch anzumerken sind. Ab 3. 7. 1939 war dieser Informations- und Servicekomplex 60 bis 70 Minuten lang, bestand aus 'Leitwort', 'Nachrichten', 'Wetter', 'Zeitdienst', irgendeinem Fernsehdienst und dem 'Aktuellen Bildbericht' und wurde um 22.00 Uhr nochmals 20 Minuten gesendet.[32]) Unterteilt man das an diesen Informations- und Servicekomplex anschließende Abendprogramm in Sendungen der Direkt-Propaganda einerseits, der Unterhaltungs-Propaganda andererseits sowie solche schwer definierbarer, bzw. beidseitiger Tendenz, so ist für den erwähnten Zeitraum aus der damaligen Programmpresse nur eine einzige Sendung an Direkt-Propaganda auszumachen - mit doch weitgehender Sicherheit, so dürftig die Angaben des Programmhinweises auch sein mögen - : '21.10 Soldaten - Kameraden', 50 Minuten, ausgestrahlt am 7. 7., wiederholt am 14. 7. 1939. An Sendungen schwer definierbarer, bzw. beidseitiger Tendenz wurden in jenem Zeitraum 20 Beiträge ausgestrahlt:

> 'Kunstgewerbliches Grenzlandschaffen', 25 Minuten-Film, 7. 1.[33]),
> 'Schwingender Stahl - klingendes Holz', 15-Minuten-Film, 16. 1.,
> 'Ein Film entsteht im Fernsehsender', 60 Minuten „unmittelbare" Sendung, 18. 1.,
> 'Sommerliches Bergland', 18-Minuten-Film, und 'In der Rott', 14-Minuten-Film, 26. 1.,
> 'Festliche Musik', 75 Minuten "unmittelbare" Sendung, 30. 1.,
> 'Gymnastik gestern und heute', 65 Minuten "unmittelbare" Sendung, 31. 1.,
> 'Belauschte Natur - Wie entsteht ein Kulturfilm?', 15 Minuten "unmittelbare" Sendung, 3. 2.,
> 'Des Volkes Lied', 45 Minuten "unmittelbare" Sendung, 13. 2.,
> 'Reporter untereinander', 20 Minuten, 3. 4.,
> 'Mit dem Fernsehsender um die Erde - Eine Erdumkreisung in 80 Minuten', 22. 4.,
> 'Über Winterberge in Frühlingstäler', 30-Minuten-Film, 1. 5. (W 9. 5.),
> 'Jugend tanzt und musiziert' (u. a. Mädel aus dem Reichssportkurs des BdM und der Arbeitsgemeinschaft 'Glaube und Schönheit', HJ-Chor), 55 Minuten, 5. 6.,
> 'Sommerliches Bergland', 21-Minuten-Film, 19. 6.,
> 'Vom Postsparkassenbuch', 5 Minuten, und 'Heimat an der Havel', 50 Minuten, 11. 7.,
> 'Melodie der Völker', 50 Minuten, 24. 7.,
> 'Stadt und Land', 'Was Du im Museum nicht siehst', 'Handspinnen und Handweben', zusammen 50-Minuten-Filmsendung, 27. 7.

Versucht man, das damalige Fernsehprogramm in Sendezeit-Anteilen zu ermitteln, so kommt man zu folgenden Durchschnittswerten:

	Gesamtprogramm	Informations- u. Servicekomplex		Hauptprogramm	
1. 1. - 24. 6. 1939	260 h (25 Wochen á 6 Tage á 2 h)	(45′ täglich = min.) (60′ täglich = max.)	97 h 30′ 130 h	(maximal) (minimal)	162 h 30′ 130 h
3. 7. - 27. 7. 1939	51 h 20′ (22 Tage á 140′	(60′ + 20′ täglich = min.) (70′ + 20′ täglich = max.)	29 h 20′ 33 h	(maximal) (minimal)	22 h 18 h 20′
Total	311 h 20′	(minimal) (maximal)	126 h 50′ 163 h	(maximal) (minimal)	184 h 30′ 148 h 20′

	Hauptprogramm 1. 1. - 27. 7. 1939	Unentschiedene Sendungen	Direkt-Propaganda	Unterhaltung
Maximal	184 h 30′	11 h 23′	50′	172 h 17′
Minimal	148 h 20′	11 h 23′	50′	136 h 07′

	Gesamtprogramm: Information + Service	Hauptprogramm	Hauptprogramm Unentschieden + Direkt-P.	Unterhaltung
Maximal	52,4 Prozent	59,2 Prozent	8 Prozent	93 Prozent
Minimal	40,8 Prozent	47,6 Prozent	7 Prozent	92 Prozent

[34]

Selbst wenn man die hier als unentschieden bezeichneten Sendungen zusammen mit der Direkt-Propaganda verrechnet, dominierte die Unterhaltungs-Propaganda das Hauptprogramm - als solches sind hier die im Anschluß an den allabendlichen Informations- und Servicekomplex ausgestrahlten Sendungen zusammengefaßt - des damaligen Fernsehens. Sicherlich könnte die eine oder andere der als unentschieden bezeichneten Sendungen auch weitgehend direkt-propagandistischer Tendenz zugedacht werden: Auftritte von Mädeln aus dem Reichssportkurs des BdM und der Arbeitsgemeinschaft 'Glaube und Schönheit' (in 'Jugend tanzt und musiziert', 5. 6.); was in 'Des Volkes Lied' (13. 2.) oder in einer 'Melodie der Völker' (24. 7.) an Völkischem, bzw. Volksfeindlichkeit oder Völkerhaß zum Ausdruck kam, läßt sich aus einfachen Titel-Ausdrucken kaum rekonstruieren; auch ob und was der UFA-"Kultur"-Film-Aufnahmeleiter Wolfram Junghans - er "hatte die seltene Gabe, Tiere aller Art, von der Ameise bis zum Affen, an die Grelle künstlicher Beleuchtung und die Geräusche der Kamera zu gewöhnen"[35] - in seiner 'Belauschten Natur' (3. 2.) direkt nazistisch propagierte, wurden doch unter dieser Leitung auch "staatspolitische" Filme hergestellt[36], läßt sich kaum ausmachen, wenngleich sein Gesprächspartner der damalige Fernseh-Profiplauderer Fritz Janecke[37] war.

Gedenktage

Aber wie sah das Programm zum sechsten Jahrestag des Machtantritts der Nazis aus?

Sonntag, 29. 1.: Funkstille
Montag, 30. 1.: 20.00h, Zeitdienst ("unmittelbare Sendung")

20.30h, Aktueller Bildbericht (Filmsendung)
20.45-22.00h, Festliche Musik ("unmittelbare" Sendung)
Dienstag, 31. 1.: 20.00h, Zeitdienst ("unmittelbare" Sendung)
20.15h, Gymnastik gestern und heute ("unmittelbare" Sendung)
20.40h, Aktueller Bildbericht (Filmsendung)
20.55-22.00h, Varieté für Instrumente ("unmittelbare" Sendung)

Vergleicht man dieses Programm mit der Gedenksendung zum Jahrestag im Vorjahr - Montag, 31. 1. 1938, 20.00-20.25h, 'SA marschiert', 20.25-22.55h, 'Triumph des Willens', Kurzfassung des 1934 gedrehten Reichsparteitagsfilms von Leni Riefenstahl, 21.00h, Wiederholung des Programms[38])-, so macht wohl 'Festliche Musik' oder 'Varieté' einen eher unterhaltend-verhaltenen Eindruck. Und wie war das mit dem "Tag der nationalen Arbeit"? Bereits kurz nach der Eröffnung des regelmäßigen Fernseh-Rundfunks 1935 wollte man Aufmärsche und Ansprachen zum 1. Mai aus dem Freien direkt übertragen, brach dann allerdings das Vorhaben wegen "schlechten Wetters" ab.[39]) Und nun der 1. Mai 1939 im deutschen Fernsehen:

20.00h, Zeitdienst
20.30h, Aktueller Bildbericht (Filmsendung)
20.40h, Wie schön blüht uns der Maien. Heitere Frühlingsweisen, getanzt, gesungen und gespielt (Carl de Vogt u. a.)[40])
21.30-22.00h, Über Winterberge in Frühlingstäler (Filmsendung).

Sicherlich, die Aktualitäten-Sendungen vor dem Hauptprogramm vermochten reichlich Gelegenheit für Direkt-Propaganda zu bieten, aber dieses selbst sieht sich am 1. Mai ebenso nach Feierabend von der Politik an, besinnlich-aufheiternd wie etwa das Hauptprogramm des Fernsehens am 20. 4. 1939, Hitlers Geburtstag - immerhin der 50.:

20.00h, Zeitdienst
20.20h, Rundfunkgymnastik - ferngesehen
20.30h, Akuteller Bildbericht (Filmsendung)
20.40-22.00h, Der Schauspieldirektor. Komische Oper von W. A. Mozart (Musikalische Leitung Rio Gebhardt, Spielleitung Leopold Hanisch).

Die Kriminalpolizei warnt, aber nicht vor Rumpfbeugen

Zwar wurde der das Fernsehprogramm eröffnende Informationskomplex im Laufe des Jahres erweitert um diverse Dienste, wie 'Die Kriminalpolizei warnt' (15 Minuten, ab 5. 6.), 'Interessantes aus aller Welt' (15 Minuten, ab 7. 7.), 'Das geht auch Dich an!' (5 Minuten, ab 18. 7.) oder ab 3. 7. 1939 allabendlich ein 'Leitwort': „Ob das Leitwort schon seine endgültige Form gefunden hat, ist ungewiß. Ein kurzer Spruch wird gesagt, ähnlich wie im Rundfunk, der dann durch einen Filmstreifen untermalt wird. Je nach dem Inhalt des Wortes blenden marschierende Formationen auf, oder ein wogendes Ährenfeld erscheint im Bilde usw."[41]) Daß Kurt Wagenführ, Hauptschriftleiter der Nazi-Prominenz[42]), zur Illustration dieses Fernseh-

46)

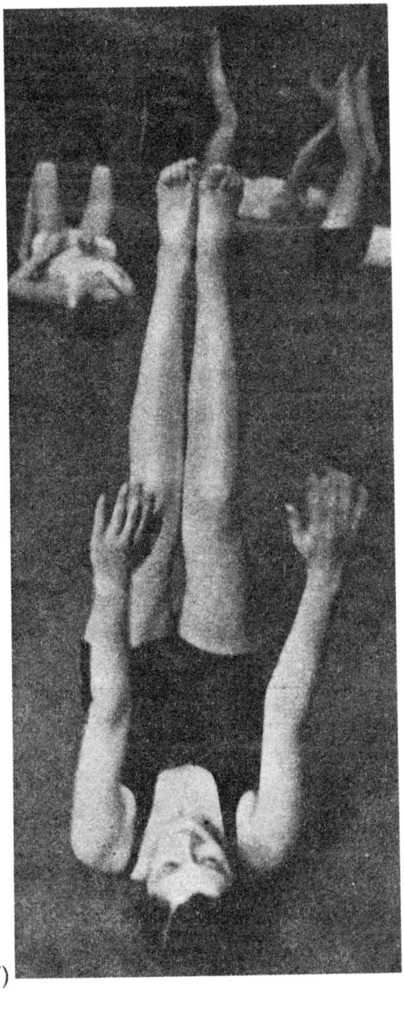

47)

48)

49)

'Leitworts' just Bilder der Bodenständigkeit und Kriegsbereitschaft einfielen, läßt zumindest vermuten, daß diese allabendliche Kurz-Sendung für Direkt-Propaganda Verwendung fand. Nämlicher Herr hielt am 21. 7. 1948 die einführenden Wort zu Hans Bredows (ehemaliger Reichsrundfunkkommissar) Vortrag über die Entwicklung des deutschen Rundfunks vor der Arbeitsgemeinschaft für Rundfunkkunde in Hamburg,[43]) wurde vom Deutschlandfunk als Mitglied der Historischen Kommission der ARD beauftragt und war ab 1953 Chefredakteur der westdeutschen Zeitschrift 'Fernsehen'.[44]) Auch wurden mehr und mehr Gymnastik- und Sport-Beiträge in das Fernsehprogramm aufgenommen. Ab 18. 2. 1939 lief jeden Sonnabend zwischen 'Zeitdienst' und 'Aktuellem Bildbericht' 10 Minuten 'Der Sport am Sonntag'; ab 3. 7. wurde allabendlich ein Sport-Beitrag in der Spätausgabe der Nachrichten-Sendung ausgestrahlt. Von der Rundfunkausstellung vom 28. 7. bis 6. 8. 1939 wurden täglich 50-100 Minuten an Sport-Beiträgen gesendet, stand doch diese Ausstellung nicht nur unter der Losung "Freude und Miterleben"[45]), sondern auch im Zeichen "Sport und Mikrofon"[46]). Ab 10. 3. lief einmal in der Woche zwischen 'Zeitdienst' und 'Aktuellem Bildbericht' 10 Minuten lang 'Rundfunkgymnastik - ferngesehen', ab 30. 5. wöchentlich einmal dazwischen 15 Minuten lang 'Körperschulung für die Frau'. Inwieweit eine solche Zunahme des Fernsehprogramms an Gymnastik- und Sportbeiträgen einfach einer Körperpflege galt, bzw. gezielt oder indirekt der Wehrertüchtigung in jener Zeit der Kriegsvorbereitungen der Nazis diente, läßt sich wohl kaum sicher bestimmen. Jedenfalls wurde nicht nur "Kerze - ferngesehen" gesendet, nicht nur eine Übung aus Rumpf- und Drehbeugen, sondern man ließ auch einen Höhen-Weltrekordflieger oder die Sieger eines Zielstrecken-Segelflugwettbewerbs der Nazis sich demonstrieren.

Kleine Tiere, große Tiere

Neben Flieger-Siegern holte man sich auch in den Fernsehsender, was für Deutschland reitet, einschließlich Pferd. Die Perfektion der Live-Aufnahme-Möglichkeiten von der Abtast-Dunkelzelle (2 ¼ Quadratmeter)[52]) bis hin zu der vollelektronischen Fernseh-Schaubühne (27 Quadratmeter)[53]) hatte entsprechende Auswirkungen auf die Produktionsdra-

50) 

Keine Wetterkarte von 1939

 51)
... reitet für Deutschland ins Fernsehstudio

maturgie des Nazi-Fernsehens. Tiere wurden ins Studio geladen, kleine und große: „Der Fernsehsender hatte vor kurzem Elefanten, Kamele, Zebras, Lamas, Affen und Papageien im Senderaum, ein Besuch, der immer Überraschungen bringen kann. Wenn zum Beispiel der Elefant mit seinem Rüssel einmal an die Kamera stoßen würde oder nach dem Mikrofon angelte. Er tat es nicht, er bedrängte nur den Sprecher recht hart, der Brot in seiner Hosentasche hatte; bisweilen fand der Rüssel schneller und sicherer den Weg zur besagten Tasche als die Hand des Sprechers, die ob der mächtigen Nachbarschaft ein wenig unsicher war." [54]) Ein Faultier bei Bernhard Grzimek - „20 Wissenschaftler bescheinigten ihm 1973, daß seine Tierbetrachtungen immer noch das Beste sind, was Deutschlands Fernsehzuschauern regelmäßig geboten wird" [55]) - oder Robert Lembkes langjähriger 'Was bin ich?'-Fox erscheinen dagegen wie Accessoires. Dominant allerdings waren damals die Großen der Unterhaltung, z. B. im Frühjahr 1939 immer wieder Lale Andersen, durch 'Lili Marleen' zu Berühmtheit gelangte Chansonsängerin, immer wieder live in 'Broadway - Boulevard - Tauentzien' (28. 1., 20.45-22.00h), 'Ländliches Lied' (23. 1. und 13. 3., 20.45-22.00h). 'Non-Stop ins Wochenende' (11. 2., 20.45-22.00h), 'Unter Sternen und Laternen' (1. 3. und 24. 3., 20.40-22.00), 'Parodie in Dur und Moll' (8. 3. und 18. 3., 20.40-21.40h), 'Weg ins Wunder - Sendung von Frühling und Fröhlichkeit' (21. 3. und 11. 4., 20.40 - 22.00h), 'Alter Bart im Frühlingswind' (8. 4., 20.40-21.30). Also eine sich verstärkende Tendenz zur Live-Show, -Revue oder -Soiree in der Produktionsdramaturgie des Nazi-Fernsehens, eine Tendenz, die bereits die Presseball-Übertragung oder die Ausstellungs-Unterhaltungsschau 'Endstation Berlin' von 1938 andeutete [56]). So kommt auch unter dem Aspekt der Fortentwicklung und Zunahme solcher Genres die Forcierung des nunmehr möglichen Durchbruchs des neuen Kommunikationsmittels als Massenmedium zum Ausdruck: die genuin kapitalistische Vermittlung ideologischer Gebrauchswerte einer den Besonderheiten der nazi-faschistischen Herrschaftsvariante unterworfenen escape-Unterhaltung sowie die Aufbereitung einer dazu dienlichen Ästhetik aus den dem Medium Fernsehen originären Kommunikationsmöglichkeiten. Zudem unterstützt werden mußte die Aufbereitung einer solchen Produktionsästhetik wohl durch die Hinführung des Mediums auf die im Interesse des Elektrokapitals - dies drängte seit Sommer 1938 verstärkt danach [57]) - und in der Vorstellung der Fernsehmacher - etwa zur gleichen Zeit mußten sie wohl von den materiell-technischen Voraussetzungen ihrer Arbeitsperspektive begeistert sein [58]) - nunmehr beinahe unumgängliche Freigabe des Fernsehens für einen (möglichst) allgemeinen Heimempfang; d. h. dekollektivierte, privatisierte Rezeption im Alltag in Verbindung mit Produktion von Alltagsflucht, Sehnsucht, Fern- und Heimweh, Traumerfüllung, Rausch - eine Verbindung, die auch noch im Layout der damaligen Programmpresse zum Vorschein kam:

Das 'Lili-Marleen'-Mädchen im Fernsehen

„Rüber zum Paul-Nipkow-Haus, aus dem die ersten Fernsehversuchssendungen ausgestrahlt werden. Das Parteiabzeichen des Intendan-

59)

Große Welt in kleiner Röhre: Das 'Lili Marleen'-Mädchen im Fernsehen, aber nicht für den privaten Gebrauch.

ten Hans Nierentz ist aus Gold und groß genug, die fehlenden seiner Mitarbeiter unwichtig zu machen. Er hat uns im 'K. d. K.' gesehen, ist liebenswürdig, bittet um Programmvorschläge. 'Wer sieht die denn?' Taschner ist vorsichtig, möchte keine Zeit für Unnützes vertun. 'Der Post- und einige andere Minister. Ein paar Geräte sind auch in Berliner Postämtern aufgestellt. Wir senden unregelmäßig. Meistens abends zwischen sieben und acht.' Die Minister genügen Taschner. Er geht sofort an die Arbeit. Minister sind wichtig. Minister können helfen. Minister bedeuten Macht. Können ihm Kasernenhof, Soldatenpritsche ersparen. Unsere ersten Sendungen heißen 'Nordisches Bilderbuch - Folklore aus Schweden, Norwegen und Friesland', 'Broadway, Boulevard, Tauentzien - Evergreens in drei Sprachen', 'Kleine Hafenorgel'. Ich rase von Probe zu Probe, von einem Kostüm ins andere. Kameraleute, Atelierarbeiter und die Begleitorchester, die Taschner selbst zusammenstellen darf, nennen das Fernsehstudio 'Taschners Festsäle'." 60) Taschner war Pianist, Bandleader, Manager von Lale Andersen, gebürtige Elisabeth, Carlotta, Helena, Eulalia Bunterberg 61): „Er war nicht Held genug, seiner Abscheu gegen Hitler und dessen blutige Diktatur den Kopf zu opfern, und nicht feige genug, kleiner Vorteile wegen der Partei beizutreten. Es war für mich kein Grund, ihn zu verachten. Millionen Männer dachten wie er." 62) Das 'K. d. K.' war das 'Kabarett der Komiker' in Berlin, für das sie anlässlich einer ihrer Tourneen 1938 von dessen Hausagent erworben wurde; dessen Direktor war Willi Schaeffers, selbst ein auch vom Fernsehen bekannter Unterhaltungskünstler [63]), der sie bis zum Frühjahr 1939 - dem Zeitraum, in welchem ihre häufigen Fernseh-Auftritte stattfanden - unter Vertrag nahm, nachdem sie nach mißerfolgtem Debüt am Schauspielhaus in Zürich wieder nach Deutschland zurückkehrte.

Eine Maulschelle für den Reichspropaganda-Ministerialdirektor

Die Einschätzung ihres Managers durch Lale Andersen könnte auch auf sie selbst zutreffen. Sie soll nicht einmal gewußt haben, wer Goebbels war, hielt ihn schlicht für "auch so ein Ansager" [64]). 1942 war sie mit der 'Berliner Künstlerfahrt' - zusammen mit Marika Rökk, Grete Weiser u. a. -zur Truppenbetreuung nach Polen unterwegs. Dazu eingeteilt wurde sie von Ministerialdirigent, später Ministerialdirektor Hans Hinkel, seit 1921 NSDAP-Mitglied, Leiter des Referats für Truppenbetreuung im Reichspropagandaministerium, Hauptgeschäftsführer der Reichskulturkammer, "Kulturwächter" der Nazis, Leiter der Abteilung für Kulturpersonalien im Ministerium von Goebbels, dadurch auch für Judendeportationen zuständig, Ende 1942 für das gesamte Unterhaltungsprogramm des deutschen Rundfunks verantwortlich. [65]) Dieser hohe Nazi begleitete auch selbst jene 'Berliner Künstlerfahrt'. Als er sie mit "Heil Hitler!" begrüßte, Lale Andersen: „Wie wär's, wenn Sie mir statt Herrn Hitlers Ihren Namen nennen würden?" [66]) Und später, als er besoffen zudringlich werden wollte, haute sie dem Ministerialdirektor halt eine runter. Sie war eine Frau, mußte sich produzieren, um sich reproduzieren zu können, mußte Geld verdienen, um ihre Kinder zu ernähren, war froh um Engagements, konnte sich - nach ihren Angaben - in der ganzen Zeit nur zweimal Garderobe gönnen: einmal 1946 in London, als die Eighth Army ein Heimkehrfest mit 'Lili Marleen' arrangierte, einmal 1942 in Rom, wohin sie sich nach ihrer Bekanntschaft mit dem Reichspropaganda-Ministerialdirektor verzog. [67])

Schon im Frühjahr 1941 erhielt sie ihren Tourneen-Marschbefehl: „Wegen des maritimen Charakters Ihrer Darbietungen haben wir Sie für einen Fronteinsatz bei der Kriegsmarine eingeplant." [68]) Am 6. 4. 1941 überfiel die Nazi-Wehrmacht ohne Kriegserklärung Jugoslawien, besetzte am 13. 4. die Hauptstadt Belgrad [69]), d. h. auch deren Rundfunksender war nunmehr in den Händen der Faschisten, die sich in Wien alte Platten verschafften, um für die Truppen ein deutschsprachiges Programm auszustrahlen, das bis nach Afrika empfangen werden konnte: darunter Lale Andersens 'Lili Marleen', das eine so grenzenlose Begeisterung auslöste, daß von allen Kriegsschauplätzen mit Gruß-Durchsagen an die Heimat verbundene Wünsche nach diesem Lied kamen, das man mit "la voix humaine" identifizierte. [70]) Noch im März 1942 konnte man diese menschliche Stimme in Berlin lebendigen Leibes öffentlich zu Gesicht bekommen, in einer groß aufgezogenen Show: „Die Dekoration für meinen 'Skala'-Auftritt war ein fünf Meter hohes und sieben Meter breites Rundfunkgerät. Der Skalenzeiger stand auf Belgrad, und während der Zapfenstreicheinleitung hatte ich im Rund des Lautsprechers zu erscheinen" [71]), was sich wohl

72)

ungefähr so ansah: Die Abbildung 72) zeigt zwar nicht Lale Andersen mit 'Lili Marleen', sondern Lizzi Waldmüller mit 'Ein Stern ist vom Himmel gefallen' in dem 1944 uraufgeführten Revuefilm 'Es lebe die Liebe', aber Präsentation und die Intentionen, eine weltweite Resonanz des von den Nazis betriebenen Massenmediums als Vergnügungs- und Abenteuer-Rundfunk selbst zum Hintergrund einer Show zu machen, sind sehr wahrscheinlich durchaus vergleichbar.

La voix humaine kontra Gestapo

Aber daß im Grunde genommen "la voix humaine" sich mit der Nazi-Propaganda schlecht verträgt, bzw. umgekehrt, versuchte schon bald

78)

„Unter der Laterne, vor der Reichskanzlei
hängen alle Bonzen,
der Führer hängt dabei.
Und alle Leute bleiben stehn,
sie wollen ihren Führer sehn!" –
Reichspropaganda-Ministerialdirektor:

79)

„Heil Hitler!"
Lale Andersen: „Wie wärs, wenn Sie mir statt Herrn Hitlers Ihren Namen nennen würden?"

darauf anläßlich der 'Berliner Künstlerfahrt' zur Truppenbetreuung nach Polen Grete Weiser - in ihrer Weise - zu klären: „Du weeßt ja, daß Goebbels' Stolz das 'Wunschkonzert' ist. Ist seine Erfindung und steht unter seinem Protektorat. Daß nun Belgrad diese Sendung an Beliebtheit mehr als überrundete, paßt Juppchen janich. Und auf dein Laternenlied, das muntere Krieger nachdenklich macht, anstatt sie zum Ballern zu animieren und in das verdächtigerweise auch alle beesen Feinde valiebt sind, auf das isser schon völlig sauer. . . . Wenn sich also politisch was jejen dich finden läßt, hat man im jleichen Oojenblick die Chance, den Sender ins Wackeln zu bringen. Denn Belgrad bedeutet 'Lili Marleen', und 'Lili Marleen' bedeutet Lale Andersen." [74])

Gestapo ließ sie im Herbst 1942 von Rom nach Berlin holen. Vielleicht war doch die dem Propaganda-Ministerialdirektor Hinkel verabreichte Maulschelle der Auslöser, seine gekränkte Männlichkeit, möglicherweise die in ihrem Pass selbständig von ihr ausgeführte Abänderung der Aufenthaltserlaubnis für Italien [75]) der Aufhänger. Jedenfalls wurde sie dem Hinkel-Stein zum Verhör vorgeführt: „Und dies, wissen Sie, welche Strafe auf Urkundenfälschung steht? Wir verfolgen ihr verbrecherisches Tun schon seit Monaten. Ihr defätistisches Gesäusel, mit dem sie die Kampfmoral der deutschen Soldaten zu untergraben versuchen. Ihre Kontakte zu Kommunisten und Juden in der Schweiz. Aber wir sind wachsam." [76]) KZ war nicht auszuschließen. Selbstmordversuch, Wiederbelebungsversuche, Krankenhaus, „und dann ein Gerücht, das sich in wenigen Tagen in Berlin herumsprach: BBC London habe durchgegeben, daß Lili Marleen von den Nazis in ein KZ gebracht und dort umgekommen sei. Statt des Senders Belgrad bringe nun der Soldatensender Calais jeden Abend ihre Stimme und ihr Lied. Triumphierendes Dementi von Goebbels: Eine weitere Lüge, wie alles, was vom BBC und dem Feindsender Calais kommt." [77]) Möglich, daß ein Freund die Meldung nach London zuspielte, jedenfalls war sie Lebensrettung. Am 15. 5. 1943 erteilte ihr nämlicher Hinkel durch offizielles Schreiben Auftrittsverbot im Rundfunk und vor Verbänden der NSDAP und ihrer Gliederungen. [80]) Doch ab Oktober 1943 unternahm sie wieder Tourneen durch Deutschland, 'Lili Marleen' allerdings blieb verboten, nicht ganz, dank einer Überlistung: „Wenn sich nach den vorgesehenen Dacapos in den Ruf nach 'Lili Marleen' leichter Groll über die Schwerhörigkeit der Sängerin mischte, hatte ich zu sagen: 'Ich habe dieses Lied so oft für Sie gesungen, wie schön wäre es, wenn Sie es heute einmal für mich singen würden. . . . Zapfenstreich-Einleitung, ich summte ein paar Anfangstakte, und der ganze Saal sang das Lied. Die Wirkung war so stark, daß ihr sogar ein abgebrühter Gestapo-Mann nicht entkam." [81]) Im Sommer 1944 ließ der Nazi-Sendeleiter der Rundfunkstation in Belgrad "aus Versehen" [82]) wieder 'Lili Marleen' ausstrahlen, da er die ununterbrochene Protest-Post satt hatte. Zur Zeit des Vorstosses der Alliierten lebte sie auf der Nordseeinsel Langeoog, Februar 1945 Auftritt bei British Forces Network in Hamburg, Januar 1946 Radio Hamburg, 'Lili Marleen' bei der Eighth Army in London - „Es hat Tausenden von Soldaten das Leben gerettet." [83])-, dann AFN München, über Lindau endlich der ersehnte Abstecher nach der Schweiz.

Unterhaltungskünstler zwischen Widerstand und Anpassung

Lale Andersen war keine Widerstandskämpferin. Die ihr vorgeworfenen Kontakte zu Juden in der Schweiz waren letztlich nur ihre große Liebe zu einem dort lebenden Musiker, Jude, von dem sie die Nazi-Herrschaft immer wieder zurückhielt. Kontakte zu Kommunisten: Widerstand? Sie konnte sich "nichts darunter vorstellen",[84]) als sie im Frühjahr 1942 ein Verbindungsmann zur Widerstandsgruppe um den parteilosen Schriftsteller Günther Weisenborn, d. h. im Endeffekt Schulze-Boysen/Harnack-Organisation, in der Antifaschisten unterschiedlichster sozialer Provenienz und politischer Perspektive kooperierten und der Sowjetunion wertvolle Informationen für den Kampf gegen die faschistische Aggression übermitteln konnten,[85]) direkt auf eine Mitarbeit im Widerstand hin ansprach. Günther Weisenborn (1902-1969), 1928 Verfasser des Antikriegstücks 'U-Boot S 4', Mitarbeit an Bert Brechts Drama 'Die Mutter', 1932 uraufgeführt, 1938 in der Illegalität die Schauspiele 'Die Illegalen' und 'Die guten Feinde', war von 1937 bis zu seiner Verhaftung im September 1942 für diese Widerstandsorganisation tätig.[86]) Für diese bat er Lale Andersen um Informationen aus Polen, über unterirdische Rüstungsbetriebe, KZ-Anlagen usw.; sie sollte sich um Tourneen bemühen und die Augen offenhalten: „Wir haben gute Kontakte in die Schweiz, und ich weiß, daß du sie brauchst. Wir werden dir helfen, unabhängig davon, ob du uns helfen kannst oder nicht. Es gibt Wehrmachtstourneen in den Osten."[87]) Dazu kam die 'Berliner Künstlerfahrt' nach Polen, der sie im April 1942 zugeteilt wurde, sehr gelegen. Das 'Lili Marleen'-Mädchen - für den Widerstand aktiv? Die Bitte jedenfalls wurde nicht abgeschlagen. Unterwegs dann wurden zwei alte polnische Juden, die versteckt zu ihrem sterbenskranken Sohn reisen wollten, von SS-Männern aus dem Zug geworfen. „Während der zwei Stunden bis Warschau sprach im dunklen Abteil niemand ein Wort." Mehr als das hatte sie allerdings in ihren 1972 erstmals veröffentlichten Erinnerungen dazu nicht zu sagen.[88]) Nach der Maulschelle für den Propaganda-Ministerialdirektor, die zum vorzeitigen Abbruch ihrer Tournee führte, nach ihrem Rückzug nach Italien blieb ihr keine Gelegenheit mehr, etwas im Sinne der Bitte von Günther Weisenborn zu tun, bzw. mit ihm in Kontakt zu treten; erst Anfang 1946, als sie bei Radio Hamburg Sendungen machte, erfuhr sie, daß er am Leben war, demnächst im Rundfunk aus seinem Buch 'Memorial' lesen sollte.[89])

Lale Andersen war keine Nazi-Aktivistin, kam unkompliziert und allem Anschein nach ohne Komplikationen über 1933 sowie über 1945. Mit 'Lili Marleen' hatte sie sicherlich nicht eine gezielte Wehrkraftzersetzung, nicht einen bewußt antinazistischen Wehmuts- oder Sehnsuchts-Defätismus im Sinn. Der Komponist ihres Schlagers, Norbert Schultze (auch 'Bomben auf Engelland'), soll nach 1945 in Westdeutschland als "Mitläufer" verurteilt worden sein, zu 3000 Mark "Sühnegeld".[90]) Sie offensichtlich nicht einmal als das. Daß sie in Konfrontation mit den Nazis geriet, war wohl vor allem die Folge äußerer Umstände, fast schon Zufälle, Folge des bekannten

Menschenverstandes: zwar politisch subjektiv desinteressiert, indifferent, mit Leib und Seele nur Künstler, der statt ein gesellschaftliches Engagement zu haben Engagements in den Medien für seinen Lebensunterhalt nachläuft, schließlich Frau, die Annäherungen nur von dem zuläßt, in dessen Nähe sie auch sein will, die sich wehrt, auch gegenüber Rang und Namen, Namen der Propagandaministeriums-Prominenz nicht gekannt haben soll, den "Wieheißterdochgleich" tatsächlich nur als "Schnauz"[91]).

„Gezwinkerter Widerstand"

Wie viele andere, die sich im Dienste der faschistischen Unterhaltungspropaganda ihr Leben verdienten, war sie von den Nazis angewidert, rein menschlich, d. h. ohne einen direkt politisch begründeten Bezug an Erkenntniskraft, -willen und -ziel. Menschlichkeit, Mitmenschlichkeit, individuell, auch kollegial, sicherlich Mitleid gegenüber allen Unterdrückten, Verfolgten, Ausgestoßenen, sprachlos[92]) gegenüber dem anscheinend, bald angeblich Unbegreiflichen. Doch reine Menschlichkeit blieb liegen auf der Strecke des Humanismus; dieser fordert allemal die Tat, in diesem Fall die des antifaschistischen Widerstands. Aber dieser blieb auch bei Lale Andersen allenfalls ein "gezwinkerter Widerstand"[93]), mit dem der ehemalige Fernseh-Sendespielleiter Arnolt Bronnen angesichts des Nazi-Überfalls auf die Sowjetunion am 22. 6. 1941 und der Berichte, daß Wehrmachtssoldaten sich die Bücher Leo Tolstojs gegriffen und „auf die offenen Seiten geschissen" hätten[94]), sich mehr und mehr in Opposition befand.

Zwar drohte für die Nazis durch objektive Bedingungen - Offensiven der Engländer in Afrika, nach eigenen Angaben in der Zeit vom 22. 6. 1941 bis 31. 3. 1942 allein an der deutsch-sowjetischen Front 1 107 830 Mann Verlust[95]) usw. - aus der Schultzen-Schnulze ein Soldaten-Verbrüderungssignal zu werden. Ein Spottlied jedenfalls soll nach dieser Melodie gesungen worden sein: „Unter der Laterne/vor der Reichskanzlei/hängen alle Bonzen,/der Führer hängt dabei./Und alle Leute bleiben stehn,/sie wollen ihren Führer sehn!"[96]) Aber das war nicht direkt ihre Absicht, nicht der Grund, 'Lili Marleen' zu singen. Sie sang aus den verständlichen Gründen der allerdings auch objektiven Bedingungen kapitalistischen Reproduktionszwangs. Damit blieb auch für den ideologischen Überbau eine Kontinuität ökonomischer Grundlagen über 1933 sowie über 1945 hinweg erhalten, von dem auch sie befangen war, von dem sie auch zehrte: relative Gleichgültigkeit, Eingewöhntheit, Überliefertheit, Selbstverständlichkeit bezüglich direkter (d. h. nicht direkt-propagandistische, sondern massenmediale) Ideologie-Produktion auch in faschistischen Herrschaftsvarianten des Monopolkapitalismus, die falsche Vorstellung oder auch nur das täuschende Gefühl, daß Leben unter dessen Produktionsverhältnissen zwar nicht einfach, aber natürlich - nazistisch allenfalls denaturiert - sei, ebenso wie die darin direkt produzierte Ideologie; bzw. diese wird erst gar nicht als solche angenommen, wahrgenommen, ebensowenig wie deren Produktionsverhältnisse als solche.

Darin steckt etwas an Ungeheuerlichkeit, sich in seiner Ideologieproduktion als Sänger, Schauspieler, Autor oder Regisseur in der Zeit des deutschen Faschismus so geheuer gefühlt zu haben wie vor dem Machtantritt der Nazis, unter Besatzung der Alliierten, im Kalten Krieg oder während der Großen Koalition.

Fahrt ins Blaue von 1939: Es wird alles wieder gut

Ihren Fernseh-Auftritt hatte 1939 auch die Schauspielerin und Diseuse Trude Hesterberg: 'Fahrt ins Blaue', Sonnabend, 10. 6. 1939, 21-22 Uhr, zusammen mit Paul Hörbiger u. a., bekannt durch Bühne, Kabarett, Varieté und durch Filmrollen - u. a. 'Ich will Dich Liebe lehren' 1933, 'Mein Herz ruft nach Dir', 'Die große Chance' 1934, 'Alles wegen dem Hund' 1935, 'Befehl ist Befehl' oder 'Mädchenräuber' 1936, 'Sein bester Freund' oder 'Der Unwiderstehliche' 1937, zumeist Schwänke Komödien, Verwechslungslustspiele usw., in denen sie auch nach 1945 - neben Rundfunktätigkeit bei NWDR, SDR und BR - fortwirkte, von 'Um eine Nasenlänge' 1949 bis weit über 'Es wird alles wieder gut' 1957 hinaus.[98]) Soweit bekannt, eine unter vielen Kontinuitäten auf dem Gebiet der Amüsier-Unterhaltung. Anderenteils "Trude Hesterberg, die sich die Vorstellung angesehen hatte, lud das Ensemble in ihren 'Groschenkeller' ein. Sie hatte diese alte Kutscherkneipe in der Kantstraße gepachtet und ein Künstlerlokal daraus gemacht. 'Wenn wir die Braunen wieder los sind und meine Freunde Bert Brecht, Lotte Lenja und Kurt Weill nach Berlin zurückkommen und den Namen 'Groschenkeller' hören, wissen sie gleich, wo sie hingehören', verkündete sie unbekümmert." Kam der Verdacht auf, daß Gestapo-Spitzel im Lokal steckten, soll sie zu singen angefangen haben: „'Das waren Lieder von Villon, Mehring und Kästner', flüsterte Trude, als sie an unseren Tisch zurückkam, 'Grund für die drei, wenn sie nicht so ungebildet wären, meinen Laden zu schließen und mich in Schutzhaft zu nehmen."[99]) Nicht schlecht gewagt, könnte man sagen. Auch "gezwinkerter Widerstand"?[100]) In der Tat unternahm sie gleichfalls nichts, um „die Braunen wieder los" zu werden und ihren Freunden wie Bert Brecht zu einer Rückkehr nach Deutschland zu verhelfen. Und in ihrer Waghalsigkeit, konnte sie da nicht mit der Vorstellung liebäugeln, daß es den Nazis möglicherweise doch noch einfallen würde, daß es den eigenen Interessen mehr nützte, einen Liebling des Publikums diesem nicht zu entziehen, daß sie ihnen singend und spielend mehr nützte als mundtot gemacht, spekulierend, daß ein übliches Schandmäulchen den Nazis keinen Widerstand entgegenbringen würde, sondern eher eine Referenz erweisen.

Nicht daß sie nach 1933 auf einmal direkt Nazi-Parolen aufgesagt oder abgesungen hätten, nicht daß sie von Bühne, Leinwand oder Bildschirm den Refrain „Wenn's Judenblut vom Messer spritzt, dann gehts noch mal so gut"[101])gebracht hätten, wäre den Nazis willkommen gewesen, hätte wahrscheinlich beim Publikum eher Verwunderung, Betroffenheit, vielleicht Verdacht ausgelöst, sondern vielmehr gerade durch die Üblichkeit, Herkömmlichkeit, Ungebrochenheit, bzw. noch Verstärkung in ihrer Ideologieproduktion unterstützten viele der Unterhaltungskünstler, die auch den Fernsehsender Berlins bevölkerten, re-aktiv den deutschen Faschismus, setzten sie auf der objektiven Grundlage einer Kontinuität kapitalistischer Produktionsverhältnisse, d. h. für sie selbst enstprechender Reproduktionszwänge die Möglichkeiten bürgerlich-liberaler Herrschaftsstrukturen ideologieproduktiv - als Illusion - fort, dies auch dann, wenn oder indem, daß die Sujets der Produktionen, in denen sie mitwirkten, historisch vorkapitalistische, bzw. monarchistische oder ahistorische Züge hatten.

Als Spielleiter vom Sender Witzleben beim RIAS

In den rund 92 - 93 Prozent Unterhaltungssendungen, aus denen das Fernseh-Hauptprogramm im ersten Halbjahr 1939 bestand, wurde viel Musik, Varieté usw., Unterhaltungs-Kleinkunst live gebracht, z. B. 'Die Woche fängt gut an' (9. 1., 20.45-22.00h), 'Die Woche hört gut auf' (14. 1., 20.45-22.00h) oder 'Wir sind im Bilde', ein "Fernsehbrettl" (17. 1., 20.45-22.00h, 10. 3., 20.40-21.30h), alles Sendungen von Günter Neumann, damals Autor von Kabarett-Revuen und Drehbüchern ('Paradies der Junggesellen' oder 'Himmel, wir erben ein Schloß' 1943) und Filmkomponist, als beides auch nach 1945 tätig sowie langjährige Mitarbeit beim RIAS in Berlin (West) ('Günter Neumann und seine Insulaner').[102]) Jene Sendungen entstanden in Zusammenarbeit mit Werner Oehlschläger, der auch die Spielleitung hatte. Er, der später gleichfalls beim RIAS tätig war, als Spielleiter[103]), war in der damaligen Zeit offensichtlich einer der meistgefragten Spielleiter des Nazi-Fernsehens. In der Zeit vom 1. 1. bis zur Rundfunkausstellung 1939 (bis 27. 7.) wurden beim Fernsehen in Unterhaltungs-Livesendungen - Musik, Varieté usw. sowie Fernsehspiel - Spielleiter wie folgt eingesetzt:

Arnolt Bronnen	I					
E. H. Hagen	I					
Leopold Hainisch	I					
Hannes Küpper	I					
Gustav Adolf Schlemm	II					
Gert R. Schmalnauer	III					
Rio Gebhardt	IIIII	I				
Kurt Richards	IIIII	II				
W. Braumüller	IIIII	IIIII				
Bruno Reisner	IIIII	IIIII	IIII			
Werner Oehlschläger	IIIII	IIIII	IIIII	IIIII	IIIII	I

Oehlschläger, der mit 26 Einsätzen der meistbeschäftige Spielleiter im damaligen Fernsehprogramm - allerdings nur so weit hier recherchiert, wie anhand von Programmpresse-Ausdrucken rekonstruierbar [104]) war, machte eine 'Gesellige Stunde' (7. 2., 20.45-22.00h), ein 'Brettl, das die Welt bedeutet' (15. 2., 20.45-21.30h), u. a. mit Ivo Veit, den er allem Anschein 1948 gleich mit zum RIAS nahm [105]), 'Fastnacht ohne Fasten - Ein bunter Teller für den Aschermittwoch' (21. 2., 20.45-22.00h), mit der Lale Andersen u. a. 'Unter Sternen und Laternen' (1. 3., 20.40-22.00h), 'Nantes Himmelfahrt - 100 Jahre Berlin, gespielt, getanzt, gesungen' (4. 3., 20.40-22.00h), wiederum mit Lale Andersen u. a. 'Parodie in Dur und Moll' (8. 3., 20.40-21.40h), 'Salto Mortale' (16. 3., 20.40-22.00h), nochmals mit Lale Andersen 'Weg ins Wunder - Sendung von Frühling und Fröhlichkeit' (21. 3., 20.40-22.00h) und mit ihr 'Alter Bart im Frühlingswind' (8. 4., 20.40-21.30h), ein Kabarett 'Die Streusandbüchse' (3. 4., 20.40-21.20h), 'Mit dem Fernsehsender um die Erde - Eine Erdumkreisung in 80 Minuten' (22. 4.), 'Kariert, geblümt, gepunktet . . .' (29. 4., 20.40-22.00h), 'Die Drehscheibe' ("ein heiterer Abend" am 22. 5., 20.50-22.00h) oder mit der Trude Hesterberg u. a. eine 'Fahrt ins Blaue' (10. 6., 21.00-22.00h).

Es lebe Live: zur Entwicklung des Fernsehspiels

Neben solchen Sendungen, an denen hier als Beispiel nur von Werner Oehlschläger geleitete ausgewählt sind, wurde in den 92 - 93 Prozent Unterhaltung des Hauptprogramms auch das Fernsehspiel weiterentwickelt. Die materiell-technischen Voraussetzungen für entsprechende Versuche an Produktionsästhetik waren jedenfalls weitgehend geschaffen. Einer der „allerersten Autoren" von „kleinen, fünf oder höchstens 12 Minuten dauernden Spielen" in den Anfängen dieser Entwicklung beschrieb ihren Stand anläßlich der Rundfunkausstellung 1939 - gewissermaßen indirekt, in Rückschau auf die ersten Spiel-Versuche: „Der Umbau ging so vor sich, daß die Darsteller ganz nach vorn an die Apparatur herankamen, deren Optik auf 'Nah' eingestellt wurde, so daß der Hintergrund nur schwach als grauverschwommenes Etwas sichtbar blieb. Während die Schauspieler vorn agierten, trugen hinten Männer auf dicken Filzsohlen die 'Dekoration' hinaus und bauten eine neue auf. Wurde das Gerät dann wieder auf die 'Totale' umgestellt, dann hatte ein Wald sich in ein Hotelzimmer verwandelt, und alle Beteiligten atmeten (oft sogar recht hörbar) auf. Selbstverständlich konnte damals das Bildgerät des Senders weder fahren noch schwenken. Es konnte nicht einmal höher und tiefer eingestellt werden. Kleine Leute wurden daher auf Bänkchen (sogen. 'Rutschen') gestellt, große Leute mußten sich, wenn sie zur Nahaufnahme herankamen, auf Stühle setzen, deren Höhe jeweils durch das Auflegen von alten Telefonbüchern reguliert wurde." [106]) Daß die Fernsehspiel-Entwicklung in jenem ersten Halbjahr 1939 bereits relativ fortgeschritten war, geht auch aus dem - soweit rekonstruierbaren - Verhältnis zwischen diesen dem neuen Medium originären Sendungen und den im Fernsehen ausgestrahlten Unterhaltungsfilmen von damals hervor: 9 gegenüber immerhin 23 Fernsehspielen.[107]) Vom 1. 1. bis 27. 7. 1939 wurden für den Berliner Sender folgende Fernsehspiele angekündigt:

1. 'Ich bin kein Casanova', Komödie, O. Bielen/Kurt Richards, 20.45-22.00 Uhr,
2. 'Spuk mit Hindernissen', Werner Oehlschläger/Oehlschläger, 20.45-21.45 Uhr,
3. 'Nachts ging das Telefon', Groteske, W. Kollo/Oehlschläger, 20.45-21.30 Uhr,
4. 'Flitterwochen', Lustspiel, Paul Helwig/W. Braumüller, 20.45-21.45 Uhr,
5. 'Ingeborg', Komödie, Kurt Goetz/W. Braumüller, 20.45-22.00 Uhr,
6. 'Waldfrieden', Lustspiel, Ludwig Thoma/E. H. Hagen, 20.45-21.25 Uhr,
7. 'Frischer Wind aus Kanada', heitere Begebenheit, Hans Müller-Nürnberg/Bruno Reisner, 20.45-21.45 Uhr,
8. 'Der Mann mit den grauen Schläfen', Lustspiel, Leo Lenz/Richards, 20.45-22.00 Uhr,
9. Szenen, Christian Morgenstern, W. Oehlschläger/Gert Randolf Schmalnauer, 20.45-21.15 Uhr,
10. 'Ein gewisser Herr Noah', Komödie, Alfred Prugel/Wolf Braumüller, 20.45-22.00 Uhr,
11. 'Der Revisor, Nioklai Gogol/Reisner, 20.45-22.00 Uhr,
12. 'Nantes Himmelfahrt', W. Oehlschläger, 20.40-22.00 Uhr,
13. 'Ein ganzer Kerl', Lustspiel, Fritz Peter Buch/Richards, 20.40-22.00 Uhr,
14. 'Seine Frau, die Sekretärin', Komödie, Waldemar Reichardt/Richards, 20.40-21.30 Uhr,
15. 'Schwarzbrot und Kipferl', Lustspiel, Werner v. d. Schulenberg/Richards, 20.40-22.00 Uhr,
16. 'Ladies und Gentlemen', Komödie, Michael Gesell/Oehlschläger, 20.40-22.00 Uhr,
17. 'Staberl aus Wien', E. Fortner/Richards, 20.40-22.00 Uhr,
18. 'Die Primanerin', Lustspiel, Sigmund Graff/Richards, 20.50-22.00 Uhr,
19. 'Der rote Unterrock', Lustspiel, Herm. Bossdorf/Hannes Küpper, 21.00-22.00 Uhr,
20. 'Keine Angst vor Geld', Familienkomödie, Chr. Bock/Reisner, 20.50-22.00 Uhr,
21. 'Lauter Lügen', Komödie, Hans Schweikart/Reisner, 21.10-22.00 Uhr,
22. 'Erstens kommt es anders ...', Kurzszenen, Oehlschläger/Oehlschläger, 21.10-22.00 Uhr,
23. 'Erster Klasse', Bauernschwank, Ludwig Thoma/Arnolt Bronnen, 21.10-22.00 Uhr.

Hauptsache ein Lacher: Autoren, die auf Sendung kamen

Fast ausschließlich Komödien, Lustspiele, Schwänke also. Verfaßt von Autoren, die auf diesem Sektor auch außerhalb des Fernsehens tätig waren: Otto Bielen, Komödienschreiber, Drehbucharbeit an 'Kleines Bezirksgericht' oder 'Liebelei und Liebe' 1938 [108]), Waldemar Reichardt, Drehbucharbeit für 'Hochzeit mit Hindernissen' 1939 [109]), Autoren, die sich teilweise auch nach 1945 halten konnten, wie Chr. Bock, NDR-, SDR- und SWF-Hörspielautor, „der als einer der ersten Autoren nach 1945 das deutsche Hörspielschaffen wieder in Gang bringen half und durch effektvolle, humorige Handlungen mit witzigen Dialogen und Pointen beliebt wurde", etwa durch 'Johann der Letzte' 1949 oder 'Vater braucht eine Frau' 1953 [110]), wie Fritz Peter Buch, dessen 'ganzer Kerl' damals nicht nur als Fernsehspiel, sondern auch als Bühnenstück und Spielfilm lief, der Drehbücher verfaßte und Filmregie machte, nach 1945 Beratendes Vorstandsmitglied des Verbandes Deutscher Filmautoren wurde und 1950 noch die Idee zum 'Theodor im Fußballtor' hatte [111]), wie Paul Helwig, der 1940 das Drehbuch für die UFA-Liebes- und Sittenkomödie 'Das leichte Mädchen' (Regie Fritz Peter Buch), 1956 für 'Nichts als Ärger mit der Liebe' oder 1942 Bühnenstücke vorlegte, die dramatische Romanze ('Des Ruhmes und der Liebe Schwert') ebenso wie das Lustspiel ('Schwarze Magie') [112]), wie Hans Schweikart, 1938 - 1945 Produktionschef bei der Bavaria-Filmkunst, 1947 Intendant und Regisseur der Kammerspiele München, [113]) dessen Fernsehspiel 'Lauter Lügen' (20. 6. 1939) zuvor "erfolgreich" auf der Bühne als Stück gespielt [114]) und 1938 als Ehekomödie unter der Regie von Heinz Rühmann verfilmt wurde [115]), Drehbuchautor und u. a. Regie für 'Das Mädchen mit dem guten Ruf' 1938 (Komödie), 'Fasching' 1939 (Liebes- und Ehekomödie), dann während der Zeit zunehmender militärischer Aggressions-Offensiven "staatspolitisch wertvoll" und "jugendfrei" für 'Kameraden' 1941 und 'Der unendliche Weg' 1943, aber angesichts des unaufhaltsamen Vormarschs der gegnerischen Streitkräfte und des Luftschutzkeller-Alltags wieder 'Ich brauche Dich' 1944 (Ehekomödie), 1945 'Frech und verliebt', eine Liebes- und Verwechslungskomödie, die als Überläufer 1948 von der Alliierten Filmkontrolle und 1949 von der westdeutschen Freiwilligen Selbstkontrolle freigegeben wurde, 1953 'Muß man sich gleich scheiden lassen?'. [116]) Wohl doch nicht von all dem, woran man sich im Laufe der Zeit so sehr gewöhnt hat; wohl doch nicht davon, immer nur Spaß gemacht zu haben. Damit sich die anderen totlachen sollten, ganz einfach, weiter nichts. Es sei denn, diese Unterhaltungskünstler hätten einmal nicht nur an Lacher-Effekte gedacht, sondern sich zu Reflexionen durchgebracht, sei es auch nur zu solchen für eine letztendliche Selbstrechtfertigung, wie die gleichfalls ein Verfasser von Fernsehspielen von damals, auf den weiter einzugehen ist, noch am 28. 8. 1976 handsignierte: Es handelte sich um einen nicht näher bestimmten Lustspielfilm mit Heinz Rühmann, Theo Lingen, Hans Moser u. a.: „Das Opus war zwar höchst primitiv, aber das Publikum schüttete sich vor Lachen aus, und das Ganze unterbrach so wohltuend die t! Nr. 21

Vorort, 10 Stadt in
13 Verkehrsverbindung,
he Gottheit, 17 Laub-
hgift, 21 Flüssigkeits-
sestein, 27 Name kl iner
auptstadt, 30 weiblicher
Insekt, 34 schwedischer
land;

Wasservogel, 2 Laub-
ngern, 4 Anstrichmittel,
Stadt in der früheren
at, 12 Siedlungsgebiet,
er Weser, 18 Großwild,
ndigkeitsgrad, 22 Stadt
ze, 25 Teil des Hauses,
Strom, 30 Stadt an
49082

s Nr. 20

tsel

he, 12 Rose, 14 Efeu,
— b) 1 Perth, 3 Riege,
Heuer, 9 Nora, 13 Sog,

itsel

Boden, Rille, Isolde,

el

m entgegen. — 1 Wetter-
4 Chiffre, 5 Erkältung,
Muräne, 9 Uniform,
Labyrinth, 13 Urkunde,
nochenbruch, 17 Nörgelei.

el

Eisberg, Lastzug, Leib-
arzlampe, Urteil, Iris-
land, Tatort, Tonart. —

Rinus-Rätsel

rn, 4 Falster, 5 Formosa,
9 Seeland, 10 Celebes.

Fernsehsender „Paul Nipkow" Berlin

Fernsehstuben: im **Westen:** Leipziger Str. 13 u. Postamt W 30, Geisbergstr. 7 / in **Charlottenburg:** Berliner Str. 62 u. Haus des Rundfunks, Masurenallee / im **Norden:** Artilleriestraße 10 / in **Schöneberg:** Hauptstr. 27 / in **Neukölln:** Braunauer Str. 62 und Richardstr. 119 / in **Steglitz:** Bergstr. 1 / in **Lichtenberg:** Dottistr. 12 / in **Pankow:** Wollankstr. 134 / in **Potsdam:** Postamt, Am Kanal 16 **Der Besuch ist kostenlos!**

Sonntag, 21 Mai

Funkstille

Montag 22. Mai

20 00 Zeitdienst

20 40 Filmsendung: Aktueller Bildbericht

20 50—22 „Die Drehscheibe". Ein heiterer Abend v. Chr. Bock. Mitw.: Tatjana Sais, Marianne Stanior, Ute Benohr, D. Branzmeyer, R. Ehrecke, H. Forster-Ludwig, Dr. K. Knauer, G. H. Schnell, F. Schulz, Ivo Veit, ein musik. Ensemble. Spielltg.: W. Oehlschläger

Dienstag, 23. Mai

20 00 Zeitdienst

20 40 Filmsendung: Aktueller Bildbericht

20 50—22 Nachwuchs tanzt u. musiziert. Es tanzen: das Kinderballett d. Staatsoper, Ltg. Lizzie Maudrick; G. u. H. Böttcher, G. Schmidt, Kinder d. Artistenschule K. Kuhn. Es singt u. tanzt: Amelita España. Es musizieren: A. Schönfeld, Violine; G. Boltz, Akkordion. Verbind. Worte: E. Petermann. Spielltg.: B. Reisner

Mittwoch, 24. Mai

20 00 Zeitdienst

20 40 Filmsendung: Aktueller Bildbericht

20 50—22 Aus neuen Tonfilmen. Es wirken mit: E. Helgar, Tenor; H. Küster u. K. Kiermeier an zwei Klavieren; das Schuricke-Terzett; das Orch. E. Rambour. Ltg. L. Grünberg

Donnerstag, 25. Mai

20 00 Zeitdienst

20 40 Filmsendung: Aktueller Bildbericht

20 50—22 „Die Primanerin" Lustspiel v. Sigm. Graff. Bühnenbild: H. Monnier. Spielltg.: K. Richards

Freitag, 26. Mai

20 00 Zeitdienst

20 30 Rundfunkgymnastik — ferngesehen. Ltg.: Alois Münstermann

20 40 Filmsendung: Aktueller Bildbericht

20 50—22 „Ewige Melodie". Mitw.: Irma Demuth, Gertrud Oswald, G. Höllger, H. Priegnitz, das Zerneck-Quartett

Sonnabend 27 Mai

20 00 Zeitdienst

20 30 Der Sport am Sonntag

20 40 Filmsendung: Aktueller Bildbericht

20 50—22 „Vier Herzen zwischen Polka und Tango" v. Heinz Pauck. Es singt: Sigrid Emden, es spielt: die Kapelle Eug. Großmann. Spielltg.: B. Reisner

RIORITA

Tauentzienstr. 12 • Bav. 5319

Intime Bar

Berliner Nachtleben

Kapelle Heinz Huppertz

Schöne Tanzstätte

SCALA

W., Lutherstr. 22-24 Tel. 259256

Unaufhörliche Lachstürme über

Carl Napp

und seine lustige Varieté-Revue mit

Fratelli Serenos

Bernt, Gloria u. Lindy

Jenny Cardo / 6½ Lias

Karyn u. Day / Matthé

Marion Casi usw.

Täglich 8.30 Uhr abends

Mittw., Sonnab. u. Sonntag auch 5 Uhr.

Vorverkauf täglich ab 10 Uhr

ANNELIESE UHLIG • MADY RAHL
ERNST WALDOW • KURT WAITZMANN
LOTTE WERKMEISTER • ERICH FIEDLER
HEINZ SCHORLEMMER

SPIELLEITG.: HARALD PAULSEN

EIN TERRA-FILM

TÄGLICH 6.45 9.15

SONNABEND UND SONNTAG AUCH 4.15

CAPITOL AM ZOO

HAUS VATERLAND

Im Mai

Claren's Trio, Ung. Tanz-Trio

Charles Smith, Radfahr-Akt

Ruth und Eric Janell, Komische Equilibristen

Tajmah, Wunder der Elastik

Erita & Ernest Favorit, Schönheit und Akrobatik

Bert Florida, Parodist

Harry Carras & Co. und ihr kleiner Kapitän

Kapelle Willi Metschke

Im Grinzing:

„Lustige Stimmung a. d. Donau"

Kapelle Cäsarina Poll

Irmgard Fried-Weidlich singt

und das große Programm

Im Kaffee Vaterland nachm. u. abends Konzert

BETRIEB KEMPINSKI

Wellerdiek-Fahrräder

sind gut und billig. Schon von RM 30.- an. Auch Ratenzahlung. Fordern Sie sofort Gratis-Katalog.

E. & P. Wellerdiek, Brackwede-Bielefeld 95

Graue Star

u. s. operatio
lose Behandlu
Auskunft kost
A. Kuschel
Hagen i. W. 4

eim

Tischuhr

's Uhrenhaus
dmann
ld- u. Silberwaren
ÜNZSTR. 16
schau im 1. Stock

Schön sein, schafft Lebenserfolg!

Wenden Sie meine naturgemäße Methode an. Begeisterte Anerkennungen bestätigen die Erfolge.

Unreiner Teint, wie Pickel, Mitesser, graue spröde Haut, Falten und **Sommersprossen** wurden laut vorliegender Dankschreiben in kurzer Zeit beseitigt mit meiner **Pabex-Kur.** Vollkomm. schmerzl. u. ohne Gefahr. Packg. Mk. 2.– u. Porto

Warzen, Leberflecken, Muttermale sow. alle auf der Haut erhöht liegenden Erscheinungen wurden vollkommen beseitigt mit **Mazerra,** was viele Dankbriefe beweisen. Mazerra ist leicht anzuw mit dem Pinsel und all n diesen Schönh

Bitte Fehler genau angeben. Versand erfo

Frau G. Diess

össer
rden
AUCH IM FORTGESCHR. ALTER
NEUARTIGE METHODE
S ärztl. bearbeitet
RFOLG · GELD ZURÜCK
und ERFOLGSBERICHTE
RET und KOSTENLOS
LINTHOUT
MMHÜBEL 3

Bronchitis und A

Neuen Lebensmut durch Breitkreutz-Ast
Einnehmen Wirkt anfallbeseitigend – schle
gend – guter Nachtschlaf – **bestens begut**
probt – begeisterte Anerkennungen. P
in Apotheken. Ueberzeugen Sie sich von d
Gratisprobe oder falls nicht erhältlic
Breitkreutz Kom.-Ges., Berlin SO 36/219

mengläser •
Leichtmetall
Reise, Sport, Jagd
ersand ab 45 RM
frei. Ratenzahlung.
GmbH., Kassel 39

Graue Haare

sind in 8 Tagen naturfarbig durch „O-B-V" RM 1,85 portofrei. Bei Nichterfolg Geld zurück. **O. Blocherer,** Augsburg II 20

Schwachen Männern

sendet wichtige Publikation diskret u. kostenlos

Sanursex-Vertrieb Bad Reichenhall 303

ERN-
SEHEN
für Jeden.
ldstecher-
Katalog
r die Wahl er-
chtert, **gratis!**
r Vorteil:
edes Glas
Tage z. Probe.
eilzahlung.
Monatsraten.
HOTO-
CHAJA
ÜNCHEN-O 70
er Welt größte
a-Verkaufsstelle

Balda

Kleinbildkamera

f. Kinonormalfilm 24×36 mm
Anast. Baltar 1:2,9
Compur-Verschluß
Gehäuseauslösung

Für Farbaufnahmen vorzüglich geeignet

Jubilette

Sonderprospekt gratis

BALDA-WERK DRESDEN

Cafe Vaterland

Aufruf!

Mädels und Frauen meldet euch ab sofort beim OKCV. Am 20. April endet die Vorentscheidung und am 15. Mai findet in unserem Hause der Endkampf um die schönste Frau Deutschlands statt.

Fräulein Vaterland

1. Preis:
5000,– DM der Deutschen Bundesbank

2. Preis:
2 Wochen Paris mit Marschverpflegung

3. Preis:
4 Kisten Sekt Moet & Chandon

Berlin 15, Kurfürstenstraße 101, Ecke Nürnberger Str., Tel. 213 24 24

Oberkommando Café Vaterland, 'Tagesspiegel'-Anzeige vom 4. 3. 1979

Schöne Büste

erhalten Sie durch einf. erprobt. Mittel. Jahrelang bewährt. Auskunft kostenlos

Frau A. Maack
Berlin W 57/7, Bülowstr. 52

Sommersprossen

beseitigt schnell und gründlich
LAARKO-KOMBINATION
gegen Sommersprossen.
Aufklärungsschrift kostenlos:
Laarkapharm-Präparate, Berlin C 2

Potential-Tabletten für Männer

steigern Ihre Leistungsfähigk. Erstkl. Hormonpräp. gegen Männerschw., Neurasth. usw. Lief. durch Versandapotheke gegen Nachn. 100 Tab. RM 5,80 fko. Dr. F. Rix & Co., pharm. Produkte, Düsseldorf 55

Für Schuhe nur Pilo!

1661

es wird schnell u. leicht mit Pilo ein lack-ähnlich Aussehn erreicht

Auch Pilo kostet nur: tiefschwarz 20, farbig 25 Pf

Kennen SIE ihn schon?

unseren Wäschesparsack

„SPARWUNDER"

wir waschen Ihnen cirka

2 Überschlaglaken / 4 Bettbezüge / 4 Bettücher / 4 Kissenbezüge / 4 Tischtücher / 8 Servietten / 16 Handtücher / 4 Frottiertücher / 10 Küchentücher / 4 Nachthemden / 4 Hemden 4 Stck. Unterwäsche / 50 Taschentücher und diverse kleine Stücke

Ohne Rücksicht auf Gewicht und Stückzahl alles

immer für nur MK 3.50

Wir liefern Ihnen die Wäsche in halbtrockenem Zustande in 2 Tagen zurück

und wie Neues

Jetzt auch
„MAN
in unserem
Sack liefern
Ihre Wäsche
schrankfe
mit Stein- u
lief. wir Ihne

Lieferz

Es kostet
Gewicht

immer nur MK

Buntwäsche wird mit 10 Pf. Aufschlag pro ½ kg berechnet

TESTORP Die Wäscher

Berlin-Britz, Sammel-Nr. 62

entsetzliche Humorlosigkeit der Zeit, daß seine Nebenwirkung, die Menschen wieder mit den Zuständen zu versöhnen, geradezu mit Händen zu greifen war".[117])

Kapselrätsel

1. Spa, Eger, Inn, Lamm — Seil 2. Elle, List, Fort, Eis — Elfe 3. Pol, Alk, Nied — Pan 4. Ire, Ger, Ems, Last — Igel 5. Alm, Raub, Ill, Erg — Arie. — Sepia.

Kästchenrätsel

Arbeitstage voll ruestiger Plage sind die besten von allen Festen. — 1 Ventil, 2 Gepard, 3 Statue, 4 Grabbe, 5 Leiste, 6 Pastor, 7 Verden, 8 Flosse, 9 Legion, 10 Leinen.

Fernsehsender „Paul Nipkow" Berlin

Fernsehstuben: im **Westen:** Leipziger Str. 13 u. Postamt W 30, Geisbergstr. 7 / in **Charlottenburg:** Berliner Str. 62 u. Haus des Rundfunks, Masurenallee / im **Norden:** Artilleriestraße 10 / in **Schöneberg:** Hauptstr. 27 / in **Neukölln:** Braunauer Str. 62 und Richardstr. 119 / in **Steglitz:** Bergstr. 1 / in **Lichtenberg:** Dottistr. 12 / in **Pankow:** Wollankstr. 134 / in **Potsdam:** Postamt, Am Kanal 16 **Der Besuch ist kostenlos!**

Sonntag, 29. Jan.

Funkstille

Montag, 30. Jan.

20 00 Unmittelbare Sendung: Zeitdienst
20 30 Filmsendung: Aktueller Bildbericht
20 45—**22** Unmittelbare Sendung: Festliche Musik

Dienstag, 31. Jan.

20 00 Unmittelbare Sendung: Zeitdienst
20 15 Unmittelbare Sendung: Was sagt Turnvater Jahn dazu? Gymnastik — gestern u. heute. Alois Münstermann und seine Funkgymnastiker
20 40 Filmsendung: Aktueller Bildbericht
20 55—**22** Unmittelb. Sendung: Varieté für Instrumente. Musik u. Text: Siegfr. Scheffler. Landesorch. Berlin, Dirig. G. A. Schlemm

Mittwoch, 1. Febr.

20 00 Unmittelbare Sendung: Zeitdienst
20 30 Filmsendung: Aktueller Bildbericht
20 45 Unmittelbare Sendung: Frischer Wind aus Kanada. Eine heitere Begebenheit v. Hans Müller-Nürnberg. Gesangstext: H. F. Beckmann; Musik: Herbert Walter; Bühnenbild: H. Monnier; musikal. Ltg. Hans Bund; Spielltg. Bruno Reisner
21 45—**22** Filmsdg.: Ferngespräch mit Hamburg. Musik G. van Stetten

Donnerstag, 2. Febr.

20 00 Unmittelbare Sendung: Zeitdienst
20 30 Filmsendung: Aktueller Bildbericht
20 45—**22** Unmittelb. Sendung: Die leicht geschürzte Muse. Melodienfolge durch Operetten

Freitag, 3. Febr.

20 00 Unmittelbare Sendung: Zeitdienst
20 10 Unmittelbare Sendung: Belauschte Natur. Der Kulturfilm-Aufnahmeleiter der Ufa W. Junghans spricht mit F. Janecke über das Thema Wie entsteht ein Kulturfilm?
20 25 Filmsendung: Aktueller Bildbericht
20 40 Unmittelbare Sendung: Tänzerische Improvisationen. Manon Ehrfur, erste Solotänzerin d. Staatsoper; Ilse Meudtner; Maria Tamara; Ballett Tatjana Gsovsky
21 10 Filmsdg.: Frohe Fahrt
21 26—**22** Unmittelb. Sendung Eine kleine Nachtmusik. Mitw.: das Fehse-Quartett; Dora Wagner, Harfe; K. Bünnemann, Engl. Horn; H. Schumacher, Baß; H. Priegnitz, Klavier

Sonnabend, 4. Febr.

20 00 Unmittelbare Sendung: Zeitdienst
20 30 Filmsendung: Aktueller Bildbericht
20 45—**22** Unmittelb. Sendung: Ingeborg, Komödie von Kurt Goetz; Bühnenbild H. Monnier; Spielltg. B. Reisner

vom 27. 1. bis 2. Februar 1939

Ufa-Palast am Zoo Täglich 6.45, 9.15	**Sergeant Berry**
Gloria-Palast Täglich 6.45, 9.15	**Der Blaufuchs**
Capitol am Zoo Täglich 6.45, 9.15	**Lauter Lügen**
Tauentzien-Palast Tägl. 4.30, 6.45, 9.15	**Im Namen des Volkes** Prem.: 27. 1.
Marmorhaus Täglich 6.45, 9.15	**Sehnsucht nach Afrika**
Kurfürstendamm 26 Täglich 7, 9.15	**Menschen, Tiere, Sensationen**
Friedrichstraße 2.30, 4.45, 7, 9.15	**Menschen, Tiere, Sensationen**
Ufa-Pavillon am Nollendorfplatz Täglich 7, 9.15	**Frauen für Golden Hill**
Kammerlichtspiele am Potsdamer Platz 2.30, 4.45, 7, 9.15	**Pour le mérite**
Wagnitzstraße Täglich 6.45, 9	**Frauen für Golden Hill** ab 31. 1. **Gebrandmarkt**
Turmstraße Ecke Stromstraße Täglich 6.30, 9	**Frauen für Golden Hill** ab 31. 1. **War es der im dritten Stock**
Alexanderplatz Sonntags ab 2.30 Wochtg. ab 11 Uhr	**Frauen für Golden Hill** ab 31. 1. **Gebrandmarkt**
Colosseum Schönhs. Allee 123 Täglich 6.45, 9	**Frauen für Golden Hill** ab 31. 1. **Gebrandmarkt**
Königstadt Schönhs. Allee 10/11 Täglich 6.45, 9	**Frauen für Golden Hill** ab 31. 1. **Gebrandmarkt**
Weinbergsweg am Rosentaler Pl. Täglich 6.45, 9	**Heidi** ab 31. 1. **Ingeheimer Mission**
Friedrichshain Ecke Bötzowstraße Täglich 6.45, 9	**Frauen für Golden Hill** ab 31. 1. **War es der im dritten Stock**
Weißensee Antonplatz Täglich 6.45, 9	**Frauen für Golden Hill** ab 31. 1. **Gebrandmarkt**

Programmänderungen vorbehalten

[119])

Zwischen Intim-Bar und Potenz-Schwächen: Fernsehprogramm-Rätsel

Alles in allem heiter bis nachdenklich muß es auch im Fernsehprogramm damals zugegangen sein, ähnlich wie beim Rätseln zwischen Kleinanzeigen über Nasenröte, Warzenbelästigung, Brüsteverschönerung, aufziehbare Rasierapparate, Intimbars, ein "Haus Vaterland" oder "Fernsehen" durch Feldstecher. „Berlin liest und knobelt!", überschrieb man die Inseratseiten, auf denen das Fernsehprogramm ausgedruckt wurde: zwischen Angeboten für einen Wäschesparsack der Firma 'Testorp', die auch 40 Jahre später sich als "Die Wäscherei der Hausfrau" in Westberlin offeriert, oder an "schwache Männer" für 'Sanursex', für das auch in der 'Fernsehwoche' vom 26. 5. 1979 ein Einkaufs-Coupon für Original- oder Kur-Groß-Packungen ausgedruckt ist.[118]) Aber mögliche Ähnlichkeiten zwischen Fernsehprogramm und der Plazierung seines Ausdrucks in der Rundfunkpresse waren sicherlich mehr oder weniger zufällig. Auch Kinowerbung begleitete die Anzeigen-Rätsel-Fernsehprogramm-Ausdrucke.

Fernsehbesucher und Kinogänger

'Lauter Lügen', was am 20. 6. 1939 als Fernsehspiel über den Berliner Sender lief, war zu Beginn des Jahres im 'Capitol am Zoo' als Spielfilm zu sehen. Für den TERRA-Spielfilm 'Die Stimme aus dem Äther', "Liebesgeschichte, Rundfunk-, Künstler- und Alltagsmilieu"[120]), gingen anläßlich seiner bevorstehenden Uraufführung die Hauptdarstellerin Anneliese Uhlig und der Regisseur Harald Paulsen ins Fernsehstudio zu einem Interview. Zwar ging das Angebot an Unterhaltungs-Kurzfilmen, über deren Verwertungsmöglichkeiten durch das neue Medium der UFA-Vorstand bereits in einer Sitzung vom 2. 4. 1935, also kurz nach Eröffnung des ersten regelmäßigen Fernsehbetriebes, befand[121]), 1939 gegenüber dem Vorjahr[122]) im Programm des Berliner Senders zurück, zwar verdrängte die Entwicklung des Fernsehspiels mehr und mehr diese Kurzfilme. Aber dennoch blieb der Rundfunk, d. h. auch das Fernsehen, für die Spielfilmproduktion

[123])

[124])

'Die Stimme aus dem Äther' im Fernsehstudio

sicherlich ein wichtiges Kooperationsmittel, ob direkt als Verwertungsmedium oder indirekt als Zirkulationsagent, d. h. Werbeträger, bzw. als Sujetlabor oder Künstlerreservoir.[125]) Angesichts der Tatsache, daß seitens der Filmindustrie dem Rundfunk „eine solide und feste Kalkulationsbasis, die dem Film fehlt", und Rezipienten, „die im Gegensatz zu den Besuchern der Sprech- und Filmtheater in doppelter Eigenschaft auftreten, nämlich als Hörer der Programme und als Käufer von Apparaten" [126]), bescheinigt wurde, kann man sich durchaus vorstellen, daß sie auch an hauptprogrammfüllenden Sendereihen wie 'Aus neuen Tonfilmen' (10. 5. 1939, 20.40-22.00h, 24. 5., 20.50-22.00h, 6. 6., 21.05-22.00h, 18. 7., 20.50-22.00h) ein Interesse hatte. Nebenbei einen Filmreklame-Effekt brachten wahrscheinlich auch all die Unterhaltungskünstler, die damals ihren Fernseh-Auftritt hatten und von Leinwand oder Bühne her bekannt, beliebt waren:

Wer ist wer?
Fragebogen an Fernsehdarsteller

– Olga Limburg: Fernseh-Auftritt in 'Der Mann mit den grauen Schläfen' (9. u. 17. 2. 1939),
u. a. in den Nazi-Filmen 'Schwarzwaldmädel', 'Die kleine Schwindlerin', 'Rosen aus dem Süden', 'Ein Mädel wirbelt durch die Welt', Fräulein Frau', 1934, 'Die selige Exzellenz', 'Endstation' 1935, 'Das Schönheitsfleckchen', 'Das Mädchenpensionat', 'Mädchenjahre einer Königin' 1936, 'Gefährliches Spiel', 'Wie einst im Mai', 'Hahn im Korb', 'Liebe geht seltsame Wege' 1937, 'Die Nacht der Entscheidung', 'Verliebtes Abenteuer', 'Napoleon ist an allem Schuld', 'Fünf Millionen suchen einen Erben' 1938, 'Die barmherzige Lüge', 'Das Recht auf Liebe', 'Hurra, ich bin Papa' 1939, 'Meine Tochter tut das nicht', 'Das leichte Mädchen, 'Herz ohne Heimat' 1940,
nach 1945 u. a. 'Es geht nicht ohne Gisela' 1951, 'Postlagernd Turteltaube' 1952, 'Der Vetter aus Dingsda' 1953;

– Trude Marlen, Fernsehauftritt in 'Der Mann mit den grauen Schläfen' (9. u. 17. 2. 1939),
u. a. in den Nazi-Filmen 'Spiel mit dem Feuer', 'Die Liebe siegt' 1934, 'Die klugen Frauen', 'Ehestreik' 1935, 'Der verkannte Lebemann', 'Schabernack' 1936, 'Meine Frau, die Perle', 'Die verschwundene Frau' 1937, 'Fahrt ins Abenteuer', 'Paradies der Junggesellen' 1939,
nach 1945 u. a. 'Wer küßt wen?' 1949, 'Ein tolles Hotel' 1956;

– Fritz Eckert, Fernseh-Auftritt in 'Der Mann mit den grauen Schläfen' (9. u. 17. 2. 1939),

u. a. in den Nazi-Filmen 'Eine Frau wie Du' 1939, 'Friedrich Schiller', 'Falschmünzer', 'Wie konntest Du, Veronika' 1940;

– Ilse Cotence, Fernseh-Auftritt in 'Der Mann mit den grauen Schläfen' (9. u. 17. 2. 1939),
u. a. in den Nazi-Filmen 'So weit geht die Liebe nicht', 'Kreuzersonate' 1937;

– Erwin Hoffmann, Fernseh-Auftritt in 'Brettl, das die Welt bedeutet' (15. 2. 1939),
u. a. in den Nazi-Filmen 'Kleider machen Leute' 1940, 'Die schwedische Nachtigall' 1941;

– Ivo Veit, Fernseh-Auftritt in 'Brettl, das die Welt bedeutet' (15. 2. 1939), aber auch bereits Anfang 1938[127]), z. B. im Nazi-Film 'GPU' 1942 und Fernseharbeit bis 1941, nach 1945 u. a. 'Heimweh nach Dir' 1952 und RIAS-Sendungen ab 1948[128]);

– Charlotte Kolle, Fernseh-Auftritt in 'Brettl, das die Welt bedeutet' (15. 2. 1939),
nach 1945 „ca. 1 000 Sendungen RIAS, NWDR Berlin, SFB"[129]);

– Alexa von Porembsky, Fernsehauftritt in 'Mit dem Fernsehsender um die Erde' (22. 4. u. 12. 5. 1939),
1929 in Fritz Langs 'Die Frau im Mond',
u. a. in den Nazi-Filmen 'Heinz im Mond' 1934, 'Der Außenseiter' 1935, 'Der Mustergatte', 'Frauenliebe - Frauenleid' 1937, 'Scheidungsreise' 1938, 'Wie sagen wir es unseren Kindern?' 1945, noch 1945 von der Nazi-Filmprüfstelle zugelassen, 1949 von Westalliierten und 1950 durch die Freiwillige Selbstkontrolle freigegeben[130]),
nach 1945 u. a. 'Man spielt nicht mit der Liebe' 1949, 'Herrliche Zeiten', 'Wenn Männer schwindeln' 1950, 'Es geht nicht ohne Gisela' 1951, 'Der keusche Josef' 1953, 'Roman eines Frauenarztes' 1954, 'Ich war ein häßliches Mädchen', 'Du mein stilles Tal', 'Das Sandmännchen', 'Die 3 von der Tankstelle'[131]), 'Urlaub auf Ehrenwort'[132]) 1955;

– Marja Tamara, Fernseh-Auftritt in 'Mit dem Fernsehsender um die Erde' (22. 4. u. 12. 5. 1939),
1934 in 'Ich sehne mich nach Dir';

– Wolf von Beneckendorf, Fernseh-Auftritt in 'Mit dem Fernsehsender um die Erde' (22. 4. u. 12. 5. 1939),
u. a. in den Nazi-Filmen 'Goethe lebt' 1932, 'Der Weg der Isabell' 1939,
nach 1945 u. a. 'Jacke wie Hose' 1953, 'Mylord weiß sich zu helfen' 1958;

- Hans Joachim Schoelermann, Fernseh-Auftritt in 'Mit dem Fernsehsender um die Erde' (22. 4. u. 12. 5. 1939),
  u. a. in den Nazi-Filmen 'Frauen für Golden Hill' 1938 [133]), 'Seitensprünge', 'Fahrt ins Leben' 1940,
  nach 1945 u. a. 'Die Buntkarierten', 'Die Kuckucks' 1949 [134]), aber dann 'Zugverkehr unregelmäßig' oder 'Frauenschicksale' 1952;
- Helmut Heyne Fernseh-Auftritt in 'Küssen sie sich auf der Bühne wirklich?' (6. u. 15. 5. 1939),
  u. a. in den Nazi-Filmen 'Polenblut' 1934, 'Heiratsschwindler' 1937, 'Ich liebe Dich' 1938, 'Silvesternacht am Alexanderplatz' 1939,
  nach 1945 u. a. 'Und finden dereinst wir uns wieder' 1947, 'Berliner Ballade' 1948, 'Knall und Fall als Detektive' 1953, 'Schützenliesel' 1954, SFB- und RIAS-Mitarbeit;
- Eva Lissa, Fernseh-Auftritt in 'Küssen sie sich auf der Bühne wirklich?' (6. u. 15. 5. 1939),
  Züricher Schauspielhaus-Debut 1934, 1935 - 1938 Kammerspiele München, 1938 - 1944 Deutsches Theater Berlin,
  nach 1945 u. a. Schiller-Theater Berlin (West);
- Heinz Förster-Ludwig, Fernseh-Auftritt in 'Küssen sie sich auf der Bühne wirklich?' (6. u. 15. 5. 1939),
  ansonsten vgl. Abschnitt III, Wortlaut und Anmerkungen 413) - 416);
- Ursula Deinert, Fernseh-Auftritt in 'Wochenendsendung' (20. 5. 1939),
  u. a. in den Nazi-Filmen 'Du bist mein Glück', 'Nachtwache im Paradies', 'Weiberregiment', 'Der lustige Witwenball' 1936, 'Es leuchten die Sterne' 1938, 'Meine Tante - Deine Tante', 'Frau am Steuer' 1939, 'Jud Süss', 'Stukas' 1940, 'Sonntagskinder' 1941,
  nach 1945 u. a. Stadttheater Bremerhaven;
- Jadwiga Kenda, Fernseh-Auftritt in 'Wochenendsendung' (20. 5. 1939),
  1937 in 'Abenteuer in Warschau', in der Folge des Überfalls auf Polen von der Nazi-Filmprüfstelle am 7. 9. 1939 verboten [135]);
- Traute Rose, Fernseh-Auftritt in 'Wochenendsendung' (20. 5. 1939),
  nach 1945 u. a. 'Die große Chance', 'Von allen geliebt' 1957, Rundfunktätigkeit, Filmagentur Tschechowa;
- Ilse Trautschold, Fernseh-Auftritt in 'Die Woche hört gut auf' (14. 1. 1939), 'Brettl, das die Welt bedeutet' (15. 2. 1939), 'Finale - Bunter Wochenschluß (18. 2. 1939),
  u. a. in den Nazi-Filmen 'Schwarze Rosen' 1935, 'Der

Favorit der Kaiserin' 1936, 'Kleiner Mann, ganz groß' 1938, 'Der grüne Kaiser', 'Silvesternacht am Alexanderplatz' 1939,
nach 1945 u. a. 'Berliner Ballade' 1948, 'Die Buntkarierten', 'Unser täglich Brot' 1949, 'West-östliche Hochzeit' 1950 [136]), aber dann 'Roman eines Frauenarztes' 1954, 'Das Sandmännchen' 1955 und RIAS-Tätigkeit ('Die Insulaner'). [137])

Fragen an den deutschen Fernsehzuschauer

'Küssen sie sich auf der Bühne wirklich?', das war im Frühjahr 1939 eine der zentralen Fragen, die das Fernsehen stellte, war der Titel einer Sendung, die am 6. und 15. 5., 20.40-21.45 Uhr ausgestrahlt wurde. Ein Amüsier-, ein Animier-Fernsehen, gemischt mit dem Sippen-Globalen eines Laubenkolonialismus, sollte den faschistischen Terror und die Aufrüstung zum Aggressionskrieg überstrahlen.

Varieté machten sie, Verwechslungslustspiele, Plaudereien über lauschige Plätzchen der Heimat oder ein bißchen Fernseh-Revue, die Unterhaltungskünstler, von denen hier nur beispielhaft und sehr unvollständig Namen und Auftritte erfaßt sind. Viele davon hatten ganz einfach nur Spaß gemacht, wollten Spaß bringen.

Ein Autor erinnert sich

Der Autor eines damals (25. 5. 1939, 20.50-22.00 Uhr) im Fernsehen ausgestrahlten Lustspiels 'Die Primanerin' [138]), der 1979 im Alter von 81 Jahren in der BRD verstorbene Schriftsteller Sigmund Graff, kam in seinen 1963 erschienenen, 40 Jahre nach der Fernseh-Live-Premiere eigenhändig unterzeichneten Memoiren [139]) zu folgenden Einschätzungen der Lage und des Stellenwerts des Künstlers (als Menschen) unterm deutschen Faschismus: „Die Menschen waren im allgemeinen für das Regime, weil sie gegen alle Veränderungen waren, und sie mußten gegen alle Veränderungen sein, weil sie dadurch sofort wieder ihre Arbeitsplätze zu verlieren fürchteten.... Die Menschen, die in diese Zeit hineingeboren waren, glichen Pflanzen, die sich, je nach ihrem Standort, mit den dort herrschenden Lebensbedingungen abzufinden haben.... Der Arbeiter, der Zündhütchen für Patronen stanzte, oder Raupenkettenteile für Panzer herstellte, stärkte den NS-Staat genauso wie der Erzieher, der der Jugend 'lehrplanmäßig' die Liebe zu dem 'schlichten Meldegänger des Weltkrieges' ins Herz senkte, oder der Journalist, der... Lügen- und Beschönigungsmeldungen verbreitete und im gewünschten Sinne kommentierte. Es gab nur graduelle, aber keine grundsätzlichen Unterschiede." [140])

Über den Unterschied zwischen Rüstungsarbeiter und Ideologieproduzent

Der Unterschied zwischen dem Rüstungsarbeiter, der seine Arbeitskraft verkaufen mußte, nur um sich in seiner Existenzialität reproduzieren zu können, und dem Ideologie-Produzenten, der Faschismus-Propaganda betrieb, bzw. sein Publikum von dessen Alltagsrealität aktiv zu entrücken pflegte, ist allerdings ein grundsätzlicher. Scheinbar kein grundsätzlicher, nur wenn man dem Schein der Egalität von Arbeiter und bürgerlichem Künstler verfallen ist, den letzterer aufgrund seiner Klassen- und Schichtenbedingtheit ja gerade - zumindest objektiv - fortwährend reproduziert, verschönert, verstärkt. Damals nicht zuletzt gerade für die Rüstungsarbeiter, die neben den Kriegsverwundeten schon bald von den Nazis als wichtigste Zielgruppe für die Fernseh-Unterhaltung erachtet wurden. Denn sicherlich wußten die Rüstungsarbeiter, wozu die Ergebnisse ihrer Produktion dienten. Und viele wußten es nicht nur, sondern versuchten auch, etwas dagegen zu tun: von passiver Resistenz im Betrieb, Ignorieren des Produktionssolls bis zur aktiven Werksabotage [141]), d. h. Lebensgefahr, manchmal Todesstrafe [142]). Bestand auch der Gebrauchswert ihrer Produktion letztlich in todbringender, völkervernichtender Destruktion, so stellten doch im Unterschied dazu die Ideologieproduzenten etwas mehr her, d. h. nicht etwas Besseres, sondern etwas über die materielle Produktion Hinausgehendes, davon Verschiedenes, indem sie für diese Destruktion auch noch den Applaus bei der Bevölkerung reklamierten: direkt oder indirekt.

Zumindest eine Ahnung davon scheint dem Verfasser des damaligen Lustspiels später gekommen zu sein, als er gleich nach seiner Behauptung einer grundsätzlichen Gleichheit von Rüstungsarbeiter und bürgerlichem Ideologieproduzenten - schon beinahe eine Neuauflage der nazistischen "Volksgenossen"- und "Volksgemeinschafts"-Devise - schrieb: „Und durften die Autoren . . . etwa im Ernst behaupten, sie trügen nicht zur Konsolidierung der Gewaltherrschaft bei? . . . Was für alle galt, galt in besonderem Maße für das Theatervolk, zwischen dem ich lebte. Den Autoren, Schauspielern, Sängern, Regisseuren, Theaterleitern usw. kam es zunächst gar nicht in den Sinn, daß sie dem Regime durch ihr Weiterwirken einen Dienst leisteten . . ." [143])

Doch „wer Hindenburg wählt . . ."

Die Rückschau darauf, wie er sich durch die Nazi-Herrschaft hindurchdiente, die Art, in der er sich selbst und die damaligen Verhältnisse einschätzte - das könnte auch auf viele andere bürgerliche Künstler zutreffen, die von dem gepflegten Niveau ihrer Intelligenz herab die Nazis einfach für geschmacklos, ungebildet und wenig geistreich, bisweilen lächerlich oder etwas verrückt hielten, die sich arrangieren zu müssen glaubten, die Rassengesetze zur Verfolgung und Vernichtung der Juden für eine "Formalität", die Konzentrationslager allenfalls für "Umschulungs"-Stätten hielten und von der Gestapo lange nichts gewußt haben wollten. [144]) Z. B. eben Sigmund Graff, Freiwilliger im 1. Weltkrieg, der durch sein Frontstück 'Die endlose Straße' bekannt wurde, das in über 5000 Vorstellungen auf den deutschen Bühnen zur Aufführung gelangte [145]), aber durch die Aufrüstung Nazi-Deutschlands mehr und mehr in Ungnade fiel.[146]) Von Hindenburg, der mit ihm am 5. 3. 1933 persönlich über Schneeglöckchen sprach [147]), war für ihn ein „guter Feldherr und ein korrekter Reichspräsident".[148])

Als damaliger Stahlhelmer [149]) wußte er noch 1963, daß Von Hindenburgs Beinverletzungen von einem Hufschlag aus dem Kaisermanöver von 1898 herrührten [150]), also bei dem auf die 90 zugehenden Feldmarschall nicht plump altersbedingt waren. 'Die Ideale eines echten Soldatentums' war der Titel eines Buches, das er herausgab, um zeigen zu wollen, wie heruntergekommen diese durch die Nazis waren.[151]) Trat er 1936 - das Jahr der Fernseh-Live-Übertragung der Olympiaden-Eröffnung in Berlin durch „Hitler, wie immer etwas komisch durch seine zu große Mütze" [152]) -in die NSDAP ein, so eigentlich nur zwecks "Rückendeckung" vor möglichen Vorwürfen gegen sein Kriegswarnbuch 'Unvergesslicher Krieg'.[153])

O-Widerstand: Opposition unter vier Augen

Schlüssig indes war für ihn, „daß der Geist des Widerstandes zuerst bei den Dienststellen in und um Berlin erwachte", bei „den Offizieren des OKW, OKH, OKL, OKM usw." [154]) Widerstand? Er hielt es anscheinend schon beinahe für Widerstand, wenn ein Oberregierungsrat „das gesamte Regime für ein Narrenhaus hielt", unter vier Augen gesagt, versteht sich.[155])

Er war Lektor und Dramaturg in der Theaterabteilung des Reichspropagandaministeriums, zerbrach sich anläßlich der Nazi-Okkupation Österreichs vor allem darüber (nicht ganz) den Kopf, daß man mit einer „bald hereinbrechenden österreichischen Star-Invasion" [156]) rechnen mußte; dabei war das Rechnen sicherlich kalkulativ gemeint, spekulativ, auch im Sinne ökonomischer Berechnung.

1937 schrieb er das Drehbuch für einen Militärschwank-Spielfilm 'Der Etappenhase' [157]), machte ab 1939 Propagandakompanie-Dienst, zuerst in Polen, dann "Westwall". Die Wehrmacht erschien ihm wohl als etwas Edles gegenüber dem Nazi-Gepöbel. So brachte ihn die faschistische Mai-Feier schlicht zum "Gähnen".[158])

Eine „Künstlernatur" und die Masse

Solch eine Künstlernatur - auch „der Führer sei eben mehr eine Künstlernatur" [159]) - mußte sich anscheinend für anders als die Masse der deutschen Bevölkerung halten: „Die Masse beschäftigt sich unter jedem System immer nur mit dem Zunächstliegenden. Das Übernächste interessiert sie nicht, und wenn es ihr verbriefter Untergang wäre." [160]) Und weiterhin - damit im Zusammenhang gesehen, schon nahezu eine Nachdichtung aus 'Mein Kampf' [161]) - gebe es bekanntlich eine „grundsätzliche Anziehungskraft des 'starken Mannes' auf das weibliche Geschlecht." [162]) Nach dem Überfall Nazi-Deutschlands auf die Sowjetunion wagte er es, seinen stellvertretenden Abteilungsleiter zu fragen, ob er dies nicht auch für besorgniserregend halte: „'Selbstverständlich, gar keine Frage. Wenn i mit dem Maier noch net fertig bin, fang i doch net auch noch mit dem Huber das Raufen an.' (Das geschah natürlich unter vier Augen)." [163])

Faschismus-Bewältigung in Gänsefüßchen

Ein Unter-vier-Augen-Widerstand, ein Gänsefüßchen-Widerstand - die Konzentrationslager hielt man nicht einfach für Umschulungsstätten, sondern für Stätten der 'Umschulung', das weibliche Geschlecht verlangt nicht einfach nach dem starken Mann, sondern nach 'dem starken Mann', - den da ein bürgerlicher Künstler dem deutschen Faschismus bot, sicherlich nicht der einzige dieser Art, wahrscheinlich von einer gewissen Repräsentativität, zumindest einer, der nach 1945 über sich (und seinesgleichen) öffentlich nachzudenken versuchte.

„Eine umstrittene Aufnahme in der Öffentlichkeit fanden auch seine 1963 erschienenen Memoiren 'Von S.M. zu N.S. - Erinnerungen eines Bühnenautors (1900 - 1945)'." [164]) Indes schon darin fühlte sich Sigmund Graff von der damaligen Nachschlagwerk-Literatur ungerecht behandelt, da sie sein "Widerstandswirken" [165]) gegen den Faschismus unerwähnt ließ. Denn Radio München und Nürnberg hätten doch gemeldet, daß keine Sühneanträge gestellt würden, da er „aktiven Widerstand geleistet und dadurch Nachteile erlitten hat", dies bereits am 29. 10. 1948. [166]) Kunststück, nachdem am 1. 1. 1947 in Westdeutschland die Bizone entstanden war, die New York Times am 16. 11. 1947 mitteilen konnte, „daß mit der unwiderruflichen Aufspaltung Deutschlands bestimmt gute Zeiten kommen" [167]), die US-Militärregierung am 19. 3. 1948 bekannt werden ließ, daß ein Wiederaufbau in Westdeutschland zuvor Entschärfung, gegebenenfalls Abbruch des Entnazifizierungsprogramms erfordere [168]) usw. usf.

Das schöne Deutschland in Mühsal und Beschwingtheit: Rundfunkausstellungs-Fernsehprogramm

Fernsehen anläßlich der Rundfunkausstellung 1939, Freitag, 28. 7. bis Sonntag, 6. 8. (sonntags jeweils Funkstille):

Freitag, 28. 7.
12.05 „Blitzlichter"
13.00-13.30 Sendepause
13.30 „Musikalisches Zwischenspiel"
14.00 „Das Deutsche Rote Kreuz"
15.00 „Das schöne Deutschland"
15.45 „Altwiener Bilder"
16.50 Einführung in die Veranstaltungsreihe „Sport und Mikrofon"
17.45 „Aus der Werkstatt des Rundfunks"
18.35 „Ein Traum im Puppenladen"
19.15-20.00 Sendepause
20.00 Nachr., Wetter
20.15 „Interessantes aus aller Welt"
20.25 Zeitdienst
21.00 „Altwiener Bilder"
22.00-22.20 Nachr., Wetter, Sport

Sonnabend, 29. 7.
10.00 Film: „Für Schule und Haus"
11.00 „Kaspar und die Wunderkiste"
11.30 „Fröhlicher Kindergarten"
12.00 „Das schöne Deutschland im Film"
12.30-13.30 Sendepause
13.30 „Musikalisches Zwischenspiel"
14.00 „Aufnahme!" Film im Gelände mit bekannten Filmkünstlern
14.50 „Blitzlichter"
15.50 „Soldaten - Kameraden"
16.55 „Sport und Mikrofon"
17.50 „Aus der Werkstatt des Rundfunks"
18.25 Bekanntgabe des Spielergebnisses
18.35 „Ein Traum im Puppenladen"
19.15-20.00 Sendepause
20.00 Nachr.. Wetter. Zeitdienst

Freitag, 4. 8.
10.00 Film: „Für Schule und Haus"
11.00 „Die blaue Blume im Zauberwald", Puppenspiel
11.30 „Spielgefährte Tier." Kinderspiele
12.00 „Das schöne Deutschland im Film"
12.30-13.15 Sendepause
13.15 Konzert siehe Berlin
13.45 Film: „Zwischenspiel"
14.00 „Zeitgeschehen"
14.50 „Blitzlichter". Bilderwirbel mit Musik und Tanz
15.50 „Das Flaschenteufelchen" nach R. L. Stevenson
16.50 Film: „Aus der Werkstatt des Rundfunks"
17.10 „Sport und Mikrofon" siehe Berlin 18.00 Uhr
18.15 Film: „Aus der Werkstatt des Rundfunks"
18.35 „Ein Traum im Puppenladen" Tanspantomime Molkow-Ballett, Orchester E. Kaiser
19.15-20.00 Sendepause
20.00 Leitwort, Nachrichten Wetter
20.15 Interessantes aus aller Welt
20.25 Zeitdienst, Sport am Sonntag
21.00 „Das Flaschenteufelchen" nach R. L. Stevenson
22.00-22.20 Nachrichten, Wetter, Sport
20.50 „Rückblick auf die Woche"
21.05 „Blitzlichter"
22.00-22.20 Nachr., Wetter, Sport

Sonnabend, 5. 8.
10.00 Film: „Für Schule und Haus"
11.00 „Der falsche Graf." Hohnsteiner Puppenspiel
11.30 „Fröhl. Kindergarten" Ltg.: Elfi von Cranach
12.00 „Das schöne Deutschland im Film"
12.45 „Wer will unter die Soldaten . . ." Eine Stund im Hottengrund
13.15 Konzert siehe Deutschlandsender
13.45 Film: „Zwischenspiel"
14.00 „Zeitgeschehen"
14.50 „Blitzlichter." Bilderwirbel mit Musik und Tanz
15.50 „Bunte Welt im Rampenlicht"
16.50 Film: „Aus der Werkstatt des Rundfunks"
17.40 „Sport und Mikrofon siehe Berlin
18.35 „Ein Traum im Puppenladen" Tanzpantomime Molkow-Ballett, Orchester E. Kaiser
19.15-20.00 Sendepause
20.00 Leitwort, Nachrichten, Wetter, Zeitdienst
20.45 Rückblick auf die Woche
21.00 „Bunte Welt im Rampenlicht"
22.00-22.20 Nachrichten, Wetter, Sport

Eine für das damalige Programm durchaus repräsentative Mischung aus Fernseh-Traum im Puppenladen, Sport-Berichten, Bilderwirbeln mit Musik und Tanz, Fernsehspiel und "Kultur"-Film-Schönheiten Deutschlands, von Direkt-Propaganda durch 'Soldaten - Kameraden' (auch am 7. und 14. 7. und 24. 8.) und Varieté-Propaganda wie 'Bunte Welt im Rampenlicht' (auch am 8. 7., 19. 8., 8. und 22. 12.), repräsentativ, wenn auch aus Anlaß der Rundfunkausstellung bis zu täglich 10 ½ Stunden Sendezeit intensiviert.[170)]

Fernseher explodiert - Führer überlebt

„Gleich nachdem Hitler die Fernsehhalle verlassen hatte, implodierte auf dem benachbarten Ausstellungsstand des Reichspost-Zentralamtes eine große 35-cm-Kolben-Fernsehröhre mit einem explosionsartigen Knall. Wenige Minuten waren vergangen, seit er unmittelbar davorstand. Die Glassplitter blieben zum Teil in den umgrenzenden Wänden stecken. Wie hätten die schwerbewaffnete SS-Mannschaft und Hitler

„Von erdenferner, lastloser Beschwingtheit und loderndem Feuer der Melodie scheinen die Puppen im Walzerrausch hingerissen."

171)

„Wie in rastloser Arbeit auch die Leichtigkeit dieser Szene erprobt und erarbeitet werden muß."

selbst auf diese Röhrenimplosion reagiert? Jedenfalls hielten meine Fachkollegen nachher eine Art Dankgottesdienst ab."[172]), erinnerte sich später ein Pionier der Entwicklung der Elektronentechnik an eine der wohl letzten Begegnungen Hitlers mit dem deutschen Fernsehen vor den ersten kriegerischen Explosionen, Detonationen bald danach.

Hörfunk-Detektor und Fernseh-Großbildprojektion

Von der durch die Elektroindustrie im Auftrag der Reichspost in Angriff genommenen Erstauflage einer Serienproduktion von 10 000 Volks-Fernseheinheitsempfängern[173]) für den privaten Heimempfang sollen infolge der faschistischen Kriegsauslösung nur rund 50 Stück hergestellt worden sein.[174]) Aber der Fernseh-Betrieb wurde keineswegs eingestellt, sondern lief weiter für den Kollektivempfang.

Wiederentdeckung des Detektors[175])

,mit dem man zwar für nur 6 bis 10 Mark im Kopfhörer die Meldungen des Großdeutschen Rundfunks (die „wichtigsten Durchsagen" gegebenenfalls zum „Mitschreiben") empfangen konnte - z. B. „an der Ostfront", „im Luftschutzkeller" oder „in Arbeitslagern"[176]), aber keine ausländischen Sender, mit dem man also sparsamer haushalten und spärlicher denken konnte und wohl auch sollte, denn „im modernen Krieg kämpft der Gegner nicht nur mit militärischen Waffen, sondern auch mit Mitteln, die das Volk seelisch beeinflussen und zermürben sollen. Eines dieser Mittel ist der Rundfunk. Jedes Wort, das der Gegner herübersendet, ist selbstverständlich verlogen und dazu bestimmt, dem deutschen Volke Schaden zuzufügen. Die Reichsregierung weiß, daß das deutsche Volk diese Gefahr kennt und erwartet daher, daß jeder Deutsche aus Verantwortungsbewußtsein heraus es zur Anstandspflicht erhebt, grundsätzlich das Abhören ausländischer Sender zu unterlassen. Für diejenigen Volksgenossen, denen dieses Verantwortungsbewußtsein fehlt, hat der Ministerrat für die Reichsverteidigung eine Verordnung erlassen, die das Abhören von politischen Nachrichten und Übertragungen ausländischer Sender verbietet und unter Strafe stellt."[177])

1940 schließlich wurde noch präzisiert, daß unter das Abhörverbot ausländischer Sender auch "Musikdarbietungen" und "neutrale Stationen" fallen[179]), wurde bekanntgegeben, daß entsprechend auch Urteile gefällt wurden, wurde wiederholt, daß bei Zuwiderhandlungen Zuchthaus bis zu 15 Jahren oder sogar die Todesstrafe verhängt würde.[180]) Das blieben durchaus keine bloßen Drohungen. Hinrichtungen wegen "Rundfunkverbrechens" wurden vollstreckt.[181])

Ein Wort an die Hörer

„Polnische Überläufer, unter ihnen mehrere Volksdeutsche, die nur gezwungen ihrer Mobilmachungsorder gefolgt waren, nehmen an der Begrüßung der deutschen Truppen teil." [178])

§ 1

Das Abhören ausländischer Sender ist verboten. Zuwiderhandlungen werden mit Zuchthaus bestraft. In leichteren Fällen kann auf Gefängnis erkannt werden. Die benutzten Empfangsanlagen werden eingezogen.

§ 2

Wer Nachrichten ausländischer Sender verbreitet, wird mit Zuchthaus, in besonders schweren Fällen mit dem Tode bestraft.

§ 7

Die Verordnung tritt mit sofortiger Wirkung in Kraft.

Berlin, 1. September 1939.

Der Ministerrat für die Reichsverteidigung.

Für weit weniger gefährlich konnten die Nazis wohl das Fernsehen halten, das noch nicht einmal national zu empfangen war, sondern nur in der Hauptstadt und Umgebung - und nicht privat, sondern öffentlich. Auch nach der Rundfunkausstellung im Sommer 1939 lief das Fernsehprogramm als 'Lustiges Allerlei', 'Ein Traum im Puppenladen' oder 'Bunte Welt im Rampenlicht' weiter, wie gewohnt, wenn allerdings auch mit etwas verstärkt direktpropagandistischen Sendungen: 'Adel der Arbeit - Einsatz und Bereitschaft des Reichsarbeitsdienstes' (7. 8., 21.00-22.00h und 1. 9., 21.15-22.00h), 'Schießausbildung in der Hitlerjugend' (8. 8., 17.00-17.15h), 'Wer will unter die Soldaten . . .' (15. 8., 19.30-20.00h), 'Kameraden und Soldaten' (24. 8., 21.10-22.00h) [182]) oder 'Der Westwall' (28. 8., 21.20-22.00h). „Ende August dieses Jahres machte der Deutsche Fernseh-Rundfunk einige Wochen Vorbereitungspause für die anlaufende Spielzeit. Jetzt wird die Sendefolge wieder, nachdem man vom 2. bis 8. Oktober probeweise ein Filmprogramm abgewickelt hatte, 'voll gefahren' . . ." [183]) Inwieweit es sich bei dieser Unterbrechung wirklich um eine Spielzeit-Vorbereitung handelte, bzw. vielmehr um die Folge der Stillegungs-Anordnung für den Fernsehsender vom 24. 8. 1939 [184]), muß wohl dahingestellt bleiben. Am 26. 10. 1939 jedenfalls:

Fernsehbild-ganz groß!

 [185]

1939: Fernseh-Großbildprojektion für 300 Zuschauer

Unterhaltungs- und Propaganda-Fernsehen zu Kriegsbeginn

Zum 12. 11. 1939 erschien in der Rundfunkprogramm-Illustrierten 'Die Sendung' erstmals wieder ein Ausdruck von Fernseh-Programmen. Nachdem am 6. 10. die letzten Einheiten der polnischen Armee kapituliert hatten und drei Tage darauf aus dem Oberkommando der faschistischen Wehrmacht eine Anweisung zur Ausweitung der Aggression in Richtung Westeuropa - „Dieser Angriff muß so stark und so frühzeitig als möglich durchgeführt werden." [186] - gekommen war, sah sich das deutsche Fernsehprogramm in den letzten zwei Monaten des ersten Kriegsjahres wie folgt an:

Total-Sendezeit	Gesamt-Abendprogr. — 100 Proz.	
	Informations- und Servicekomplex	Haupt-Programm
38 h 10' 12. - 30. November	13 h 30' (35,4 Prozent)	24 h 40' (64,6 Proz.)
49 h 1. - 30. Dezember	15 h 10' (31 Prozent)	33 h 50' (69 Prozent)

Hauptprogramm — 100 Prozent		
Direkt-Propaganda	Unentschieden	Unterhaltungs-propaganda
2 h 55' (11,8 Proz.)	4 h 25' (17,9 Prozent)	17 h 20' (70,3 Prozent)
--------- (------)	3 h 55' (11,6 Prozent)	29 h 55' (88,4 Prozent)

[187]

Auch nach Auslösung des 2. Weltkrieges durch den deutschen Faschismus dominierte die Unterhaltung. Zudem auffallend ist, daß zum Jahresende hin der Informations- und Servicekomplex reduziert wurde, daß z. B. zwischen Weihnachten und Neujahr dieser - zumindest den Programm-Ausdrucken nach zu beurteilen - völlig fehlte, daß - nach den sendefreien Tagen vom 24. bis 26. 12. 1939 - die Fernsehabende unmittelbar mit dem Hauptprogramm begannen und endeten, mit Fernsehspiel-Wiederholungen wie 'Robinson soll nicht sterben' am 27. (18. u. 27. 11., 6. u. 17. 12.), am 28. 'Die vier Gesellen' (21. u. 30. 8., 13. 11., 13. u. 21. 12.), 'Verstaubtes Herz im Pulverschnee - Spiel vom Alltag, Urlaub, Schnee und Wind' am 29. (12. u. 19. 12.), 'Vertrag um Karakat' am 30. (1. u. 15. 12.), Fernsehspiel-Wiederholungen in Aufführungslängen von 75 bis 90 Minuten.

Auch „der weitere Winterspielplan ist, sofern es sich um die großen Abendveranstaltungen handelt, auf gehaltvolle Unterhaltung abgestimmt. Der Deutsche Fernseh-Rundfunk will keine Probleme aufrollen und zur Diskussion stellen, er will wie ein guter Freund Freude in unser Dasein tragen und so helfen, die dunklen Tage des Winters mit Licht und Wärme zu erfüllen." [188]) Hier wurde vom Presseveröffentlichungs-Instrument der faschistischen Partei-, Staats- und Rundfunkführung offiziell das als Direktive ausgegeben, was auch die 'Lili Marleen'-Sängerin auf ihrer Ostfront-Tournee nach Polen erleben sollte: „Der Sinn eines Frontsoldaten trachtet anscheinend mehr nach Unterhaltendem als nach Erhabenem." [189])

„Keine Probleme aufrollen und zur Diskussion stellen"

'Die vier Gesellen', die die Fernsehkamera in ihrem Atelier darstellt, war ein "Lustspiel" [191]) um vier junge Mädchen, eine „Jungmädchengeschichte, Kunstgewerblerinnen- und Alltagsmilieu" [192]), zu der Jochen Huth die Vorlage schrieb, Film- und Bühnenautor, der 1938 auch das Drehbuch zu einem gleichnamigen Spielfilm nach seinem gleichnamigen Bühnenstück verfaßte, nach 1945 u. a. Bundesfilmpreis 1954 und 1956.[193]) „Die Bilder sind so geschickt gebaut, daß sie keinen Wunsch offenlassen. Das gleiche gilt von dem Spiel 'Postlagernd - Postamt II'", [194]) ein „duftiges Spiel" [195]), das am 17. 11., 3. u. 11. 12. ausgestrahlt wurde. „Dann gibt es eine lustige Reihe mit Erlebnissen aus dem täglichen Leben. 'Bitte, kurz fassen!' heißt die Reihe. Jo Hanns Rösler, Christian Bock, Rolf Sievers und Hermann Krause sind die Urheber. Ihre Namen bürgen dafür, daß die Lachmuskeln kräftig in Bewegung gesetzt werden. Im großen Planungskalender des Deutschen Fernseh-Rundfunks finden wir noch ein zweites Mal den Namen Rolf Sievers. Es handelt sich um die Darbietung 'Ich habs ja gleich gesagt!'. In dieser Sendung werden aktuelle Dinge des Alltags in lustiger Form behandelt. Auch hier gibt es zweifellos eine angenehm wirkende Heiterkeitsmassage." [196]) 'Bitte kurz fassen!', in immerhin 60-Minuten-Fassungen ausgestrahlt (27. 8., 20. u. 28. 11., 10., 18. u. 23. 12.), wurde von dem Nazi-Lieblingsspielleiter Werner Oehlschläger [197]) gemacht. 'Ich habs ja gleich gesagt!', ausgestrahlt als Halbstunden-Sendungen (14. u. 21. 11., 5. u. 14. 12.), bestand aus Kurzstücken: „Ob die Szenen nun im Luftschutzkeller, unter

Fernseh-Lustspiel 'Die vier Gesellen'

190)

oder 'Postlagernd - Postamt II', z. B. in der Hauptpostamt-Fernsehstelle Neukölln zu sehen.

Hamsterern oder am Stammtisch 'Harmonie' spielten, jede einzelne weiß dem Zuschauer eine gute Lehre zu vermitteln. ... Gewiss, die Meckerer, wie sie uns in diesem Spiel ... begegnen, sterben niemals ganz aus. Das weiß auch der Straßenfeger, der zum Schluß des amüsanten Spiels den großen Kehraus macht und vor sich hinsingt: Über den Asphalt nun - hauruck - mit dem Besen, / sind denn solche Blüten mal wichtig gewesen? / Dieses Mekkern, Munkeln, Stöhnen, / wollen wir uns abgewöhnen. / Ihr verbreitet Seelengeripple! / Paßt mal uff: Hier is ne Schippe! / Fest ran mit kühnem Schwung - / det macht euch beede jung!" 198) Neben solcher Hauruck-Heiterkeit mit Schipp-Schipp-Hurra-Moral gab es auch „den groben, stur auf den Gleisen einer zwar notwendigen, aber nicht immer angebrachten Bürokratie laufenden Eisenbahnbeamten" 199) und sein Mündel in dem Fernsehspiel 'Der Mann aus dem Express' (45 Minuten am 15. u. 30. 11. u. 20. 12.), mit Ingeborg von Kusserow 200) und als Streckenwärter Udo Vietz, der schon 1935 seinen Fernseh-Auftritt hatte[201]) und 1939 auch in der Rundfunk-Spielfilm-Liebesgeschichte 'Die Stimme aus dem Äther' mitwirkte.[202]) Er war auch Autor von 'Haben Sie das gewußt, Frau Miesner? - Eine Folge aktueller Heiterkeitserreger' (50 Minuten am 12. u. 24. 11. u. 16. 12.): „Frau Miesner ist nichts anderes als eine Frau, die bei jeder Gelegenheit zu kritisieren und zu meckern versucht. Indem ihr der Giftzahn gezogen wird, wird auch vielen anderen Volksgenossen gezeigt, wie sie sich in der Gegenwart zu verhalten haben." [203]) 'Gut gelaunt ist halb gewonnen' mit Inge Vesten, Heinz Förster-Ludwig, Ivo Veit u. a.[204]) brachte „wieder exquisite Darbietungen aus dem Kabarett und vom Varieté.[205])

Nach den Erfolgen der bekannten Buch-Vorlage brachte das deutsche Fernsehen am 18. und 27. 11. und 6. 12. als 90-Minuten-Fassung und am 17. und 27. 12. als 75-Minuten-Fassung das nach einem Bühnenstück gestaltete Spiel 'Robinson soll nicht sterben', u. a. mit dem damals fünfzehnjährigen, von Hörfunk, Bühne und Film bekannten[206]) Kinderdarsteller Wolfgang Kieling, den man als erwachsenen Schauspieler nach 1945 allerdings nicht erst in ZDF-Vorabend-Serien sehen konnte, sondern vor allem in Antifaschismus-Spielfilmen der DDR.[207])

Später berühmter Antifa-Darsteller, damals Kinderstar: Wolfgang Kieling

Am 1., 4., 15. und 30. 12. 1939 wurde das Fernsehspiel 'Vertrag um Karakat' (in 60, bzw. 90 Minuten Länge) ausgestrahlt, ein Spiel um die Nutzung von Ölvorkommen, irgendwo in den "Bergen Zentralasiens"[208]): „Aus der Folge wilder Begebenheiten, in denen sich Werkspionage, Verrat und Intrigen häufen, aber hebt sich heraus die mannhafte Haltung deutscher Pioniere im fernen Land." [209]) Es ging also darum, daß ein Ingenieur sich für die Sicherung ausländischer Rohstoffe für Deutschland

Schloß Fürstenberg-Sekt-Reklame: „Die Welt ist schön - durchs Glas gesehn" - Liebesgeflüster im Fernsehen, Rohstoffbeschaffungs- und Rüstungsabsprachen im OKW.[212]

durchzusetzen hatte. Sicherlich ein Spiel mit direkt-propagandistischen Tendenzen, gewissermaßen eine fernsehspielerische Vorwegnahme des faschistischen Expansionskrieges in Richtung Südosteuropa, letztendlich aber Sowjetunion, von wo man sich das zur "Blitzkriegsstrategie" drängende Defizit in der "Rüstungstiefe" gegenüber den Westmächten kompensieren zu können glaubte.[210] Eigentlich noch nicht einmal eine Vorwegnahme, denn in dem gleichen Monat der Fernsehausstrahlung dieses Spiels fand unter der Leitung des Chefs des Wirtschafts- und Rüstungsamtes des Oberkommandos der Wehrmacht, Generalmajor Georg Thomas, eine Beratung über Rüstungsfragen, Rohstoffbeschaffung usw. statt, an der sich auch Karl Blessing, nach 1945 Präsident der Deutschen Bundesbank und Deutscher Gouverneur im Internationalen Währungsfond hervortat.[211] Autor, Regisseur und Schauspieler dieses für das Fernsehen bearbeiteten Bühnenstücks hätten, würde man sie heute danach fragen, sicherlich nichts davon gewußt. Aber „angesichts der Treibstoffknappheit der deutschen Kriegswirtschaft war die Gewinnung des Erdöls in der UdSSR eines der wichtigsten Kriegsziele auf lange Sicht und zugleich eines der dringendsten unmittelbaren Ziele des deutschen Imperialismus." Im Herbst 1940 schlug Göring jenem Generalmajor vor, eine zentraleuropäische Treibstoffgesellschaft zu gründen. Am 27. 3. 1941 kam es dann dazu: Kontinentale Öl AG, mit Vorsitz im Verwaltungsrat für Karl Blessing.[213] Das Spiel von 1939, das im Fernsehen, war den Realitäten gegenüber wohl mehr ins Exotische entrückt, von dem realen imperialistischen Kriegsabenteuer weg in ein Abenteuertum des Sekt-Lächelns, der Eifersucht und des Liebesgeflüsters. Nach der Bühnenstück-Vorlage 'Vertrag um Karakat' von Fritz Peter Buch[214] wurde 1938 auch schon ein "Abenteuerfilm" 'Mit versiegelter Order', "künstlerisch wertvoll"[215]), gedreht, den man für einen Vorläufer weiterer Nazi-"Exoten-Filme" halten kann.[216]) Nach einer Hörspiel-Version kam es zu der Fernseh-Fassung, in der alles andere Schauspieler als auf der Leinwand zu sehen waren. Diesmal also kein Spielfilm-Kurzverschnitt für das Fernsehen, sondern - im Unterschied zu Anfang 1938[217]) - Eigenproduktionen: tatsächlich Mehrzahl, denn - ebenso wie die anderen Fernsehspiele, Kurzstücke oder Varietéabende - solche Sendungen waren allemal, auch als Wiederholungen, Live-Aufführungen. Die Mehrfach-Verwertung des Stoffs, der literarischen Vorlage - diesmal also nicht des Kommunikationsprodukts - durch das Fernsehen besorgte Hannes Küpper, der auch schon die Fernsehregie für das Lustspiel 'Der rote Unterrock'[218]) oder in 'Postlagernd - Postamt II'[219]) führte, 1955 verstorben, 1933 Dramaturg und Spielleiter am Schauspielhaus Düsseldorf, 1937 - 1939 Regisseur am Deutschen Schauspielhaus Hamburg, dann am Fernsehsender in Berlin, ab 1952 ständiger freier Mitarbeiter für Fernsehspiel-Regie in Berlin (West).[220])

Der Vierjahresplan im Eintopf

Am 26. 11. 1939 wurde die 55-Minuten-Sendung 'Bereitschaft - Opfergang Vermächtnis: Mahnmal der Gefallenen des Weltkrieges und der Bewegung' ausgestrahlt, eine der 5 Sendungen, die in jenem Monat noch die 11,8 Prozent Direkt-Propaganda im Fernseh-Hauptprogramm ausmachten. Dominant indes blieben die vielfachen Varianten der Unterhaltung, etwa durch Plaudereien eines Fritz Janecke, „ein allroundman, ein Bohemien unter den Rundfunksprechern ... ein südländischer Typ, lässig gekleidet, mit schwarzer Tolle in der Stirn, stets gut gelaunt, obgleich ihm das Schicksal arg mitspielte."[221]) 'Wege um Berlin' (17. u. 24. 11., 8. u. 15. 12.) oder 'Streiflichter aus Berlin' (21. u. 28. 11., 5. 12.) waren solche meist zehnminütigen Sendungen: „So machte er auch eines Abends die Besucher der Fernsehstuben mit einer kleinen Siedlung am Rande der Weltstadt bekannt. Er sprach von den Siedlern und Kleingärtnern und zeigte dabei Wirsingköpfe, Porreestangen und sonstige Pflanzen ... Zwei Prachtexemplare aus der Viehzucht des Kleinsiedlers wurden vorgeführt. Zuerst ein schwerer Karnickelbock, der sich im warmen Licht der vielen hellen Scheinwerfer offenbar sehr wohl fühlte. Der fette Kerl wackelte mit seinen langen Löffeln und blinzelte zufrieden zur Kamera hinüber. Dann sollte ein Hahn..."[222]) Er tat es nicht. Denn anscheinend kein Hahn krähte danach - keiner, der nazistisch etwas auf sich hielt -, nach einem Auftritt im Fernsehen. Der Kleinsiedler-Hahn aus dem Großdeutschen Reich vielleicht deswegen nicht, weil er wohl nicht nur massenmedial vor seinem 'Pathé-Journal'-Konkurrenten aus Frankreich die Flügel strecken mußte, der bereits in seiner Wochenschau-Ausgabe vom 17. 3. 1937 gegenüber der nazideutschen Kriegsrüstung warnte: „On ne passe pas!", d. h. da kommt keiner durch![223]) Fernseh-Witze im abendlichen Hauptprogramm, aber auch zunehmend Fernseh-Hetze, Kriegstreiberei soll die ständigen Informations-Sendungen 'Zeitdienst' und 'Aktueller Bildbericht' ab Mitte 1939 beherrscht haben.[224]) Und anscheinend auch in den dem Hauptprogramm vorgelagerten Service-Sendungen fand in der Folge der Auslösung des Weltkrieges mehr und mehr eine „Kanonen statt Butter!"-Devise Verbreitung, da „wir wissen, daß die Devisen, die wir dadurch sparen, der Aufrüstung zugute kommen." [225])

Hermann Göring am 28. 10. 1936: „Sie müssen in erster Linie immer die Speisen auf den Speisezettel setzen, die jahreszeitlich bedingt sind, die vorhanden sind, die die eigene nationale Produktion in dem Augenblick hervorbringt! Es ist eine Sünde, wenn man immer gerade das kaufen und haben will, was in dem Augenblick nicht durch die Natur hervorgebracht wird." [226]) Eine selbstlose Empfehlung, die sich in den ersten Kriegsmonaten beim Profi-Plauderer des deutschen Fernsehens kochkünstlerisch-topfguckerisch variiert ansah: „Fritz Janecke hat für den Fernsehrundfunk eine neue Reihe zusammengestellt, deren Darbietungen allen ... im wahrsten Sinne des Wortes das Wasser im Munde zusammenlaufen ließ. ... Er bietet neue, der Zeit entsprechende Kochrezepte. Diese Rezepte aber werden nicht einfach zur Verlesung gebracht, o nein, - im Fernsehen gibt es andere Möglichkeiten. Der ganze Kochvorgang wird den interessierten Hausfrauen praktisch vorgeführt. Vom Säubern des Gemüses und der Kartoffeln bis zum fertigen Mahl. Die Tunke wird mit hochgezogenen Brauen und gespitztem Munde fachmännisch abgeschmeckt, immer wieder fährt die Gabel in den Kochtopf, um festzustellen, ob die gegen die Wand bollernden Erdäpfel gar sind..." [227])

Faschistische Arbeitsbeschaffung, Arbeitsdienst, Intensivierung der Ausbeutung, auch Re-Extensivierung der Arbeit, schließlich zunehmende Erschöpfung der Arbeitskraftreserven: dies hätte das 1937 bis 1938 kaum angestiegene Lohnniveau in die Höhe drücken können, hätte auch zur Folge haben können, daß durch eine solche Abnahme der industriellen Reservearmee (als einer Existenzbedingung kapitalistischer Produktion) von dem Recht auf Wahl und Wechsel des Arbeitsplatzes Gebrauch gemacht würde. Mittels staatsmonopolistischer Zwangsregulierung beseitigten die Nazis dieses Recht, durch eine „Verordnung zur Sicherstellung des Kräftebedarfs für Ausgaben von besonderer staatspolitischer Bedeutung" vom 22. 6. 1938, verschärft angewendet ab 1939. [228]) Neben Lohndruck, Lohnminderungen mußten auch Konsumenthaltungen eine Kompensation für die Rüstungsproduktion und -investitionen schaffen. Auch das Fernsehen verhielt sich dabei nicht anders als „der Zeit entsprechend". Also „stieß man auf Sendungen wie 'Aus Alt mach Neu', 'Rezepte zum Einmachen' usw.", d. h. durchaus „Themen, die sich aus dem Vierjahresplan ergeben" [229]), den Hitler als geheime Denkschrift vom 26. 6. 1936 faßte: „Ich stelle damit folgende Aufgabe: I. Die deutsche Armee muß in 4 Jahren einsatzfähig sein. II. Die deutsche Wirtschaft muß in 4 Jahren kriegsfähig sein." [230])

Ob es zutrifft, daß solche Programme beim Publikum „ins Schwarze treffen" mußten, die Fernseh-Empfangsstellen „allabendlich überfüllt" [231]) oder von „vielen Hunderten von Volksgenossen" [232]) besucht wurden, läßt sich schwer nachprüfen. Der Bericht eines Besuchs in der Fernsehstube vom 15. 11. 1939 bescheinigte dem neuen Medium zwar nicht eine solche Quantität an Zuschauern, dafür aber eine Qualität-Effektivität des Empfangs der Sendungen: „Du sitzt in einer dunklen Stube und läßt dich von dem Geschehen bannen, das dort auf der weißen, viereckigen Mattscheibe vorüberzieht. Klar, ruhig, ausgeglichen ist das Bild. ... Der Ansager spricht. Hier in diesem kleinen Raum, gemeinsam mit ein paar Menschen nur, ist es, als spräche er zu dir, als spreche er für dich." [233]) Kurt Wagenführ, Hauptschriftleiter der Nazi-Prominenz, jedenfalls ging es dabei um Grundsätzlicheres, wenn er zu Weihnachten 1939 veröffentlichen lassen konnte: „Auch im Krieg wurde der Fernsehbetrieb nicht eingestellt." [234])

Aus der Fraktion des Elektro-Kapitals

Der Vorstand der Telefunken-Gesellschaft konnte allem Anschein nach beruhigt und erwartungsvoll „Der Front und der Heimat eine gute Weihnacht!" [235]) wünschen. Und in der Rundfunk-Presse konnte „mit Stolz" über das Fernsehen im ersten Kriegsjahr „zusammenfassend gesagt werden", daß England und Frankreich mit Kriegsbeginn die Sendungen einstellten. „Deutschland aber will auch auf diesem wichtigen Kulturgebiet seinen Vorsprung halten und verstärken." [236])

„Die Telefunken-Gesellschaft stimmt geschlossen mit 'Ja'!"

Für die Kapitalfraktion der Elektroindustrie konnte es nicht nur bei dieser anläßlich der "Wiedervereinigungs"-"Volksabstimmung" über die Okkupation Österreichs zum 1. 4. 1938 ausgegebenen Devise bleiben. [237]) Auch für den Telefunken-Konzern nicht, sollte doch Nazi-Deutschland "seinen Vorsprung halten und verstärken". Der Bedarf an faschistischer Direkt- sowie Unterhaltungs-Propaganda - ob durch die inzwischen traditionellen Massenmedien wie Hörfunk, Schallplatte und Tonfilm oder durch Livemedien-Verstärkung - erweiterte die Verwertungsbereiche für das Elektrokapital ebenso wie der Bedarf an Imperial-Funk oder Aggressions-Elektronik für den Nazi-Versuch einer Neuaufteilung der Welt.

Zum 1. Mai 1935 in Berlin wurde Telefunken vor die Aufgabe gestellt, „ein Aufmarschgelände für 2 000 000 Festteilnehmer so mit Schall zu versorgen, daß jeder des Führers Wort und die Musikdarbietungen klar verstehen konnte." Eine Anlage von 128 großen "Pilzlautsprechern", die von einem fahrbaren, für Schallplatten-Wiedergabe und -Aufnahme ausgerüsteten Regiestand bedient wurde, war der Auftrag. [238]) Am 19. 5. 1935 eröffnete Hitler die ersten 20 Kilometer "Reichsautobahn". „Damit alle Teilnehmer die gesamten Feierlichkeiten miterleben konnten, war Telefunken beauftragt worden, längs der Strecke Lautsprecheranlagen zu errichten": 59 "Pilzlautsprecher", 14 "Trichterlautsprecher", 1 "Riesenkraftsprecher". [239]) Schließlich Großlautsprecher an Seepromenaden entlang: „Zwischen den schönen, gepflegten Blumenbeeten wachsen nun die 'Telefunkenpilze' heraus", für Gauleiter-, Oberbürgermeister-, Wassersport- und Musik-Übertragungen. [240])

1936 erhielt Telefunken „den ehrenvollen Auftrag, eine Schallplattensammlung von 300 mundartlichen Aufnahmen aus allen Gebieten des Deutschen Reiches herzustellen, die dem Führer vom Reichsbund der deutschen Beamten als Geburtstagsgabe zugedacht war", d. h. ein mannshoher „Schrank des Lautdenkmals reichsdeutscher Mundarten" mit Deutschlandkarte der Aufnahmeorte (1938 einschließlich Österreich) auf den Innenseiten der Türen.[241]) Sicherlich kein allzu großer Auftrag, eine exklusive Einzelanfertigung für einen „Mann, der die Sorgen für eine nun 90 Millionen Menschen große Familie zu tragen hat."[242])

Aber für Telefunken gibt es nicht nur deutsche Mundarten, denn: „Die Märkte des Orients... gehören mit zu den interessantesten, auf denen sich Telefunken in letzter Zeit mit viel Erfolg eine feste Stellung geschaffen hat."[243]) „Für Telefunken" wurden 1937/1938 Felddienstübungen mit tragbaren Kurzwellenstationen in Lateinamerika durchgeführt.[244]) Und eingedenk einer ehemaligen Telefunken-Großfunkstelle in Afrika aus der Zeit vor dem 1. Weltkrieg: „Schon beginnen sich wieder in früheren deutschen Koloniallanden die Kräfte zu regen, die infolge des Versailler Diktats lange auf koloniale Betätigung verzichten mußten. Langsam durfte wieder der deutsche Kaufmann ins Land kommen ... Das neue Deutschland wird auch die Kolonialfrage lösen und, wie wir alle hoffen, recht bald."[245])

Telefunken 1939 zum VW: „Ja. man kann soweit gehen, dem KdF-Wagen eine bestimmte volksgesundheitliche Bedeutung vorauszusagen", z. B. mit „umlegbarer Stabantenne" für Rundfunk im Auto!"[246]). Vielleicht nur eine Randerscheinung im Verhältnis zur eigentlichen Militarisierung der Elektroindustrie und ihrer ideologischen Massenmobilisierung der deutschen Bevölkerung, aber ein Hinweis auf das Spektrum an Möglichkeiten der Kapitalverwertung, die durch den deutschen Faschismus abgesichert, bzw. neu oder wieder erschlossen werden sollten. 1973 blieben die Aktionäre des AEG-Telefunken-Konzerns ohne Dividenden-Auszahlung, auch 1974, 1975, 1976, 1977; 1978 soll der Vorstandsvorssitzende dieses Elektro-Monopols die Fortsetzung solcher Tendenz auch für 1979 und 1980 nicht ausgeschlossen haben.[247]) Selbstverständlich kann auch 1979 nicht die Rede davon sein, „AEG degeneriere zu einer 'Plätteisenfabrik'"[248]), führt man sich etwa einmal den Operationskomplex der Konzern-Tochtergesellschaft Teldix, Rüstungsproduktion, vor Augen, bzw. denjenigen des AEG-Unternehmensbereiches Nachrichten- und Verkehrstechnik, untergliedert in die Abteilungen Hochfrequenztechnik, Weitverkehr und Kabeltechnik, Schiffbau-Flugwesen-Sondertechnik, d. h. Zusammenfassung aller Rüstungsproduktion im nationalen Bereich.[249]) Dennoch: In den Kriegsjahren 1914 bis 1918 wurden insgesamt rund 76 Millionen Mark Dividenden ausbezahlt, für das Geschäftsjahr 1918 28 Millionen ausgewiesen, fast das Doppelte von 1914. Die Kriegsprofite sowie Erneuerungen der Kooperationsabkommen mit dem US-Konzern General Electric führten AEG sicher auf die relative Stabilisierung des Kapitalismus bis zu dessen Weltwirtschaftskrise 1929 zu. Und aufgrund der Einführung der Fließbandproduktion und der damit ermöglichten Wegrationalisierung von Arbeitsplätzen konnte vor dem anschließenden Rückgang bis 1933 für 1929 ein Umsatz-Rekord von 580 Millionen Mark verbucht werden.[250])

Zwar setzte der AEG-Telefunken-Konzern in der Folge von 1929 nicht unbedingt auf eine Hitler-Diktatur, ging zunächst davon aus, noch „so oder so" zu können, mit Notverordnungs-Regierung oder Faschismus zu können,[251]) zwar kamen nach 1941/1942 gerade aus Kreisen des Elektrokapitals Bedenken gegenüber dem Nazi-"Blitzkrieg" und Befürchtungen um Vormachtspositionen angesichts des Vormarsches der sowjetischen Armeen. Aber von 1929 bis 1939 konnte der AEG-Telefunken-Konzern seinen Umsatz-Rekord von 580 auf 604 (1942 schließlich auf 1 500) Millionen Mark steigern.[252])

Warum sollte daher Martin Schwab, der „Führer des Gesamtunternehmens" Telefunken, von ihm „das Auge und Ohr der Hitler-Wehrmacht" genannt,[253]) für die Entwicklung der faschistischen Rüstungsproduktion zum Weltkrieg nicht dankbar sein? „Als es zum Krieg kam, hatten wir bald die Freude, zu hören, daß unsere allen Wehrmachtsteilen gelieferten Geräte sich gut bewährten.", hieß es in seiner Weihnachtsbotschaft 1939, die er mit den Wünschen für ein „glückliches, siegreiches neues Jahr" schloß.[254]) Was konnte da schon eine „Hintansetzung der eigenen Interessen"[255]) sein, unter der 1939 die Produktion des Fernseh-Einheitsempfängers durch die deutsche Elektroindustrie, darunter Telefunken[256]), in Angriff genommen worden sein soll: Minimalkalkulation kürzestfristig, durch die Konzern-Gesamtproduktion kompensierbar, für eine längerfristig spekulierte, mit einer möglichen Sättigungsgrenze des Bedarfs an Hörfunk-Geräten koordinierte Kapitalverwertung durch Fernseh-Massenabsatz - die ausserideologischen Verwendungszwecke des neuen Kommunikationsmittels einmal ausgenommen. Dabei bleibt anzumerken, daß „Instandhaltung, Erneuerung und Erweiterung der Fernseh-Anlagen" nicht von der Elektroindustrie getragen werden mußten, sondern in den Reichspost-Etats verbucht wurden: 98 Millionen Mark von 1937 bis 1941 insgesamt.[257]) Dasselbe galt für die Ausgaben für den Fernseh-Betrieb, die viel geringer waren: rund 8,5 Millionen Mark insgesamt für denselben Zeitraum.[258]) Demgegenüber sollen die Aufwendungen der Telefunken-Gesellschaft, die nicht durch Postaufträge kompensiert werden konnten, von 1929 bis 1939 nur rund 15 Millionen Mark für die Fernsehentwicklung betragen haben[259]), d. h. etwa das, was AEG-Telefunken allein 1929 an Dividenden auszahlen konnte.[260]) Einmal angenommen, diese 1953 als Schätzung ausgegebene Zahl sei mehr oder weniger verläßlich - wohl kaum berücksichtigt dabei sind die auch der Fernsehentwicklung insbesonders dienlichen hohen Aufwendungen an konstantem fixem Kapital allgemein - ,kann zumindest für die AEG-Tochter Telefunken kaum die Rede von „Hintansetzung der eigenen Interessen" sein.

„Franzosen, wenn ihr wüßtet!"

Die US-General Electric erneuerte also nach dem 1. Weltkrieg mit AEG-Telefunken ihre Kooperationsabkommen. Am 13. 12. 1930 unterzeichneten die neun Elektro-Multis der kapitalistischen Welt in Paris ein 'International Notification and Compensation Agreement', einen supranationalen Räuberfrieden, u. a. zwischen AEG und GE, der am 11. 12. 1936 durch die Gründung einer 'International Electrical Association' verfestigt und erweitert wurde. Und „die International General Electric Co." (d. h. ein Mitunterzeichner von 1930) „bereitete denn auch schon 1944 einen neuen weltweiten Kartellvertrag vor, der alle Verpflichtungen aus den dreißiger Jahren neu bestätigen sollte und der dann gleich nach Kriegsende - am 5. 6. 1945 - unterzeichnet wurde." [261]) Sollte auch die faschistische Kriegsauslösung 1939 die internationale Kollaboration - für unvergleichlich Vergleichbares kahlgeschoren und bespuckt usw. wurden Mädchen, die etwas Liebe suchten und/oder sich zwischen Geld und Gunst durchzuschlagen hatten - der Elektro-Multis mit den diversen nationalpatriotistischen Versionen zu entsprechenden Konzessionen nötigen, der General Electric-Konzern war und blieb der AEG-Telefunken verbunden und profitierte auch von deren faschistischer Karriere.

Am 22. 6. 1940 wurde zwischen den deutschen Faschisten und der französischen Regierung ein Waffenstillstandsabkommen getroffen, d. h. zwei Drittel Frankreichs wurden der Herrschaft der Nazi-Okkupation unterstellt. „Wir stehen alle erschüttert. Viele große und entscheidende Stunden haben wir erleben dürfen ..., wir haben von der Kapitulation dieser oder jener Armee berichten dürfen - alles verblaßt vor dieser Minute, da wir erkennen, was nun an diesem Ort geschehen wird. Wir treten in die Mitte des Platzes, an jenen Steinblock, dessen schmachvolle Inschrift aller Welt kündete, daß Deutschland im Krieg der Jahre 1914-1918 die freien Völker unterjochen wollte und nun hier die gerechte Strafe dafür erhielt. ... Das ist die Stunde, da ich als Berichter nur eine Sorge kenne: Zucht der Sprache zu üben. ... Dann ist die große Stunde da: Der Führer kommt, die Verhandlungen beginnen. Die ganze Welt wird Zeuge dieser entscheidungsschweren Tage." [262]) Soweit Kriegsberichterstatter Heinz Maegerlein, der aber damals anscheinend nicht nur für den Rundfunk reportieren konnte, sondern auch reminiszieren, wurde ihm doch 1940 „wieder einmal bewußt, daß Frankreichs Niederlage zwar durch die Sprache der Waffen herbeigeführt wurde, daß sie ihren tiefsten Grund aber im Gebiet des Geistigen und des Menschlichen hat." [263]) Heinz Maegerlein - damals Kriegsberichter in West und Ost [264]), für das BRD-Fernsehen als "unpolitischer" Sportreporter tätig und ab 1960 Fernseh-Redakteur beim Bayerischen Rundfunk [265]) - wußte möglicherweise nicht, daß mit solcher "Niederlage" den Nazis auch das französische Fernsehen in die Hände fiel, das mit seinem 30-KW-Sender damals leistungsstärkste der Welt, das auch an der Küste Englands empfangen werden konnte und dort zu Störungen im Empfang des nationalen Fernsehens führten. [266])

Am 28. 9. 1941 erteilte der deutsche Militärbefehlshaber in Frankreich einen Befehl zur Aufstellung von Namenslisten für Geiselmorde als Vergeltung für den Fall antifaschistischer Widerstandsaktionen: „In die Listen sind für jeden Bezirk etwa 150, für den des Kommandanten von Groß-Paris etwa 300 bis 400 Personen aufzunehmen. ... Bei der Bestattung der Leichen ist zu vermeiden, daß durch die gemeinschaftliche Beerdigung einer größeren Anzahl im gleichen Friedhof Stätten geschaffen werden, die jetzt oder später Anknüpfungspunkte für deutschfeindliche Propaganda bilden könnten."[267]) Anzeige des nämlichen Militärbefehlshabers am 21. 10. 1941: „Kriminelle Feiglinge, Söldlinge Englands und Moskaus haben den Feldkommandanten von Nantes am Morgen des 20. Oktobers 1941 durch Schüsse in den Rücken getötet. Die Täter konnten bis zur Stunde nicht gefaßt werden. Als Sühne für dieses Verbrechen habe ich vorerst einmal die Erschießung von 50 Geiseln befohlen. Aufgrund der Schwere des Verbrechens werden weitere 50 Geiseln erschossen, falls nicht bis zum 23. Oktober um Mitternacht die Schuldigen verhaftet sein werden..."[268]) Marschall Pétain, der Staatschef im nazibesetzten Frankreich, am folgenden Tag über Rundfunk: „Wir haben die Waffen gestreckt. Wir haben kein Recht, sie wieder in die Hand zu nehmen, um damit den Deutschen in den Rücken zu fallen."[269]) Allenfalls in diesem Sinne faschistischer Kollaboration kann es zutreffen, wenn 1953 im Auftrag des Bundesministers für das Post- und Fernmeldewesen herausgegeben wird, daß Deutschland 1941 nach dem Frankreich-Feldzug beabsichtigt haben soll, „auf friedlicher und freundschaftlicher Basis eine europäische Television einzurichten, die zunächst Frankreich, Italien und Deutschland umfassen sollte."[270]) Laut Artikel 3 des deutsch-französischen Waffenstillstandsvertrages vom 22. 6. 1940 war die Regierung in Frankreich verpflichtet, „den Anordnungen der deutschen Militärbefehlshaber Folge zu leisten und in korrekter Weise mit diesen zusammenzuarbeiten."[271]) Gewissermaßen die rechtliche Grundlage für die Übernahme des französischen Fernsehens durch die Nazis, durch die Propaganda-Abteilung des deutschen Militärbefehlshabers.

Die Fernseh-AG schickte Kameras nach Paris, die Telefunken-Gesellschaft diejenigen, die an den ausgefallenen Olympischen Spielen 1940 nicht zum Einsatz kamen.[272]) Die Nazis verschafften dem deutschen Elektrokapital Zutritt zu dem damals leistungsstärksten Fernsehen der Welt. Für die Truppenbetreuung in Lazaretten über etwa 200 Empfangsgeräte sowie für 800 - 1 000 Privatempfänger wurde ab 1943 ein 8-stündiges Okkupationsfernsehen ausgestrahlt,[273]) wohl aber auch für die Bevölkerung der englischen Küste, bzw. für den englischen Geheimdienst. Auch nachdem am 6. 6. 1944 die Großlandung englischer und amerikanischer Truppen in Frankreich erfolgte, das Fernsehen wurde nicht eingestellt. Auch nicht als bereits die Befreiung Polens durch die sowjetische Armee begann. Obgleich deren Vormarsch bis in den Raum Berlin - in dem damals rund 90 Prozent der AEG-Telefunken-Fabrikationsstätten lagen[274]) auch aus der Sicht der Konzern-Direktion nicht ausgeschlossen werden konnte, bleibt wahrscheinlich ungewiß, ob die Vertreter der deutschen Elektroindustrie es angesichts des Vorrückens der gegnerischen Streitkräfte auf Paris nicht vorziehen sollten, möglichst schnell mit ihren Ausrüstungen und Mannschaften nach Berlin zurückzukehren, was allerdings wenig mit den ideologischen Angriffszielen durch das Fernsehen in Frankreich aus dem Propagandaministerium übereinstimmen konnte. Erst am 18. 8. 1944 wurde der Fernsehsender in Paris eingestellt, erst am 20. jenes Monats zog das deutsche Personal ab.[275]) Aber sicherlich nicht als Folge der Situation, daß „die Transferierung von Geldmitteln aus Deutschland immer schwieriger wurde", wie wiederum 1953 im Auftrag des Bundesministers für das Post-und Fernmeldewesen herausgegeben wurde.[276]) Sondern wohl vielmehr angesichts der Tatsache, daß der Generalsekretär des in der Résistance kämpfenden Komitees 'Freies Deutschland' (für den Westen), Harald Hauser, am 20. 8. 1944 über den gerade eroberten Pariser Rundfunk einen Appell „An Alle" richtete: „... Wir unterstützen mit allen Mitteln, einschließlich unserer Waffen, den gerechten Freiheitskampf der Franzosen, weil er auch unser Kampf für Deutschlands Freiheit und seine Zukunft in Europa durch Wiederherstellung freundschaftlicher Beziehungen zum großen französischen Nachbarvolk ist..."[277])

Dagegen vertrat - ähnlich wie 1953 herausgegeben - auch Walter Bruch, sozusagen Beauftragter für das Telefunken-Farbfernsehen, bezüglich des Pariser Senders in einer Buchreihe des SFB noch 1967 die Meinung, daß „bis zur Invasion ... hier ein friedensmäßiges Fernsehen" ablief.[278])

Blaupunkt-Monitore: nicht erst im SFB

Schreiben des Reichspostministers vom 28. 5. 1940:

„Mein Führer! Ich bitte, Ihnen im Nachfolgenden über das Ergebnis von Entwicklungsarbeiten berichten zu dürfen, die unter meiner Förderung und Ermunterung in der Forschungsanstalt der deutschen Reichspost in Erwartung von Kriegsnotwendigkeiten z. Z. begonnen und mit dem Datum dieser Meldung zum Abschluß gelangt sind.

Die Entwicklung betraf ein Fernsehtorpedo: Das Problem lautete, mit Hilfe des Fernsehens die Lenkung unbemannter Fahrzeuge oder Torpedos durchzuführen und dadurch unter Schonung von Menschenleben die größtmögliche Wirkung zu erzielen..."[279])

Der Kochtopf wird ferngelenkt!

[281])

Oktober 1939: „Trautes Heim - Glück allein"

Zwar versuchte man 1939, - gewissermaßen getreu entsprechender Vierjahresplan-Empfehlungen von Göring 1936 - durch aufheiternd-anregende Rezept-Sendungen den heimischen Kochtopf auch fernsehzulenken.[280]) Aber die eigentlichen Kriegsversuche an Fernseh-Fernlenkungen fanden im unmittelbar militärischen Operationsbereich statt, wobei es allerdings fast durchwegs auch bei den Versuchen bleiben sollte, bei Gelegenheitsdemonstrationen, Erprobungsflügen; Verfahren wurden eingestellt oder sie kamen angesichts der weit entwickelteren, letztlich effektiveren Radar-Technik der Westalliierten erst gar nicht mehr zum Einsatz.[282]) Der Reichspostminister aber schien es in seinem Schreiben an Hitler mit der militärischen Fernseh-Fernlenkung ernst zu meinen: „... Wichtig erschien vor allem eine Anwendung dieses Gedankens auf den Bombenabwurf von Flugzeugen. ... Als der Krieg ausbrach, wurde die technische Durchbildung des Fernsehteils von der Reichspost-Forschungsanstalt mit aller Kraft in Angriff genommen, und es gelang, innerhalb einer Entwicklungsfrist von etwa 8 Monaten das Gerät in Umfang und Gewicht soweit zu verringern, daß es nun für den genannten Zweck vollkommen brauchbar ist und ausgezeichnete Bilder erzielt. ... Der Anwendungsgedanke ist folgender: Ein Flugzeug befindet sich in großer Höhe über einem feindlichen Kriegsschiff (Entfernung zwischen beiden Objekten in der Horizontalen 10 - 20 Km.). Das Flugzeug ist dank der neuen Entwicklung in der Lage, aus dieser großen Entfernung nahezu ungefährdet durch die feindliche Abwehr das Lufttorpedo abzuwerfen, das mit drahtlos lenkbaren Steuerflossen ausgerüstet ist und entsprechend der von ihm durch Fernsehbild gegebenen Rückmeldung seines Laufes im Gleitflug auf das Ziel herabgeschossen wird. Mit Hilfe einer zweiten ausgestoßenen Beobachtungsbombe kann auch die Einschlagswirkung festgestellt werden..."[283])

Die am 11. 6. 1929 gegründete Fernseh-AG[286]) wurde am 18. 9. 1939 durch Gesellschaftsvertrag in eine Fernseh-GmbH umgewandelt[287]), deren alleiniger Gesellschafter damit die Bosch-AG wurde.[288]) Fernseh-Lenkeinrichtungen für Gleitbomben wurden ab Frühjahr 1943 serienmäßig produziert, d. h. entwickelt durch die Fernseh-GmbH, fabriziert durch die Blaupunkt-Werke-GmbH, d. h. gleichfalls Bosch-Gruppe. Schwierigkeiten in der Konstruktions-Konzeption, damit auch zeitliche Verzögerungen für die Herstellung und Erprobung dieser Fernseh-Lenkeinrichtungen sollen dadurch entstanden sein, daß sie außer für Gleitbomben auch noch für unbemannte Sprengpanzer verwendet werden sollten. Die Bildwandler-Geräte für die Flugzellen der Bomben lieferte die Elektro-Optik-GmbH, d. h. ein Unternehmen, das anschaulich den faschistischen Versuch perfekter staatsmonopolistischer kapitalistischer Ökonomie demonstriert: 25 Prozent Reichspostministerium, 25 Prozent Reichsluftfahrtministerium, 50 Prozent Bosch-Gruppe. Allerdings sollten von den 60 bis 80 Probeabwürfen nur 2 Prozent Volltreffer erzielt werden können.[289]) Obwohl seitens der Nazi-Regierung und -Wehrmacht immer wieder Bedenken und Vorbehalte gegenüber der Entwicklung solcher Bomben-Elektronik kamen, der Post sogar empfohlen worden sein soll, ihre Leute „lieber an die Front zu schicken"[290]), obwohl es zunehmend Zulieferungsschwierigkeiten an Rohstoff- und Halbfertigmaterial gab und die gegnerischen Streitkräfte im Vormarsch waren, konnten von dieser Elektro-Optik-GmbH in Zusammen-

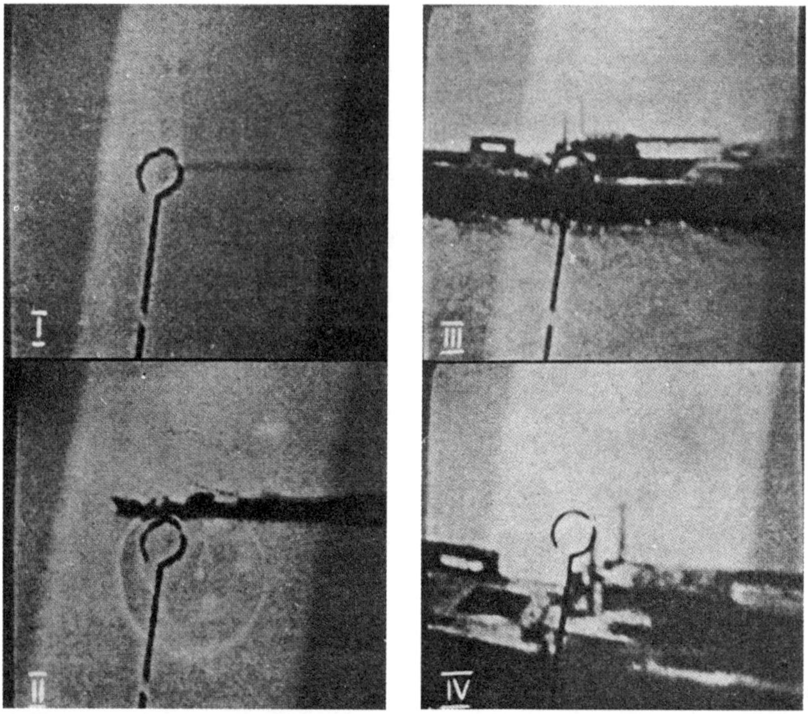

[284])

„I. Rechts von dem behelfsmäßigen Ringvisier der Fernsehkamera wird das Zielschiff als dunkler Strich sichtbar. II. Das Ziel liegt noch außerhalb der Flugbahn. III. Das Ziel liegt genau in der optischen Achse der Fernsehkamera. IV. Der Gleitkörper mit der Fernsehkamera wird über das Zielschiff hinweggezogen."

arbeit mit der Reichspostforschungsanstalt bis 1945 etwa 400 große und 2000 kleine Bildwandler-Geräte produziert werden.[291])

Nachdem die sowjetische Armee in Stalingrad die faschistischen Truppen niedergeschlagen hatte und zusehends Richtung Westen vorrükken konnte, mußten sich auch unter Vertretern des Monopolkapitals in Deutschland Bedenken gegenüber der Nazi-Führung einstellen, Bedenken, die unter dieser Führung erreichten Machtpositionen aufgeben zu müssen, auch unter Vertretern des Elektro-Kapitals, die sich z. B. in einem Bosch-Kreis zusammenfanden.[292]) Wenn es sicher zutrifft, daß „die Kontaktaufnahme sozialdemokratischer Angehöriger der Gruppen des 20. Juli mit führenden Kommunisten ... keinen Grund (bietet), die Patrioten um Stauffenberg für den 'linken' Widerstand zu vereinnahmen"[293]) so setzte dagegen der Bosch-Kreis sicherlich weniger auf solche Gruppen als auf den ehemals Deutschnationalen Carl Friedrich Goerdeler, der ein klar antikommunistisches, imperialistisches Oppositions-Konzept anzubieten hatte. Ein antisowjetischer Separatfrieden mit den Westalliierten sollte geschlossen werden, denn die „haben wie Deutschland ein Lebensinteresse daran, daß der Bolschewismus nicht weiter nach Westen vordringt." [294]) So war denn auch eine Gruppe um Goerdeler Anfang 1944 in Bern, beim Office of Strategic Service und unterbreitete „die Anregung über ein Abkommen zwischen der deutschen Oppositionsgruppe und den westlichen Alliierten. Die Gruppe drückte ihren Willen und ihre Bereitschaft aus, zu versuchen, Hitler und die Nazis zu beseitigen... Die Bedingung, unter der die Gruppe bereit sei, zu handeln, besteht darin, daß sie direkt und ausschließlich mit den Westmächten nach dem Sturz des Hitlerregimes verhandeln wird." [295])

Zu einer westlichen Separat-Entwicklung kam es dann nach 1945. Im Frühjahr 1947 wurde von der Militärregierung für die amerikanische Besatzungszone - wohl noch in der Folge der Potsdamer Beschlüsse als demilitarization, denazification, deindustrialization - ein Konzernentflechtungsgesetz erlassen; eine Kommission wurde eingesetzt, die Wirtschaftsunternehmen auf eine mögliche Betroffenheit von diesem Gesetz hin zu überprüfen hatte: „Die Firma Robert Bosch, die für gewisse Artikel der Elektroindustrie ... das Weltmonopol besitzt, war eine der ersten, die überprüft wurden. Mit 30000 Arbeitskräften, einem 50- bis 80prozentigen Monopol auf dreizehn verschiedenen Produktionsgebieten, Eigentumsrechten oder Beteiligungen an 45 Gesellschaften im Ausland, 1100 deutschen Patenten und einer umfangreichen Sammlung von Berichten ihrer Spionageorganisation, die sich vor dem Kriege über sämtliche Länder der Welt erstreckt hatte, stellte sich die Firma Bosch als klarer Fall dar, der aktive Maßnahmen erforderte. Im Verlauf ihrer Geschichte hatte die Firma Bosch den größten Teil ihrer Konkurrenten einfach geschluckt." Das Unternehmen sollte Niederlassungen im Ausland aufgeben und gewisse Patente deutschen Konkurrenten zugänglich machen. Man erhob Protest. Und „nachdem man noch einige Monate verhandelt hatte, wurde beschlossen, daß Bosch den Konkurrenzunternehmen wenigstens einige Patente frei zugänglich machen sollte; auf andere durfte die Firma Lizenzen erteilen." Als die Kommission dann ihren Abschlußbericht vorlegte, „war der Fall Bosch der einzige, in dem überhaupt etwas unternommen worden war, noch immer 'in der Schwebe'." [296])

Bosch: „Ich habe nichts dagegen, daß ihr mich 'entflechtet', solange ihr die Struktur meines Unternehmens in Deutschland nicht verändert und euch nicht in meine Angelegenheiten im Ausland einmischt." [297])

Von den Knallbonbons 1939 zu den Brandbomben 1943: ein Kriegsprogramm

Grundlegende, unentwegt wiederkehrende Reklame-Losung -ob als Einführungs- oder als Schlußwort - in der Fernsehprogramm-Presse war und blieb in den ersten Monaten von 1940 der Hinweis, daß im Gegensatz zu Frankreich und England die deutschen Sendungen nicht nur nicht eingestellt werden sollten, sondern - in allseitiger Hinsicht - erweitert. Im Januar 1940 gab es in Deutschland (einschließlich Okkupationsgebiete) 13 711 325 offizielle Rundfunkteilnehmer [298]), durchschnittlich je Monat besuchten 1940 69,5 Millionen die Lichtspielhäuser[299]). Verhältnismäßig sehr viel weniger rezipiert wurde das Fernsehen: 10 604 Besucher in 6 Empfangsstellen im Januar, 16 908 in 12 Fernsehstuben im April 1940.[300]) Doch was diese Zuschauer im ersten Fernseh-Halbjahr 1940 zu sehen bekamen, war immerhin

Deutschland, vom Urwald bis zum Eismeer

301) 

Fernsehspielereien

 302)

...dann sagen Sie 'ja'!: Ferntrauung

Auch 1940 Fernseh-Vernebelung des Kriegsalltags, hier für „ein Spiel vom Alltag, Urlaub, Schnee und Wind", für 'Verstaubtes Herz im Pulverschnee', ein rund eineinviertelstündiges Fernsehstück, das bereits am 12., 19. und 29. 12. 1939 gesendet wurde, dann bis zum April fortwährend als Wiederholung. Wurden noch am 31. 12. zwei Stunden lang 'Knallbonbons' ausgestrahlt, so sollten es doch bald Zeiten der Rundfunk-"Ferntrauung" werden, im 'Kameradschaftsdienst', zu dessen 500. Sendung am 1. 7. 1941 der Reichsintendant persönlich als Trauzeuge erschien: „Und dann war noch etwas Besonderes in der 500sten zu erleben: Neugeborene Erdenbürger, Söhne und Töchter von Frontsoldaten, grüßten ihre bis dahin noch nichts wissenden, nur ahnenden Väter im Felde mit dem ersten kräftigen Schrei ihres Lebens."[303])

304)

Total-Sendezeit 31. 12. 1939 - 22. 6. 1940 328 h 40'	Gesamt-Abendprogr. – 100 Proz.	
	Informations- und Servicekomplex	Haupt-Programm
	122 h 17' (37,2 Prozent)	206 h 23' (62,8 Proz.)

Hauptprogramm – 100 Prozent		
Direkt-Propaganda	Unentschieden	Unterhaltungs-propaganda
46 h 47' (22,7 Proz.)	32 h 55 ' (15,9 Prozent)	126 h 41' (61,4 Prozent)

Auch in den Kriegsmonaten des faschistischen Vorstoßes Richtung Westen (bis 22. 6. 1940, Waffenstillstandsabkommen zwischen den Regierungen Deutschlands und Frankreichs) dominierte im deutschen Fernsehen weiterhin die Unterhaltungspropaganda (61,4 Prozent des Hauptprogramms): Varietésendungen wie 'Gut gelaunt ist halb gewonnen' (10 Folgen von rund 1 Stunde) oder 'Bunte Welt im Rampenlicht' (13 Folgen von rund 1 Stunde), Lustspiele wie 'Die vier Gesellen' (9 Aufführungen zwischen 70 und 90 Minuten)[305]) oder 'Der Schwarzkünstler' (4 Aufführungen zu 75 Minuten), 'Besuch aus Übersee', ein "heiteres Spiel" von rund 90 Minuten (4. 5., 5. 5., 16. 5., 5. 6., 9. 6., 15. 6., 16. 6.), ein „ernst heiterer Streifzug" 'Von Männern, die sich selbst ein Denkmal setzten' (3 Folgen von 1 Stunde), 'Zum ersten, zum zweiten, zum dritten...' „ein lustiges Spiel um einen verlorenen Schirm" (8 Aufführungen zu 45 Minuten), eineinhalb Stunden 'Herzen auf Urlaub', just am 22. 6. 1940, ein „musikalisches Lustspiel", bzw. immer wieder 90 Minuten 'Verstaubtes Herz im Pulverschnee' (4. 1., 9. 1., 26. 1. , 1. 2., 5. 2., 13. 2., 21. 2., 5. 3., 2. 4., 3. 4., 17. 4.). Weiterhin Unterhaltungs-Propaganda also, aber nicht mehr zu 70 und fast 90 Prozent des Hauptprogramms wie im November und Dezember 1939. Direkt-propagandistische Sendungen nun nicht mehr nur in 2 Stunden 55 Minuten[306]), sondern zu 22,7 Prozent des Hauptprogramms (46 Stunden 47 Minuten). Auch die in ihrer Gesamttendenz als unentschieden zugeordneten Sendungen nahmen zu und müßten wohl großteils in die Nähe der Direkt-Propaganda gerückt werden, z. B. "Heimatkunde"- oder "Expeditions"-Sendungen. Erhebliche direkt-propagandistische Varianten wären auch für die Fernseh-'Abteilung Zeitgeschehen' zu vermerken, die im Informations- und Servicekomplex neben 'Bild des Tages' dem 'Zeitdienst' und den Wochenschauen auf Sendung kam. Überhaupt wurden in jener Zeit die "Zeitdienstsendungen" als „die wesentlichsten Programme des Fernsehsenders" eingeschätzt.[307])

Operationsbereich 'Abteilung Zeitgeschehen': „In kurzen Darbietungen wird aufgezeigt, wie heute alle Kräfte zur Abwehr jeden Angriffs dienstbar gemacht werden. Es sei hier erinnert an die Sendungen 'Zum Tage der Pour-le-mérite-Träger', ... 'Die Hausfrau im Kriege' und 'Kreuz und quer durch die Verdunkelung' ..., 'Die Körperschule der Frau', 'Die Kunst der Selbstverteidigung ..., 'Helferin und Frontschwester', 'Der Landdienst der HJ' ... Mit dem kolonialen Gedanken befassten sich Programmfolgen"[308]), in denen erwähnte "Expeditions"-Filme und -Beiträge ausgestrahlt wurden. „Auch das Volkstum kommt in den Zeitdienstsendungen nicht zu kurz", z. B. in Sendungen über bäuerische Sitten und Trachten, bzw. über den Gründer-Baron eines 'Vereins der Ehrenmitglieder zur Hebung der Ziegenzucht': „Der heute Fünfundachzigjährige, der noch ein forscher Redner ist und in jedem Jahre in festlicher Sitzung jungen Zoologen den 'Ziegendoktortitel' verleiht, hat sein ganzes Leben lang für die Ziege, für die 'Kuh des kleinen Mannes' geworben."[309]) Der mußte trefflich in das allgemeine "Volksgemeinschafts"-Bild passen: Volksempfänger, Volkswagen, Volksfernseher, Volksvieh.

Auch auf den Wochenschau-Fernsehausstrahlungen wurde mit

einem bisher noch nicht angetroffenen Nachdruck bestanden: „Die wichtigste Darbietung im Fernsehsender ist ... heute die Wochenschau, die in packenden Szenen das an der Front abrollende Geschehen veranschaulicht und uns wie ein Sturm mitreißt. Sie zeigt das harte Handwerk des Soldaten, den Siegeswillen unserer Truppen und die entsetzlichen Folgen des von verantwortungslosen Geldsackanbetern entfesselten Krieges."[310]) Daß die Kriegsauslösung durch den deutschen Faschismus mehr mit Profitmaximierung, d. h. mit einem Versuch bislang ausgebliebener Erneuerung des konstanten fixen Kapitals, erweiterter kapitalistischer Reproduktion, zu tun hatte[311]) als mit Aberglauben, mehr mit Ausbruch aus kapitalistischer „Depression besonderer Art"[312]), das mußte aus jenen Wochenschauen weniger ersichtlich sein. Dafür 'Erläuterungen zum Bericht des Oberkommandos der Wehrmacht' oder 'Zur Kriegslage': „Tausende von Berlinern erleben so in jedem Monat die neuesten Ereignisse an der Front."[313])

Und weiterhin im Dienste des Vierjahresplan-Eintopfs wurde „hauswirtschaftliche Unterhaltung" gesendet: „Häufig dampft und brodelt es auch auf der Bildfläche, wenn die hauswirtschaftlichen Sendungen des Deutschen Frauenwerks kommen. Es wird gekocht und appetitlich angerichtet, ganz wie es die Hausfrau in ihrer Küche machen würde. ... Auch gute Winke zur Pflege von Schuhen und Möbeln wurden in unterhaltender Form gegeben; mit lustigen Zeichnungen lief eine Sendung, wie man die verschiedensten Flecken entfernt."[314]) Wie den unter der Nase des ganz großen, nicht.

'Adel der Arbeit' (19. 1. 1940, 19.25-20 Uhr), 'Bereitschaft -Opfergang - Vermächtnis' (30. 1. 19 -20 Uhr), 'Feldzug in Polen' (10. 3., 18-19.10 Uhr) oder 'Feuertaufe' (31. 5., 19.30-21 Uhr) waren u. a. direkt-propagandistische Sendungen, die - zum Teil in Wiederholungen - im abendlichen Hauptprogramm liefen. Und vor allem zwei Fernsehspiele, um die damals viel Aufsehen erregt wurde: 'Station D im Eismeer' und 'Fieber im Urwald', Stücke, die man aufgrund ihres Inhalts und auf dem Bedinungszusammenhang des real-geschichtlichen Entwicklungsprozesses von damals sicherlich der Direkt-Propaganda zuordnen kann.

'Station D im Eismeer', am 2. ,7., 14. und 22. 2., 4. und 19. 3., 10. und 15. 4. und 8. 5. in einer Länge zwischen 30 und 70 Minuten ausgestrahlt, „ursprünglich ein über verschiedene deutsche Sender gegangenes Hörspiel", war „ein Spiel um nur drei Personen: drei Männer, die irgendwo im Eismeer auf einer meteorologischen Station hausen, abgeschlossen von aller Welt, mit allen Fasern die Ablösung herbeisehnend, die nur einmal im Jahr - ein einziges Mal - kommt. Und in diesem Jahr fällt die Ablösung aus: das Schiff ist im Eismeer stecken geblieben und hat umkehren müssen. Jetzt hält der jüngste der drei Männer .. die entsetzliche Enttäuschung nicht aus; und als auch ein deutsches Luftschiff, das zum Nordpol steuert, nicht landen und den Heimwehkranken aufnehmen kann, geht er in die Eiswüste hinaus und erschießt sich. Zurück bleiben die beiden anderen, um wieder ein Jahr zu warten, bis die Ablösung kommt, 12 Monate, 52 Wochen, 365 Tage - eine unendliche Zeit!"[315]) 8 760 Stunden usw. könnte man auch sagen: allem Anschein nach jedenfalls ein Aushalte-Durchhalte-Stück. Für dieses Spiel wurde auch wissenschaftlicher Beistand eingeholt, so „daß in der Fernsehveranstaltung alle meteorologischen und expditions-technischen Dinge der Wirklichkeit entsprechend dargestellt werden" konnten.[316]) Damit begnügte man sich bei dem anderen der beiden Fernsehspiele allerdings nicht mehr: 'Fieber im Urwald', ein 70-Minuten-Stück, ausgestrahlt am 17., 20. und 28. 3., 6., 7., 16. und 25. 4., 1., 22., 25., 26., 30. 5. und 6. 6. Um in diesem Spiel „eine der Wahrheit entsprechende Darstellung zu geben und um dem Ernste der von deutschen Forschern geleisteten wissenschaftlichen Arbeit gerecht zu werden, hat die I. G. Farben Aktiengesellschaft, deren Expeditionen den Beweis erbrachten, daß mit 'Germanin' 80 v. H. der Erkrankten gerettet werden können, dem deutschen Fernsehrundfunk Sachbearbeiter und Ausrüstungsstücke ihrer Expeditionen zur Verfügung gestellt." [317]) Dabei ging es um die Schlafkrankheit, gegen die man dieses 'Germanin' einsetzte.

„Um die Einführung dieses Mittels entstanden wilde Kämpfe, da sich die englische Industrie mit aller Kraft gegen die Anwendung wehrte. Wie dieser Kampf ausgetragen wurde, wie mit allen Schikanen versucht wurde, kapitalistischen Interessen den Weg zu ebnen" [318]), das sollte jenes Spiel demonstrieren: „In starken Szenen werden darin die helfende Bereitschaft und das suchende Forschertum der brutalen Profitgier gegenübergestellt." [319]) Ein weiteres Beispiel helfender Bereitschaft und suchenden Forschertums: „Im Hinblick auf Experimente mit einem neuen Schlafmittel wären wir Ihnen dankbar, wenn Sie uns eine Anzahl Frauen besorgen wollten. ... Wir erhielten Ihre Anwort, sehen jedoch den Preis von 200 Mark pro Frau als übersetzt an. Wir schlagen Ihnen einen Preis von höchsten 170 Mark pro Frau vor. Wenn Sie damit einverstanden sind, werden wir die Frauen kommen lassen. Wir benötigen annähernd 150 ... Die bestellten 150 Frauen erhalten. Trotz ihrem kümmerlichen Gesundheitszustand werden sie als genügend erachtet. ... Die Versuche sind vorgenommen worden. Alle Versuchsobjekte sind gestorben. Wir werden Sie in Kürze betreffend einer neuen Lieferung benachrichtigen." [320]) Soweit aus der Korrespondenz des IG-Farben-Konzerns an die Leitung des Konzentrationslagers Auschwitz, der dieses nicht nur, wie bekannt, durch die Belieferung mit seinem Vernichtungs-Gas als Mittel der Kapitalverwertung nutzte. Korrenspondenz führte damals für den IG-Farben-Konzern u. a. dessen Vorstandsmitglied Dr. Otto Ambros, nach 1945 u. a. Aufsichtsratsmitglied bei der Telefunken-Gesellschaft.[321])

Künstler spielen für Verwundete
Soldaten spielen für Verwundete
Verwundete spielen für Verwundete

Bis zum nächsten 22. 6., d. h. in der Zeit der Vorbereitungen des faschistischen Überfalls auf die Sowjetunion 1941 verschwand die anerkennende Berichterstattung über die Fernseh-'Abteilung Zeitgeschehen', über die Wochenschauen usw., bzw. verschwand das Verlangen nach deren Erweiterung und Verstärkung. D. h. die Aktualitäten-Sendungen des

Informations- und Servicekomplexes vor dem abendlichen Hauptprogramm mußten wohl als genügend effektiv erscheinen, bzw. als nicht mehr so notwendig wie in der Zeit des Angriffs in Richtung Westen und der Besetzung Frankreichs, in der Zeit, während der die direkt-propagandistischen Sendungen des deutschen Fernsehens um nahezu ein Viertel zunahmen, von 0 auf 22,7 Prozent.[322])

Nach der Sommerzeit, in der ab 28. 7. 1940 keine Fernsehspiele, Varietés usw. aufgeführt wurden, sondern Filmkonserven ausgestrahlt, begann man im September die neue Spielzeit auch nicht mit Wiederholungen jenes 'Eismeer'- und 'Urwald'-Expeditionismus vom Frühjahr, sondern man wiederholte ein Lustspiel ('Der Schwarzkünstler', sechsmal bis Oktober) und ein Kriminalspiel mit Schluß-Auflösung durch den Zuschauer ('Überfall auf Zelle 7', fünfmal bis Oktober), brachte neu „ein lustiges Allerlei" ('Dies und das - und eine kleine Melodie', 1-Stunden-Sendung am 23. 9., 2., 10., 17. und 19. 10. und 2. 11.) oder wiederholte 'Herzen auf Urlaub', „musikalisches Lustspiel" (70-Minuten-Sendung, 24., 25., 28. und 29. 1., 1., 3., 6., 7., 10. und 11. 2. 1941). Zwar wurden auch in der Spielzeit 1940/1941 - nach „flottem Spiel" und „angenehmer sommerlicher Kost"[323]) - „ein politisches Stück"[324]) aufgeführt und wiederholt ('Kabinett Fulero', dreizehn 60-75-Minuten-Sendungen, Oktober bis Dezember 1940), mit einer Spielhandlung zwischen "Realismus" und "Märchen" um einen Intriganten. Doch es soll sich dabei nicht um ein „politisches Spiel in drastischer Deutlichkeit" gehandelt haben, sondern „was gesagt werden soll, das ist mit feineren Mitteln ausgedrückt."[325])

„Bisher gelangen dem Fernsehsender ernste Stoffe weniger als leichte, unbeschwerte Darstellungen."[326]) Doch in der Zeit vom 28. 11. 1940 bis 31. 1. 1941 wurde in zwölf Aufführungen „die erste Verlebendigung einer wirklichen Dichtung"[327]) ausgestrahlt, in vordem angeblich noch nie gesehener „innerlicher und vertiefter Wirkung",[328]) Fernsehspiel nach einer Dramen-Vorlage 'Der Strom' von Max Halbe (1865 - 1944), der vom Naturalismus zum Faschismus heruntergekommen war.[329]) Was dagegen kennzeichnend für die Entwicklung des Fernsehprograms der Spielzeit 1940/41 war, hing stark mit den Zielgruppen-Vorstellungen der Nazis für die weitere Fernseh-Rezeption zusammen: Schon im September 1940 stellte der Sender eine „Spielgruppe in Feldgrau" vor, denn „jedes Kind weiß, daß zum Soldatentum die frische Musik gehört."[330]) Verwundete, für die gezielt das Fernsehen eingesetzt werden sollte, mußten wohl - so jedenfalls ließ sich spekulieren - mehr Gefallen finden an "Südsee-Klängen" oder "heiteren Vorträgen"[331]) als an Untersee-Detonationen oder "Verrekke!"-Parolen[332]).

„In den Lazaretten der Reichshauptstadt liegen Verwundete aus allen Teilen des deutschen Reiches. ... BDM-Mädchen bringen Blumen und Obst und singen ihnen Lieder. Jene Soldaten aber, die schon wieder ein Bein mutig ins Leben setzen und hinausgehen können, besuchen Theater, Lichtspielhäuser und auch ... Fernsehstuben. ... Um auch noch bettlägerigen Verwundeten und Kranken den Fernsehempfang vorzuführen, hat die Reichspostfernseh-GmbH ... in elf Berliner Lazaretten Fernseh-Heimempfänger aufgestellt. ... Für die Versuchsvorführungen war ein besonders abwechslungsreiches Programm vorgesehen. Große bunte Abende mit ersten Bühnenkünstlern und Kabarettsternen bereiteten den Verwundeten viel Freude. ... Daneben aber werden Soldaten für Soldaten spielen." [333]) 'Künstler spielen für Verwundete' am 21. 1., 4. und 18. 2. und 21. 3. 1941 zwischen 30 und 90 Minuten, 'Verwundete spielen für Verwundete', am 30. 1. und 13. 2., 30 Minuten, 'Soldaten spielen für Verwundete', am 27. 2. 40 Minuten, am 3., 5., 7., 10. und 12. 3. zwischen eineinhalb und zwei Stunden. Und „am 14. März hatte der Fernsehsender in den Kuppelsaal des Reichsportfeldes geladen. Aus diesem hohen, weiten Raum, den der Reichssportführer zur Verfügung gestellt hat, werden nunmehr zweimal wöchentlich große Übertragungen vor 2 000 Soldaten und Verwundeten stattfinden, Sendungen, die in den Berliner Lazaretten von zahlreichen Empfängern aufgenommen werden." [334]) Diese Sendefolge, zu deren Eröffnung am 14. 3. 1941 die Propaganda- und Rundfunk-Prominenz der Nazi-Führung eingeladen war, wurde dann als 'Wir senden Frohsinn - Wir spenden Freude' ausgestrahlt, so weit aus den Programm-Ausdrucken der Rundfunk-Presse zu entnehmen am 24., 28. und 31. 3., 4., 7., 11., 16., 18. und 25. 4., 9., 16., 23. und 30. 5., zwischen 60 und 90 Minuten. Neben Reichsintendanz, Fernsehintendanz und Reichspostfernseh-GmbH-Direktion nahm an der Eröffnung dieser Fernseh-Programm sowie -Rezeption so dominierenden Sendefolge auch der Dienststellen-Leiter für Truppenbetreuung im Reichspropagandaministerium teil, der Maul- und Maulschellen-Held Lale Andersens Hans Hinkel,[335]) der ausführte, „der Großdeutsche Rundfunk habe von Beginn des Krieges an im Dienst der Truppenbetreuung gestanden. Vom ersten Wunschkonzert bis zu der jetzigen Fernsehsendung habe (er) gleichermaßen dieser Aufgabe gedient." [336])

Welche Fernseh-Programm-, -Zielgruppen- und -Rezeptions-Vorstellungen damals bei den Nazis vorherrschen mußten, wird verhältnismäßig klar, wenn man erfährt, daß nämlicher "Reichskulturwalter" mit einer „Spielgemeinschaft von Künstlern" erschien, „die seit Monaten vor Soldaten und Rüstungsarbeitern gespielt" hatte, jene Eröffnungsveranstaltung die siebzigste seit Kriegsbeginn war für diese Künstlertruppe „der lustigen Unterhaltung" aus Else Elster, Marika Rökk, Grethe Weiser usw.[337]): den verwundeten Soldaten, der vielleicht dem Tod für den deutschen Faschismus nahe gestanden hatte, auch ideologisch zu heilen, den Rüstungsarbeiter möglichst burschikos oder mondän so zu domestizieren, daß er nicht auf den Gedanken kommt, für den Tod dem Faschismus zu produzieren. So wurde denn auch im Frühjahr 1941 wieder ein Lustspiel auf Sendung gebracht, 'Wenn der junge Wein blüht', 13 Aufführungen von 60 bis 70 Minuten Dauer in den letzten beiden Monaten vor dem Überfall auf die Sowjetunion. Denn „es ist selbstverständlich, daß die Sendefolgen seit einiger Zeit auch besonders auf diese Zuschauer abgestimmt sind, die in erster Linie Zerstreuung und Unterhaltung wünschen." [340]) Und auffällig ist schließlich, daß zum Ende der Spielzeit 1940/41 eine starke Berlin-Bezogenheit im Fernsehen zum Ausdruck kam: 'Ali und die Lausejungs', einstündiges Spiel, gesendet am 19., 22., 23., 25., 28. und 30. 12. 1940, am 1., 2., 5., 8., 11., 14.,

339)

Im FrohsinnSSender in Grethe Weiser-Stimmung

17., 19. und 20. 1., 26. 2., 1. und 2. 3. 1941, 'Berliner lustige Blätter', Dreiviertelstunden-Sendung am 14. 2., 'Erinnerungen an Alt-Berlin: Nante', den berühmten Eckensteher: „Actuarius: Geboren? Nante: Ja, jeboren bin ick. Je suis! Entschuld'jen Sie, wenn ick manchmal en bisken Französisch unter meine Reden jiesse. Erschtens kleedt des en jungen Menschen jut, un zweetens kleebt mir des noch von Anno 13 und 14 an, die ick mitjemacht habe." 341) Eckensteher-Spiele wurden als dreiviertelstündige Sendungen am 15., 18. und 27. 3., 15. und 23. 4. und 10. 5. 1941 ausgestrahlt.

Solche Fernsehspiele „haben so eine der schwersten Aufgaben mit lausbubenhaftem Scharm gelöst: sie haben Tausende von Nichtberlinern, besonders Soldaten aus allen deutschen Gauen - fast alle verfügbaren Fernsehgeräte sind ja seit Beginn des Krieges der Wehrmacht zur Verfügung gestellt worden - ein wenig nachdenklich gemacht und ihnen das sprichwörtlich goldene Berliner Herz offenbart." 342)

'Nante' im Nazi-Fernsehen, also ausgerechnet diese Gestalt „aufsässig-freisinniger" Volksdichtung aus den Vorjahren der 1848er Revolution in Deutschland, d. h. jenen Jahren, in denen der wohl berühmteste Schöpfer solcher Volksgestalten, Adolf Glassbrenner, Berufsverbot erhielt und seine Lebensgefährtin, eine Schauspielerin, ihr Bühnenengagement - gewissermaßen in kaiserlicher Vorwegnahme faschistischer Sippenhaft - aufgeben mußte. Der Vertreter volkstümlichen Witzes, Vorwitzes gegen alles Reaktionäre der herrschenden gesellschaftlichen Verhältnisse, der das Volk Berlins „sprechen ließ, als es noch schweigen mußte" 345) für die

343) 

Hitler: „Ich hatte mir die Spielerei angewöhnt, den Mäuslein, die in der kleinen Stube ihre Unterhaltung trieben, ein paar Stücklein harte Brotreste oder -rinden auf den Fußboden zu legen und nun zuzusehen... Ich hatte in meinem Leben schon so viel Not gehabt, daß ich mir den Hunger und daher auch das Vergnügen der kleinen Wesen nur zu gut vorzustellen vermochte", 'Mein Kampf'

 344)

Berliner Eckensteher: „Himmel is da, is oben, de Erde is hier, und de Destlationsanstalt ist drüben: Welt, jetzt kannste wieder losjehen! Lebenslauf, ick erwarte Dir."

„offene terroristische Diktatur der reaktionärsten" Kräfte des Finanzkapitals [346]) wurde somit völkisch verwertet.

Noch eine weitere Sendung sollte den Verwundeten und Soldaten ihren Aufenthalt in der Hauptstadt Nazi-Deutschlands schmackhaft machen, ihnen gewissermaßen eine Fernseh-Gastfreundschaft von Land und Leuten anbieten, ein 'Berliner Bilderbogen', einstündig ausgestrahlt am 19. und 22. 4., 5. 12., 21. und 29. 5. Dabei wurde während der Sendung das Berlin von 1941 durch Schautafelteil-Entfernung zurückreduziert, zwar nicht in die Steinzeit, aber bis ins Mittelalter. Und als ihm das übrig gebliebene Stückchen aus der Hand fällt, der Fernsehsprecher: „Ach Jotteken, det kleene Berlin. Man muß ja Obacht jeben, det mant nich dottritt." [347])

Hitler am 22. 6. 1941 in Berlin: „Ich habe mich deshalb heute entschlossen, das Schicksal und die Zukunft des deutschen Reiches und unseres Volkes wieder in die Hand unserer Soldaten zu legen" [348]), die über die sowjetischen Grenze einfielen.

An unsere Leser!

In dem Kampf, den Deutschland gegen England zu führen gezwungen ist, gibt es nur ein Ziel, und das heißt: Restloses Niederwerfen des Feindes. Diesem Ziel ist alles unterzuordnen.

Nicht nur die deutsche Wehrmacht kämpft gegen den Feind, sondern auch die deutsche Heimat und mit ihr jeder einzelne deutsche Volksgenosse.

Somit ist es für jedermann, für jeden Betrieb und auch für unsere Zeitschrift eine selbstverständliche Pflicht, die Opfer zu bringen, die eine Konzentration aller Kräfte für die Kriegswirtschaft ermöglichen.

Diese Zusammenfassung aller Kräfte macht es auch notwendig, daß die gesamte deutsche Rundfunkpresse und mit ihr auch unsere Rundfunkzeitschrift

„Berlin hört und sieht"

mit dem heutigen Tage bis auf weiteres

ihr Erscheinen einstellt,

um Menschen und Material für andere kriegswichtige Zwecke frei zu machen.

Wir hoffen, in nicht allzu ferner Zeit, nach errungenem Siege, die alte langjährige Verbindung mit unseren Lesern wiederaufnehmen zu können.

349)

„Jetzt drehen wir gewaltig auf,
jetzt nimmt das Schicksal seinen Lauf,
jetzt kriegt Ihr hier den letzten Rest,
drum haltet Euch mal alle fest –",
eine 'Wunschkonzert'-Ansage

„Wunschkonzert des Fernsehsenders"

Kriegsbericht, gesendet am 23. 6. 1941: „. . . nun hämmerten die schweren Brocken berstend hinein, daß alles auseinanderknallte und verbrannte. ... Da ist die Stelle, an der unsere Stukas vor Stunden die Panzer zusammenschossen, da brodelt der Rauch wie aus einem Kessel. Dort zergehen Schwaden, wie feine Rauchstreifen einer verglimmenden Zigarre anzusehen. Dort verkohlen noch immer die Reste der Artilleriestellungen und der Widerstandsnester... Es ist schon so selbstverständlich alles unser Besitz, daß ich in diesem Augenblick die Trommel vom MG wieder herunternehme. Wir sind zu Hause, ja, zu Hause, obwohl gestern früh erst der Krieg im Osten begann."[350]) Soweit Karl Holzamer, zwar damals noch nicht im Fernsehen, aber doch schon im „Großdeutschen Rundfunk". Sein Fernseh-Vorgänger, der damalige Intendant des Berliner Senders, legte angesichts des Vormarsches der Nazi-Truppen in der Sowjetunion verstärkt „den größten Wert darauf, gerade das aktuelle Ereignis in den Mittelpunkt der Sendungen zu stellen", denn „es muß immer wieder mit Nachdruck betont werden, daß das Fernsehen mit dem Zeitgeschehen steht und fällt."[351]) Ob die Soldaten vor den Fernsehempfängern Berlins es indes angenehm fanden, „zuweilen die Kämpfe, in denen die selbst verwundet wurden, noch einmal durch jenes Wunder der Technik" zu erleben[352]), trifft mit großer Wahrscheinlichkeit weniger für die Realität zu als für intendantische Illusionen. So soll denn auch im Frühjahr 1942 ein täglich wechselndes Zweistunden-Programm mit „Direktsendungen unterhaltender Art" und Filmen ausgestrahlt worden sein.[353])

Ein Jahr nach Errichtung der Ostfront, als englische Bomber ihre ersten Luftangriffe auf Städte im westdeutschen Bereich flogen und die Hitler-Wehrmacht ihre Sommeroffensive an der deutsch-sowjetischen Front am 28. 6. 1943 begann, waren in Berlin 40 Lazarette mit Fernsehempfang ausgerüstet, exklusiv: „Eines aber unter allen Kulturinstituten der Gegenwart, das jüngste und auf der ganzen Welt zur Zeit einzig dastehende, gehört ausschließlich denen, die in den Lazaretten der Reichshauptstadt ihr Soldatendasein für eine Weile unterbrechen oder für immer aufgeben müssen."[354]) Für jedes der Lazarette stellte das deutsche Fernsehen eine Kontaktperson, um so möglichst zielgruppengerichtet für die zu senden, die ihren Fronteinsatz für Nazi-Deutschland mit Invalidität oder tödlichen Verletzungen bezahlen sollten - so muß dies wohl in Umgangssprache lauten, bzw. für die zu senden, von denen die wenigsten Berlin kannten, viele aber Vorurteile und Befremden gegenüber dieser "Reichshauptstadt" haben mußten, auch gegenüber „tapferer Selbstverspottung ihres

[357])

1942: Im Walzertemperament für ein Invaliden-Fernsehen

359) 

Fernseh-Großbild: „Ein darüber in mattem Blaulicht leuchtendes Hoheitszeichen erinnert an die fördernde Betreuung durch den Staat."

 360)

'Es leuchten die Sterne' - Revuestars Margot und Hedi

Gefühls."[355]) So betreute das deutsche Fernsehen etwa auch „das Genesungsheim der Blauen Division", d. h. „die schwarzäugigen Söhne des Südens"[356]), bzw. Freiwilligentruppe der spanischen Faschisten, die offiziell in die deutsche Wehrmacht übernommen und auch an der Ostfront eingesetzt wurde.

1942 wurde „bekannt, daß die Berliner Fernsehstuben zugunsten der Lazarettbetreuung geschlossen wurden." Auch im ersten deutschen Fernsehtheater, das am 18. 5. 1941 in Berlin eröffnet wurde und mit 180 Sitzplätzen für eine 4 Quadratmeter große Projektionsfläche ausgestattet war und in den Dienst der Truppenbetreuung gestellt wurde, verkehrten fast nur noch Soldaten, „da ja, wie schon mehrfach betont, die Feldgrauen heute auf diesem Gebiet die bevorzugten Europäer sind."[358])

'Wir senden Frohsinn - wir spenden Freude' blieb in diesem exklusiven Truppen-Gruppen-Fernsehen des 2. Weltkrieges die dominierende Sendung, die wohl aufwendigste und beliebteste: „Man wird in diesen Fernsehsendungen für die Truppenbetreuung eine Art Wunschkonzert des Fernsehsenders erblicken können. Wenn auch keine besonderen Wünsche vorliegen, so werden die Programme doch auch so ganz nach dem Herzen der soldatischen Zuschauer sein."[361]) Es sollte sich herausstellen, daß dieser anläßlich der Eröffnung der Sendefolge am 14. 3. 1941 geäußerte Vergleich mit der häufigsten, von den Nazis am meisten gepflegten und populär gemachten Hörfunk-Unterhaltungssendung durchaus nicht unzutreffend war.

„Überraschungen und immer wieder Überraschungen - Bomben und Kanonen - Soldaten, Stars und Prominente - Sänger, Schauspieler, Film- und Rundfunkleute - die Hauptsache aber: erfüllte Wünsche von Wehrmachtsangehörigen an der Front und in der Heimat, großzügige Spenden aus dem In- und Ausland - und Kinder ... Tausende von Neugeborenen wurden Soldatenvätern draußen vor dem Feind angezeigt... So ungefähr kann man in Schlagwörtern die populärsten Rundfunksendungen dieser Zeit schildern."[362]) Das war zum 25. 'Wunschkonzert' am 31. 12. 1939; die 50. Sendefolge gab es am 1. 12. 1940; und am 30. desselben Monats wurde in Berlin der 'Wunschkonzert'-Spielfilm uraufgeführt, selbstverständlich „staatspolitisch wertvoll, künstlerisch wertvoll, volkstümlich wertvoll, jugendwert" [363]) und unter vielen anderen natürlich mit Marika Rökk. Am 2. 2. 1943 vollendete die sowjetische Armee ihren Sieg in Stalingrad, am 18. reklamierte der Reichspropagandaminister „den totalen Krieg". Am 12. 3. 1943 wurde zum 100. Mal 'Wir senden Frohsinn - wir spenden Freude' ausgestrahlt. [364])

[365])

Unterhaltungskünstlerin: „Wo alles dient dem guten Zweck, da fehlt auch nicht Marika Rökk."

[366])

„Adolf Hitler ist ein Künstler" - so Telefunken

Laut NDR- und WDR-Fernsehsendung vom 2. 11. 1977 im III. Programm von NDR, RB und SFB sendete der Nazi-Rundfunk ein Fernsehen im Dienste der Truppenbetreuung „bis im November 1943 Brandbomben den Berliner Fernsehsender zerstörten". [367]) Aber noch 1944 wurde von der Reichsrundfunk-Gesellschaft mitgeteilt, daß Fernsehsendungen ausgestrahlt werden, „um unseren verwundeten Soldaten Erholung und Freude zu bringen. So verfolgt ein fester Zuschauerkreis die künstlerische Entwicklung dieses neuen Instruments, das später einmal dem ganzen Volk gehören wird." [368])

Zum Schluß der damalige Fernseh-Intendant: „Wir leben heute in einer sehr spannenden, abwechslungsreichen Zeit. Stellen wir uns aber einmal vor, diese Zeit ist abgeklungen, und es folgen friedliche Jahre des Aufbaues. Was dann?" [369])

Was dann?

Ihre zarte Haut
verlangt die beste Pflege!
Nehmen Sie Luxor!
LUXOR
TOILETTESEIFE
Filmstars in aller Welt
sind von Luxor begeistert.
Marika Rökk sagt:
„Auch Sie sollten
Luxor verwenden."
Überzeugen Sie sich selbst, wie Luxor Ihre Haut verschönt. Sie verbürgt Reinheit und Milde, wie zarte Haut sie braucht. Das haben unzählige Filmschauspielerinnen in aller Welt schon längst entdeckt. Gerade sie, die ganz besonderen Wert auf schönes Aussehen legen und die anspruchsvoll in der Wahl ihrer Schönheitsseife sind, bleiben bei der reinen, weißen Luxor
Filmstarseife ★ Luxor-Schönheit
jetzt auch für Sie!
... und der Preis 40 Pf.
Badegröße 60 Pf.
LUXOR
9 von 10 Hollywood-Stars verwenden Luxor Toiletteseife

V.
Perspektiven für deutsches Fernsehen nach 1945: „Welches Schweinderl möchten S?"

Nach der Befreiung Deutschlands vom Faschismus und damit auch von seinem zentralstaatlich-autoritär durchstrukturierten Kommunikationsmonopol gingen zunächst gerade antifaschistische, zumindest afaschistische Impulse mit ein in einen neuen Versuch nichtsozialistischer Rundfunk-Organisation in den westlichen Besatzungszonen.

Dies hing noch mit den - wesentlich durch das Potsdamer Abkommen der UdSSR, der USA und Englands am 2. 8. 1945 gesteckten - anfänglichen Zielen einer antinazistischen Richtung von Demokratisierung öffentlichen Bewußtseins zusammen. Dies wiederum auf der Grundlage ökonomischer und politischer Vorstellungen einer Denazifizierung, Demilitarisierung und Dekonzentration der Produktion zusammen;[1]) und sicherlich nicht zuletzt auch auf der Grundlage des Bedürfnisses der Masse der Bevölkerung nach der Errichtung demokratischer Verhältnisse in Deutschland.

Aus einem Fernseh-Statement eines Rundfunk-Journalisten, der von Anfang an dabei war, 1977: „Wie ging denn das los 1945? Ich habe das erlebt vom Juno 1945 an. ... Man ließ uns in einer erstaunlichen Weise freie Hand, denn die Engländer hatten ihre Erfahrung mit der vom Staat völlig unabhängigen BBC. Und dieses Prinzip wollten sie den Deutschen, die gerade zwölf Jahre Diktatur hinter sich hatten, auch bescheren. ... Es gab zum Beispiel eine Ausgewogenheit - heute ist das Wort furchtbar beliebt -, die sich ganz von selbst einstellte, weil alle sich frei fühlten. Die Unbefangenheit derer, die mit dem Medium arbeiteten, ließ gar keine Unsicherheit aufkommen. ... Ich suchte händeringend nach Leuten anderer Anschauung, denn daran entzündet sich ja eine Diskussion. ... Und dann hatten wir natürlich durch diese Art der Arbeit ein sehr lebendiges Verhältnis zu denen, die uns zuhörten. Ich glaube, nie wieder ist später der Hörfunk und das Fernsehen so wenig von denen draußen, für die wir das machten, isoliert gewesen wie damals. Hinter alle dem, was ich jetzt erzählt habe, steckte natürlich der Wunsch, abzurechnen mit der nationalsozialistischen Schweinerei, die wir eben hinter uns hatten." [2]) Da steckt sicherlich viel an Illusionen drin, ist auch nicht als Erklärung medienökonomischer und kommunikationspolitischer Entwicklungsprozesse zu verstehen, doch wohl immerhin als Erlebnis, als Impression einer damaligen Arbeitsstimmung beim späteren NWDR, die sich allem Anschein nach doch erheblich von der der end-siebziger Jahre beim NDR und WDR unterscheiden mußte: „Rundfunkfreiheit im Sinne von praktizierter Meinungsdemokratie und Informationsvielfalt erscheint mir in den Medien der Bundesrepublik derzeit generell gefährdet. Wir haben überall ein Klima von Anpassung, Ohren-Anlegen, Nicht-Auffallen. Das ist eine Reaktion auf politische Vorgänge in unserem Land allgemein." Aus einem Fernseh-Statement des medienpolitischen Sprechers der SPD-Fraktion 1977, Mitunterzeichner eines Offenen Briefes der Initiative 'Rettet die Rundfunkfreiheit im WDR!' an dessen Intendanten.[3])

Vielleicht ging es beim NWDR-Vorläufer in der Tat recht liberal zu und her. Aber mit der Abkehr der westlichen Siegermächte (während der Aussenministerkonferenzen im Frühjahr in Moskau, im Herbst in London) 1947 auf den Weg einer westdeutschen Separatstaats-Gründung, mit der damit intendierten sozioökonomischen Restauration, ergaben sich zwangsläufig ein dafür notwendiger ideologischer Imperativ: Antikommunismus - Totalitarismusdoktrin und Containment-Politik - mit teilweiser Reaktivierung faschistischer Bewußtseinsreste. Dies konnte nicht ohne die dementsprechenden kommunikationspolitischen, d. h. auch rundfunkinhaltlichen Folgen bleiben. Operation Back-Talk lautete die US-Devise: Noch im November 1947, noch während die Aussenministerkonferenz in London war, lief über die Rundfunkstationen der ABZ in Deutschland eine Vortragsfolge 'Freedom versus Totalitarianism'.[4])

So schien von Anfang an in den Westzonen der antifaschistisch-demokratische Anspruch für eine spätere öffentlich-rechtliche Rundfunkorganisation gefährdet zu sein. Denn es sollte sich herausstellen, daß es antifaschistischen Antikommunismus ebensowenig geben kann wie antikommunistischen Antifaschismus. Und dies sollte auch die noch so liberale

Arbeitssituation für Journalisten und Redakteure in jenen neuen Anfängen des Rundfunks nur schwer, bzw. nicht verkraften können.

Noch wirkten in der Eröffnung des NWDR-Hörfunks am 1. 1. 1948, dem zu Weihnachten 1952 das Fernsehen folgte, jene antimonopolistischen, pluralistischen Intentionen des Rundfunk-Wiederaufbaus nach, artikulierte doch die dafür ausgegebene Verordnung der englischen Militärbehörden: „Der Rundfunk wird in voller Unabhängigkeit von Einflüssen des Staates und parteipolitischer Richtungen betrieben." [5]) Aber bereits im selben Monat wurde als Reaktion auf starke Streikaktivitäten das in den zwanziger Jahren erkämpfte Recht auf Volksbegehren verboten. Ein Monat später wurde in der westdeutschen Bizone ein ohne parlamentarische Kontrolle CDU-dominiert tätiger Verwaltungsapparat gewissermaßen als Bundesregierung noch ohne Bundesrepublik vororganisiert.[6]) Und wieder ein Monat später wurde zur Forcierung der kapitalistischen Restauration die Entnazifizierung in den Westzonen erheblich reduziert.[7])

Woher denn sollte das demokratische Rundfunk-Potential kommen, wenn restaurations-administrativ mehr und mehr die dafür relevanten gesellschaftlichen Organisationsmöglichkeiten unterlaufen wurden, wenn im Herbst desselben Jahres der spätere Bundespräsident Theodor Heuss auf einer Sitzung des westdeutschen Parlamentarischen Rates auch noch erklärt, daß „das Volksbegehren, die Volksinitiative ... in der Zeit der Vermassung ... die Prämie für jeden Demagogen" ist.[8])

So war denn jener liberale Rundfunk-Veteran aus der Vorzeit der NWDR-Gründung zwar vielleicht voll von Illusionen, aber offensichtlich kein Illusionist: „Die fast vollkommene Meinungsfreiheit, die wir hatten, Meinungsfreiheit von rechts, links, in jeder Hinsicht auch gegenüber den Maßnahmen der Besatzungsmacht, die wollten merkwürdigerweise die deutschen Politiker aller Parteien durchaus nicht so haben, wie wir sie bereits für immer errungen zu haben glaubten. Das war eine schöne Illusion. Das Instrument war uns zugefallen, ich sage es noch einmal. Das ärgerte natürlich die Instanzen, die es heute überwachen." [9])

Aus einem 'Spiegel'-Interview, ebenfalls 1977, mit dem CDU-Landtagsmitglied, Bundesminister a. D., durchaus ein Radikaler hinsichtlich einer Privatisierungsreform des öffentlich-rechtlichen Rundfunks: „SPIEGEL: Herr Windelen, Sie sitzen seit April 1971 im Verwaltungsrat des WDR. Nach manchen Ihrer Äußerungen könnte man meinen, Sie beaufsichtigen da die Stimme der DDR. WINDELEN: ... es gibt immer wieder Sendungen, nach denen die Hörer mich fragen: Wird hier nicht Originalton Ost übertragen? ... WINDELEN: Es gibt, wie Sie andeuteten, das bekannte Nord-Süd-Gefälle, mit historischem Hintergrund. Der ehemalige NWDR, Vorläufer von NDR und WDR, wurde nach dem Krieg von einer britischen Labour-Regierung ins Leben gerufen. Wenn Sie daran denken, welch eine wichtige Rolle damals im NWDR ein Mann namens Karl-Eduard von Schnitzler spielte ... SPIEGEL: ... heute Chefpropagandist im DDR-Fernsehen ... WINDELEN: ... werden Sie verstehen, was ich meine. Dies hat sich fortgepflanzt, das ist eine Geburtsanlage. Es ist so, daß sich das Personal in den Funkhäusern gewissermaßen durch Knollen fortpflanzt: Die da sitzen, ziehen ähnlich Denkende nach ..."[10]) An solch pflanzengeschichtlicher Beschwörung einer Rundfunkentwicklung ist alles so geisterhaft, daß wenigstens Tradition des Geistes, der dahinter steckt, unverkennbar bleibt. Denn bereits in der unmittelbaren Vorgeschichte der NWDR-Gründung wurde dieser Sender als kommunistisch bzw. links verschrien. Da dort damals in der Tat hauptsächlich auch Rundfunkleute arbeiteten, die den antifaschistisch-pluralistischen Auftrag zu realisieren versuchten, bildete sich schon frühzeitig eine CDU-Gegenrichtung heraus, das Massenmedium parteienpolitisch gegenüber anderen gesellschaftlichen Organisationen zu isolieren: und das auch bald in kommunikationspolitischer Vorwegnahme der Großen Koalition.[11])

Somit konnte zwar schließlich die Herauslösung (1954 gesetzlich, 1956 faktisch) eines WDR neben dem NDR erwirkt werden,[12]) ließ sich zwar der parlamentarisch-administrative Einfluß auf die pluralistisch-journalistischen Aktivitäten der Sender verstärken, aber nicht mit dem öffentlich-rechtlichen Organisationsprinzip brechen, um dessen definitive Auflö-

[14])

Wo alles dient dem einen Zweck, da fehlt auch nicht Marika Rökk!

sung zugunsten direkter Kapitalverwertung und direkten Staatseingriffs oder eben dessen konsequente Einlösung es in der gegenwärtigen Auseinandersetzung geht:

„Der Westdeutsche Rundfunk soll die internationale Verständigung fördern, zum Frieden und zur sozialen Gerechtigkeit mahnen, die demokratischen Freiheiten verteidigen und nur der Wahrheit verpflichtet sein. Er darf nicht einseitig einer politischen Partei oder Gruppe, einer Interessengemeinschaft, einem Bekenntnis oder einer Weltanschauung dienen." [13]) Soweit das Gesetz vom 25. 5. 1954, das eine gewisse Repräsentativität für den westdeutschen Rundfunk insgesamt enthält.

Der Kapitalismus ist „Lebensinteressen des deutschen Volkes nicht gerecht geworden"

Aus einem deutschen Parteiprogramm vom 3. 2. 1947: „Das kapitalistische Wirtschaftssystem ist den staatlichen und sozialen Lebensinteressen des deutschen Volkes nicht gerecht geworden. Nach dem furchtbaren politischen, wirtschaftlichen und sozialen Zusammenbruch als Folge einer verbrecherischen Machtpolitik kann nur eine Neuordnung von Grund aus erfolgen. Inhalt und Ziel dieser sozialen und wirtschaftlichen

A us
E rfahrung
G ut [15])

Neuordnung kann nicht mehr das kapitalistische Gewinn- und Machtstreben, sondern nur das Wohlergehen unseres Volkes sein. Durch eine gemeinwirtschaftliche Ordnung soll das deutsche Volk eine Wirtschafts- und Sozialverfassung erhalten, die dem Recht und der Würde des Menschen entspricht, dem geistigen und materiellen Aufbau unseres Volkes dient und den inneren und äußeren Frieden sichert." [16]) Dieses Programm der CDU, das unter Vorsitz von Konrad Adenauer verabschiedet wurde, entstand unter Anleitung von Bankier Robert Pferdmenges. Dieser, im deutschen Faschismus u. a. Vorstandsmitglied der AEG, stand auf der 1945 von einem amerikanischen Senatsausschuß veröffentlichten Kriegsverbrecher-Liste.[17]) Aber verurteilt wurde er nicht einmal zum Schein, sondern blieb - nachdem er als "unbelastet" eingeschätzt worden war - selbstverständlich bei der AEG.[18]) Nicht nur das: 1947 war er CDU-Abgeordneter und im damaligen westdeutschen Wirtschaftsrat. Von 1949 bis 1962, bis zu seinem Tode, gehörte er dem Bundestag an. Die Zeit der Liaison dieses AEG-Vertreters des Finanzkapitals mit dem CDU-Bundeskanzler soll damals von Journalisten als "Ära Pferdnauer" gekennzeichnet worden sein.[19])

Während nach dem 8. 5. 1945 im Betrieb Opta-Radio-AEG in Berlin die Belegschaft ihre Ersparnisse zusammenlegte, „um die Produktion von Transportwagen, Luftpumpen, Kartoffelhacken, Haus- und Küchengeräten anstelle der früheren Luftwaffen-Nachrichtengeräte aufnehmen zu können", renovierte die AEG-Direktion in den Westzonen ihre Kontakte zum US-Konzern General-Electric.[20]) Kraft dessen Schlüsselpositionen in der US-Armee bemühte man sich 1945 sofort um einen Antivergesellschaftungs-Schutz der AEG-Betriebe, die ja zu rund 90 Prozent in den sowjetisch besetzten Gebieten Deutschlands lagen, denn dort wurden diese meist in Sowjetische Aktiengesellschaften umgewandelt, später in volkseigene Betriebe.[21]) In "Geisterprozessionen" wurden daher AEG-Betriebe aus der sowjetischen Besatzungszone in den Westen Deutschlands oder Berlins umgelegt, neue Produktionsstätten entstanden in den Westzonen.[22]) Da die AEG-Direktoren durch Kriegsprofite auch etwas in ihr Schweinderl stecken konnten, kam dem Konzern gerade die westdeutsche Separat-Währungsreform vom 24. 6. 1948 gelegen. Denn „für die AEG hieß das, daß zwar ihre Barbestände und Guthaben von 171,4 Millionen RM auf 19,6 Millionen DM reduziert wurden, daß aber gleichzeitig die Schulden von 224,4 Millionen auf 97,6 Millionen schmolzen, von denen dann mehr als die Hälfte wertvolle Dollar-Obligationen waren."[23]) Und da die Währungsreform "Sachwerte" nicht betraf, blieben auch der AEG die Produktionsmittel vollständig erhalten, während die Ersparnisse der Masse der arbeitenden Bevölkerung vernichtet wurden.[24]) Erheblich zur Neukonsolidierung des Konzerns trugen schließlich die großzügigen US-"Wiederaufbaukredite" bei, an deren Vergabe die Morgan-Gruppe beteiligt war[25]), als eines der beiden US-Finanzkapital-Monopole, über General Electric nicht nur mit der Radio Corporation of America (RCA) verbunden, sondern auch mit AEG-Telefunken.[26]) Deren Bilanzsummen, bzw. Dividendenhöhen entwickelten sich von 1950/51 bis 1955/56 von 539,3 auf 1 081,9 Millionen, bzw. von 4,5 auf 9,9 Millionen: „Im Gegensatz zur Situation nach dem Ersten Weltkrieg wurde der BRD-Imperialismus diesmal von seinen Konkurrenten nicht international isoliert, sondern salonfähig gemacht. Der Grund lag im veränderten internationalen Kräfteverhältnis zwischen Sozialismus und Imperialismus"[27]), d. h. nicht nur aufgrund von Sonderinteressen des Einzelkapitals der Elektroindustrie, sondern auch aufgrund eines gesamtkapitalistischen Allgemeininteresses, das auf die Errichtung eines westdeutschen Separat-Staates drängte.

Was steht heute drin?: eine Presseschau von 1952

Denn nun konnten anscheinend solche amerikanisch-englischen Interessen, wie sie noch am 16. 9. 1944 artikuliert wurden, keinen Wert mehr haben: völlige Zerstückelung des Nazi-Reichs in ein Deutschland „des Ackerbaus und der Weidewirtschaft".[28]) Davon hielt schon Bert Brecht nichts, allerdings aus entgegengesetzten Gründen: „Ich glaube nicht, daß es dazu kommen wird, die Berliner Metallarbeiter zu Schafshirten zu machen."[29]) Auch AEG-Telefunken hätte wohl nunmehr nichts mehr davon gehalten, sondern viel mehr von einer klaren Zweiteilung, wennschon nicht gesamtdeutsche Rekapitalisierung. So hätte denn im Jahr der Eröffnung eines bundesdeutschen Fernsehens, 1952, etwa folgende Presseschau gesendet werden können:

Im Bayerischen Volksecho vom 8. 3. 1952 lesen wir eine Äußerung des Außenministers Von Brentano: „Wir werden alles tun und das Letzte unternehmen ..., um die sowjetische Besatzungszone wieder zurückzuholen." Die New York Tribune kommt in ihrer Ausgabe vom 24. 3. zu dem Schluß: „Das fast sichere Ergebnis gesamtdeutscher Wahlen wäre die Niederlage der Adenauer-Partei und der Sturz des Bonner Regimes." Folgenden Vergleich stellen die Aachener Nachrichten vom 22. 5. auf: „Die wiederholten Erklärungen des Bundeskanzlers, daß man erst nach voller Einbeziehung Westdeutschlands in das westliche Verteidigungssystem die richtige Verhandlungsbasis gegenüber Sowjetrussland habe, erinnert zu stark an die Verhandlungsmethode Hitlers zur Wiedervereinigung mit Österreich." The German-American, New York, stellt in der Mai-Ausgabe fest: „Washington ist nicht daran interessiert, mit der Sowjetunion über einen deutschen Friedensvertrag zu verhandeln. Wenn Deutschland vereinigt würde, müßte Washington alle seine sorgfältig ausgearbeiteten Pläne für die Remilitarisierung Westdeutschlands als Teil der NATO aufgeben."[30])

Zugegeben, das wäre nicht sehr ausgewogen gewesen. Aber in den NWDR-Hörfunk-Nachrichten vom 1. 7. 1952 war immerhin zu hören: „Zu dem missverständlichen Gebrauch des Wortes 'Wiedervereinigung Deutschlands' nahm am 30. Juni auf einer Versammlung in Münster der Bundesabgeordnete der FDP, Dr. Mende, Stellung. Statt einer bloßen Vereinigung müsse eine politische Befreiung der Sowjetzone angestrebt werden..."[31])

Und eine Fernsehkamera in der Bundestags-Sitzung vom 17. 9. 1952 hätte der westdeutschen Bevölkerung auch noch den Abgeordneten-Vorschlag weitergeben können, „das Wort 'Kriegsverbrecher' allgemein zu vermeiden; es sind ja im wesentlichen keine Verbrecher, sondern unschuldig Verurteilte!"[32])

Wohlgemerkt, gäbe es in der Bundesrepublik statt des öffentlich-rechtlichen ein direkt-staatliches oder/und ein direkt-privates Fernsehen, hätten mit Sicherheit die Bundesbürger z. B. so etwas wie die ZDF-Sendung über den mittlerweile mit unerhörten Freisprüchen bestückten

Majdanek-Prozeß nicht zu sehen bekommen, die sich antifaschistisch mit den als Zeugen geladenen ehemaligen Häftlingen dieses Vernichtungslagers solidarisierte und auch über die demütigende Verhandlungsführung von altnazistisch, bzw. neofaschistisch aktiven "Verteidiger"-Anwälten informierte. Zwar war diese Sendung nicht vorher angekündigt, der Zuschauer erfuhr davon erst durch die Abendansage am 27. 11. 1977, daß anstelle von 'Mit Anstand alt werden' (!) dieser Bericht gesendet werde, aber immerhin: Dieser „Dokumentarfilm 'Die Vergangenheit kehrt zurück' - ein Beitrag über Historie und Hintergründe der in Düsseldorf anhängigen 250 000fachen Mordanklage gegen 14 ehemalige SS-Wächter der Tötungsfabrik Majdanek-Lublin - wurde von Rechtsanwalt Bock zum Vorwand genommen, dem Gericht Befangenheit zu attestieren aufgrund einseitiger Beeinflussung durch den Film. ... Das Gericht möge prüfen, ob es sich bei den im genannten ZDF-Film gezeigten 'lebenden Skeletten' um Menschen gehandelt habe, die möglicherweise 'aufgrund einer Krankheit abgemagert' waren." [33]) Diese ZDF-Sendung soll zum wachsenden öffentlichen Interesse an diesem seit Beginn am 26. 11. 1975 noch nicht abgeschlossenen Nazi-Verfahren und zu zahlreichen Prozeßteilnahmewünschen aus dem Schulbereich „nicht unwesentlich beigetragen haben." [34]) Als im Frühjahr 1979 "im Namen des Volkes" die Freisprüche verkündet wurden: „Im Saal, inzwischen bis in den letzten Winkel menschengefüllt, erklingt das Moorsoldaten-Lied. Laut, durchdringend." [35])

„Des Innern stiller Frieden" - für wen?

Weihnachten 1952. Als Irene Koss etwas zu dem ersten nordwestdeutschen Fernsehabend aufsagte - „Eines nur ist Glück hienieden, eins, des Innern stiller Frieden." [36]) -, da war nicht nur in medienökonomischer, sondern auch personalpolitischer Hinsicht für eine gewisse Kontinuität des Rundfunks über 1945 hinaus gesorgt. Dafür war schon diese ein Beispiel, wenn auch nicht als Personen-Identität von Ursula Patzschke von 1935 und Irene Koss von 1955, so doch im Sinne einer produktionsästhetischen Kontinuität: Das Gesicht der ersten Fernsehansagerin der Bundesrepublik wurde gewissermaßen von den Nazis gemacht, wie man zuzugeben sich auch durchaus gestattete. Und zwar in einer Zwanzigjahres-Jubiläums-Ausgabe der illustrierten Monatshefte von 'Fernsehen - Gestalten, Senden, Schauen' 1955: „Was dem Besitzer eines Kraftwagens die Autozeitschrift bedeutet, das wollen wir für den jetzigen - oder zukünftigen - Zuschauer am Bildschirm sein." [38]) Chefredakteur dieser Zeitschrift war Kurt Wagenführ, ehemaliger Nazi-Hauptschriftleiter, so tätig an der Nazi-Illustrierten 'Neuer Funk-Bote', in der er 1940 feststellte, daß alle Rundfunk-„Meldungen auf ihre Echtheit und Zuverlässigkeit geprüft" würden, denn „der Nachrichtendienst des Rundfunks lebt von dem Kredit, den er in der Welt genießt. Das heißt also, daß man ihn nach seiner Wahrheit beurteilt." [39])

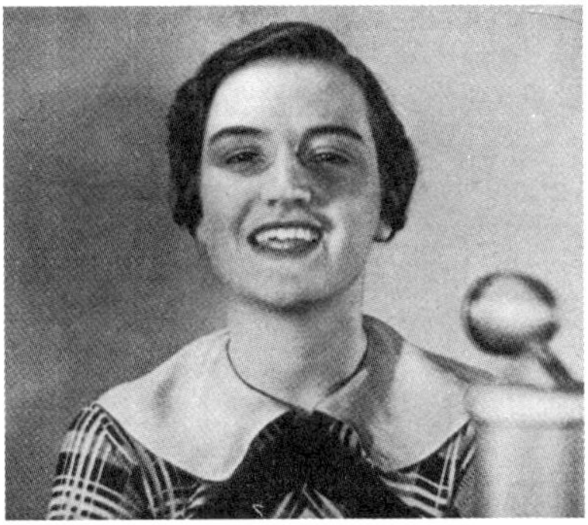

[37]

1955: „So sahen sie 1935 die Fernsehzuschauer."

[37]

„Und das ist Ursula Patzschke heute. Die alte Liebe zum Fernsehen läßt sich nicht ganz verleugnen. Auf dem Bildschirm Irene Koss, die erste Ansagerin des Nachkriegsfernsehens, die ihr im Typ ähnlich ist."

Mit „nicht mehr zu unterdrückender Heiterkeit"

Da der Hauptschriftleiter 1940 eine "Bildstörung" hatte, gehörte er zu der Elite, die über einen Heimempfänger verfügte,[40]) wie auch Paul Nipkow, der „ - der Deutsche - der Welt das Fernsehen, die Verwirklichung eines Märchentraumes der Menschheit, schenkte", dessen Werk, dem „eines Gutenberg ... gleichwertig", „ein Vermächtnis, das wir täglich erneut erfüllen müssen", sei.[41]) Er war es auch, der 1941 herausfand, daß ein über der Fernsehtheater-Projektionsfläche „in mattem Blaulicht leuchtendes Hoheitszeichen ... an die fördernde Betreuung durch den Staat" erinnere.[42]) In seinem Rückblick auf das Fernsehen unterm Faschismus, d. h. auch zu dieser Diktatur, fielen ihm vor allem „verantwortungslose Direktoren" mit „Betrügereien" ein, die „nicht nur inhaltlich dürftig und oberflächlich, sondern auch absolut blödsinnig in der 'Regie'" waren, eine „zwielichtige Erscheinung" oder ein „Intrigant", der „in einem Finger mehr Verstand hatte als sein Chef im Kopf".[43]) Für den Gebildeten, Feinsinnigen, Wohlerzogenen, Anständigen blieben die Nazis blöd, verantwortungslos, korrupt - ganz einfach. Dafür schrieb in anderer Jubiläums-Ausgabe von 1955 der ehemalige Nazi-Sportreporter Hugo Morero: „Lieber Dr. Wagenführ, ... erinnern Sie sich noch der Massage-Sendung? Mit praktischen Beispielen zeigte einer der besten Masseure den Wert der Entmüdungsmassage... Zur Demonstration hatten wir uns ein hübsches Mädchen im zweiteiligen Badeanzug auf die Massagebank gelegt, mein Masseur zeigte mit geübten Griffen ...Was wahr geschehen? Der gute Masseur hatte zur Unterstützung seiner Worte die arbeitsbehindernde Badehose der jungen Dame immer weiter nach unten geschoben, ohne selbst hinzusehen oder etwa an die Kamera zu denken. Bis dann schließlich die ungewollten Enthüllungen die nicht mehr zu unterdrückende Heiterkeit auf der Brücke auslösten! ... Nichts für ungut, lieber Doktor, ich muß jetzt zum Fußballspiel!"[44]) Es mag ja

Leute geben, die es, wenn sie sich an die Nazi-Zeit erinnern, mit „nicht mehr zu unterdrückender Heiterkeit" erfüllt, aber in einer Zeitschrift für die westdeutsche Bevölkerung, in der u. a. auch Hans-Jürgen Nierentz wieder zu Wort kam, ehemals Intendant des Nazi-Fernsehens, das er zu einem "Fehltritt" vereinfachte: „'man' spricht nicht gern von ihm" [45]) Kurt Wagenführ war 1958 Herausgeber der 'Fernseh-Rundschau' in Hamburg [46]), ab 1962 verantwortlich für die Pressestelle beim Deutschlandfunk, dessen Langwellendienst er schon 1959 „besonders im Blick auf unsere Landsleute in der Sowjetzone" forciert haben wollte [47]), ab 1964 für den Deutschlandfunk Mitglied der Historischen (!) Kommission der ARD. [48])

Konkurrenz soll „das Geschäft beleben"

„Im Namen der Bundesrepublik Deutschland: Der Hauptmann Wolfgang Ross ist durch Annahme der Wahl zum Abgeordneten des bayerischen Landtags mit Ablauf des 22. November 1966 in den Ruhestand getreten. Für die dem deutschen Volke geleisteten treuen Dienste spreche ich ihm Dank und Anerkennung aus." [49]) Dank und Anerkennung galten einem Abgeordneten der NPD im bayerischen Landtag, übermittelt von Gerhard Schröder, damals "Bundesminister der Verteidigung", der in dieser Eigenschaft 1967 auch auf einer Mitwirkung in der Nuklearen Planungsgruppe der NATO bestand: „Unser besonderes Interesse an der Mitwirkung ergibt sich nicht zuletzt daraus, daß ein nuklearer Einsatz von deutschem Gebiet und auf deutsches Gebiet erfolgen könnte." [50]) Der vormalige KPD-Verbots-Innenminister, der 1959 auch ein Verbot der Vereinigung der Verfolgten des Naziregimes (VVN) beantragte, zum Versuch der Errichtung eines eigenen CDU-Fernsehens hinsichtlich der Bundestagswahlen 1961: „Wir möchten die bisherigen Anstalten sowohl in ihrer Rundfunkarbeit wie in ihrer Fernseharbeit bestehen lassen, aber ihnen eine Konkurrenz schaffen, denn wir glauben daran, daß - wenn ich mich einmal so ausdrücken darf - auch auf diesem Gebiet die Konkurrenz das Geschäft beleben wird und letztlich dazu beitragen wird, daß der Hörer und Seher ein reicheres Angebot und reichere Möglichkeiten haben wird." [51])

Am 25. 7. 1960 unterzeichnete Kanzler Adenauer für die Bundesregierung den Gesellschaftsvertrag einer Deutschland-Fernsehen-GmbH. Ein Monat später war er alleiniger Gesellschafter. Auf Länder-Klagen beim Bundesverfassungsgericht fällte dieses am 28. 2. 1961 das Urteil, wonach die Bundesregierung mit solch einem Versuch an Privatfernsehen gegen das Grundgesetz verstoße. In gewissem Sinne als Ersatz für jenen Versuch unterzeichneten am 6. 6. 1961 die Länder-Ministerpräsidenten den Staatsvertrag zur Errichtung einer neuen, allerdings nunmehr öffentlich-rechtlichen Fernsehanstalt: ZDF. [52])

Der erste ZDF-Intendant

Am 12. 3. 1962 wurde zum ersten Intendanten des ZDF Karl Holzamer gewählt: nicht etwa von der bundesdeutschen Bevölkerung, sondern vom ZDF-Fernsehrat, mit 1 DGB-Vertreter unter 66 Mitgliedern. [53]) „In einer westdeutschen Großstadt wollen wir Mittagessen. Ein sogenanntes bürgerliches Restaurant, das wir von früher kennen, ist tatsächlich geöffnet, obwohl wir uns durch Bauschutt und Holzverschalungen zum Eingang durchwinden müssen und obwohl das Haus über der Gaststätte bis zum Erdgeschoß ausgebrannt und noch unbewohnbar ist. Auch ein Teil des Gastraumes zeigt noch die Spuren eines Luftangriffs. Wir können Platz nehmen. Angestellte, Schaffnerinnen, Soldaten, eine durchreisende Mutter mit ihren Kindern, das ist etwa das Publikum. Jeder Tisch ist weiß gedeckt, hie und da stehen ein paar Blumen. Das Essen wird nicht in den an sich praktisch abgeteilten Tellern für Fleisch, Gemüse und Kartoffeln angereicht, sondern mit einem zweiten angewärmten Teller schmackhafter und freundlicher gemacht. Kultur unter Trümmern. Kein liebloses Abspeisen, sondern eine freundliche Ermunterung für die schwerarbeitenden und geduldig ertragenden Menschen. Mir steigt eine Erinnerung an den ersten Sommer im Osten auf. Mittelabschnitt: Eingewalzte Felder, verbrannte Wälder, ein öder staubiger Flugplatz, wackelige Holztriumphbögen am Eingang, Gipsbüsten der Sowjets, dazu die eigenen pausenlosen Einsätze vom grauenden Morgen bis in die sinkende Nacht, doch in dieser Wüstenei, in diesem nicht abreißenden Kampf, finden wir Zeit und Kraft, über mitgeführte Klapptische ein Tuch zu breiten und nicht zu 'futtern', sondern zu 'essen'. Damals war es mir schon ein Sinnbild deutscher Kultur, die sich mit unserem Vormarsch in eine Kulturwüste hineinschob. Heute erkenne ich: Front bleibt Front, hier wie dort!" 54) Das ist original Karl Holzamer, heraus-

55)

'Wir senden Frohsinn': Ostfront-Kriegsberichter Holzamer und "Eichenlaubträger der Luftwaffe"...

56)

... „verfügte über einen Etat von zuletzt 900 Millionen Mark und beaufsichtigte 3 265 Bedienstete. Alljährlich hat er den rund 45 Millionen TV-Deutschen rund 200 000 Programm-Minuten voller Frohsinn und Beschaulichkeit heimgestrahlt."

gegeben von der Reichsrundfunk-Gesellschaft im Sommer 1943.

„Wie sich der Intendant des ZDF mit einem Sendezentrum für 500 Millionen Mark ein Denkmal setzte" [57]), das kann man sehen, in Mainz. Weniger sichtbar blieb wohl, daß ihm 1935 nicht unweit davon, am Reichssender Köln ein besonderes Referat 'Blut und Boden' neu eingerichtet wurde, wohin er als damaliger Sachbearbeiter des Bauernfunks bestellt wurde. [58]) Weihnachtsgedanken 1943: „Der Betroffene aus dem Heimatkriegsgebiet kennt wie die Front das Wachsen einer neuen Kameradschaft derer ohne Heim und verspürt einen Hauch von dem Sicherheitsgefühl, in dem der Soldat sich im tödlichen Feuer noch in der Kameradschaft geborgen weiß. ... Die unverwüstlichen Werte bestehen diese Feuerprobe und strahlen in einem zukunftsweisenden Glanz. ... 'Wo es hart ist, kämpft mein Vaterland' lehrt uns die Geschichte und beweist uns das gegenwärtige Ringen um unser Sein. - Nur wer bereit ist, vieles zu verlieren und alles dranzusetzen, wird auch alles gewinnen." [59]) D. h. von 1949 bis 1960 Vorsitzender des SWF-Rundfunkrates, ab 1961 Vorstandsmitglied des Vereins Deutsche Gesellschaft für Film- und Fernsehforschung, 1961 auch Programmbeiratsmitglied der Deutschland-Fernsehen-GmbH Adenauers, ab 1967/68 Aufsichtsratsvorsitzender der TRANS-TEL-GmbH, ab 1969/70 Kuratoriumsmitglied der Deutschen Journalistenschule, 1971/72 Aufsichtsrat der Fernsehstudio München Atelierbetriebs-GmbH, dasselbe auch 1978/79. [60])

Halb so schlimm, könnte man sagen. Z. B. auch der nach 1945 im Fernsehen nicht unbekannte Unterwasser-Jäger und -Filmer Hans Hass erzählte am 31. 3. 1942 im deutschen Rundfunk über einen Angriff auf einen 'Judenfisch'. [61]) Auch einer unter vielen ähnlichen Fällen. Aber ein Unterschied besteht da wohl schon zu jemanden wie Karl Holzamer, der 1943 der veröffentlichten Meinung war, daß „wer nahe beim Tod wohnt, lebt tiefer", der auch 1964 noch der veröffentlichten Meinung war, daß es meistens „tragische Ereignisse, Kriege und Katastrophen" sind, „die ad hoc ein gesamtmenschheitliches Bewußtsein entstehen lassen." [62]) Nochmals 1943: „Die Organisation der Partei und des Staates tut im Verein mit der Selbsthilfe der Bevölkerung alles, was in ihrer Macht steht. Doch das Persönliche, das innere Verständnis, müssen wir alle, Tag um Tag, Du und ich dazugeben, dann erst wird es eine Gemeinschaft zwischen Front und Heimat." Und nochmals 1964: „Vielleicht stehen wir an der Schwelle eines neuen Universalismus. Es ist nicht zu hoch gegriffen, wenn man dem Fernsehen eine zwar dienende, aber entscheidende Rolle dabei zuweist." [63]) Der Intendant blieb 15 Jahre Intendant.

Herausgegeben wurde diese Meinung über 'Die kulturelle Aufgabe des Fernsehens' anläßlich des 60. Geburtstages eines damaligen Ministerpräsidenten der CDU, dessen Name unschwer zu erraten ist, wenn man nur einige wenige Stationen seines Wirkens kennt: 1938 Politischer Zensor für die Auslandspropaganda im Auswärtigen Amt, dann im AA Leiter der Rundfunkpolitischen Abteilung, 1941 Selbstbeförderung zum Verbindungsmann zwischen dieser Abteilung und Reichspropagandaministerium, 1942 Leiter des Referats Allgemeine Propaganda in dieser Abteilung, dann Leiter der gesamten Ostpropaganda im Auswärtigen Amt, nachdem Goebbels den damaligen Reichsminister für die besetzten Ostgebiete als "Propaganda-Schädling" abqualifiziert hatte,[64]) 1966 Bundeskanzler. Das blieb er wenigstens nicht 15 Jahre, aber er schaffte 1968 noch die Verabschiedung der Notstandsgesetze.

Tagesschau und Heute: 'Was bin ich?'

Auch am 12. 5. 1937 gab es „das englische Krönungsfest": „Zahllose Rundfunksender in allen Teilen der Erde übernehmen die Hörberichte... Vornehmlich der Deutschlandsender bringt Originalübertragungen von allen großen Veranstaltungen des Krönungsfestes... Alle Einzelheiten werden übertragen bis auf die Reichung des Abendmahls; in diesem Augenblick tritt Funkstille ein." [65]) Für die „englische Krönungsfeierlichkeiten" am 2. 6. 1953 übernahm ein erstes europäisches Fernseh-Gemeinschaftsprogramm die Übertragungen, Bundesrepublik Deutschland eingeschlossen, gewissermaßen ein Probelauf für die offizielle Eröffnung der Eurovision am 6. 6. 1954.[66])

Schon 1940 meinte man, ahnen zu können, wie sich die Informationssendungen des Fernsehens entwickeln werden, „wohin die zukünftige Entwicklung gehen wird. Neben der bleibenden Wochenschau kann sich der Fernsehsender eine Art 'Tagesschau' schaffen, die Tag für Tag neue Ereignisse enthält." [67]) Die erste kam 1952 aus dem Heiligengeistfeld-Bunker, aus Hamburg. Da kommt sie noch heute her, aus dem vormaligen, politischer Linkslastigkeit beschuldigten NWDR, was die freistaatlich Verantwortlichen des Bayerischen Rundfunks vielleicht veranlaßt haben mag, die ARD-Tagesschau für ihr III. Programm nicht mehr zu übernehmen: „Dafür gibt es eigene, bayerische Nachrichten von maximal 3, 5 Minuten, mit Standbildern, ohne Filme, aber mit 'differenziertem Wetterbericht'. Politik gibt es Montag und Donnerstag. Die 'präsentiert auf sympathische und anschauliche Art die kleine Welt der Bürger in Europa'". [68]) Solche Worte, dieser Sprachduktus, das erinnert an früher schon einmal gelesene Äußerungen, bzw. „Bayern geht wieder einmal voran im Rückwärtsgang." [69])

Wolfgang Brobeil, unter der ZDF-Intendanz Karl Holzamers auch Leiter der Hauptabteilung Kultur und Stellvertretender Programmdirektor[70]), der 1941 bis 1943 gleichfalls Ostfront-Kriegsberichterstatter für den Nazi-Rundfunk war[71]), flog 1953 mehr nach Westen, nämlich für Fernsehstudien bei der US-TV-Gesellschaft NBC über eine 'Today'-Sendung.: „Wir können beim Aufbau eines Fernseh-Zeitfunks in Deutschland viel von den Amerikanern lernen." [72]) Ganz auf deutsch heißt eine 'Today'-Sendung einfach 'Heute'.

Rundfunk-Routinier Wagenführ nach Eröffnung des Fernsehens in der Bundesrepublik 1952: „Jeder Sendedienst wird mit dem Ziel aufgenommen, von möglichst viel Empfängern verfolgt zu werden, ihnen Belehrung und Erbauung, Unterhaltung und Unterrichtung zu bringen. Das ist seit über einem Vierteljahrhundert bekannt..." [73]) Bei so viel Altbekanntheit, anscheinend Endgültigkeit, scheinbar Unveränderbarkeit an Produktions-

und Rezeptionsinteressen des Rundfunks, an dieser Stelle ein kurzer Blick in die Fernsehprogramme rund 20 Jahre nach der Einführung eines ersten deutschen Fernsehens durch den Faschismus, möglichst unkommentiert, da teils sicherlich auch bekannter als jene früheren:

- 'Wer gegen wen?', Hans Joachim Kulenkampff, nächste Folge 22. 12. 1954
- 'Evergreens - immer grün', 3. 12.
- 'Schlag auf Schlag', 18. 12.
- 'Vater braucht eine Frau', Fernsehspiel von Christian Bock, z. B. 1939 für das Fernsehen die Familienkomödie 'Keine Angst vor Geld',[74]) 'Bitte kurz fassen!' für "Lachmuskeln"[75]), 25. 12. 1954
- 'ne schöne Bescherung' von Günter Neumann, 26. 12., von demselben z. B. auch im Fernsehen 'Die Woche fängt gut an', 9. 1. 1939, 'Die Woche hört gut auf' 14. 1. und 'Wir sind im Bilde' 17. 1. 1939.[76])

„Bloß der Auftritt ist den Künstlern leicht erschwert" - ?

RIAS 1948: 'Berlin bleibt Bahnstation', „hieß unsere Sendung, zu der Günther Neumann Text und Musik schrieb. Es wirkten mit ... Charlotte Kolle, ... Carl-Heinz Carell ..., Leitung der Sendung Ivo Veit."[77])

'Endstation Berlin' war eine Fernsehrevue 1938,[78]) Carl-Heinz Carell hatte seine Fernseh-Auftritte bereits 1936,[79]) Charlotte Kolle den ihren z. B. in 'Brettl, das die Welt bedeutet' am 15. 2. 1939,[80]) Ivo Veit damals mit ihr zusammen in der gleichen Sendung, doch z. B. auch schon im Fernseh-'Kabarett in Dur und Moll' am 3. 2. 1938.[81]) Ein weibliches Chanson aus jener RIAS-Sendung: „Das Publikum rast vor Applaus, / man ruft die Hauptdarsteller raus. / Wild klatscht man in die Hände, / doch plötzlich ist der Weg verstellt. / Der schwere Eisenvorhang fällt. / Mein Gott, ist das das Ende! / Wie sollen jetzt unsere Freunde nahn? / Der Beifallsturm wird zum Orkan. / Und da öffnet sich die Tür im eisernen Vorhang. / Die kleine Tür, die im Theater jedermann kennt. / Sie ist zur Sicherheit drin in jedem eisernen Vorhang. / Und sie ist nicht zu verschließen, selbst wenns brennt. / Wenn wir rufen, es verhallt nicht ungehört. / Bloß der Auftritt ist den Künstlern leicht erschwert. / Aber trennen kann uns nicht der eiserne Vorhang. / Ich weiß es, weil ich vom Theater bin ..."

- 'Der Hauptfilm hat noch nicht begonnen: Neue Filme - ferngesehen, nah betrachtet', 28. 12. 1954.
- 'Zwischen Weihnachten und Neujahr: Volksbräuche deutscher Landschaften', deutscher Eurovisionsbeitrag, 30. 12.
- '1 : 0 für 1955', von und mit Peter Frankenfeld, 1. 1. 1955.
- 'Königsbesuch bei Schölermanns' „Es ist nicht zu vermuten, daß es sich um wirkliche irdische Könige handelt, - aber wer weiß, was in so einer Fernsehfamilie am Vorabend des Dreikönigstages alles geschehen kann...", Folge aus jener langlebigen Fernsehserie, 5. 1. 1955.

- „Am 8. 1. machen wir Bekanntschaft mit dem Humor der Waterkant: aus dem Ohnsorg-Theater..."
- 'Der Schauspieldirektor' wurde damals neu aufgeführt, denn eine ältere Aufführung davon wurde am 20. 4. 1939, Hitlers 50. Geburtstag, im deutschen Fernsehen ausgestrahlt.
- 'Ich seh etwas, was du nicht siehst', „heiteres Fragespiel", 14. 1.
- „Die Tierfreunde bitten wir herzlich, am 5. 1. an ihrem Bildschirm zu sein, wenn Lil Dagover um Hilfe für herrenlose Vierbeiner bitten wird", bekannter Nazi-Film- und -Rundfunkstar.[82])
- Komödie 'Siebzehn und Zwei', in der Regie von Hanns Farenburg, der es mit seinem IG-Farben-Propaganda-Fernsehspiel 'Fieber im Urwald' im Frühjahr 1940 auf 15 Aufführungen brachte[83]) und noch Anfang 1944 „Gedanken um ein Fernsehspiel" veröffentlichte,[84]) 2. 2. 1955.
- Zwei Stunden 'Alles Theater' am 3. 2., mit Günther Neumann als Ko-Autor.
- „Und natürlich, daß wie bisher jeden Sonntag von 12 bis 12.30 Uhr Werner Höfer ausländische Journalisten zum 'Frühschoppen' um sich versammelt..."[85])
- Komödie 'Der Priester und die Räuber', 21. 3., Wiederholungen 7. 6. und 13. 7., von Christian Bock.[86])
- Zwischen 'Familie Schölermann'-Folgen 'Verlorene Söhne', ein Fernsehspiel unter Regie von Hanns Farenburg am 28.4.[87])
- 'Unter den Brücken', Spielfilm von Helmut Käutner, UFA-Überläufer, der im März 1945 noch von der Nazi-Prüfstelle zugelassen, aber nicht mehr aufgeführt wurde, eine sensible Liebesgeschichte um das private kleine Glück, auch als Beispiel „innerer Emigration" interpretierbar,[88]) 5. 4.
- 'Johannes Heesters plaudert zu Ausschnitten aus seinen Filmen', 17. 4.
- 'Der Schwarzkünstler' war ein Lustspiel, das im Mai 1955 zur Aufführung gelangte, das 1940 16Mal gesendet wurde.[89]) Regie führte diesmal der Regieassistent von damals.[90])
- 'Mensch, ärgere dich nicht!', d. h. jede Menge an Unterhaltungsabenden im Juli 1955.
- 'Wir bitten zum Tanz', 'Das große Schlager-ABC' und 'Wer will, der kann. - Die große Talentprobe für jedermann mit Peter Frankenfeld', d. h. das Unterhaltungs-Nachmittagsprogramm anläßlich der Großen Rundfunkausstellung vom 26 8. bis 4. 9. 1955, d. h. auch der 'Wer will, der kann'-Einfall konnte keine originär bundesdeutsche Innovation der Fernseh-Produktion/Rezeption werden: 'Volk sendet für Volk' auf der Großen Rundfunkausstellung vom 16. bis 25. 8. 1935, bzw. 'Jeder, der sich eignet, das ganze Volk kann senden' auf der Großen Rundfunkausstellung vom 28. 8. bis 9. 6. 1936 waren eine

pervertierte Vorwegnahme dieses Gedankens.[91])

- 'Die Hosentasche', schon wieder ein Fernsehspiel von Christian Bock,[92]) 21. 9.
- Spielfilme aus der Nazi-Produktion: 'Die heimliche Gräfin', "Ausstattungsfilm", "musikalische Liebeskomödie, künstlerisch wertvoll, volkstümlich wertvoll" uraufgeführt 27. 8. 1942, im Fernsehen am 1. 10. 1955[93]), 'Symphonie des Lebens', 21. 4. 1942 uraufgeführter Musikfilm, im Fernsehen am 2. 12. 1955[94]), am 11. 12. der am 25. 9. 1936 uraufgeführte "Abenteuer- und Sensationsfilm" '90 Minuten Aufenthalt'[95]).
- Immer noch 'Unsere Nachbarn nebenan: Familie Schölermann' am 28. 12.
- Und am 11. 12. 1955 'Was bin ich? - psychologisches Extemporale mit sieben unbekannten Größen' von Robert Lembke, nachdem dieses „Quiz ohne Namen" zum 13. 3. endgültig so genannt wurde. Robert Lembke am 5. 4. 1979 in seinen üblichen 'Quick'-„Grüßen aus dem Fettnäpfchen": „Es gibt Berufe, in denen man gehen muß, wenn man stehenbleibt."[96])

In der 'Fernsehwoche' vom 31. 3 bis 6. 4. 1979, in der eine neue Sendereihe von ihm - 'Das war ich' - angekündigt wird: „Als 1933 Leute an die Macht kamen, die vorschrieben, was man schreiben durfte, habe ich die Zeitung verlassen und bin zur IG-Farben gegangen."[97]) Ab 1958 im Internationalen Handbuch für Rundfunk und Fernsehen als Chefredakteur beim BR-Fernsehen ausgwiesen, 1961 Stellvertretender Vorsitzender der ständigen Programmkonferenz der ARD, 1967/68 Stellvertretender Programmdirektor der ARD.[98])

Warum sollte er keinen Grund haben zu einem freundlichen Lächeln auf dem 'telecommander-SABA-ULTRACOLOR'-Bildschirm[99]) nach immerhin fast 25 Jahren „Welches Schweinderl möchten S?"

NWDR... NDR/WDR... SFB... Ade?

Das 1. Fernsehurteil des Bundesverfassungsgerichtes, durch das 1961 der Versuch eines CDU-privaten Regierungsfernsehens verunmöglicht und der Staatsvertrag für die Errichtung des ZDF ermöglich wurde, schien noch zu zehren von jener allseitigen Unabhängigkeits-Bestimmung der Rundfunk-Verordnung für die Errichtung des NWDR 1948. Desgleichen nach einem 2. Fernsehurteil durch diese Instanz 1971 - zusammen gewissermaßen Richtwert für das Fernsehen der Bundesrepublik allgemein - soll „Rundfunk staatsfrei und unter Beteiligung aller relevanten gesellschaftlichen Kräfte" erfolgen und „zugleich integrierende Funktion für das Staatsganze" wahrnehmen.[100])

Am 11. 5. 1978 einigten sich die Bundesländer in einer Ministerpräsidentenkonferenz, Kabelfernseh-Versuchsprojekte in verschiedenen Städten gemeinsam durchführen und auswerten zu lassen.[101]) Weshalb kurz darauf gerade ein Bundesverfassungsrichter, der 1961 mit am Zustandekommen des Anti-Privat- und -Regierungs-Fernseh-Urteils beteiligt war, diese Projekte für den Fall, daß sie unter der Verantwortung des bestehenden öffentlich-rechtlichen Rundfunks realisiert werden, für „verfassungswidrig" deklarierte, ist zumindest merkwürdig.[102]) Gesinnungswandlungen wären eine Annahme, Schmiergelder eine Unterstellung. „Zu viel Prestige haben manche in der Vergangenheit schon ins private Fernsehen investiert, als daß sie nicht endlich auch einmal einen Erfolg brauchten. Und ein Erfolg wäre es auch schon, wenn man einen Präzedenzfall schaffen, dadurch einen Gegner des kommerziellen Fernsehens zu einem Gang nach Karlsruhe veranlassen und somit das Bundesverfassungsgericht selbst zu einem neuen 'Fernsehurteil' zwingen würde. Bei der derzeitigen Rechtssprechung des höchsten deutschen Gerichts rechnen sich da manche bisher so oft enttäuschte Kommerzfunkfreunde sicher gute Chancen aus."[103])

Die CDU bestand in ihrer Pressemitteilung vom 31. 1. 1978 auf einer Beteiligung Privater an Kabelfernseh-Versuchsprojekten.[104]) Am 31. 7. 1979 versicherte der medienpolitische Sprecher der CDU volle Unterstützung für die NDR-Reform, d. h. Zulassung eines privaten Rundfunks.[105]) Also „gute Chancen" für „Kommerzfunkfreunde"? Warum sollte, was 1960 mißlang, 1980 nicht gelingen können? Sollte man davon ausgehen können, daß damals die CDU ihre Forderungen ohne eine minimaljuristische Realitätsgrundlage aufstellte? Heißt dies, daß der im Fernmeldeanlagengesetz vom 14. 1. 1928 festgelegte und durch Staatsvertrag der Länder vom 5. 12. 1974 bestätigte Rundfunkbegriff[106]) und Artikel 5 des Grundgesetzes der Bundesrepublik Deutschland genügend Spielraum enthalten, bzw. offen ließen, um einen Anspruch auf privaten Rundfunk juristisch geltend machen zu können? Wenngleich bei der damaligen Entscheidung gegen einen privaten, für einen öffentlich-rechtlichen Rundfunk technologische Gründe (zu wenig Frequenzen) oder ökonomische Gründe (zu wenig Kapital-, bzw. Revenue-Reserven) vorgelegen haben sollen, so bestimmten doch gewiss auch sozial-, kultur-, kommunikationspolitische Begründungen eine solche Entscheidung. Doch gerade diese werden nun vernachlässigt, verheimlicht oder umgedreht, wenn infolge des aktuellen technologischen und ökonomischen Entwicklungsstandes auf eine entgegengesetzte Entscheidung gedrängt wird.

Eine Möglichkeit, allgemein eine Ergänzung oder Ersetzung des öffentlich-rechtlichen Rundfunks durch einen privaten zu erwirken, liegt besonders im Kabelfernsehen. Dabei nicht zu übersehen ist gegenwärtig eine technokratisch forcierte Tendenz, die im Kabelfernsehen potentiell enthaltenen und auch offiziell einmal empfohlenen Kommunikationsalternativen weitestgehend zu reduzieren auf einen allseitigen Medien-Service, nämlich auf Zweiweg-Interaktionsdienste: d. h. z. B. Zugauskünfte, Platzreservationen, Weihnachtsbestellungen oder Rechts-vor-Links-Übungen am Heimempfänger-Terminal. Die Gefahr einer solchen Tendenz besteht darin, daß das Fernsehen nicht einmal mehr „Distributionsapparat", geschweige denn „Kommunikationsapparat" wird, wie ihn Bert Brecht für den Rundfunk forderte[108]), sondern das Kommunikationsmittel zu einem

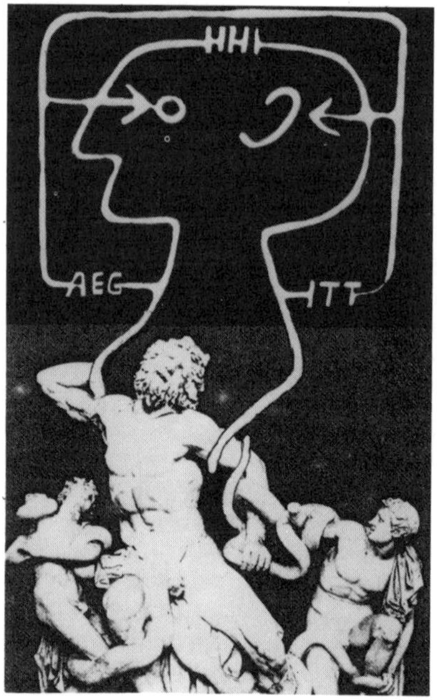

110)

111)

Am Kabel-TV-Terminal: Man kann mit einem Fernseher einen Menschen genauso gut töten wie mit einer Wohnung (nach Heinrich Zille)

Rundfunkausstellung 1979: Kabelfernsehen für „sozial Schwache", „die ein besonderes Interesse an dem neuen Medium haben könnten!"

Administrations- und Zirkulationsmittel verkommt. So könnte auch die neue Fernsehentwicklung aus dem herkömmlichen Rundfunkbegriff so herausgelöst werden, daß das Medium künftig direkter Kapitalverwertung oder direkten Staatseingriffen überlassen bleibt.[109]) Und nicht zuletzt wirke sich eine solche Tendenz nicht kommunikationsbelebend aus, sondern -tötend, nicht sozial vereinend, sondern vereinzelnd.

Der ARD-Vorsitzende und WDR-Intendant führte am 4. 8. 1979 in einer SFB-Zeitfunksendung aus, daß bei einer NDR-Kündigung auch eine ARD-Kündigung „zur Debatte stehe". Denn von den 122 Millionen Mark ARD-Finanzausgleich jährlich übernimmt der NDR allein 21,4 Millionen Mark, so etwa zur Unterstützung der drei „nehmenden Sender" SR, RB und SFB, für die eine Zerschlagung des NDR „ruinöse Folgen" hätte, denn wenn „der NDR ausfällt", so heißt das, daß auch „der Finanzausgleich kaputt geht". Jede „andere Konstruktion" eines künftigen NDR, jede mögliche Nachfolge-Organisation müßte äußerst hohe Finanzaufwendungen bereitzustellen in der Lage sein.[112]) Was kann das noch anderes heißen als der Staat oder die Multis, bzw. deren staatsmonopolistische Dialektik von Verlustsozialisierung und Gewinnprivatisierung?

Damit allerdings wäre die ursprüngliche antifaschistisch-pluralistische Grundkonzeption für ein deutsches Fernsehen nach 1945 sicherlich zunichte, damit sicherlich auch jede Möglichkeit für Sendungen wie 'Die Vergangenheit kehrt zurück'[113]), selbst 'Unruhige Nacht', am 13. 11. 1955 ausgestrahltes Fernsehspiel, eines der wohl ersten, die sich mit der Zeit der Nazi-Diktatur auseinandersetzten, wenn auch zunächst nur in

Reduktion des Faschismus auf individuelle Gewissenskonflikte, so doch immerhin mit dem moralischen Appell an Zivilcourage.[114]) D. h. es wäre aus mit NDR-Sendungen wie 'Ein Tag - Bericht aus einem Konzentrationslager' vom 6. 5. 1965, ein Fernsehspiel, das längst vor der letztlich auch faschistische Ideologie reproduzierenden 'Holocaust'-US-Show, die nicht nur ehemalige NSDAP-Mitglieder und -Kriegsberichter läutern und eigentliche Antifaschisten abwerten sollte, aufrichtig mit dem Faschismus abzurechnen versuchte.[115]) Und d. h. aufgrund der Konsequenzen des NDR für den SFB wohl auch, daß dieser Sender 1980 mit einem III.-Programm-Beitrag zum 1848er-vorrevolutionär-demokratischen Volksdichter Adolf Glassbrenner - 'Berlin denkt' [116]) - eine der vielleicht letzten Gelegenheiten hätte, mit einer Fernseh-Rehabilitation des Berliner Eckenstehers 'Nante' [117]) zugleich auch einen Beitrag zur Abrechnung mit der eigenen mediengeschichtlichen Vergangenheit zu erbringen. Zwar steht im noch geltenden Fernsehurteil der Anspruch auf ein „staatsfreies" Medium in einem Widerspruch zur Wirklichkeit des „Staatsganzen" in seiner Funktion als ideologischer Garant bürgerlicher Herrschafts- und Machtstrukturen einesteils, anderenteils zur Wirklichkeit des „Staatsganzen" in seiner Funktion als ökonomischer Regulator des kapitalistischen Produktion- und Reproduktionszusammenhangs. Doch gerade auf dem Hintergrund der gegenwärtigen Auseinandersetzungen einer möglichen Ablösung des öffentlich-rechtlichen Organisationsprinzips durch zentralistische oder separatistische Staatseingriffe und Kapitalfraktionen gilt es, an eine faktische Einlösung jenes antifaschistisch-pluralistischen Anspruchs für das Fernsehen zu erinnern. Der SPD-Bundesgeschäftsführer am 20. 5. 1978: „Die CDU hat begonnen, einen Angriff gegen das öffentlich-rechtliche System zu führen, wobei es interessant ist, daß diejenigen, die sonst so gern von Freiheit reden, in diesem Falle nur noch von Ausgewogenheit reden." [118]) Die DGB-Medienkonferenz vom 19. 4. 1978 erklärte sich solidarisch im Kampf gegen „Angriffe der Privatisierer" [119]). Also noch nicht alle Parteien haben das letzte Wort gesprochen, noch nicht die Gewerkschaften, die Bürgergruppen und Rundfunkinitiativen: „Also für Neuerungen, gegen Erneuerung! Durch immer fortgesetzte, nie aufhörende Vorschläge zur besseren Verwendung der Apparate im Interesse der Allgemeinheit haben wir die gesellschaftliche Basis dieser Apparate zu erschüttern, ihre Verwendung im Interesse der wenigen zu diskutieren.", forderte Bert Brecht im Jahr vor dem Machtantritt der Nazis.[120])

Jedenfalls nicht wünschenswert ist eine 20 Jahre nach der Befreiung vom Faschismus erschienene literarische Version des Fernsehens in 'Als der Führer den Krieg gewann': „Einerseits förderte der Führer nach dem Krieg die Entwicklung des deutschen Fernsehens, andrerseits aber erkannte er auch die Gefahren, die im Fernsehen lagen. Der Führer war nämlich ein Pionier des Fernsehens... Weil der Führer ein Pionier des Fernsehens war, überraschte es mich nicht so sehr, daß er auch die Auswüchse des Fernsehens erkannte. Aber wie geschickt der Führer dagegen vorging! Zunächst erließ er ein Gesetz, das sogenannte Fernsehpflichtge-

121) 

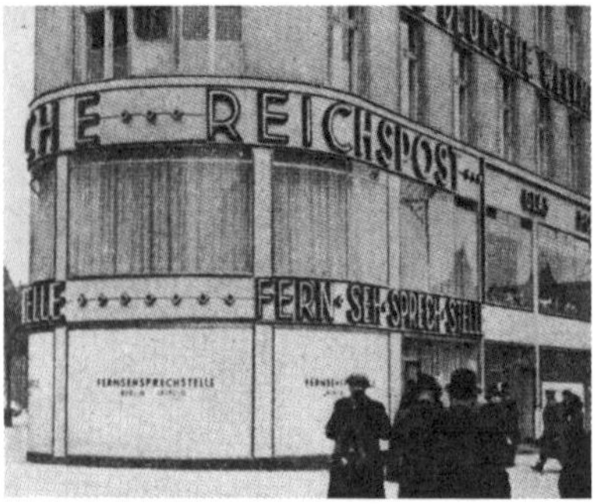 122)

Fernsehen 1939, nicht wünschenswert: Peep-Show 1979, Fernsehen 1981?

setz, demzufolge jede deutsche Familie einen Fernsehapparat besitzen müsse... Der Zweck obigen Gesetzes war zwar einerseits die bis zur Perfektion getriebene Einflußnahme auf die deutsch-völkische Meinungsbildung..." Jedoch: „Man hatte nämlich durch Experimente herausgefunden, daß bei Dauerberieselung durch Fernsehprogramme zwar das Propagandaministerium überflüssig geworden war...., aber leider hatte sich auch eine neuartige Krankheit im Volke bemerkbar gemacht..., die sogenannte Fernsehkrankheit oder Volksdummheit (stupor populi generalis)..." Daher: „Der Apparat mußte so gebaut sein, daß er nach einiger Zeit mehr und mehr an Strahlkraft verlor und dem Empfänger mehr und mehr Augenschmerzen beziehungsweise weniger und weniger Freude machte. Schließlich mußte er, mit einem größeren oder kleineren Knall, zerspringen..." [123])

Anmerkungen

Kapitel I

1) Königsteiner Gespräche, Referate und Diskussionen des Presse-Semiars der ARD, 27./28. 5. 1975 in Königstein, hrsg. v. Hans Bausch im Auftrag der ARD (Redaktionsschluß 30. 6. 1975)
2) a. a. O., S. 32
3) Kritische Stichwörter zur Medienwissenschaft, hrsg. v. Werner Faulstich, München 1979; darin Stichwort Fernsehen, Hans-Dieter Kübler, S. 87

Kapitel II

1) Sehbeteiligung, Zuschauerreaktion, Presseresonanz usw. vgl. Im Kreuzfeuer: Der Fernsehfilm 'Holocaust', hrsg. v. Peter Märthesheimer u. Ivo Frenzel, Frankfurt/M. 1979;
Ein größeres Lehr- und Forschungsprojekt zu dieser Fernsehsendung wird zur Zeit am Institut f. Medienwissenschaft und Literatursoziologie an der TU Berlin (West) durchgeführt: Holocaust, deutscher Antisemitismus in cross cultural commuication
2) „Zwei SS-Offiziere verdienten mit", in Der Abend, Berlin (West), 5. 5. 1978
3) Nachwort von Joachim Ca. Fest zur Filmausstrahlung im III. Programm (NDR, RB, SFB) des Fernsehens am 9. 9. 1977: „Ein stupender Film alles in allem, was Sie soeben gesehen haben, meine Zuschauer, und, ungeachtet des Themas, eines der bedeutenden Dokumente der Gattung. Wer bedenkt, in welchem Jahre das Werk entstand, wie unerprobt damals, 1934, die Möglichkeiten des dokumentarischen Films waren, wird noch beeindruckter sein. Denn hier wird nicht nur ein Ereignis in seinem Ablauf geschildert, nicht nur berichtet; hier ist vielmehr ein Erlebnis veranschaulicht, ein historischer Charakter sichtbar gemacht. Etwas vom Wesen des nationalsozialistischen Regimes ist in Leni Riefenstahls Film authentisch erfaßt. Beinahe ließe sich sagen, er bereichere unsere Kenntnis über das Dritte Reich wie kaum ein anderes Dokument aus der Zeit. . . . Denn es ist ja nicht so, wie manche schlicht genug meinen, daß eine schlechte Sache auch schlechte Kunstäußerungen hervorbringen müsse oder eine gute gute. Die Kunst ist kein Argument für ein Herrschaftssystem, sie mag überredende Wirkungen haben, aber sie beweist nichts."
Recht haben sicherlich die, die „schlicht genug meinen".
4) Leitartikel in Erziehung und Wissenschaft, hrsg. v. der GEW im DGB, Frankfurt/M., Heft 11, 1977
5) „Harmloser Hitlerismus?", a. a. O., S. 10
6) Heinz Pohle, Wollen und Wirklichkeit des deutschen Fernsehens bis 1943, in Rundfunk und Fernsehen, Hamburg, Heft 1, 1956, S. 66
7) Winfried B. Lerg, Zur Entstehung des Fernsehens in Deutschland, in Rundfunk und Fernsehen, Heft 4, 1967, S. 370
8) 1. 'Der Spion der mich liebte'
2. 'Hitler – eine Karriere'

	Besucher	Kinos	Wochen
zu 1.	694 963	44	3
zu 2.	255 690	24	11

Angaben aus filmecho/Filmblätter, Nr. 53, 24. 9. 1977; in der Hit-Box in der Nr. 69 v. 9. 12. 1977 auf Rang III
9) So z. B. „Gerechtigkeit für Hitler. Die Wahrheit setzt sich durch" usw., Darstellung rechtsradikaler Presseresonanz in Was verschweigt Fest? Analysen und Dokumente zum Hitler-Film, hrsg. v. Jörg Berlin, Dierk Joachim, Bernhard Keller u. Volker Ullrich, Köln 1978, S. 75 ff.; darin aber auch Urteile von Schülern und Lehrern, S. 60 ff.
10) Beispiele aus „Was ich über Adolf Hitler gehört habe", Auszüge aus Schüleraufsätzen, hrsg. v. Dieter Bossmann, Frankfurt/M. 1977
11) Richtlinien für die Sendungen des Zweiten Deutschen Fernsehens, in ZDF-Jahrbuch 1962, Mainz, S. 307
12) Ernst W. Fuhr, ZDF-Staatsvertrag, Mainz 1972, S. 258 u. 267
13) Nach 1945 durch SS-Untergrundorganisation 'Die Spinne' Flucht aus Westdeutschland (vgl. SS im Einsatz - Eine Dokumentation über die Verbrechen der SS, Berlin 1964; darin Das Wiedererstehen der SS in Westdeutschland, 485 ff.). Zur Aberkennung der Staatsbürgerschaft Paraguays am 8. 8. 1979 Der Tagesspiegel. Berlin (West), 11. 8. 1979: „Es sind jedoch in jüngster Zeit Vermutungen aufgetaucht, daß der KZ-Arzt sich im Dschungel Paraguays versteckt hält." An dieser Stelle mehr als Vermutung kann es auch nicht sein, daß die copyrights by Ralph Edwards möglicherweise mit der US-Bankgruppe Edwards zusammenhängen, Kommandantistin der Rockefeller-Finanzkapital-Gruppe, z. B. Besitzerin stärkster Presse- und Rundfunk-Unternehmen in Chile, auch während der Unidad popular (vgl. Armand Mattelart, mass media, idéologies et mouvement révolutionnaire - Chili 1970-1973, Paris 1974)
14) Vgl. Kapitel V, Anmerkung 10)
15) UFA-Super8-Color-Tonfilme, Bestell-Nr. 033-1, 034-1, 035-1 im Programm-Prospekt 1978/79, S. 50: „Eine Armee Gretchen in Uniform, blonde und blauäugige Mädchen, Hilfskräfte der deutschen Armee, kaum erwachsen. Sie haben ihre Familie und ihr Land verlassen und 'dienen' jetzt an der Front. Sehr bald stellt sich heraus, daß die nackten Gretchen sich im Schützengraben ebenso gut bewegen wie im Bett."
16) Z. B. in der Ausgabe vom 9. 8. 1979 von Lea Rosh
17) Ermittlung und Inhaltsbeschreibung dieser Fernsehsendung durch Friedrich P. Kahlen-

berg, 'Von deutschem Heldentum' - Eine Film-Kompilation für das Fernsehen aus dem Jahre 1936, in Mitteilungen des Studienkreises Rundfunk und Geschichte, Nr. 1, 1979, S. 21 - 27

18) Gerhart Goebel, Das Fernsehen in Deutschland bis zum Jahre 1945, in Archiv für das Post- und Fernmeldewesen, hrsg. im Auftrag des Bundesministers für das Post- und Fernmeldewesen, Frankfurt/M., Nr. 5, August 1953, S. 385

19) Kritische Stichwörter zur Medienwissenschaft, hrsg. v. Werner Faulstich, München 1979, darin Stichwort Fernsehen, Hans-Dieter Kübler, S. 85-126

20) Vgl. 7); Zwar mehr Zahlen, aber dafür keine Belege in dem gesamtdeutsch anmaßenden Band Fernsehen in Deutschland (Red. Christian Longolius, Mainz 1967, Seite 9-22)

21) z. B. Kurt E. Fischer, Dokumente zur Geschichte des deutschen Rundfunks und Fernsehens, Göttingen u. Berlin (West) u. Frankfurt/M., 1957;
Gerhard Eckert, Von Nipkow bis Telstar, Frankfurt/M. o. J. (abgeschlossen 5. 11. 1963), von demselben Der Rundfunk als Führungsmittel, Heidelberg u. Berlin u. Magdeburg 1941, in Studien zum Weltrundfunk und Fernsehrundfunk, Bd. 1, hrsg. v. Kurt Wagenführ (auf 272 Seiten Fernsehen kaum erwähnt)
Weitgehend auf technikgeschichtliche Fakten reduzierte Veröffentlichungen aus der Nazi-Zeit selbst, wie z. B. Franz Fuchs, Grundriss der Fernsehtechnik, München u. Berlin 1939; derselbe, Das Fernsehen, München 1937; Fritz Schröter, Gedanken zur Fernsehausbreitung, in Jahrbuch des elektrischen Fernmeldewesens, Jahrgang 1940, Berlin 1941, S. 286-321; darin auch schon G. Otterbein, Das farbige Fernsehen, S. 322-357; Otto Kappelmayer, Fernsehen von heute, Berlin 1936, „allgemeinverständlich dargestellt" z. B. durch Fernsehkuh-Bildzerlegung, vgl. Kapitel III, 47); usw.

22) Z. B. Weltmacht Fernsehen, Stetten u. Stuttgart 1967

23) Z. B. Fernsehen, hrsg. v. Kurt Wagenführ, Heidelberg, Nr. 3/4 1955 (3.Jahrgang);
Arnolt Bronnen, Arnolt Bronnen gibt zu Protokoll, Hamburg 1954;
Walter Bruch, Kleine Geschichte des deutschen Fernsehens, hrsg. v. SFB, Berlin (West) 1967; Walter Bruch, Die Fernseh-Story, Stuttgart 1969: letztere nützliche Insider-Darstellungen, wenn auch von der Höhlenmalerei bis zur Astrovision.

24) Manfred Hempel, Fernsehen unterm Hakenkreuz, Teil I: Das Fernsehkapital und sein Bruder Reichspost, in Mitteilungen des Postmuseums Berlin, Band 3/4, Berlin 1970, S. 33 - 75

25) Zu einer theoretischen Bestimmung massenmedialer Kommunikation vgl. Erwin Reiss u. Siegfried Zielinski, Internationaler Medienzusammenhang, in Das Argument AS 10, hrsg. v. Wolfgang Fritz Haug, Karlsruhe 1976, S. 158 f.

26) Diese Definitionen stützen sich weitgehend auf zuvor zur Frühentwicklungdes Rundfunks publizierte Artikel, d. h. Kritische Stichwörter zum Deutschunterricht, hrsg. v. Erika Dingeldey u. Jochen Vogt, München 1974, darin Stichwort Rundfunk und Fernsehen, Erwin Reiss, S. 333-345; Erwin Reiss u. Siegfried Zielinski, Internationaler Medienzusammenhang, a. a. O.; S. 150-201; Erwin Reiss, Siegfried Zielinski u. Thomas Radevagen, 'An Alle!' - Zum Kampf der Arbeiterbewegung um den Rundfunk in Deutschland 1918-1933, in Wem gehört die Welt - Kunst und Gesellschaft in der Weimarer Republik, 1. Auflage, hrsg. v. d. NGBK, Berlin (West) 1977, S. 564-594; kritische Stichwörter zur Medienwissenschaft, hrsg. v. Werner Faulstich, München 1979, darin Stichwort Hörfunk, Friedrich Knilli, Erwin Reiss u. Siegfried Zielinski, S. 192 - 229

27) Hans Bredow, in Telefunken-Zeitung, Mitteilungen des Telefunken-Konzerns, Heft 32/33 1923, S. 98

28) Horst Holzer, Kommunikationssoziologie, Reinbek (Hamburg) 1973, S. 131

29) Vgl. Hans Mottek, Walter Becker u. Alfred Schröter, Wirtschaftsgeschichte Deutschlands, Band 3, Berlin 1975, S. 19, 26-32, 39-43, 48-53, 72 u. 113

30) Karl Marx, Das Kapital, 1. Band, Berlin 1969 S. 474 f.

31) Hans Bredow, Im Banne der Ätherwellen, Bd. 1, Stuttgart 1954, S. 359

32) in Der Deutsche Rundfunk, Nr. v. 9. 3. 1924

33) Vgl. zu dieser spezifischen Konsumtion fixen Kapitals: Karl Marx, Grundrisse der Kritik der Politischen Ökonomie, Frankfurt/M. u. Wien o. J., S. 579 u. 612 f.

34) Zur Vor-Weltkriegs-"Feuerprobe" Telefunkens vgl. Hans Bredow, Im Banne der Ätherwellen, a. a. O., S. 365 ff.

35) Bert Brecht, Der Rundfunk als Kommunikationsapparat, ders. Schriften zur Literatur u. Kunst I, Gesammelte Werke Band 18, Frankfurt/M. 1967, S. 127 f.

36) Winfried B. Lerg, a. a. O., S. 350

37) W. I. Lenin, Über Agitation und Propaganda, Berlin 1973, S. 212

38) a. a. O., S. 235

39) Vgl. Erwin Reiss u. Siegfried Zielinski, a. a. O., S. 173

40) Abb. aus Hans Bredow, Im Banne der Ätherwellen, Bd. 2, Stuttgart 1956, nach S. 96

41) Vgl. a. a. O., S. 82-97

42) Abb. aus Pierre Miquel, Histoire de la Radio et de la Télévsion, Paris 1972, S. 98

43) Abb. aus a. a. O., S. 8

44) Kurt E. Fischer, a. a. O., S. 10

45) Hans Bredow, Bd. 2, a. a. O., S. 170

46) Zu diesen Forderungen vgl. Erwin Reiss, Siegfried Zielinski u. Thomas Radevagen, a. a. O., S. 571

47) Hört, hört! 50 Jahre Deutscher Rundfunk - Eine kritische Bestandsaufnahme, ARD-Fernsehen am 28. 10. 1973, von Herbert Hausen, Produktionsleitung Horst Borrasch, Redaktion Justus Boehncke, Regie Wolf Gremm, SFB

48) Abb.-Quelle unbekannt

49) Telefunken-Rundschau, Nr. v. Juni/Juli 1924

50) Der Deutsche Rundfunk, Nr. v. 23. 12. 1923 vgl. die Programmvorschauen in dieser Zeitschrift v. Frühjahr 1924

51) Hans Bredow, Vier Jahre Deutscher Rundfunk, hrsg. v. d. Reichs-Rundfunk-Gesellschaft, Berlin 1927, S. 20
52) Abb. KPD-Betriebszeitung der Belegschaft Telefunken, April 1931, aus Der Telefunkenkamerad, Heft 2, 10. 4. 1938, S. 36
53) Abb. aus Der Spiegel, 6. 11. 1978, S. 138
54) Karl Marx, Friedrich Engels, Wladimir Iljitsch Lenin, Über Kultur, Ästhetik, Literatur, hrsg. v. Hans Koch, Leipzig 1969, S. 293 (Lenin) u. 207 (Marx)
55) Vgl. August Soppe. Die Einführung des Rundfunks in Deutschland, in Das Argument AS 10, hrsg. v. Wolfgang Fritz Haug, Karlsruhe 1976, S. 116
56) Gert Hautsch, Das Imperium AEG-Telefunken, Frankfurt/M. 1979, S. 28
57) So etwa durch Manfred Hempel, a. a. O., S. 33

Kapitel III

1) Zur Entstehungsgeschichte des Rundfunks in Deutschland vgl. z. B. den publizistischen Erklärungsansatz von Winfried B. Lerg, Die Entstehung des Rundfunks in Deutschland, Frankfurt/M. 1965, bzw. Rundfunk und Politik 1923 bis 1973, hrsg. v. Winfried B. Lerg u. Rolf Steininger, Berlin (West) 1975; zur Entwicklung der politischen Organisationsstruktur vgl. Wolfgang Schütte, Regionalität und Föderalismus im Rundfunk, Frankfurt/M. 1971; eine historisch wichtige Untersuchung über die ersten zehn Jahre deutscher Rundfunkentwicklung, Der Rundfunk im politischen Kräftespiel der Weimarer Republik, Tübingen 1956, von dem späteren ARD-Vorsitzenden Hans Bausch, von dem zum September 1979 bei dtv die Herausgabe einer Darstellung deutscher Rundfunkentwicklung in 2 Bänden angekündigt ist, Rundfunk in Deutschland; vor allem nach wie vor interessant und fündig für eine Rekonstruktion jener Entwicklung ist die Insider-Darstellung von Hans Bredow, Im Banne der Ätherwellen, zwei Bände, Stuttgart 1954 u. 1956, Selbstdarstellung durch diesen Mitbegründer des deutschen Rundfunks, die mitunter über das politökonomische Prinzip damaliger Entwicklungsprozesse mehr Aufschluß geben kann als auf publizistische Erscheinungen reduzierte Geschichtsschreibungen; der bisher wohl grundlegendste und schlüssigste Beitrag gerade hinsichtlich der Ermittlung dieses Prinzips liegt von August Soppe vor, Die Einführung des Rundfunks in Deutschland, in Das Argument AS 10, hrsg. v. Wolfgang Fritz Haug, Karlsruhe 1976, S. 115-149
2) Hinweise aus Erich Richter, Entwicklung und Wirken des faschistischen Rundfunks, in Beiträgen zur Geschichte des Rundfunks 3/1968, Berlin, S. 5-35
3) siehe Dokumentenanhang ebenda
4) Arnolt Bronnen, Arnolt Bronnen gibt zu Protokoll, Hamburg 1954, S. 277-279
5) vgl. Jürgen Kuczynski, Die Geschichte der Lage der Arbeiter unter dem Kapitalismus, Bd. 5, Berlin 1966, S. 105 ff
6) Dokumente zur deutschen Geschichte 1929-1933, Berlin 1975, S. 44 f
7) Der Telefunkenkamerad, Heft 2, 10. 4. 1938, S. 36 f
8) Abb. aus Der Telefunkenkamerad, Heft 3, Juni 1939, S. 38
9) Abb. aus Leni Riefenstahl, Hinter den Kulissen des Reichsparteitagsfilms, München 1935, S. 39
10) Nazi-Umschreibung für das faschistische Staatsmonopol, so. z.B. Eugen Hadamovsky, Der Rundfunk im Dienste der Volksführung, in Gestalten und Erscheinungen der politischen Publizistik, Nr. 1, Leipzig 1934, S. 16
11) Zur Geschichte der Arbeiter-Radio-Bewegung vgl. Erwin Reiss/Siegfried Zielinski/Thomas Radevagen, "An Alle!", Zum Kampf der Arbeiterbewegung um den Rundfunk in Deutschland 1918-1933, in Wem gehört die Welt - Kunst und Gesellschaft in der Weimarer Republik, hrsg. v. d. NGBK, Berlin (West) 1977, 1. Auflage, S. 564-594
12) siehe Erich Richter, a. a. O.
13) Wolfgang Schütte, Regionalität und Föderalismus im Rundfunk, Frankfurt/M.1971, S.116
14) Erich Richter, a. a. O.
15) Wolfgang Schütte, a. a. O., S. 127
16) Eugen Hadamovsky, Dein Rundfunk, München 1934, S. 33 f, in Erich Richter, a. a. O.
17) Wolfgang Schütte, a. a. O., S. 127
18) Eugen Hadamovsky, ebenda, S. 34 f, in Erich Richter a. a. O.
19) Eugen Hadamovsky, Der Rundfunk im Dienste der Volksführung, a. a. O., S. 17 f
20) a. a. O., S. 15 f
21) Wolfgang Schütte, a. a. O., S. 131
22) Manfred Hempel, Fernsehen unterm Hakenkreuz, Die Entstehung und Entwicklung der Television in Deutschland bis zur Zerschlagung des Hitlerregimes, in Mitteilungen des Postmuseums Berlin, Band 3/4, 1970. S. 37-39
23) a. a. O., S. 48 f
24) Vgl. a. a. O., S. 45 f
25) Eugen Hadamovsky, Die Mission des Fernsehfunks, in Fernsehen und Tonfilm, Berlin, Nr. 2, April 1935, S. 15. f.
26) Manfred Hempel, a. a. O. S. 63
27) Internationales Handbuch für Rundfunk und Fernsehen 1971/72, Hamburg 1972, S. A 14
28) Hört, hört! 50 Jahre Deutscher Rundfunk -Eine kritische Bestandsaufnahme von Herbert Hausen, Produktionsleitung Horst Borrasch, Redaktion Justus Boehncke, Regie Wolf Gremm, SFB; ARD 28. 10. 1973
29) a. a. O.
30) Vgl. 25)
31) Laut Der Telefunkensprcher Nr. 4, Mai/Juni 1935, S. 97
32) ebenda
33) a. a. O., S. 96 (Eine normale Zitat-Auslassung ist im folgenden mit Pünktchen gekennzeichnet; sind diese in Klammern, ist im Zitat zurückgesprungen worden.)
34) Staatssekretär Dr. Ohnesorge führt deutsches Fernsehen vor, in Fernsehen und Tonfilm Nr. 5, Mai 1936, S. 36
35) Zum Prinzip des Zeilensprungverfahrens erläuterte anläßlich der Großen Deutschen Rundfunkausstellung von 1935 Fernsehen

und Tonfilm, Nr. 7, September 1935, S. 63: „Das Zeilensprungverfahren besteht darin, daß man zwar 50 Bilder in der Sek. sendet, aber bei jedem der Bilder die Hälfte der Zeilen ausläßt. Man springt von einer Zeile nicht zur nächsten, sondern zur übernächsten. Hierbei ist man doppelt so schnell mit der Abtastung der Bildfläche fertig als bei der bisher gebräulichen Bildzerlegung. Nachdem man die Bildfläche einmal von oben nach unten mit halber Zeilenzahl abgetastet hat, läßt man die Abtastung daher ruckweise an den oberen Bildrand zurückkehren und erhält nun in einer zweiten Abtastung der ganzen Fläche gerade diejenigen Zeilen, welche beim ersten Überstreichen ausgelassen wurden. Da jede einzelne Abtastung nur die halbe Zeit gebraucht gegenüber dem normalen Verfahren, bei dem nichts ausgelassen wird, so wird man mit beiden Abtastungen ein und desselben Bildes nach der Zeilensprungmethode in derselben Zeit fertig wie bei der einfachen Abtastmethode ohne Zeilensprung."

36) Abb. aus Weltmacht Fernsehen, Stetten und Stuttgart 1967, S. 51 u. 45
37) Archiv für Post und Telegraphie, Berlin, Nr. 7, Juli 1939, S. 213
38) Vgl. 25)
39) Fernsehen und Tonfilm, Nr. 2, April 1935, S. 13 f.
40) a. a. O., S. 14 u. vgl. 103)
41) ebenda
42) Vgl. 165) u. folgende
43) Maßangaben aus manfred Hempel, a. a. O., S. 51 f.
44) Berlin hört und sieht + Europastunde, 17. 3. 1940
45) Vom Telefunken-Konzern auf der Rundfunkausstellung 1935 präsentierter Fernsehempfänger; vgl. Fernsehen und Tonfilm, Nr. 7, September 1935, S. 63
46) von der Fernseh-AG vorgestellter Empfänger; vgl. a. a. O., S. 66
47) Abb. aus Filmwelt, Nr. v. 7. 7. 1935
48) Abb. aus Filmwelt, Nr. v. 18. 8. 1935
49) Adolf Hitler, Mein Kampf, München 1934, 97. - 101. Auflage, S. 535 f.
50) Walter Benjamin, Das Kunstwerk im Zeitalter seiner technischen Reproduzierbarkeit, Frankfurt/M. 1963, S. 48
51) a. a. O., S. 62 f.
52) Angaben aus Geschichte der deutschen Arbeiterbewegung, Kapitel X, Januar 1933 - August 1939, Berlin 1969, S. 77
53) Angaben aus Jürgen Kuczynski, Die Geschichte der Lage der Arbeiter unter dem Kapitalismus, Bd. 5, Berlin 1966, S. 222 u. Bd. 6, Berlin 1964, S. 163
54) Angaben aus Gerhard Eckert, Von Nipkow bis Telstar, Frankfurt/M. o. J. (abgeschlossen 5. 11. 1963), S. 30 u. 34
55) Fernsehen u. Tonfilm, Nr. 2, April 1935, S. 14
56) ebenda
57) Vgl. Gerhard Eckert, a. a. O., S. 31 ff.
58) Aus Fernsehen und Tonfilm, Nr. 2, April 1934, S. 24
59) Aus Fernsehen und Tonfilm, Nr. 4, August 1934, S. 48 u. Nr. 2, April 1935, S. 28
60) a. a. O., Nr. 2, April 1935, S. 28
61) Weltmacht Fernsehen, a. a. O., S. 74: Zu den häufigen Musiksendungen im Fernsehprogramm von 1935 bemerkt Heinz Pohle, Wollen und Wirklichkeit des deutschen Fernsehens bis 1943, in Rundfunk und Fernsehen, Heft 1, 1956, S. 59-75: „Im übrigen wechselten in der Programmfolge Tonfilme und Schallplattenmusik einander ab. Letztere war besonders deshalb erforderlich, weil das Auswechseln der Filmtrommeln bei dem einen Aufnahmegerät überbrückt werden mußte." (S. 71)
62) Gerhard Eckert, a. a. O., S. 34
63) Weltmacht Fernsehen, a. a. O., S. 74
64) Abb. aus Gehrhart Goebel, das Fernsehen in Deutschland bis zum Jahre 1945, in Archiv für das Post- und Fernmeldewesen, Frankfurt/M., Nr. 5, August 1953, S. 355
65) Abb. von ebenda: Erstaunlich, daß der Finder dieser Abbildung nicht ein Wort über ihren offentsichtlichen Werbungseffekt verliert.
66) Aus den Memoiren von Panzer-General Wilhelm Guderian (Erinnerungen eines Soldaten), nach Francis Courtade u. Pierre Cadars, Geschichte des Films im Dritten Reich, München 1975, S. 68
67) ZEIT-Magazin Nr. 27, 29. 6. 1979, S. 23, 35 Senkrecht: Die Fernseh-Oma der Nation (Vorn.); ZEIT-Magazin Nr. 28, 6. 7. 1979, S. 23, 4 Senkrecht: der Unverbesserlichen TV-Oma
68) Fernsehen und Tonfilm, Nr. 2, April 1935, S. 14
69) Vgl. Fernsehen und Tonfilm, Nr. 7, September 1935, S. 68 u. Nr. 8, Oktober 1935, S. 76
70) Walter Bruch, Kleine Geschichte des deutschen Fernsehens, hrsg. v. SFB, Berlin (West) 1967, S. 56
71) Fernsehen und Tonfilm, Nr. 1, Januar 1936, S. 8; Nr. 2 - 5 ebenso, Nr. 6 - 12 ohne Angaben
72) Aufstellung aus Weltmacht Fernsehen, a. a. O., S. 67 (wie alle anderen Daten darin ohne Quellenverweis)
73) Vgl. 63)
74) Gerhard Eckert, a. a. O., S. 36, d. i. übrigens jemand, der schon damals dabei war - z. B. Der Rundfunk als Führungsmittel, Heidelberg 1941 - , insofern nicht als Autorität, aber als Augenzeuge von Nutzen
75) — Otto Gebühr: 'Das Flötenkonzert von Sanssouci' 1930, 'Der Choral von Leuthen' 1933, 'Fridericus' 1936, 'Bismarck' 1940, 'Der große König' 1942 oder 'Die goldene Spinne' 1943, aber dann auch 1951 'Grün ist die Heide', 1952 'Wenn abends die Heide träumt', 1953 'Rote Rosen, rote Lippen, roter Wein' und 'Vati macht Dummheiten'
    — Friedrich Kayssler: 'Das Flötenkonzert von Sanssouci' 1930, 'Der alte und der junge König', 'Der höhere Befehl' und 'Friesennot' 1935, 'Dreizehn Mann und keine Kanone' 1938 oder 'Bismarck' 1940

    Aus Glenzdorfs Internationales Filmlexikon, Bad Münder 1960, S. 479/80 u. S. 805/06; vgl. Alfred Bauer, Deutscher Spielfilm-Almanach 1929-1950, Berlin (West) 1950
76) 'Ich für Dich - Du für mich' 1934, „Film um den weiblichen Reichsarbeitsdienst, politische Tendenz", „staatspolitisch besonders wertvoll", 1945 von den Alliierten Militärregierungen verboten; aus Alfred Bauer, a. a. O., S. 241/42

77) 'Die Leuchter des Kaisers', a. a. O., S. 319
78) Nach Glenzdorfs Internationales Filmlexikon, a. a. O., S. 624
79) Genre-Bezeichnung nach Alfred Bauer, a. a. O., S. 169-352
80) ebenso
81) Errechnet nach ebenda
82) a. a. O., S. 211
83) 'Da stimmt was nicht', "Verwechslungslustspiel", 'Der kühne Schwimmer', "Schwank", 'Der schwarze Walfisch', "Frauen- und Sittenroman", 'Ich heirate meine Frau', "Ehekomödie", 'Jede Frau hat ein Geheimnis', "Verwechslungslustspiel", 'Spiel mit dem Feuer', "Ehelustspiel", 'Alle Tage ist kein Sonntag', "Heiteres Volksstück", 'Alles wegen dem Hund', "Schwank um eine Erbschaft", 'Der mutige Seefahrer', "Lustspiel", 'Im weissen Rössel', "Operette, Ferienhotel am Wolfgangsee";
zusammengestellt nach Alfred Bauer, a. a. O., S. 213-302
84) a. a. O., S. 294
85) Abb. aus Der Deutsche Rundfunk, Nr. 32, 8. 8. 1937
86) Abb. aus Filmwelt, Nr. v. 10. 3. 1935
87) – Carell, Carl-Heinz, 'August der Starke' 1936, Gabriele eins, zwei, drei, 1937, 'Die Umwege des schönen Karl' 1938 (S. 225)
– De Vogt, Carl, 'Lumpenball', 'Flachsmann als Erzieher' 1930, 'Das Geheimnis der Roten Katze' 1931, 'das Lied der schwarzen Berge', 'Teilnehmer antwortet nicht' 1932, 'Ein Lied geht um die Welt', 'Die Nacht der großen Liebe', 'Wenn am Sonntagabend die Dorfmusik spielt', 'Liebesfrühling' 1933, 'Die weiße Majestät' 1934, 'Wenn wir alle Engel wären' 1936, 'Musketier Meier III' 1938, fortgesetzt in 'Blauer Dunst' 1950, 'Das tanzende Herz' 1953, 'Tausend Melodien' 1956 (S. 1800)
– Ebbecke, Berthold, 'Krach im Hinterhaus' 1935, 'Ritt in die Freiheit', 'Mädchenräuber', 'Das Hofkonzert' 1936, 'Unter Ausschluß der Öffentlichkeit' 1937, 1941 Drehbuchmitarbeit in 'das himmelblaue Abendkleid' und 1950 wieder Darsteller im 'Theodor im Fußballtor' (S.327)
– Fischer-Köppe, Hugo, 'Der kühne Schwimmer', 'Ein Mädel wirbelt durch die Welt', 'Jede Frau hat ein Geheimnis', 'Meine Frau, die Schützenkönigin', 'Der Schrecken vom Heidekrug' oder 'Jungfrau gegen Mönch' 1934 und 'Der verkannte Lebemann' 1936 (S. 414)
– Gondi Harry, 'Heimkehr ins Glück', 'Der Kampf mit dem Bär' 1933, 'Die beiden Seehunde', 'Alte Kameraden' 1934, 'Musketier Meier III' 1938, dann auch wieder bei 'Ingrid, Geschichte eines Fotomodells' 1955 (S. 522)
– Jöken-König, Käthe, 'Die göttliche Jette' 1937, 'Fünf Millionen suchen einen Erben', 'Die Umwege des schönen Karl' 1938, 'Ein ganzer Kerl', 'Hochzeit mit Hindernissen', 'Flucht ins Dunkel' 1939, 1940 dann in einem Zug 'Jud Süss', 'Polterabend' und 'Das leichte Mädchen', 1941 'Immer nur Du', 'Sonntagskinder', 'Leichte Muse' oder 'Ohm Krüger', 1942 'Fronttheater' und 'Der große König', 1943 'Alles aus Liebe', 'Gefährlicher Frühling', 'Gefährtin meines Lebens', 'Fahrt ins Abenteuer', 'Liebesgeschichten', 1944 'Die heimlichen Bräute' und 'Seinerzeit zu meiner Zeit', noch 1945 'Das Leben geht weiter', jedoch 1949 im DEFA-Spielfilm 'Unser täglich Brot', Buch und Regie Slatan Dudow, Musik Hanns Eisler (S. 763)
– Lorring, Lotte, 'Die zärtlichen Verwandten' 1930, 'Wiener Liebschaften', 'das Konzert', 'Ich heirate meinen Mann', 'Hurrah - ein Junge!' 1931, 'Ich will nicht wissen, wer Du bist', 'Kaiserwalzer' 1932, 'Wege der guten Ehe', Schwarzwaldmädel' 1933, 'Ich singe mich in Dein Herz hinein' 1934, 'Leichte Kavallerie' 1935 (S. 1026)
– Vesten, Inge, 'Wie einst im Mai' 1937 (S. 1790), vgl. auch ihr "Künstler"-Porträt - im "Fernsehspiel" 'Im Grunewald, im Grunewald' oder "Ferien beim Kartoffelnbuddeln" - in Der Deutsche Rundfunk, Heft 32, 8. 8. 1937, S. 1. u. 5
(Seitenzahl-Angaben ansonsten zum Schluß der Namen in Klammern aus Glenzdorfs Internationales Filmlexikon; vgl. dazu auch die entsprechenden Eintragungen und Zuordnungen der Filme in Alfred Bauer, a. a. O.)
88) Eugen Hadamovsky, Der Rundfunk im Dienste der Volksführung, a. a. O., S. 20-23
89) Bert Brecht, Aufsätze über den Faschismus, in Gesammelte Werke, Bd. 20, Frankfurt/M. 1967, S. 235
90) Vgl. dazu Erwin Reiss u. Siegfried Zielinski, Internationaler Medienzusammenhang, in Das Argument AS 10, hrsg. v. Wolfgang Fritz Haug, Karlsruhe 1976, S. 173
91) Georgi Dimitroff, Reichtagsbrandprozeß, Berlin 1946, S. 150 (aus einer Schlußrede vom 16. 12. 1933, siehe S. 134-154)
92) Erich Richter, Entwicklung und Wirken des faschistischen Rundfunks, in Beiträge zur Geschichte des Rundfunks, 4/1968, Berlin, S. 28
93) Aus der Vernehmung Görings vom 4. 11. 1933:
„Dimitroff: . . . Woher wußte damals der Herr Ministerpräsident Göring, daß van der Lubbe ein Parteibuch bei sich hatte? Göring: Ich muß sagen, ich habe mich bisher um den Prozeß nicht sehr gekümmert, d. h. ich habe die Berichte nicht alle durchgelesen. Ich habe nur manchmal gehört, daß Sie ein besonders schlauer Mann sind. Deshalb habe ich angenommen, daß die Frage, die Sie hier gestellt haben, für Sie schon längst geklärt ist . . Ich laufe nicht selber herum und ziehe den Leuten die Sachen aus der Tasche. Falls Ihnen das noch nicht bekannt sein sollte, sage ich Ihnen: Die Polizei untersucht alle Schwerverbrecher und macht mir Mitteilung darüber, was sie gefunden hat.
Dimitroff: Die drei Kriminalbeamten, die van der Lubbe verhaftet und als erste vernommen haben, haben übereinstimmend ausgesagt, daß kein Parteimitgliedsbuch bei Lubbe gefunden worden ist. Woher dann die Mitteilung über das Buch gekommen ist, möchte ich wissen.
Göring: Das kann ich Ihnen ganz genau sa-

gen. Diese Mitteilung ist mir amtlich vorgelegt worden . . .
Ich selbst aber bin nicht Kriminalbeamter, sondern verantwortlicher Minister und für mich war es deshalb nicht so wichtig, den einzelnen kleinen Strolch festzustellen, sondern die Partei, die Weltanschauung, die dafür verantwortlich war. . . Ihre Partei ist eine Partei von Verbrechern, die man vernichten muß! Und wenn die richterliche Unter suchung sich in dieser Richtung hat beeinflussen lassen, so hat sie nur in der richtigen Spur gesucht.
Dimitroff: Ist dem Herrn Ministerpräsidenten bekannt, daß diese Partei, die 'man vernichten muß', den sechsten Teil der Erde regiert, nämlich die Sowjetunion, daß diese Sowjetunion diplomatische, politische und wirtschaftliche Beziehungen mit Deutschland unterhält und daß ihre wirtschaftlichen Bestellungen Hunderttausenden von deutschen Arbeitern zugute kommen?
Vorsitzender: Ich verbiete Ihnen, hier kommunistische Propaganda zu betreiben!
Dimitroff: Herr Göring betreibt hier nationalsoziallistische Propaganda! Diese bolschewistische Weltanschauung herrscht in der Sowjetunion, in dem größten und besten Lande der Welt, und hat hier, in Deutschland, Millionen Anhänger in Person der besten Söhne des deutschen Volkes. ist das bekannt?
Göring (brüllend): Ich will Ihnen sagen, was im deutschen Volke bekannt ist. Bekannt ist dem deutschen Volke, daß Sie sich hier unverschämt benehmen, daß Sie hierhergelaufen sind, um den Reichstag anzustecken. Aber ich bin hier nicht dazu da, um mich von Ihnen wie von einem Richter vernehmen und mir Vorwürfe machen zu lassen! Sie sind in meinen Augen ein Gauner, der direkt an den Galgen gehört!
Präsident: Dimitroff, ich habe Ihnen bereits gesagt, daß Sie hier keine kommunistische Propaganda zu treiben haben. Sie dürfen sich dann nicht wundern, wenn der Herr Zeuge derartig aufbraust! Ich untersage Ihnen diese Propaganda aufs strengste. Sie haben rein sachliche Fragen zu stellen.
Dimitroff: Ich bin sehr zufrieden mit der Antwort des Herrn Ministerpräsidenten.
Präsident: Ob Sie zufrieden sind, ist mir gleichgültig. Ich entziehe Ihnen jetzt das Wort.
Dimitroff: Ich habe noch eine sachliche Frage zu stellen.
Präsident (noch schärfer): Ich entziehe Ihnen jetzt das Wort.
Göring (brüllt): Hinaus mit Ihnen, Sie Schuft!
Präsident: (zu den Polizisten): Führt ihn hinaus!
Dimitroff (von diesen bereits gepackt): Sie haben wohl Angst vor meinen Fragen, Herr Ministerpräsident?
Göring (nachrufend): Warten Sie nur, bis wir Sie außerhalb der Rechtsmacht dieses Gerichtshofes haben werden! Sie Schuft, Sie!"
Aus Georgi Dimitroff, a. a. O., S. 108-110. Nachzuhören in unterschiedlichen Auszügen und Längen auch auf Joseph Goebbels / Hermann Göring, Dokumentar-Serie 4 D 003, Plattenseite 2, Miller International Schallplatten GmbH und auf Programm für Millionen 1923-1949 - 50 Jahre deutscher Rundfunk, Plattenseite 3, TELDEC, Telefunken-Decca Schallplatten GmbH

94) Vgl. Braunbuch über Reichtagsbrand und Hitlerterrror, Basel im Juli 1933, S. 35-145 (Faksimile-Reprint, Frankfurt/M. 1978)

95) Arbeiter-Illustriertenzeitung, Nr. v. 14. 9., 19. 10., 16. u. 30. 11. 1933, in Heinz Willmann, Geschichte der Arbeiter-Illustriertenzeitung 1921-1938, Berlin 1974, S. 232-233 u. 236-241

96) In der kurz nach den Vernehmungen von Goebbels und Göring erschienenen Arbeiter-Illustriertenzeitung vom 16. 11. 1933, a. a. O., S. 218

97) Arnolt Bronnen, a. a. O., S. 293

98) ebenda, S. 288/89

99) Programm für Millionen 1923-1949 - 50 Jahre deutscher Rundfunk, a. a. O., Plattenseite 3

100) Eugen Hadamovsky, Der Rundfunk im Dienste der Volksführung, a. a.O., S. 21

101) Der Deutsche Rundfunk, Berlin, Heft 35, 23. 8. 1935, S. 9

102) Der Deutsche Rundfunk, Heft 19, 3. 5. 1935, S. 69

103) Vgl. Der Deutsche Rundfunk, Heft 20, 10. 5. 1935, S. 9 u. vgl. Anmerkung 40)

104) a. a. O., S. 10

105) Reichssendeleiter Hadamovsky, Die Mission des Fernsehfunks, in Fernsehen und Tonfilm, Nr. 2, April 1935, S. 16

106) Arnolt Bronnen, a. a. O., S. 310 u. 309

107) a. a. O., S. 318

108) Vgl. 105)

109) Der Deutsche Rundfunk, Heft 20, 10. 5. 1935 S. 10

110) Arnolt Bronnen, a. a. O., S. 330

111) a. a. O., S. 342 f.

112) Abb. aus Filmwelt, Nr. v. 12. 5. 1935

113) Deutschland im zweiten Weltkrieg, Bd. 1, Berlin 1975, S. 74

114) a. a. O., S. 86

115) Vgl. 101)

116) Arnolt Bronnen, a. a. O., S. 304

117) Jahrbuch des elektrischen Fernmeldewesens, Jahrgang 1938, Berlin 1939, S. 278/79

118) ebenda, S. 278/79

119) Vgl. Aufstellung zu 87)

120) Vgl. Wortlaut zu 324) ff.

121) Angaben aus Jürgen Spiker, Film und Kapital - Der Weg der deutschen Filmwirtschaft zum nationalsozialistischen Einheitskonzern, Berlin (West) 1975, S. 13, 26, 18 u. 19

122) Nach Manfred Hempel, a. a. O., S. 58

123) ebenda

124) Patentauslegung durch Manfred Hempel, a. a. O., S. 58;
vgl. dazu auch Schreiben des Reichspostministers an Hitler vom 28. 5. 1940, Faksimile ausgestellt im Postmuseum Berlin

125) Der Deutsche Rundfunk, Heft, 20, 10. 5. 1935, S. 10

126) Vgl. z. B. Walter Bruch, a. a. O., S. 73-78; Gerhart Goebel, a. a. O., S. 375-380; vgl. auch in Kapitel IV 279) - 291)

127) Abb. aus Gerhart Goebel, a. a. O., S. 363; Bildunterschrift aus Der Deutsche Rundfunk, Heft 22, 31. 5. 1936, S. 58

128) Der Deutsche Rundfunk, Heft 50, 16. 12. 1935, S. 6
129) Der Deutsche Rundfunk, Heft 35, 23. 8. 1935, S. 10
130) Fernsehen und Tonfilm, Nr. 3, März 1936, S. 17
131) Angaben aus Der Deutsche Rundfunk, Heft 10, 8. 3. 1936, S. 59 u. Heft 22, 31. 5. 1936 S. 58 (ebenda Wortlaut)
132) Vgl. 52) u. 53)
133) Fernsehen und Tonfilm, Nr. 3, März 1936, S. 18
134) Nationalsozialistische Rundfunk-Korrespondenz, Berlin, 8. 9. 1937, S. 10
135) ebenda, S. 10 u. 1
136) Vgl. Manfred Hempel, a. a. O., S. 59
137) Wilhelm Ohnesorge, in Jahrbuch des elektrischen Fernmeldewesens, Berlin 1942, S. 12; nach Manfred Hempel, a. a. O., S. 59
138) Oberkommando des Heeres/Attachéabteilung an Reichspostministerium am 20. 5. 1943; nach ebenda
139) Manfred Hempel, a. a. O.,
140) Weltmacht Fernsehen, a. a. O., S. 76/77
141) Vgl. 338) - 342) u. 477) - 481)
142) Hans Decker, Die Bewährung des deutschen Breitbandkabelnetzes im Kriege, in Jahrbuch des elektrischen Fernmeldewesens, hrsg. v. Gladenbeck, Jahrgang 1941/42, Berlin 1943, S. 208 f.
143) Abb. aus Gerhart Goebel, a. a. O., S. 331; Zeichenerklärungen ebenda
144) Nationalsozialistische Rundfunk-Korrenpondenz, 8. 9. 1937, S. 10
145) Archiv für Post und Telegraphie, hrsg. i. Auftrag des Reichspostministeriums, Berlin, Nr. 7, Juli 1935, S. 187
146) Nationalsozialistische Rundfunk-Korrespondenz, 8. 9. 1937, S. 10
147) Nationalsozialistische Rundfunk-Korrespondenz, 11. 9. 1940, S. 8
148) Vgl. Wortlaut zu 324) ff.
149) Akten des Reichspostministeriums vom 16. 6. 1943, nach Manfred Hempel, a. a. O., S. 59
150) Vgl. Wortlaut zu 133)
151) Vgl. 133)
152) Vgl. dazu Erwin Reiss u. Siegfried Zielinski, a. a. O., S. 150-201
153) Vgl. a. a. O.
154) Dokumente zur Deutschen Geschichte 1929-1933, Berlin 1975, S. 101
155) Vgl. etwa die Lebensdarstellung des Paul Freiherr Von Eltz-Rübenach, in Rheinische Lebensbilder, Bd. II, hrsg. v. Bernhard Poll, i. A. d. Gesellschaft für rheinische Geschichtskunde, Düsseldorf 1966, S. 257-274: „Mit solcher Charaktereigenschaft des Vaters (d. h. 'Ritter ohne Furcht und Tadel') vereinte sich in dem Sohne die Frömmigkeit und Vornehmheit der Mutter. . . Erziehung im Elternhaus. . . rheinische Ritterakademie. . . die Eisernen Kreuze 1. und 2. Klasse. . . sowie das Recht, Hindenburgs Namenszug auf dem Gefäß des Säbels zu führen. . . sah u. a. in dem zwischen dem Alt und Jung gewünschten Duzen einen Eingriff in die persönliche Freiheit des einzelnen. . . war der einzige der 'bürgerlichen' Minister, in dessen Familienkreis Hitler einmal weilte. Der Minister bezeichnete den Kanzler als genial. . . hat den bösen Geist des Nationalsozialismus damals noch nicht erkannt. . ." Das aus diesem Familienbesitz stammende Wahn-Schloß ziert heute die 500 DM-Banknote.
156) Vgl. dazu u. a. 28) u. 29)
157) Walter Bruch, a. a. O., S. 75 f.
158) Vgl. 126); Hinweis auf Fernseh-Bombenabwurf v. 12. 4. 1945 in William Greene, Air Planes of the Third Reich, London 1976, S. 154
159) Vgl. Manfred Hempel, a. a. O., S. 65
160) Vgl. Walter Bruch, Die Fernseh-Story, Stuttgart 1969, S. 142 ff.
161) Siehe dazu z. B. Robert Champeix, Simple Histoire de la T.S.F., de laRadiodiffusion et de la Télévision, hrsg. v. Musée de la Radio et de la Télévision à la Maison de l' O.R.T.F. (d. h. bis 1974 zentrale französische Hörfunk- und Fernsehanstalt), Paris o. J., S. 57-69
162) Adolf Hitler, Mein Kampf, a. a. O., S. 163
163) a. a. O., S. 356
164) a. a. O., S. 751
165) Nationalsozialistische Rundfunk-Korrespondenz, Berlin, Folge 35, 28. 8. 1940, S. 3
166) Eduard Rhein, Wunder der Wellen - Rundfunk und Fernsehen dargestellt für jedermann, Berlin 1935, S. 219
167) Vgl. Braunbuch über Reichtagsbrand und Hitlerterror, a. a. O., S. 281
168) a. a. O., S. 148
169) ebenda, S. 149
170) Nationalsozialistische Rundfunk-Korrespondenz, Folge 35, 28. 8. 1940, S. 3
171) Vgl. ebenda, u. Reichssendeleiter Hadamovsky: „Wir sind unendlich stolz darauf, daß dieser Mann ein Deutscher ist und daß damit so wie vor einem halben Jahrtausend ein Deutscher die grundlegende Erfindung für eine neue Kulturepoche schuf, nämlich den Buchdruck, nun wiederum ein Deutscher, der heute noch in unseren Reihen steht, die grundlegende Erfindung einer neuen Kulturepoche gschaffen hat." (aus Filmwelt v. 9. 6. 1935)
172) Abb. aus Weltmacht Fernsehen, a. a. O., S. 41
173) Abb. aus ebenda, S. 10
174) Robert Champeix, a. a. O., S. 56/57 u. Manfred Hempel, a. a. O., S. 56
175) Robert Champeix, a. a. O., S. 62/63
176) Manfred Hempel, a. a. O., S. 56
177) Vgl. ebenda
178) Nationalsozialistische Rundfunk-Korrespondenz, Folge 36, 4. 9. 1940, S. 3
179) Übersetzt aus Robert Champeix, a. a. O., S. 61
180) Fernsehen und Tonfilm, Nr. 7, September 1935, S. 68
181) Vgl. a. a. O., S. 62-66 u. Manfred Hempel, a. a. O., S. 57
182) Übersetzt aus Robert Champeix, a. a. O., S. 73
183) Übersetzt aus a. a. O., S. 69
184) Der Deutsche Rundfunk, Heft 35, 23. 8. 1935 S. 10
185) Manfred Hempel, a. a. O., S. 57
186) Fernsehen und Tonfilm, Nr. 7, September 1935, S. 68
187) Vgl. 181)
188) Der Deutsche Rundfunk, Heft 36, 30. 8. 1935 S. 10

189) Der Deutsche Rundfunk, Heft 53, 27. 12. 1935, S. 59
190) Nationalsozialistische Rundfunk-Korrespondenz, Folge 36, 4. 9. 1940, S. 2
191) ebenda
192) Der Schriftsteller, Zeitschrift des Schutzverbandes Deutscher Schriftsteller, hrsg. v. demselben, Sektion Frankreich, Heft 3, August 1934, S. 3
193) Nationalsozialistische Rundfunk-Korrespondenz, Folge 36, 4. 9. 1940, S. 2
194) Eduard Rhein, Wie Paul Nipkow seinen Fernseher erfand, in Fernsehen, Heft 11/12 1953 (1. Jahrgang), Heidelberg, S. 606-614 (ebenda der Verweis auf die Chefredakteur-Position)
195) Abb. aus Weltmacht Fernsehen, a. a. O., S. 36
196) Der Deutsche Rundfunk, Heft 4, 26. 1. 1936 S. 59
197) Vgl. z. B. Der Telefunkensprecher, Nr. 6, August 1936, S. 168-171
198) Der Telefunkenkamerad, Heft 3, August 1936, S. 46
199) Der Telefunkensprecher, Nr. 4, Mai/Juni 1935, S. 100 f.
200) ebenda, S. 101
201) Der Telefunkenkamerad, Heft 2, zum 10. 4. 1938, S. 32
202) Der Deutsche Rundfunk, 14. 4. 1940 o. S.
203) Vgl. dazu z. B. Der Telefunkenkamerad, Heft 3, August 1936, S. 46-53 u. Der Telefunkensprecher, Nr. 6, August 1936, S. 168-171
204) Kurt E. Fischer, Dokumente zur Geschichte des deutschen Rundfunks und Fernsehens, Göttingen u. Berlin (West) u. Frankfurt/M. 1957, S. 210 ff, für den übrigens dasselbe gilt wie für Gerhard Eckert, siehe 74): „Wenn sich freilich das Niveau der Presse in dem des Regierungssprechers (i. e. Fischer) widerspiegelt, so konnte sich der absolute Niedergang der deutschen Presse nicht eindrucksvoller als in der Person Fischers verkörpern.", urteilt Willi A. Boelcke, Kriegspropaganda 1939-1941, Stuttgart 1966, S. 67
205) Der Telefunkenkamerad, Heft 3, August 1936, S. 47
206) a. a. O, S. 57
207) 71,03 %, errechnet nach Willy Schebaum, Entscheidung im Äther, in Beiträge zur Geschichte des Rundfunks, Berlin, 3/1973, S. 35
208) Der Deutsche Rundfunk, Heft 13, 29. 3. 1936, S. 5 (unter einem halbseitigen Foto "Blütenzauber am Vierwaldstättersee")
209) Errechnet nach Willy Schebaum, a. a. O., u. vgl. die nach der Nationalsozialistischen Rundfunk-Korrespondenz vorgenommenen Aufstellungen: Entwicklung 1933 - 1936, Prodution bzw. Absatz

Markenempfänger	Volksempfänger	(%)
4 088 108	2 204 896	(34,8)
4 162 634	2 178 155	(34,2)
(Absatzplus)	(Absatzminus)	

(= Ausgabe v. 21. 4. 1937, S. 2)

Entwicklung August 1938 - Mai 1939, Geräte-Verkauf:

Markenempfänger	Volksempfänger	(%)
1 493 872	474 192	(24)
(weit über 200 Gerätesorten)		

(= Ausgabe v. 2. 8. 1939, S. 1 u. 3)

210) Der Telefunkenkamerad, Heft 1, April 1936
211) Der Telefunkenkamerad, Heft 4/5, November 1936, S. 87
212) Brief-Abdruck ebenda
213) Heinz Willmann, a. a. O., S. 155 f.
214) Abb. aus Gerhart Goebel, a. a. O., S. 349 u.350
215) Heinz Willmann, ebenda
216) Der Telefunkenkamerad, Heft 3, August 1936, S. 47
217) Der Deutsche Rundfunk, Heft 32, 9. 8. 1936, S. 8
218) Gemäß Manfred Hempel, a. a. O., S. 61
219) Arnolt Bronnen, a. a. O., S. 346
220) Der Deutsche Rundfunk, Heft 32, 9. 8. 1936, S. 8
221) Bildveröffentlichung in Der Telefunkenkamerad, Heft 5, September 1937, S. 87
222) Vgl. Wortlaut und Anmerkung 43) u. 44)
223) Übersetzt aus tf1 et société nouvelle pathé cinéma, la merveilleuse histoire des Jeux Olympiques, eine Serie von Daniel Costelle, émission no. 3, les Jeux terribles, im zweiten Programm des französischen Fernsehens - A 2 - ausgestrahlt am 6. 4. 1976
224) Fernsehen und Tonfilm , Nr. 8, August 1936, S. 58
225) Vgl. Walter Bruch, a. a. O., S. 61, 115, 106, ff u. 77
226) Hinweis bei Walter Bruch, Die Fernseh-Story a. a. O., S. 114; daß es sich bei den von 'Hör Zu' vergebenen Goldenen Kameras um „Abbilder der historischen Kamera von 1936" handeln soll, vgl. Berliner Morgenpost, Berlin (West), 13. 1. 1967, S. 9; ein Materialwert von rund 1 200,– DM dieser Kamera-Nachbildung wurde in der Bild-Zeitung, Berlin (West) v. 14. 1. 1973, S. 24 angegeben; seit 1965 vergeben, u. a. für den ZDF-Magazin-Löwenthal, „einen engagierten Moderator" (Die Welt, Berlin (West) v. 23. 2. 1978), für den Papst (Berliner Morgenpost, Berlin (West) v. 9. 2. 1979 oder an den WDR-Fernsehspiel-Chef für 'Holocaust' (Berliner Morgenpost, Berlin (West) v. 23. 2. 1979)
227) Fernsehen und Tonfilm, Nr. 8, August 1936 S. 59
228) Vgl. 219)
229) Arnolt Bronnen, a. a. O., S. 346
230) Der Deutsche Rundfunk, Heft 35, 30. 8. 1936 S. 3
231) Der Deutsche Rundfunk, Heft 36, 6. 9. 1936, S. 8
232) Der Deutsche Rundfunk, heft 35, 23. 8. 1935, S. 11 u. 9
233) ebenda, S. 10
234) Der Deutsche Rundfunk, Heft 27, 28. 6. 1935 S, 9
235) Der Deutsche Rundfunk, Heft 34, 16. 8. 1935, S. 2
236) Vgl. Gruppenfotos in Der Deutsche Rundfunk, Heft 35, 23. 8. 1935, S. 11
237) Der Deutsche Rundfunk, Heft 35, 30. 8. 1936, S. 2 u. 3
238) Z. B. Adolf Hitler, Mein Kampf, a.a.O., S. 541
239) Theoretisch artikuliert durch Bert Brecht, Radiotheorie 1932, in Gesammelte Werke,

Bd. 18, Frankfurt/M. 1967, S. 133 u. 129; zur Geschichte der Arbeiter-Radio-Bewegung vgl. auch Erwin Reiss u. Siegfried Zielinski u. Thomas Radevagen, a. a.O.
240) Der Deutsche Rundfunk, Heft 35, 30. 8. 1936, S. 3 ff.
241) ebenda
242) Jacques Duclos, Memoiren I - 1896-1939, Berlin 1973, S. 503 ff u. 334 ff.
243) Brigada Internacional, Band I, Berlin 1974, S. 26 ff.
244) a. a. O., S. 39 ff.
245) Albert Norden, Das spanische Drama, Berlin 1961, S. 17
246) ebenda, S. 17 f.
247) Adolf Hitler, Mein Kampf, a. a. O., S. 699
248) Geschichte der deutschen Arbeiterbewegung, Kapitel X, a. a. O., S. 151; vgl. auch Albert Norden, a. a. O., S. 29 ff
249) Vgl. Albert Norden, a. a. O., S. 32 ff
250) a. a. O., S. 27 u. 31
251) Das III. Reich - Ein Volk, ein Reich, ein Führer - Eine historische Collage 1933-1939, Band 2, Hamburg 1975, S. 500
252) Der Telefunkenkamerad, Heft 6, Oktober 1937, S. 115
253) Walter Bruch, a. a. O., S. 63/64
254) Der Telefunkenkamerad, Heft 3, Juni 1939, S. 61
255) Vgl. 241)
256) Der Telefunkenkamerad, Heft 4/5, November 1936, S. 88 ff
257) Der Telefunkensprecher, Nr. 7, Oktober 1936, S. 179
258) Darstellung von ebenda
259) Vgl. Adolf Hitlers Widmung zu Mein Kampf, 1. Band, a. a. O., S. XXIX
260) Albert Norden, a. a. O., S. 43 ff
261) Der Telefunkenkamerad, a. a. O., S. 88-89
262) Chor aus Symphonie der Arbeit, Deutschlandsender-Auftragsdichtung zum 1. Mai 1933 von Hans-Jürgen Nierentz, in Heinz W. Leuchter, Hans-Jürgen Nierentz, München 1937, S. 19
263) Jahrbuch Weltrundfunk 1937/38, Heidelberg u. Berlin 1938, S. 216
264) Vgl. 18)
265) Der Deutsche Rundfunk, Heft 14, 4. 4. 1937 S. 3
266) Arnolt Bronnen, a. a. O., S. 270
267) a. a. O., S. 347
268) ebenda, S. 348
269) Geschichte der deutschen Literatur, Bd. 10, Berlin 1973, S. 410
270) Arnolt Bronnen, a. a. O., S. 348 f.
271) a. a. O., S. 349 u. 354/55
272) Jahrbuch Weltrundfunk 1937/38, a. a. O., S. 126
273) Nationalsozialistische Rundfunk-Korrespondenz, Folge 25, 28. 7. 1937, S. 5
274) Der Deutsche Rundfunk, Heft 23, 6. 6. 1937, S. 8
275) ebenda
276) Fernsehen und Tonfilm, Heft11, November 1940, S. 42
277) Fernsehen und Tonfilm, Heft 8, August 1937 S. 63
278) RAFA - Radio / Bildfunk / Fernsehn für Alle, Zeitschrift für Funktechnicker, Radio-Händler und Amateure, Heft 5 1938, S. 83; zur technischen Erläuterung von Zeilenzahl und Zeilensprungverfahren damals vgl. ebenda, S. 83 ff
279) Arnolt Bronnen, a. a. O., S. 353
280) Der Deutsche Rundfunk, Heft 44, 31. 10. 1937, S. 8
281) RAFA, Heft 9 1939, S. 140
282) a. a. O., S. 140 u. ff
283) Abb. aus Der Telefunkenkamerad, Heft 1 1938, S. 13
284) Abb.: Aufnahme aus der ständigen Ausstellung zur Hörfunk- und Fernsehentwicklung im Postmuseum Berlin
285) Abb. aus Gerhart Goebel, Das Jahr 1935, in Fernsehn, Heidelberg, Heft 3/4 1955, S. 140
286) Der Deutsche Rundfunk, Heft 33, 15. 8. 1937, S. 42
287) RAFA, Heft 9 1937, S. 140
288) ebenda
289) Der Deutsche Rundfunk, Heft 33, 15. 8. 1937, S. 42
290) Abb. aus Der Telefunkenkamerad, Heft 5, September 1938, S. 118
291) Zeichnung aus Der Deutsche Rundfunk, Heft 33, 15. 8. 1937, S. 42
292) RAFA, Heft 9 1937, S. 141
293) Fernsehen und Tonfilm, Heft 8, August 1937, S. 63
294) Nationalsozialistische Rundfunk-Korrespondenz, Folge 1, 10. 2. 1937, S. 1
295) Vgl. fünfseitigen maschinenschriftlichen Sonderdienst d. Nationalsozialistischen Rundfunk-Korrespondenz v. 30. 7. 1937
296) a. a. O., S. 3 u. 2
297) ebenda, S. 3
298) ebenda S. 4 f
299) Vgl. Jahrbuch Weltrundfunk 1937/38, a. a. O., S. 127
300) Der Deutsche Rundfunk, Heft 32, 8. 8. 1937, S. 2
301) Der Deutsche Rundfunk, Heft 31, 1. 8. 1937, S. 2
302) Vgl. "Rundfunkkünstler"-Porträt in Der Deutsche Rundfunk, Heft 9, 28. 2. 1937, S. 5
303) Vgl. "Rundfunkkünstler"-Porträt in Der Deutsche Rundfunk, Heft 30, 25. 7. 1937, S.5
304) Abb. (Ingrid Larssen) aus Berlin hört und sieht, Nr. 4, 19. 1. 1934, S. 6
305) Abb. aus Der Telefunkensprecher 1936/37, S. 181
306) Der Deutsche Rundfunk, Heft 44, 31. 10. 1937, S. 8
307) Nationalsozialistische Rundfunk-Korrespondenz, Folge 6, 17. 3. 1937, S. 2
308) Der Deutsche Rundfunk, Heft 31, 1. 8. 1937, S. 6
309) ebenda
310) Nationalsozialistische Rundfunk-Korrespondenz, Folge 6, 17. 3. 1937, S. 3
311) Nationalsozialistische Rundfunk-Korrespondenz, Folge 27, 11. 8. 1937, S. 2 u. 2/3
312) Vgl. Wortlaut zu 324) f.
313) Vgl. z. B. Nationalsozialistische Rundfunk-Korrespondenz, Folge 27, 11. 8. 1937, S. 2 u. 2/3
314) Der Deutsche Rundfunk, Heft 31, 1. 8. 1937 S. 5
315) Abb. aus Gerhart Geobel, Das Fernsehen in

Deutschland bis zum Jahre 1945, a. a. O., S. 314

316) Der Deutsche Rundfunk, Heft 44, 31. 10. 1937, S. 8

317) Zahlen aus Manfred Hempel, a. a. O., S. 63 u. 74

318) Zahl der Einwohner des "Deutschen Reichs" - ohne Verrechnung der weiteren "Anschluß"-Ansprüche - 65 500 000; aus Deutschland-fibel - Volk, Raum, Reich, Berlin o. J. (1936/37), S. 71

319) Internationales Handbuch für Rundfunk und Fernsehen 1971/72, a. a. O., S. A 14

320) Der Deutsche Rundfunk, Heft 44, 31. 10. 1937, S. 8

321) Bericht vom 1. 5. 1937, Akten Reichspost-ministerium 52 (nach Manfred Hempel)

322) Bericht vom 11. 2. 1937, Akten Reichspost-ministerium 52 (nach Manfred Hempel)

323) Vgl. Nationalsozialistische Rundfunk-Korrespondenz, Folge 46, 21. 12. 1937, S. 1

324) Akten Reichspostministerium 52 (nach Manfred Hempel)

325) Vgl. Manfred Hempel. a. a. O., S. 68

326) Konzeption und Ergänzungsvermerk vom 4. 4. 1938, Akten Reichspostministerium 52

327) Vgl. Manfred Hempel, a. a. O., S. 68

328) Vgl. ebenda, S. 69 u. Heinz Pohle, a. a. O., S. 64

329) Der Telefunkensprecher, Nr. 6, November 1938, S. 184

330) ebenda, S. 186

331) ebenda, S. 187

332) Fernsehen und Tonfilm, Heft 8, August 1938, S. 57

333) Vgl. Fernsehen und Tonfilm, Heft 7, Juli 1939, S. 49 ff

334) Nationalsozialistische Rundfunk-Korrespondenz, Folge 33, 17. 8. 1938, S. 1 - 2

335) Archiv für Post und Telegrahpie, Berlin, Nr. 7, Juli 1939, S. 213

336) Jürgen Kuczynski, Die Geschichte der Lage der Arbeiter unter dem Kapitalismus, Bd. 6, a. a. O., S. 229

337) Der Telefunkensprecher, Nr. 6, November 1938, S. 191

338) Fernsehen und Tonfilm, Heft 8, August 1938, S. 58

339) ebenda

340) ebenda

341) Nationalsozialistische Rundfunk-Korrespondenz, Folge 14, 4. 4. 1939, S. 2

342) ebenda, S. 3

343) Geheime Kommandosache - Aus den Dokumenten des Nürnberger Prozesses gegen die Hauptkriegsverbrecher, Berlin 1956, S. 28 f

344) Vgl. Jacques Duclos, a. a. O., S. 616 ff u 635 ff

345) Adolf Hitler, Das Dritte Reich, 1. Teil, 1933-1939, Dokumentar-Serie 4 D 001, Plattenseite 2, Miller International Schallplatten GmbH

346) Geheime Kommandosache, a. a. O., S. 42-44

347) Adolf Hitler, Das Dritte Reich, a. a. O., Plattenseite 2

348) Vgl. z. B. die Erzählungen von Henri Barbusse, der am 9./10. 3. 1929 in Berlin erstmals einen Internationalen Antifaschisten-Kongreß leitete (Geschichte der deutschen Arbeiterbewegung, Kapitel VII, Berlin 1968, S. 197); veröffentlicht in Monde, hrsg. von Henri Barbusse (1. Jahrgang 1928), Paris; d. h. Tatsachen, 1929

349) Übersetzt aus L' Humanité, Organe Central du Parti Communiste Français, Paris, 1. 10. 1938, S. 1

350) Adolf Hitler, Das Dritte Reich, ebenda

351) aus L' Humanité, 22. 9. 1978

352) Erich Richter, Entwicklung und Wirken des faschistischen Rundfunks, Teil II, in Beiträge zur Geschichte des Rundfunks, Berlin 4/1968 S. 29

353) Erich Richter, Entwicklung und Wirken des faschistischen Rundfunks, Teil III, in Beiträge zur Geschichte des Rundfunks, Berlin, 2/1969, S. 11

354) aus Schallaufnahmen der Reichsrundfunk G.m.b.H. von Anfang 1936 bis Anfang 1939, o. O. o. J., S. 105-116

355) a. a. O., S. 156-161 (Bsp. RRG 49442 u. 49444/445)

356) a. a. O., S. 178-180

357) Errechnet nach a. a. O. Von den insgesamt 5477 Aufnahme-Komplexen - z. B. die rund 250 einzelnen Aufnahmetakes von 344) erscheinen alle unter einem einzigen Komplex - entfielen auf:

Hörspiel 150	=	2,7 %
Musik 3408	=	62,2 %
"Innenpolitik" 492	=	9,0 %
"Außenpolitik" 33	=	0,6 %
"Reden und Unterhaltungen" 185	=	3,3 %
Sport 480	=	8,8 %
Olympische Spiele 418	=	7,7 %
		94,1 %
"Dichtung", Pausenzeichen, Versuchsaufnahmen usw.	=	5,9 %
		100 %

358) Hans Bredow in Telefunken-Zeitung, Mitteilungen des Telefunken-Konzerns, Heft 32/33, 1923, S. 98

359) original vgl. Wortlaut 298)

360) Aufruf an das Deutsche Volk, Nr. 368, Plattenseite 4, Documentary Series Es., Postbox 121, Fürstentum Liechtenstein

361) a. a. O., Nr. 367, Plattenseite 1

362) Der Deutsche Rundfunk, Heft 17, 25. 4. 1937, S. 3

363) Zahlen aus der Deutsche Rundfunk, Heft 39, 26. 9. 1937, S. 8

364) Der Deutsche Rundfunk, Heft 36, 5. 9. 1937, S. 3

365) Vgl. Wortlaut zu 199) - 202)

366) Der Deutsche Rundfunk, Heft 38, 19. 9. 1937, S. 6

367) Der Deutsche Rundfunk, Heft 39, 26. 9. 1937, S. 8

368) Porträt aus Leni Riefenstahl, Kampf in Schnee und Eis, Leipzig 1933; Produktionsaufnahme und Schrift aus Leni Riefenstahl, Hinter den Kulissen des Reichsparteitagsfilms, a. a. O., S. 99, 15 u. 21 (Aufstellungen zum 170-Mann-Drehstab von ebenda)

369) Der Deutsche Rundfunk/Funkpost, Heft 2, 12. 1. 1936, S. 3

370) Der Deutsche Rundfunk, Heft 16, 17. 4. 1938, S. 5

371) Leni Riefenstahl über Sprache und Sprecher beim Film, in Nationalsozialistische Rundfunkkorrespondenz, Folge 13, 30. 3. 1938, S. 8 f, bzw. Das Wort im Film und Hörbericht

in Nationalsozialistische Rundfunk-Korrespondenz, Folge 27, 6. 7. 1938, S. 8

372) Nationalsozialistische Rundfunk-Korrespondenz, Folge 14, 6. 4. 1938, S. 8 f.

373) Übersetzt aus Les jeux terribles, a. a. O. „Schwarze zu den Helden der Spiele" erniedrigen ließ dafür später sie der 'Stern'-Herausgeber exklusiv: „Nuba, das Fest der Messer und der Liebe", durchaus noch völkisch-kultisch, in rassistischem Voyeurismus (Nr. 41, 2. 10. 1975, S. 34 - 58)

374) So jedenfalls Arnolt Bronnen, a. a. O., S. 284

375) Nationalsozialistische Rundfunk-Korrespondenz, Folge 11, 21. 4. 1937, S. 1

376) Fernsehprogramme aus Der Deutsche Rundfunk, vom 2., 9., 16., 23. u. 30. 1. 1938, je S. 41; Programm-Ausdrucke darin ab April 1938 unter "Wir hören"

377) Filmrollen in 'Liebe kann lügen', "Schülerinnen- und Liebesroman", und 'Wenn Frauen schweigen', "Musikalische Ehe- und Verwechslungskomödie", 1937, 'Das Mädchen von gestern Nacht', "Verwechslungs- und Liebeskomödie", und 'Kleiner Mann, ganz groß', "Ehekomödie", 1938, 1939 'In letzter Minute', "Kriminallustspiel", 1940 'Herz ohne Heimat', "Frauen- und Liebesroman", 1944 'Das Konzert', "Ehekomödie", oder 1946 'Sag die Wahrheit', "Groteske Ehe- und Liebeskomödie, Gesellschaftsmilieu - Nervensanatorium", erster mit britischer Lizenz hergestellter Spielfilm. (aus Glenzdorfs Internationales Filmlexikon, a. a. O., S. 939; Genres aus Alfred Bauer, a. a. O.)

378) Vgl. Wortlaut und Anmerkung zu 79) u. 82)

379) Alfred Bauer, a. a. O., S. 266

380) Der Tagesspiegel, Berlin (West) 7. 2. 1979, S. 1

381) Alfred Bauer, a. a. O., S. 350 f.

382) Glenzdorfs Internationales Filmlexikon, a. a. O., S. 270

383) Horst Knietzsch, Film - gestern und heute, Leipzig u. Jena u. Berlin 1962, S. 270

384) Glenzdorfs Internationales Filmlexikon, a. a. O., S. 1784 u. Alfred Bauer, a. a. O., S. 569 f.

385) Internationales Handbuch für Rundfunk und Fernsehen 1971/72, a. a.O., S. C 136

386) Glenzdorfs Internationales Filmlexikon, a. a. O., S. 1025

387) Vgl. 338)

388) Glenzdorfs Internationales Filmlexikon, a. a. O., S. 819

389) a. a. O., S. 876

390) Mögliche Anlässe könnten sein:
5. 1. 1919 Gründung der NSDAP-Vorläuferpartei, 10. 1. 1920 Versailler "Schand"-Vertrag in Kraft, 14. 1. 1930 Zuhälter-Student-SA-Mann Horst Wessel durch Schüsse niedergestreckt, 13. 1. 1935 Angliederung des Saarlandes an Deutschland

391) Mischungen aus live-medialer Direkt- und Unterhaltungspropaganda waren wohl auch "Grenzland"-Betriebsausflüge, z. B. 'Mit unserer Werkschar ins Grenzland', Beitrag in Der Telefunkenkamerad, Heft 4, Juli/August 1939, S. 96

392) Glenzdorfs Internationales Filmlexikon, a. a. O., S. 486 (auch Alfred Bauer, a. a. O., u. Horst Knietzsch, a. a. O., S. 167 ff.)

393) Internationales Handbuch für Rundfunk und Fernsehen 1971/72, a. a. O., S. D 32

394) Glenzdorfs Internationales Filmlexikon, a. a. O., S. 21 f.

395) a. a. O., S. 1529

396) a. a. O., S. 352

397) a. a. O., S. 837 u. Alfred Bauer, a. a. O, S. 392

398) Glenzdorfs Internationales Filmlexikon, ebenda

399) Vgl. Francis Courtade u. Pierre Cadars, Die Geschichte des Films im Dritten Reich, München 1975, S. 126 f u. Wilfried von Bredow, Filmpropaganda für Wehrbereitschaft - Kriegsfilm in der Bundesrepublik, in Film und Gesellschaft in Deutschland (hrsg. v. Wilfried von Bredow u. Rolf Zurek), Hamburg 1975, S. 322 f.

400) Hört, hört! 50 Jahre Deutscher Rundfunk, a. a. O.,
Zwar trat Rudolf Platte nach 1933 auch in Werner Finks im Unterschied zu dem durchaus angepaßten 'Kabarett der Komiker' aufgezogenen politischen Hintertreppenwitz-Kabarett 'Katakombe' auf, über das es bei den Nazis anscheinend verschiedene Meinungen gab. 'Völkischer Beobachter' am 29. 3. 1935: „Der Abend ist voll fröhlicher, geistreich zugespitzter Heiterkeit." Aus dem Rapport eines Goebbels-Beauftragten über Vorstellungen der Kabaretts 'Katakombe' und 'Tingel-Tangel' im April 1935: „Es empfiehlt sich, die beiden übrig gebliebenen Brutstätten jüdischer und marxistischer Propaganda zu schließen und sämtliche Beteiligten einschließlich des Publikums in Schutzhaft zu nehmen." Auf einer entsprechenden Gestapo-Liste vom 10. 5. 1935 waren denn u. a. Werner Fink und Rudolf Platte aufgeführt. Werner Fink war auf Anordnung vom 18. 5. 1935 "für die Dauer von 6 Wochen in ein Lager mit körperlicher Arbeit zu überführen." Rudolf Platte soll aufgrund von Dankbarkeitsbeteuerungen bei Goebbels von der Liste wieder gestrichen worden sein. (Vgl. Helmut Heiber, Die Katakombe wird geschlossen, München u. Bern u.Wien 1966, S. 15 f., 25, 35 f. u. 55)

401) Errechnet nach den Programmzeitschriften unter 376)

402) Alfred Bauer, a. a. O., S. 335

403) Zum Fall Veit Harlan vgl. Siegfried Zielinski Veit Harlan - Zur Auseinandersetzung mit einem Filmregisseur des Faschismus durch die westdeutsche Öffentlichkeit, (Magister-Arbeit) Berlin (West) 1979

404) Alfred Bauer, a. a. O., S. 348

405) a. a. O., S. 324

406) a. a. O., S. 348

407) a. a. O., S. 354/55

408) Filmwelt Nr. v. 7. 7. 1935; zum damaligen Kompressions-Cutter, Hans-Waldemar Bublitz, nach 1945 SFB-Fernseh-Programmverantwortlicher: „Er verstand es, einen 90-Minuten-Reißer mit letzter dramaturgischer Raffinesse auf 30 Minuten (oder noch weniger) zusammenzuschneiden, so daß dabei nicht selten ein besseres Zweitprodukt als das Original herauskam... Unnachsichtlich merzte er lebende Menschen aus, wenn sie ihm überflüssig erschienen, ein wahrer Massenmörder aus künstlerischem Gewis-

sen...!" ('Anno dunnemals', ein Brief von J. J., in Fernsehen, Heft 3/4 1955, S. 133)34); u. vgl. Kapitel IV 130)

409) a. a. O., S. 395 u. UFA-Superacht-Gesamtprogramm 1978/79, S. 24

410) Alfred Bauer, a. a. O., S. 549 u. UFA-Angebot 1978/79, S. 42

411) UFA-Angebot 1978/79 ebenda

412) Glenzdorfs Internationales Filmlexikon, a. a. O., S. 609

413) Vgl. 398) u. 399)

414) Dokumente zur deutschen Geschichte 1942-1945, Berlin 1977, S. 49

415) Braunbuch, Berlin 1965, S. 83: Karl Wolff lebte bis 1962 als Generalspensionär in Westdeutschland, 1964 zu 15 Jahren Zuchthaus verurteilt, a. a. O., S. 103

416) Glenzdorfs Internationales Filmlexikon, a. a. O., S. 425

417) Vgl. auch Wortlaut zu 271)

418) Arnolt Bronnen, a. a. O., S 349 f.

419) ebenda, S. 350

420) Nationalsozialistische Rundfunk-Korrespondenz, Folge 18, 9. 6. 1937, S. 2 f.

421) Nationalsozialistische Rundfunk-Korrespondenz, 16. 6. 1937, S. 1

422) Vgl. Programm aus Der Deutsche Rundfunk, Heft 5, 30. 1. 1938, S. 41

423) Der Deutsche Rundfunk, Heft 8, 20. 2. 1938

424) Vgl. Manfred Hempel, a. a. O., S. 67

425) Abb. aus Der Deutsche Rundfunk, Heft 8, 20. 2. 1938, S. 8

426) Alle Programm-Einzelheiten zum Fernsehen vom 1. Quartal 1938 aus den entsprechenden Ausgaben von Der Deutsche Rundfunk

427) Abb. aus Der Deutsche Rundfunk, Heft 15, 10. 4. 1938

428) Abb. aus Der Deutsche Rundfunk, Heft 13, 27. 3. 1938; 'Es leuchten die Sterne'-Star Vera Bergmann stellte sich im deutschen Fernsehen vor (vgl. ebenda)

429) Jahrbuch Weltrundfunk 1937/38, a.a.O., S.16

430) Alfred Bauer, a. a. O., S. 186

431) a. a. O., S. 349 f.

432) Der Deutsche Rundfunk, 27. 3. 1938, S. 13

433) Abb. aus Manfred Hempel, a. a. O., S. 70

434) Nationalsozialistische Rundfunk-Korrespondenz, Folge 30, 27. 7. 1938, S. 7

435) ebenda

436) Nationalsozialistische Rundfunk-Korrespondenz, Folge 33, 17. 8. 1938, S. 9 f.

437) Nationalsozialistische Rundfunk-Korrespondenz, Folge 38, 21. 9. 1938, S. 8

438) Vgl. 29)

439) Zur Definition des Tragischen vgl. Erhard John, Einführung in die Ästhetik, Halle 1969, S. 94-98 u. 102-104

440) Nationalsozialistische Rundfunk-Korrespondenz, Folge 38, 21. 9. 1938, S. 8

441) ebenda

442) Nationalsozialistische Rundfunk-Korrespondenz, Folge 45, 9. 11. 1938, S. 5

443) Akten Reichspostministerium 52 (nach Manfred Hempel)

444) Berlin hört und sieht, 7. 9. 1934, S. 10

445) Abb. und Wortlaut ebenda

446) Vgl. Abbildungen zu 36)

447) Nationalsozialistische Rundfunk-Korrespondenz, Folge 35, 6. 10. 1937, S. 2

448) Nationalsozialistische Rundfunk-Korrespondenz, Folge 42, 24. 11. 1937, S. 2

449) Nationalsozialistische Rundfunk-Korrespondenz, Folge 45, 15. 12. 1937, S. 9

450) Zur ausführlichen Darstellung dieses Komplexes am Beispiel der Freigabe eines allgemeinen Unterhaltungsrundfunks vgl. Erwin Reiss/Siegfried Zielinski, a. a. O., S. 158 f.

451) Vgl. Wortlaut zu 343)

452) RAFA - Radio / Bildfunk / Fernsehen für Alle, Nr. 9 1938, S. 147

453) a. a. O., S. 148

454) ebenda

455) a. a. O., S. 147

456) Manfred Hempel, a. a. O., S. 74

457) Nationalsozialistische Rundfunk-Korrespondenz, Folge 30, 26. 7. 1939, S. 1

458) Fernsehen und Tonfilm, Heft 8, August 1939, S. 57

459) Abbildung aus Weltmacht Fernsehen, a. a. O., S, 60

460) Nationalsozialistische Rundfunk-Korrespondenz, Folge 30, 26. 7. 1939, S. 2

461) Fernsehen und Tonfilm, Heft 8, August 1939, S. 57

462) Nationalsozialistische Rundfunk-Korrespondenz, Folge 31, 2. 8. 1939, S. 2

463) Geheime Kommandosache, a. a. O., S. 47

464) a. a. O., S. 53 f.

465) Nationalsozialistische Rundfunk-Korrespondenz, Folge 31, 2. 8. 1939, S. 4

466) Vgl. Manfred Hempel, a. a. O., S. 74

467) Geheime Kommandosache, a. a. O., S. 49

468) Deutschland im zweiten Weltkrieg, Bd. 1, a. a. O., S. 154 ff.

469) Vgl. auch ARD-Fernsehsendung v. 9. 8. 1979 'Der Hitler-Stalin-Pakt - Blankoscheck für den Krieg' (Bericht Jost von Morr, Redaktion Jürgen Rühle, WDR), vorgestellt in Kapitel II, Abschnitt 'Zielsetzungen'.
Zur Veranschaulichung der damaligen Schwierigkeiten, selbst innerhalb der organisierten Arbeiterbewegung, das Zustandekommen dieses Nichtangriffsvertrages zwischen der Sowjetunion und Deutschland erklärlich zu machen, hier der Verweis auf eine entsprechende Unterhaltung in Louis Aragon, Die Kommunisten, Erster Band, (Februar bis September 1939), deutschsprachige Ausgabe, Berlin 1953, S. 224-228

470) Arnolt Bronnen, a. a. O., S. 357/58

471) Vgl. Schautafel im Postmuseum Berlin: Gemäß Funkregelung im Kriege - F. i. K. - Wehrmacht Teil D Ultrakurzwellen des Fernsehfunks zur Verfügung der Luftwaffe; am 24. 8. 1939 Sender auf Weisung des OKW stillgelegt.

472) Der Fall Gleiwitz, DEFA-Studio für Spielfilme, Berlin 1961, Buch Wolfgang Kohlhaas u. Günther Rücker, Regie Gerhard Klein, ausgestrahlt in DDR I, 1. 9. 1975
Zur Authentizität des Gesprächs vgl. auch 474)

473) Geheime Kommandosache, a. a. O., S. 42

474) Aus dem Dokument 2751 PS, Beweisstück US - 428, in a. a. O., S. 59-61

475) Aus Erich Richter, Entwicklung und Wirken des faschistischen Rundfunks (Teil III), a. a. O., S. 26

476) Der zweite Weltkrieg, 1. Teil 1939-1940, Dokumentar-Serie 4 D 005, Plattenseite 1, Miller International Schallplatten GmbH

477) Vgl. Fernsehen und Tonfilm, Heft 8, August

1939, S. 59

478) Vgl. Wortlaut zu 443)

479) Vgl. Wortlaut zu 141)

480) Vgl. Wortlaut zu 137)

481) Vom Rundfunkbeamten des Aktenvermerks vom 29. 4. 1938: Gedanken zur Fernsehentwicklung, in Jahrbuch des elektrischen Fernmeldewesens, Jahrgang 1938, Berlin 1939, S. 132

482) Archiv für Post und Telegraphie, Berlin, Nr. 11, November 1939, S. 319

483) Vgl. dazu Wortlaut 122) - 141) u. 157) - 160)

484) Losung aus Berlin hört und sieht, vereinigt mit Europastunde, Nr. 5, 26. 1. 1941, S. 10

Kapitel IV

1) Abb. aus Die Sendung, 18. 8. 1940, S. 316

2) Abb. aus Europäischer Fernsprechdienst - Mitteilungen über das internationale Fernmeldewesen, 51. Folge, März 1939, S. 27; vgl. auch Kapitel III 333)

3) Abb. d. Anlage im ersten Farbfernseh-Übertragungswagen des NDR, in Weltmacht Fernsehen, Stetten u. Stuttgart 1967, S. 86

4) Die Sendung, Nr. 32, 6. 8. 1939, S. 714

5) Vgl. Elektrotechnischer Anzeiger, Berlin, Nr. 30, 28. 7. 1939, S. 643

6) Abb. aus Berlin hört und sieht, Nr. 31, 30. 7. 1939, S. 3

7) Abb. aus Neuer Funk-Bote, Heft 34, 20. 8. 1939, S. 20

8) Abb. aus Die Sendung, 13. 8. 1939, S. 745

9) Angaben zur Firmenbeteiligung aus Elektrotechnischer Anzeiger, a. a. O., S. 643

10) Berlin hört und sieht, Nr. 31, 30. 7. 1939, S. 5

11) ebenda

12) Vgl. auch Kapitel III 471) u. 482)

13) Vgl. III 471)

14) Die zu Sonntag, dem 20. 8. 1939 erschienene Nr. 34 konnte von der Stillegungs-Anordnung noch keine Kenntnis haben, die nächstfolgende Ausgabe diese offensichtlich nicht mehr berücksichtigen; Berlin hört und sieht erschien bereits am Sonntag, 25. 6. bis Sonntag, 9. 12. 1939 ohne Fernsehprogramm-Ausdrucke

15) Neuer Funk-Bote, Heft 34, 20. 8. 1939, S. 21

16) Funk-Woche, Nr. 31, 30. 7. 1939, S. 6

17) Abb. von ebenda

18) Abb. aus Berlin hört und sieht, Nr. 16, 16. 4. 1939, S. 7, mit der Überschrift „Der Führer spricht!"

19) Hitler-Umschreibung in Bert Brecht, Flüchtlingsgespräche, Frankfurt/M. 1961

20) Berlin hört und sieht, Nr. 16, 16. 4. 1939, S. 7

21) Titelseite von Die Sendung, Berlin, Nr. 31, 30. 7. 1939; zugleich in Funk-Woche, Nr. 31, 30. 7. 1939, S. 6 u. in Berlin hört und sieht, Nr. 31, 30. 7. 1939, S. 4

22) Abb. aus Funk-Woche, Nr. 30, 23. 7. 1939, S.3

23) Zahlen nach Gerd Eckert, 'Welche Zukunft hat das Fernsehen', in Zeit im Querschnitt, Berlin, Nr. 7, 1. 4. 1939, S. 108; zu Eckert vgl. auch Kapitel III 74)

24) Angaben aus Berlin hört und sieht, Nr. v. 1. 1. bis 24. 6. 1939

25) Heute darin eine ständige Ausstellung zur Entwicklung des Rundfunks und Fernsehens

26) Angabe aus Berlin hört und sieht, Nr. v. 10. 12. bis 31. 12. 1939

27) Angaben aus Berlin hört und sieht, Nr. v. 7. 1. 1940

28) Angaben aus Berlin hört und sieht, Nr. v. 28. 4. u. 17. 3. 1940

29) Angaben aus Berlin hört und sieht, Nr. v. 8. 9. 1940 (desgleichen bis Nr. v. 20. 4. 1941, daraufhin keine Angaben mehr zu den Fernsehstellen)

30) Angaben durch stichpunktartige Anfragen bei Personen, die damals in Berlin lebten: kein Anspruch auf statistisch nachweisbare Repräsentativität

31) Auf eine für die Sonntagsausgabe des Tagesspiegels, Berlin (West), vom 11. 3. 1979 aufgegebene Anzeige „Fernsehprogramm 1935-1941: Augenzeugen des Programms gesucht" kam nicht eine einzige Antwort.

32) Für die Rekonstruktion des Fernsehprogramms von 1939 standen Rundfunkzeitschriften wie folgt zur Verfügung: Berlin hört und sieht, Sonntag, 1. 1. bis Sonnabend, 24. 6. (25. 6. - 9. 12. ohne Fernsehprogramm, 10. - 16. 9. ohne Hörfunkprogramm), Sonntag, 10. 12. bis Sonntag, 31. 12. Die Sendung (25. 6. - 2. 7. ohne Fernsehprogramm), Montag, 3. 7. bis Sonnabend, 2. 9. (3. 9. - 11. 11. ohne Fernsehprogramm), Sonntag, 12. 11. bis Sonntag, 31. 12. Soweit nicht näher oder anders gekennzeichnet, sind allgemein für die Rekonstruktion benutzten Programmangaben aus den entsprechenden Nummern dieser Zeitschriften entnommen.

33) Vgl. auch Kapitel III 376); auch am 18. 1. u. 2. 2. 1938 gesendet

34) Durchschnittswerte dieser Aufstellung errechnet aus den entsprechenden Programmzeitschriften Berlin hört und sieht u. Die Sendung; dabei nicht berücksichtigt sind Ausnahmen wie völliger Verzicht auf den Informations- und Servicekomplex u. ä.

35) Martin Rikli, Ich filmte für Millionen, Berlin 1942, S. 80

36) Vgl. a. a. O., S. 361 ff.

37) Vgl. 221). 222), 227)

38) Vgl. auch Kapitel III 376)

39) Vgl. auch Kapitel III 40) u. 103)

40) Vgl. auch Kapitel III 87) u. 302)

41) Neuer Funk-Bote, Heft 30. 23. 7. 1939, S. 4

42) Vgl. z. B. seine Reputation beim auch vom Fernsehen übertragenen Presseball 1938 (Der Deutsche Rundfunk, 30. 1. 1938, S. 41)

43) Tondokument Nr. 57 (48. A 7), Bild- und Tonträger-Verzeichnis, hrsg. vom Deutschen Rundfunkarchiv, Nr. 1, Frankfurt/M. 1972, S. 24

44) Internationales Handbuch für Rundfunk und Fernsehen 1971/72, Hamburg 1972, S. C 27; auch Impressum von Fernsehen: Gestalten - Senden - Schauen, Heidelberg 1953 (1. Jahrgang)

45) Vgl. Kapitel III 456), bzw. Kapitel V 39) -48)

46) Desgleichen lautete der Titel der Fernsehsendungen am:

Freitag, 28. 7. 1939	16.50-17.45 Uhr
Sonnabend, 29. 7.	16.55-17.50 Uhr
Montag, 31. 7.	16.55-18.35 Uhr
Dienstag, 1. 8.	16.55-18.10 Uhr

Mittwoch, 2. 8.	16.55-17.45 Uhr
Donnerstag, 3. 8.	17.25-18.35 Uhr
Freitag, 4. 8.	17.10-18.15 Uhr
Sonnabend, 5. 8.	17.40-18.35 Uhr

Vgl. auch Funk-Woche, Nr. 28, 9. 7. 1939, S. 6 u. Die Sendung, Nr. 31, 30. 7. 1939, S, 692 (Abb. daraus)

47) Abb. aus Berlin hört und sieht, Nr. 23, 4. 6. 1939, S. 6
48) „Aus der Praxis eines Fernseh-Berichterstatters", in Freude und Arbeit, offizielles Organ des Internationalen Zentralbüros Freude und Arbeit, Berlin, Heft 8 1939, S. 97 (Abb. daraus)
49) Abb. aus Berlin hört und sieht, a. a. O.
50) Abb. aus Die Sendung, Nr. 30, 23. 7. 1939
51) Abb. aus Funk-Woche, Nr. 7, 12. 12. 1939, S. 7
52) Vgl. Kapitel Ili 43)
53) Vgl. a. a. O., 333)
54) Neuer Funk-Bote, Heft 27, 2. 7. 1939, S. 4
55) Martin Virchow, Die 100 vom Fernsehen, Bergisch Gladbach 1973, S. 40 f.
56) Vgl. Kapitel III 422) - 425) u. 433) - 435)
57) Vgl. a. a. O., 324) - 328)
58) Vgl. z. B. Arnolt Bronnen, Arnolt Bronnen gibt zu Protokoll, Hamburg 1954, S. 353/54 u. Kapitel III 332) u. 333)
59) Abb. aus Die Sendung, Nr. 31, 30. 7. 1939, S. 693 (so daselbst vorgefundene Montage)
60) Lale Andersen, Der Himmel hat viele Farben, München 1974, S. 122
61) a. a. O., S. 79
62) a. a. O., S. 136
63) Zum Direktor des offziellen Vorzeige-Kabaretts - mehr Belustigung als Vorwitz - vgl. auch Kapitel III 72) u. 83)
64) Lale Andersen, a. a. O., S. 160
65) Personalien aus Willi Boelcke, Kriegspropaganda 1939-1941, Stuttgart 1966, S. 85 ff.
66) Lale Andersen, a. a. O., S. 160
67) a. a. O., S. 248 u. 251
68) a. a. O., S. 138
69) Deutschland im Zweiten Weltkrieg, Band 1, Berlin 1975, S. 542 ff.
70) Lale Andersen, a. a. O., S. 144 f.
71) a. a. O., S. 151
72) Abb. aus Wir tanzen um die Welt, Deutscher Revuefilm, 1933-1945, zus. gest. v. Helga Belach, München u. Wien 1979, S. 173; Angaben dazu S. 240 u. 252
73) Abb. aus Berlin hört und sieht, Nr. 21, 18. 5. 1941, S. 4
74) Lale Andersen, a. a. O., S. 162/63
75) a. a. O., S. 171
76) a. a. O., S. 184/85
77) a. a. O., S. 190
78) Abb. aus Reichsrundfunk, Heft 2, 19. 4. 1942
79) Abb. aus Reichsrundfunk, Heft 18, 23. 11. 1941
80) Schreiben abgedruckt bei Lale Andersen, a. a. O., S. 200
81) a. a. O., S. 206
82) a. a. O., S. 223
83) a. a. O., S. 248/49
84) a. a. O., S. 153
85) Hans Teubner, Exilland Schweiz 1933-1945, Berlin 1975, S. 62; und Deutschland im Zweiten Weltkrieg, Band 2, Berlin 1976, S. 553 u. 581
86) Geschichte der deutschen Literatur, zehnter Band, 1917-1945, Berlin 1975, S. 270, 294 u. 624 ff.; und Deutschland im Zweiten Weltkrieg, a. a. O., S. 581
87) Lale Andersen, a. a. O., S. 154
88) a. a. O., S. 160
89) a. a. O., S. 249
90) Schweizer Illustrierte Zeitung, Nr. v. 7. 5. 1979, S. 21 (Angaben nicht belegt)
91) Lale Andersen, a. a. O., S. 109
92) Vgl. 88)
93) Arnolt Bronnen, Arnolt Bronnen gibt zu Protokoll, Hamburg 1954, hier Kronberg 1978, S. 363; zu Arnolt Bronnen vgl. auch Kapitel III
94) a. a. O., S. 362
95) Generaloberst Franz Halder, Kriegstagebuch 1939-1942, Stuttgart 1963, nach Der Zweite Weltkrieg, Band 2, Berlin 1976, S. 274; Auswirkungen der Verluste auf die faschistischen Streitkräfte vgl. ebenda, S. 275 f.
96) aus Inge Lammel, Das Arbeiterlied, Frankfurt/M. 1973, S. 192
97) Lale Andersen, a. a. O., S. 172
98) Angaben aus Glenzdorfs Internationales Filmlexikon, Bad Münder 1960, S. 661; zu den Genres-Bestimmungen vgl. Alfred Bauer, Deutscher Spielfilm-Almanach 1929-1950, Berlin (West) 1950
99) Lale Andersen, a. a. O., S. 113 f.
100) Vgl. 93)
101) Refrain aus Braunbuch über Reichtagsbrand und Hitlerterror, Basel 1933, Reprint Frankfurt/M. 1978, S. 225
102) Angaben aus Glenzdorfs Internationales Filmlexikon, a. a. O., S. 1198
103) aus a. a. O., S. 1227
14) Programmzeitschriften Berlin hört und sieht und Die Sendung (Wiederholungen sind nicht berücksichtigt)
105) Vgl. Kapitel III 383) u. 384
106) Die Sendung, Nr. 30, 23. 7. 1939, S. 675
107) Für das Verhältnis wurden - soweit durch Programmausdrucke definierbar - nur Unterhaltungsfilme (keine "Kultur"filme u. ä.) und Fernsehspiele (keine Varietés, Musiksendungen, Tanzspiele usw.) berücksichtigt, ohne Berücksichtigung von Wiederholungen.
108) Glenzdorfs Internationales Filmlexikon, a. a. O., S. 127
109) a. a. O., S. 1366
110) a. a. O., S. 144; und Kurt E. Fischer, Das Hörspiel - Form und Funktion, Stuttgart 1964, S. 186
111) Glenzdorfs Internationales Filmlexikon, a. a. O., S. 206 f.
112) a. a. O., S. 641; Bühnenstücke bei der Drei Masken Verlag -AG, Friedrichstraße 129, Berlin (1942)
113) Glenzdorfs Internationales Filmlexikon, a. a. O., S. 1581 f.
114) Kritik in Neuer Funk-Bote, Heft 28, 9. 7. 1939 S. 4
115) Alfred Bauer, a. a. O., S. 422
116) Glenzdorfs Internationales Filmlexikon, a. a. O., S. 1581, f.; Prädikate und Freigaben vgl. Alfred Bauer, a. a. O., S. 539, 589 u. 658/59
117) Sigmund Graff, Von S. M. zu N. S. - Erinnerungen eines Bühnenautors, Wels und München 1963, S. 181 f. (am 28. 8. 1976

handsigniertes Exemplar der Staatsbibliothek Berlin (West), Signatur-Nr. 374314)

118) Vgl. die beschnittene Seite aus Berlin hört und sieht, Nr. v. 21. 5. 1939 (darauf Anzeige aus Der Tagesspiegel, Berlin (West) v. 4. 3. 1979

119) aus Berlin hört und sieht, Nr. v. 29. 1. 1939

120) Alfred Bauer, a. a. O., S. 455

121) Friedrich P. Kahlenberg, Von deutschem Heldentum - Filmkompilation für das Fernsehen aus dem Jahre 1936, in Mitteilungen des Studienkreises Rundfunk und Geschichte, Nr. 1 1979, S. 22; vgl. auch Kapitel III 408)

122) Vgl. Kapitel III 376) - 399)

123) Abb. aus Funk-Woche, Nr. 16, 16. 4. 1939, S.7

124) Abb. aus Berlin hört und sieht, Nr. 8, 19. 2. 1939

125) Mehrfachverwertungen: Gleichfalls als Spielfilm lief 'Frischer Wind aus Kanada' (Fernsehsendung 1. 2. 1939), ein UFA-Lustspiel um Mode- und Alltagsmilieu mit Grete Weiser, Paul Hörbiger u. a. (Filmwelt, Nr. 7, 17. 2. 1935); als Hörspiel 'Seine Frau die Sekretärin' (Fernsehsendung 17. u. 20. 3. 1939) mit Luise Ullrich, Viktor de Kowa u. a. (Deutscher Rundfunk, 5. 12. 1937)

126) Hans Walther Betz, Weißbuch des deutschen Films, Berlin 1936, S. 75 u. 73

127) Vgl. Kapitel III 376)

128) a. a. O., 383) u. 384

129) Glenzdorfs Internationales Filmlexikon, a. a. O., S. 876

130) Alfred Bauer, a. a. O., S. 675

131) möglicherweise ein Versuch, mit gleichnamigen Titel Anschluß an den Publikumserfolg von 'Die 3 von der Tankstelle' zu finden, UFA-Produktion von 1930, mit dem Unterhaltungs-Traumpaar Lilian Harvey und Willy Fritsch

132) Vgl. Kapitel III 397) - 399)

133) Vgl. Programmpresse-Filmankündigung 119)

134) Eines unter vielen möglichen Beispielen dafür, mit welch relativer Indifferenz Schauspieler gegenüber Ereignissen und Gestalten, die sie verkörpern, bleiben können: vom Verwechslungslustspiel unter den Nazis zum antifaschistischen Film über eine deutsche Arbeiterfamilie, 1949, in der damaligen sowjetischen Besatzungszone. Indifferenz, teils sicherlich einfachen Reproduktionszwängen geschuldet, oder Bewußtwerdungsprozeß: das ist hier vergleichbar die Frage mit der nach der Situation des Künstlers in der Zeit des Faschismus selbst, der Situation zwischen Widerstand und Anpassung, zu der eine besondere Arbeit oder Ausstellung wohl wünschenswert wäre.

135) Alfred Bauer, a. a. O., S. 353

136) Vgl. 134), hinsichtlich dieser Fragestellung eines der hervorstechendsten Beispiele: 1929 Hauptrolle in 'Mutter Krausens Fahrt ins Glück' (Prometheus-Produktion, Piel Jutzi), Film der revolutionären deutschen Arbeiterbewegung; Auftritte im Kabarett 'Die Wespen', in Werner Finks Kabarett 'Katakombe' 1929 u. a. zusammen mit Hanns Eisler und Ernst Busch, der sich 1930 von diesem Kabarett abwandte: „Totlachen konnte man im damaligen Deutschland nur sich selber. . . Was sollte es für einen Sinn haben, liberale Bürger über den Faschismus Lächeln zu machen, die belustigt Beifall klatschten und sich ernsthaft auf ihn einzurichten begannen?" (Rainer Otto u. Walter Rösler, Kabarettgeschichte Berlin 1977, S. 117); dann Nazi-Unterhalterin; nach 1945 zunächst in antifaschistischen Spielfilmen, dann RIAS usw.

137) Angaben, soweit nicht anders oder näher gekennzeicnet, aus Glenzdorfs Internationales Filmlexikon, a. a. O.

138) zum Inhalt dieses Lustspiels vgl. Sigmund Graff, a. a. O., S. 179 f.

139) Vgl. 117)

140) Sigmund Graff, a. a. O., S. 179 f.

141) Vgl. z. B. Deutschland im Zweiten Weltkrieg, Band 1, Berlin 1975, S. 133 u. 271/72, bzw. Aufruf deutscher Antifaschisten über den englischen Rundfunk: „Arbeitet noch langsamer, bremst den Betrieb, wo ihr nur könnt. Verlangsamt besonders die Material- und Truppentransporte!" ebenda S. 301

142) Vgl. Faksimiles in der Gedenkstätte Plötzensee, Hüttigpfad in Berlin (West), 1952 errichtet vom Senat von Berlin (West): Arbeiter Erich Deibel, geboren 1. 8. 1907, 22. 7. 1941 festgenommen, am 31. 3. 1943 angeklagt, er habe 1941 mit seinem Vierröhrengerät 'Nora' um 23 Uhr die deutschen Nachrichten des Londoner Senders wiederholt abgehört, im Eisenwerk mit Kollegen darüber geredet, zur Zersetzung der Arbeitsmoral Streikparolen ausgegeben, um die Rüstugsproduktion zu stören; am 6. 6. 1942 zum Tode verurteilt „wegen landesverräterischer Feindbegünstigung, Vorbereitung zum Hochverrat und Rundfunkverbrechens", am 15. 8. 1942 hingerichtet.

143) Sigmund Graff, a. a. O., S. 181

144) a. a. O., S. 177 u. 178

145) Angaben aus Der Tagesspiegel, Berlin (West), 20. 6. 1979

146) Sigmund Graff, a. a. O., S. 154

147) a. a. O., S. 111

148) a. a. O., S. 113

149) im November 1918 gegründete militaristische Frontkämpfer-Vereinigung, durch Franz Seldte, in der Hitler-Regierung am 30. 1. 1933 Reichsarbeitsminister (Dokumente zur Deutschen Geschichte 1933-1945, Berlin 1977, S. 21)

150) Sigmund Graff, a. a. O., S. 112

151) a. a. O., S. 326

152) a. a. O., S. 224

153) a. a. O., S. 192

154) a. a. O., S. 311

155) a. a. O., S. 213

156) a. a. O., S. 139

157) Alfred Bauer, a. a. O., S. 359

158) Sigmund Graff, a. a. O., S. 125

159) a. a. O., S. 146

160) a. a. O., S. 126

161) Vgl. Adolf Hitler, Mein Kampf, München 1934, S. 44, 201 u. 371

162) Sigmund Graff, a. a. O., S. 173

163) a. a. O., S. 305

164) Der Tagesspiegel, Berlin (West), 20. 6. 1979

165) Für die deutsche Bevölkerung las sich solch "Widerstandswirken" etwa als ganzseitig wohlwollendes Porträt über diesen Autor in

Nazi-Funk-Woche, Nr. 18, 30. 4. 1939, S. 4 (Sigmund Graff, a. a. O., S. 363)
166) Sigmund Graff, a. a. O., S. 380
167) in Rolf Badstübner u. Siegfried Thomas, Restauration und Spaltung - Entstehung und Entwicklung der BRD 1945-1955, Köln 1975, S. 265
168) John Gimbel, Amerikanische Besatzungspolitik in Deutschland 1945-1949, Frankfurt/M. 1971, S. 228; nach Barbara Mettler, Demokratisierung und Kalter Krieg, Berlin (West) 1975, S. 25
169) Programm-Ankündigung aus Die Sendung
170) Nachmittagsprogramme (z. B. Kindersendungen) noch zwei Wochen lang über die Rundfunkausstellung hinaus täglich, Ende 1939 sonntäglich
171) Abb. aus Berlin hört und sieht, Nr. 31, 30. 7. 1939, S. 3
172) Manfred von Ardenne, Eine glückliche Jugend für Forschung und Technik, Zürich u. München 1972, S. 129 f. (unter Sachregister-Stichwort "Fernsehausstellung 1939", S.463)
173) Vgl. 9) u. Kapitel III 457)
174) nach Gerhart Goebel, Das Fernsehen in Deutschland bis zum Jahre 1945, in Archiv für das Post- und Fernmeldewesen, hrsg. im Auftrag des Bundesministers für das Post- und Fernmeldewesen, Frankfurt/M., Nr. 5, August 1953, S. 322
175) Titel aus Nationalsozialistische Rundfunk-Korrespondenz, Folge 42, 18. 10. 1939, S. 12
176) ebenda
177) Nationalsozialistische Rundfunk-Korrespondenz, Folge 36, 6. 9. 1939, S. 1
178) Titel, Verordnung und Abb. aus Berlin hört und sieht, Nr. 37, 10. 9. 1939, S. 2 f. (ohne Rundfunk-Programmausdruck)
179) Nationalsozialistische Rundfunk-Korrespondenz, Folge 8, 21. 2. 1940, S. 3
180) Der Deutsche Rundfunk/Funkpost, Heft 2, 7. 1. 1940, S. 4
181) Vgl. 142)
182) Allerdings: Erstmals zum 24. 8. 1939 wird dies als eine Sendung „beim Wachregiment 'Großdeutschland' angekündigt, zuvor stets als 'Soldaten - Kameraden', d. h. gleichlautend wie „ein heiterer (!) Militärfilm im neuen Geist": Anzeige in Filmwelt, Nr. 52, 29. 12. 1935; vgl. 34) u. 175)
183) Nationalsozialistische Rundfunk-Korrespondenz, Folge 42, 18. 10. 1939, S. 3
184) Vgl. 13) u. Kapitel III 471)
185) Titel u- Abb. aus Berlin hört und sieht, Nr. 48, 26. 10. 1939, S. 4; 120 Sitzplätze u. 1,80 mal 2,20 Meter-Bild in der Großbildstelle im Reichspostministerium, bzw. 294 Sitzplätze u. 3,00 mal 3,60 Meter-Bild in der Großbildstelle Turmstraße (Fernsehen und Tonfilm, Heft 10, Oktober 1940, S. 39)
186) Dokumente zur Deutschen Geschichte 1939 -1942, Berlin 1977, S. 28
187) Vgl. 34; bei den als unentschieden zwischen direkt- und unterhaltungspropagandistischer Tendenz eingeordneten Sendungen handelt es sich um ähnlich Fälle wie bei denen des 1. Fernseh-Halbjahres 1939
188) Nationalsozialistische Rundfunk-Korrespondenz, Folge 44, 1. 11. 1939, S. 7
189) Lale Andersen, a. a. O., S. 163
190) Abb. aus Funk-Woche, Nr. 47, 19. 11. 1939, S. 2
191) Berlin hört und sieht, Nr. v. 10. u. 17. 12.1939
192) Alfred Bauer, a. a. O., S. 409
193) Glenzdorfs Internationales Filmlexikon, a. a. O., S. 731
194) Nationalsozialistische Rundfunk-Korresponpondenz, Folge 43, 25. 10. 1939, S. 6
195) Nationalsozialistische Rundfunk-Korrespondenz, Folge 42, 18. 10. 1939, S. 3
196) Nationalsozialistische Rundfunk-Korrespondenz, Folge 44, 1. 11. 1939, S. 7
197) Vgl.) 103) u. 104); zu den Autoren: Jo Hanns Rösler, Verfasser von Komödien und Kurzgeschichten, Drehbuchtätigkeit u. a. für das Verwechslungslustspiel 'Nach Regen scheint Sonne' 1949 oder für 'Theodor im Fußballtor' 1950 (Glenzdorfs Internationales Filmlexikon, a. a. O., S. 1422); zu Christian Bock vgl. u. a. 110)
198) Nationalsozialistische Rundfunk-Korrespondenz, Folge 46, 15. 11. 1939, S. 6 f.
199) Nationalsozialistische Rundfunk-Korrespondenz, Folge 44, 1. 11. 1939, S. 7
200) Vgl. Kapitel III 377)
201) Vgl. a. a. O., 74); nach 1945 z. B. in 'Johanna und die 13 Schönheitsköniginnen' (Glenzdorfs Internationales Filmlexikon, a. a. O., S. 1792)
202) Vgl. 120) ff.
203) Nationalsozialistische Rundfunk-Korrespondenz, Folge 46, 15. 11. 1939, S. 6
204) zu den Mitwirkenden vgl.: Kapitel III 62) u. 87); 137) u. Kapitel III 74) u. 413) - 416); 137) u. Kapitel III 375), 383) u. 384)
205) Nationalsozialistische Rundfunk-Korrespondenz, Folge 44, 1. 11. 1939, S. 7
206) Glenzdorfs Internationales Filmlexikon, a. a. O., S. 823
207) z. B. 'Genesung' 1956 (Konrad Wolf), 'Betrogen bis zum jüngsten Tag' 1957 (Kurt Jung-Alsen)
208) Francis Courtade u. Pierre Cadars, Geschichte des Films im Dritten Reich, München 1975, S. 259
209) Berlin hört und sieht, Nr. 51, 17. 12. 1939, S. 3
210) Deutschland im Zweiten Weltkrieg, Band 1, a. a. O., S. 137
211) Braunbuch der Kriegs- und Naziverbrecher in der Bundesrepublik, Berlin 1965, S. 44 u.49
212) Abb. aus Berlin hört und sieht, Nr. 51, 17. 12. 1939, S. 3
213) Deutschland im Zweiten Weltkrieg, a. a. O., S. 555 ff.
214) Vgl. 111)
215) Alfred Bauer, a. a. O., S. 424
216) Francis Courtade u. Pierre Cadars, a. a. O., S. 259
217) Vgl. Kapitel III 402) - 407)
218) Vgl.Aufstellung nach 107)
219) Vgl. 194) u. 195)
220) Nachruf in Fernsehen, Heft 12, 1955, S. 658 - 661
221) Nachdem seine „Freunde eingezogen waren oder versetzt", wurde er „schließlich verhungert aufgefunden": Erinnerungsbeitrag in Fernsehen, Heft 6 1955, S. 310
222) Neuer Funk-Bote, Heft 49, 3. 12. 1939, S. 15
223) Z. B. Pathé-Journal v. 17. 3. 1937, III. Fernsehprogramm (NDR, RB, SFB) 12. 3. 1977

224) 1939er-Schautafel der ständigen Rundfunk- und Fernsehausstellung im Postmuseum Berlin
225) Hitler-Stellvertreter Rudolf Hess am 11. 10. 1936, in Dokumente zur deutschen Geschichte 1936 - 1939, Berlin 1977, S. 34
226) in a. a. O., S. 35
227) Neuer Funk-Bote, Heft 49, 3. 12. 1939, S. 15
228) Vgl. dazu Hans Mottek u. Walter Becker u. Alfred Schröter, Wirtschaftsgeschichte Deutschlands, Band III, Berlin 1975, S. 319 ff.
229) Nationalsozialistische Rundfunk-Korrespondenz, Folge 46, 15. 11. 1939, S. 6
230) Aus Dokumente zur Deutschen Geschichte, a. a. O., S. 31
231) Berlin hört und sieht, Nr. 51, 17. 12. 1939, S. 4
232) Nationalsozialistische Rundfunk-Korrespondenz, a. a. O.
233) a. a. O., S. 7
234) Neuer Funk-Bote, Heft 52, 24. 12. 1939, S. 5
235) Ganzseitig in Der Telefunkenkamerad, Heft 6, Dezember 1939, S. 121
236) Berlin hört und sieht, a. a. O.
237) Der Telefunkenkamerad, Heft 2, 10. 4. 1938, S. 26 f.
238) Der Telefunkensprecher, Nr. 4, Mai/Juni 1935, S. 102 f.
239) Der Telefunkensprecher, Nr. 5, Juli 1935
240) Der Telefunkensprecher, Nr. 7, Oktober 1936, S. 208 ff.
241) Der Telefunkenkamerad, Heft 3, Juni 1939, S. 57, 58 u. 60
242) Der Telefunkenkamerad (Hitler-Geburtstagsausgabe), Heft 2, April 1939, S. 28
243) Der Telefunkensprecher, Nr. 6, November 1938, S. 195
244) Der Telefunkenkamerad, Heft 3, Mai 1938, S. 56 ff.
245) Der Telefunkenkamerad, Heft 3, Mai 1937, S. 62
246) Der Telefunkenkamerad, Heft 1, Februar 1939, S. 3
247) Die Zeit, Hamburg, Nr. 26, 23. 6. 1978, S. 19
248) ebenda
249) Vgl. dazu ausführlich Gert Hautsch, Das Imperium AEG-Telefunken, Frankfurt/M. 1979, S. 164 - 169
250) a. a. O., S. 25 - 29
251) a. a. O., S. 33; vgl. auch Kapitel III 5)
252) a. a. O., S. 38 u. 36
253) a. a. O., S. 39
254) Der Telefunkenkamerad, Heft 6, Dezember 1939, S. 123 - 127
255) Vgl. 9) u. 10)
256) Das Gerät sollte auf der technischen Grundlage der 1938 ausgestellten Empfänger sowie später von der Fernseh-AG und der Telefunken-Gesellschaft weiterentwickelter Apparate hergestellt werden; vgl. Gerhart Goebel, a. a. O., S. 321
257) nach a. a. O., S. 383
258) nach a. a. O., S. 384
259) ebenda
260) Vgl. Gert Hautsch, a. a. O., S. 29
261) a. a. O., S. 181 f.
262) Reichsrundfunk, hrsg. v. d. Reichsrundfunk-Gesellschaft Berlin, Nr. v. 8. 6. 1941, S. 149
263) Neuer Funk-Bote, Heft 31, 28. 7. 1940, S. 12
264) Vgl. Maegerlein-Interview mit dem „erfolgreichsten Jagdflieger der Welt" auf einem Flugplatz im Osten, in Reichsrundfunk v. Oktober 1944, Abb. nach S. 146
265) Internationales Handbuch für Rundfunk und Fernsehen 1960, Hamburg 1960, S. 104 (desgleichen die weiteren Jahrgänge)
266) Nationalsozialistische Rundfunk-Korrespondenz, Folge 41, 16. 11. 1937, S. 4
267) in Dokumente zur deutschen Geschichte 1939-1942, Berlin 1977, S. 86 f.
268) Documents d'histoire vivante de l'antiquité à nos jours, Dossier 7 1917-1945, Blatt 40, Paris 1971 (von da übersetzt)
269) (übersetzt aus) Ivry - fidèle à la classe ouvrière et à la France, Paris o. J., S. 54
270) Gerhart Goebel, a. a. O., S. 380
271) in Dokumente zur deutschen Geschichte, a. a. O., S. 46
272) Gerhart Goebel, a. a. O., S. 381; vgl. auch Kapitel III Abb. 214)
273) Gerhart Goebel, a. a. O., S. 382
274) Gert Hautsch, a. a. O., S. 41
275) Gerhart Goebel, a. a. O., S. 382
276) ebenda
277) Dokumentensammlung bei Edith Zorn, Zeugnisse der illegalen Wehrmachtpropaganda deutscher Antifaschisten und der Bewegung 'Freies Deutschland' für den Westen aus den Jahren 1943 und 1944 in Frankreich, in Beiträge zur Geschichte der deutschen Arbeiterbewegung, Nr. 5/6 1963, S. 982 f.
278) Walter Bruch, Kleine Geschichte des Fernsehens, Berlin (West) 1967, S. 77
279) Faksimile in der ständigen Rundfunk- und Fernsehausstellung im Postmuseum Berlin
280) Vgl. 227)
281) Abb. aus Berlin hört und sieht, Nr. 40, 1. 10. 1939
282) Die technischen Einzelheiten dazu vgl. Gerhart Goebel, a. a. O., S. 376 - 378
283) Faksimile, a. a. O.
284) Abbildfolge aus Gerhart Goebel, a. a. O., S. 379
285) Bildlegende ebenda
286) Vgl. Kapitel III 24)
287) Mitteilung in Fernsehen und Tonfilm, Heft 6, Dezember 1939, S. 246
288) Gerhart Goebel, a. a. O., S. 384
289) Angaben a. a. O., S. 378 f.
290) a. a. O., S. 380
291) ebenda
292) Vgl. Geschichte der deutschen Arbeiterbewegung, Kapitel XI, Berlin 1968, S. 113
293) Deutsche Volkszeitung, Düsseldorf, Nr. 33, 17. 8. 1978, S. 2
294) Geheime Denkschrift Goerdelers, für die Generalität bestimmt, über die Notwendigkeit eines Staatsstreichs, vom 26. 3. 1943, in Reinhard Kühnl, Der deutsche Faschismus in Quellen und Dokumenten, Köln 1977, S. 448
295) in Dokumente zur deutschen Geschichte 1942 - 1945, Berlin 1977, S. 71
296) Wilfried G. Burchett, Der Kalte Krieg in Deutschland, Berlin 1950, S. 229 ff.
297) nach a. a. O., S. 232
298) aus Chronik des Rundfunks von 1933 bis 1945, in Beiträge zur Geschichte des Rundfunks 4/1977, Berlin, S. 62 - 91
299) errechnet nach Jürgen Spiker, Film und Kapital, Berlin (West) 1975, S. 197
300) Nationalsozialistische Rundfunk-Korrespon-

denz, Folge 21, 22. 5. 1940, S. 12 u. Die Sendung, Nr. 24, 9. 6. 1940, S. 188
301) Abb. aus Berlin hört und sieht, 21. 1. 1940
302) Abb. aus Reichsrundfunk, Heft 9/10, 20. 7. 1941
303) a. a. O., S. 174
304) Fernsehprogramm vom 31. 12. 1939 bis 22. 6. 1940: zusammengestellt aus den entsprechenden Nummern von Berlin hört und sieht/Europastunde
305) auch schon 1939 im Programm
306) Vgl. Aufstellung bei 187)
307) Deutsche Zukunft, Wochenzeitung f. Politik, Wirtschaft und Kultur, Berlin, Heft 1, 7. 1. 1940, S. 8
308) Nationalsozialistische Rundfunk-Korrespondenz, Folge 9, 28. 2. 1940, S. 4
309) ebenda S. 5
310) Nationalsozialistische Rundfunk-Korrespondenz, Folge 26, 26. 6. 1940, S. 3
311) Vgl. zu diesem für die Faschisierung der Ökonomie grundlegenden Entwicklungsprozeß Hans Mottek u. a., a. a. O., S. 276 - 325
312) Jossif Stalin, Rechenschaftsbericht an den XVII. Parteitag am 26. 1. 1934, in ders., Fragen des Leninismus, Moskau 1947, S. 520
313) Nationalsozialistische Rundfunk-Korrespondenz, Folge 21, 22. 5. 1940 S. 12
314) Nationalsozialistische Rundfunk-Korrespondenz, Folge 25, 19. 6. 1940, S. 9
315) Die Sendung, Nr. 11, 10. 3. 1940, S. 84
316) Nationalsozialistische Rundfunk-Korrespondenz, Folge 6, 7. 2. 1940, S. 4
317) ebenda
318) Nationalsozialistische Rundfunk-Korrespondenz, Folge 12, 20. 3. 1940, S. 3
319) ebenda
320) Bruno Baum, Widerstand in Auschwitz, Berlin 1957, S. 50 f.
321) Braunbuch - Kriegs- und Naziverbrecher in der Bundesrepublik, a. a. O., S. 33 f.
322) Auch 'Vertrag um Karakat' wurde 1940 wieder für das Fernsehen aufgeführt, 6., 21., 24., u. 31. 1., 15. u. 18. 2., 27. 3., 13. u. 27. 4. Im Unterschied zu 1939 ist dieses Fernsehspiel in der Programm-Aufteilung nunmehr nicht der Unterhaltungs-Propaganda, sondern der Direkt-Propaganda zugeordnet: dies zum einen infolge des realgeschichtlichen Entwicklungsprozesses der militärischen Auseinandersetzung mit einem der traditionellen Kolonialmacht-Konkurrenten (Frankreich) im Kampf um hochindustriell nutzbare Rohstoffe; dies zum anderen aufgrund der Revisionen in der Fernsehprogramm-Gesamtstruktur und des Zusammenhangs dieses Fernsehspiels mit dem damaligen Urwald- und Eismeer-Expeditionismus: vgl. 208) - 216)
323) Neuer Funk-Bote, Heft 31, 28. 7. 1940, S. 7
324) Nationalsozialistische Rundfunk-Korrespondenz, Folge 49, 3. 12. 1940, S. 3
325) Nationalsozialistische Rundfunk-Korrespondenz, Folge 45, 6. 11. 1940, S. 16
326) Folge 49, a. a. O.
327) ebenda
328) Nationalsozialistische Rundfunk-Korrespondenz, Folge 51, 17. 12. 1940, S. 6
329) Das Fernsehspiel 'Der Strom' muß wohl nach Max Halbes Drama 'Eisgang' (1891) entwickelt worden sein, das sich mit der sozialen Not der arbeitenden Landbevölkerung auseinandersetzte, dieser im sich vom Eise befreienden Strom eine diffuse befreierische Vision setzend, in die Klärendes sowie Verklärendes Aufnahme finden konnten.(Vgl. z. B. Max Halbe, in Ursula Münchow, Deutscher Naturalismus, Berlin 1968, S. 114 ff.)
330) Nationalsozialistische Rundfunk-Korrespondenz, Folge 38, 18. 9. 1940, S. 4
331) Die Sendung, Nr. 40, 29. 9. 1940, S. 386 u. Nationalsozialistische Rundfunk-Korrespondenz, Folge 38, a. a. O.
332) Vgl. Braunbuch über Reichstagsbrand und Hitlerterror, Basel 1933, Reprint Frankfurt/M. 1938, S. 222 ff.
333) Nationalsozialistische Rundfunk-Korrespondenz, Folge 2, 14. 1. 1941, S. 3
334) Neuer Funk-Bote, Heft 14, 30. 3. 1941, S. 2
335) Vgl. 65) - 76)
336) Nationalsozialistische Rundfunk-Korrespondenz, Folge 11, 18. 3. 1941, S. 1
337) ebenda
338) Abb. aus Reichsrundfunk, Heft 21/22, 11. 1. 1942
339) Abb. aus Berlin hört und sieht/Europastunde Nr. 14, 30. 3. 1941, S. 8
340) Neuer Funk-Bote, Heft 9, 23. 2. 1941, S. 7
341) Adolf Glasbrenner, ... ne scheene Jejend is det hier!, Berlin 1977, S. 59 f.
342) Nationalsozialistische Rundfunk-Korrespondenz, Folge 21, 27. 5. 1941, S. 7
343) Abb. Titelseite d. Reichsrundfunk, Nr. v. 30. 1. 1943; Unterschrift aus Adolf Hitler, Mein Kampf, a. a. O., S. 239
344) Abb. Titelseite von Franz Burchard Dörbeck, hrsg. v. Hans Ludwig, Berlin 1979; Unterschrift aus Adolf Glassbrenner, Humor im Berliner Volksleben, Berlin 1906, S. 158
345) Vgl. Nachwort in Adolf Glassbrenner, ... ne scheene Jejend is det hier!, a. a. O., S. 324 ff.
346) Faschismusdefinition durch das XIII. Plenum des EKKI vom 28. 11. bis 12. 12. 1933 in Moskau, u. a. in Studien zur Geschichte der Kommunistischen Internationale, Berlin 1974, S. 283
347) Reichsrundfunk, Heft 4, 11. 1. 1941, S. 108 u. Nationalsozialistische Rundfunk-Korrespondenz, Folge 19, 13. 5. 1941, S. 2
348) Der Zweite Weltkrieg, 2. Teil, 1940 - 1945, Miller International Schallplatten GmbH, Dokumentar-Serie 4 D 006, Plattenseite 1
349) Abb. aus Berlin hört und sieht, Nr. 22, 25. 5. 1941 (desgleichen in Neuer Funkbote, Heft 22, 25. 5. 1941 u. Nationalsozialistische Rundfunk-Korrespondenz, Folge 21, 27. 5. 1941) D. h. ab diesem Datum wird auch eine Fernsehprogramm-Rekonstruktion nahezu unmöglich.
Bildunterschrift aus Heinz Goedecke u. Wilhelm Krug, Wir bringen das Wunschkonzert für die Wehrmacht, Berlin u. Leipzig 1942, S. 147
350) abgedruckt in Reichsrundfunk, 6. 7. 1941, S. 168
351) Reichsrundfunk, 15. 2. 1942, S. 455 u. 454
352) ebenda S. 453
353) ebenda S. 456
354) Reichsrundfunk 28. 6. 1942, S. 132
355) ebenda S. 133
356) ebenda
357) Abb. a. a. O.

358) a. a. O., S. 133
359) Abb. aus Fernsehen, Heft 3/4 1955, S. 157; Unterschrift aus Neuer Funk-Bote, Heft 22, 25. 5. 1941, S. 2
360) Abb. aus Reichsrundfunk v. 21. 3. 1943, nach S. 514
361) Nationalsozialistische Rundfunk-Korrespondenz, Folge 11, 18. 3. 1941, S. 2
362) Der Deutsche Rundfunk, Heft 1, 31. 12. 1939, S. 2
363) Alfred Bauer, a. a. O., S. 520
364) Reichsrundfunk, 21. 3. 1943, S. 513 f.
365) Abb. aus Funk-Woche v. 21. 5. 1939; Unterschrift aus Heinz Goedecke u. Wilhelm Krug, a. a. O., S. 190
366) Abb. aus Das Dritte Reich - eine historische Collage, Band 1, Hamburg 1975, S. 232; Unterschrift aus Der Telefunkenkamerad, Heft 2, April 1939, S. 29
367) Fernsehauge: Wem gehört das Fernsehen? von Horst Königstein u. Wulf Klemm, NDR u. WDR, III. Fernsehprogramm (NDR, RB, SFB) am 2. 11. 1977
368) Reichsrundfunk, Januar-Heft 1944, S. 206
369) Reichsrundfunk v. 15. 2. 1942, S. 454

Kapitel V

1) Vgl. Wortlaut der Konferenz von Potsdam, in Teheran/Jalta/Potsdam - Dokumentensammlung, Moskau 1978, S. 217 - 439
2) Axel Eggebrecht in Zensur im WDR: Wahrheit oder Legende?, ARD-Fernsehausstrahlung vom 4. 12. 1977
3) Dieter Lattmann, a. a. O.
4) Vgl. Barbara Mettler, Demokratisierung und Kalter Krieg, Berlin (West) 1975, S. 73 - 86 (zur Vortragsfolge S. 75)
5) nach Hendrik Schmidt, Staatseinfluß und Gremienmacht, in Rundfunkpolitische Kontroversen, hrsg. v. Manfred Kötterheinrich u. Ulrich Neveling u. Ulrich Paetzold u. Hendrik Schmidt, Frankfurt/M. u. Köln 1976, S. 63
6 Vgl. ausführlich dazu Rolf Badstübner u. Siegfried Thomas, Restauration und Spaltung - Entstehung und Entwicklung der BRD 1945 - 1955, Köln 1975, S. 229 - 363; Lucius D. Clay: „Wir hatten zwar keine Regierung, aber doch einen Regierungsapparat." (S. 298)
7) John Gimbel, Amerikanische Besatzungspolitik in Deutschland 1945 - 1949, Frankfurt/M. 1971, S. 228; nach Barbara Mettler, a. a. O., S. 25
8) 3. Sitzung vom 9. 9. 1948, in Jürgen Schuster, Parlamentarismus in der BRD, Berlin 1976, S. 60
9) Axel Eggebrecht, a. a. O.
10) Der Spiegel, 31. 1. 1977
11) Vgl. Jens B. Brüning u. Wilfried Nax, Die verfestigte Koalition: Personalpolitik als Proporzplanung, in Rundfunkpolitische Kontroversen, a. a. O, S. 99 - 114
12) Wolfgang Kapust, Entwicklung des Rundfunks nach 1945, in Fernsehen und Hörfunk für die Demokratie, hrsg. v. Jörg Aufermann u. Wilfried Scharf u. Otto Schlie, Opladen 1979, S. 34 - 51
13) aus dem WDR-Gesetz vom 25. 5. 1954, Dokumentationsanhang in Die Verteidigung der Rundfunkfreiheit, hrsg. v. Michael Wolf Thomas, Reinbek (Hamburg) 1979, S. 160
14) Abb. aus Funk-Woche v. 21. 5. 1939
15) Abb. aus Freude und Arbeit, Heft 8 1939, S. 109 (Inserat)
16) in Rolf Badstübner u. Siegfried Thomas, a. a. O., S. 237/38
17) Allgemeine Zeitung, hrsg. v. der Amerikanischen Armee, Nr. 29, 12. 10. 1945
18) Gert Hautsch, Das Imperium AEG-Telefunken, Frankfurt/M. 1979, S. 173
19) Rolf Badstübner u. Siegfried Thomas, a. a. O., S. 390
20) Gert Hautsch, a. a. O., S. 41
21) a. a. O., S. 43
22) a. a. O., S. 45
23) a. a. O., S. 46
24) Vgl. z. B. Wilfried G. Burchett, Der Kalte Krieg in Deutschland, Berlin 1950: „Die Wohlhabenden, die ihre Kriegsgewinne und ihre auf dem Schwarzen Markt erzielten Gelder in Verbrauchsgütern investiert hatten, warfen diese nun auf den Markt und waren dadurch in der Lage, die Luxuswaren und Genußmittel, die wie durch einen Zauberschlag in den Geschäften aufgetaucht waren, offen zu kaufen... Das plötzliche Auftauchen von Nahrungs- und Genußmitteln im Überfluß, nachdem man der Bevölkerung unablässig von einer hoffnungslosen Lebensmittelknappheit gesprochen hatte, war eine der erstaunlichsten Auswirkungen der Währungsreform im Westen." (S. 64 f.)
25) Vgl. Gert Hautsch, a. a. O., S. 46/47
26) Darstellung des Konzern-Verbunds der beiden US-Finanzkapital-Monopole in Peter Bächlin, Der Film als Ware, Basel, 1945 (Diss.), S. 153
27) Gert Hautsch, a. a. O., S. 50
28) in Weissbuch über den Generalkriegsvertrag, Berlin, 5. 9. 1952, S. 35
29) Bert Brecht, Schriften zur Politik und Gesellschaft, in ders., Gesammelte Werke Band 20, Frankfurt/M. 1967, S. 302
30) Presseschau-Beispiele aus Weissbuch über den Generalkriegsvertrag, a. a. O., S. 57 - 84 (Abschnitt D, Der Verrat an der deutschen Nation)
31) a. a. O., S. 79
32) nach Peter Przybylski, Die Behandlung der Nazi- und Kriegsverbrecher auf dem Territorium der Bundesrepublik, in Deutsche Außenpolitik, Sonderheft 1, Berlin 1965, S. 187
33) Deutsche Volkszeitung, Düsseldorf, 15. 12. 1977
34) ebenda
35) Deutsche Volkszeitung, Düsseldorf, 26. 4. 1979
36) Hört, hört! 50 Jahre Deutscher Rundfunk - Eine kritische Bestandsaufnahme von Herbert Hausen, SFB, ARD-Fernsehsendung vom 28. 10. 1973
37) Abb. aus Fernsehen, Heidelberg, Heft 3/4 1955, S. 148
38) aus Werberundbrief des Verlags von Fernsehen, Gestalten - Senden - Schauen,

Illustrierte Monatshefte für Fernsehfreunde
39) Neuer Funk-Bote, Heft 5, 28. 1. 1940, S. 2 u. Neuer Funk-Bote, Heft 49, 1. 12. 1940, S. 2
40) Neuer Funk-Bote, Heft 31, 28. 7. 1940, S. 2
41) Neuer Funk-Bote, Heft 35, 25. 8. 1940, S. 2 u. Neuer Funk-Bote, Heft 37, 8. 9. 1940, S. 2
42) Neuer Funk-Bote, Heft 22, 25. 5. 1941, S. 2
43) Kurt Wagenführ, Manager und Programmgestalter, in Fernsehen, Heft 3/4 1955, S. 121 - 127
44) Hugo Murero in Fernsehen, Heft 6 1955, S. 311/12
45) Hans Jürgen Nierentz, Dunkelmänner des deutschen Fernsehens, in Fernsehen, Heft 3/4 1955, S. 128 f.
46) Internationales Handbuch für Rundfunk und Fernsehen 1958, Hamburg 1958, S. 55
47) Internationales Handbuch für Rundfunk und Fernsehen 1962, Hamburg 1962, S. C 137; Kurt Wagenführ, Was meinen Hörer und Zuschauer? - Zur Neuordnung des Rundfunks, Hamburg u. Berlin (West) 1959, S. 7
48) Internationales Handbuch für Rundfunk und Fernsehen 1964, Hamburg 1964, S. C 24
49) Deutsche Nachrichten, Hannover, Nr. 4 v. 27. 1. 1967, nach Graubuch über Expansionspolitik und Neonazismus in Westdeutschland, Berlin 1967, S. 325
50) a. a. O., S. 294
51) Vgl. Verfahren gegen die KPD vor dem Bundesverfassungsgericht, hrsg. v. Presse- und Informationsamt der Bundesregierung, Bonn, im Februar 1955, Der Bundesminister des Innern, Gerhard Schröder; Schröder-Statement in Fernsehauge: Wer kontrollliert das Fernsehen?, III. Fernsehprogramm (NDR, RB, SFB), Sendung v. 2. 11. 1977
52) Vgl. ausführlich dazu Ernst W. Fuhr, ZDF-Staatsvertrag, Mainz 1972
53) Vgl. ausführlich dazu Michael Hofmann u. Hendrik Schmidt u. Ernst Volland, Staatsvertrag und Struktur des ZDF, in Klassenmedium Fernsehen, hrsg. v. d. Arbeitsgruppe Massenmedien der NGBK, Berlin (West) 1973, S. 59 - 98
54) Karl Holzamer, Vom Alltag der Heimatfront, in Reichsrundfunk, Juli-Heft 1943, S. 66
55) Abb. aus Reichsrundfunk, Heft 13, 20. 9. 1942 (Titelseite)
56) Abb. aus Der Spiegel, Nr. 11 v. 7. 3. 1977, S. 187; Bildunterschrift ebenda
57) Der Stern, 27. 6. 1974 („König Karl vom Lerchenberg")
58) Der Deutsche Rundfunk, Heft 32, 2. 8. 1935, S. 10
59) Karl Holzamer, Heimat ohne Heim, in Reichsrundfunk, Dezember-Heft 1943, S. 176
60) Vgl. Internationales Handbuch für Rundfunk und Fernsehen 1958 ff., Hamburg 1958 ff.
61) „Ein guter Erzähler vor dem Mikrofon: Der Tiefseeforscher Hans Hass schildert einen Angriff auf den Judenfisch", in Reichsrundfunk v. 31. 5. 1942, Abb. nach S. 90
62) Karl Holzamer, Vom Alltag der Heimatfront, a. a. O., S. 67; und Karl Holzamer, Die Veranwortung des Menschen für sich und seinesgleichen, Gütersloh 1966, S. 206
63) Karl Holzamer, Vom Alltag der Heimatfront, ebenda; und Karl Holzamer, Die Verantwortung des Menschen für sich und seinesgleichen, a. a. O., S. 208
64) Zu den Rundfunkstationen seines Lebens vgl. Erich Richter, Entwicklung und Wirken des faschistischen Rundfunks, Teil III u. Teil IV, in Beiträge zur Geschichte des Rundfunks, Berlin, 2/1969 u. 3/1969, S. 14 - 21 u. 36 f.
65) Der Deutsche Rundfunk, Heft 19, 9. 5. 1937, S. 3
66) Internationales Handbuch für Rundfunk und Fernsehen 1971/72, Hamburg 1972, S. A 19 f.
67) Nationalsozialistische Rundfunk-Korrespondenz, Folge 35, 28. 8. 1940, S. 4
68) Bayerische Initiative Rundfunkfreiheit, Was ist, wem nützt, wer will Kabelfernsehen? München 1978, S. 77
69) ebenda
70) Internationales Handbuch für Rundfunk und Fernsehen 1971/72, a. a. O., S. 118 C
71) Vgl. Reichsrundfunk, Heft 14, 28. 9. 1941 ff.
72) Fernsehen, Heidelberg, Heft 1 1953, S. 165
73) a. a. O., S. 4
74) Vgl. Kapitel IV 107) u. 110)
75) Vgl. Kapitel IV 196)
76) Vgl. Kapitel IV 102)
77) Revival in RIAS I, 25. 6. 1978, 13.30 - 14.30 Uhr; aber offensichtlich auch gegen die damaligen Fernseh-Mitarbeiter Günter Neumann und Ivo Veith hatten die Nazis Bedenken anzubringen hinsichtlich einer „Wiedereröffnung der Vergnügungsstätte 'Katakombe'" am 30. 8. 1935, nachdem dieses unter Werner Finks Leitung opponierende Kabarett eingestellt werden mußte. (Vgl. Helmut Heiber, Die Katakombe wird geschlossen, München u. Bern u. Wien, 1966) D. h. vgl. auch Kapitel IV 134) u. 136)
78) Vgl. Kapitel III 433) - 435)
79) Vgl. a. a. O., 74), 79), 87)
80) a. a. O., 135)
81) a. a. O., 376), 383), 384) u. Kapitel IV 127)
82) Seit 1918 zahlreiche Stummfilm-Rollen, dann u. a. 1931 in 'Der Kongress tanzt', 1934 'Ich heirate meine Frau' oder 'Eine Frau, die weiß, was sie will', 1935 'Der höhere Befehl', 1936 'Fridericus' und 'Das Schönheitspflästerchen', 1939 'Umwege zum Glück', 1942 'Kleine Residenz', 1949 'Man spielt nicht mit der Liebe', 1950 'Das Geheimnis vom Bergsee', 1953 'Rote Rosen, rote Lippen, roter Wein', 1955 'Ich weiß, wofür ich lebe' und 'Rosen im Herbst', noch 1957 'Unter Palmen am blauen Meer' (nach Glenzdorfs Internationales Filmlexikon, Bad Münder 1960, S. 261)
83) Vgl. Kapitel IV 317) - 321)
84) Reichsrundfunk, Heft 10, Januar 1944, S. 205 f.
85) Zu diesem langjährigen Sonntagsritual vgl. Christian Deutschmann, Höfers Frühschoppen - Nationaler Mythos und Öffentlichkeitsersatz, in Klassenmedium Fernsehen, a. a. O., S. 197 - 207
86) vgl. 74)
87) vgl. 83)
88) nach Francis Courtade u. Pierre Cadars, Geschichte des Films im Dritten Reich, München 1975, S. 276 f.
89) Vgl. Kapitel III 232) - 240)
90) Fernsehen, Heidelberg, Heft 5 1955, S. 243/44
91) Vgl. Kapitel III 233) ff.
92) Vgl. 74)

93) Alfred Bauer, Deutscher Spielfilm-Almanach 1929 - 1950, Berlin (West) 1950, S. 564
94) a. a. O., S. 577
95) a. a. O., S. 340; alle Fernsehprogramm-Angaben aus Fernsehen, Heft 11 1954 - Heft 11 1955: „Was sehen wir im Dezember?" usw. Ein gelungenes Beispiel für eine Selbstveralberung des Fernsehen in der Bundesrepublik lieferte Herbert Hausen mit dem in der ARD am 28. 10. 1978 ausgestrahlten SFB-Beitrag 'Hört, hört! 50 Jahre deutscher Rundfunk', durch die darin enthaltene Asschnitt-Zusammenstellung aus Fernsehprogrammen als Potpourri (d. h. ein Topf Verfaultes)
96) Quick, Nr. 15, 5. 4. 1979
97) Fernsehwoche, Nr. 13, 31. 3. - 6. 4. 1979, S. 10
98) Internationales Handbuch für Rundfunk und Fernsehen 1958, Hamburg 1958, S. 69; dasselbe 1961, S. C 19; dasselbe 1967/68, S. C 19
99) Quick, Nr. 15, 5. 4. 1979 (Inserat)
100) Vgl. 52)
101) epd / Kirche und Rundfunk Nr. 36, 13. 5. 1978, S. 6
102) Willi Geiger, Bundesverfassungsrichter a. D.; laut epd / Kirche und Rundfunk, Nr. 38/39, 24. 5. 1978, S. 8
103) epd / Kirche und Rundfunk, Nr. 35, 10. 5. 1978, S. 3
104) Medienpolitische Forderungen der Union für die Pilotprojekte Kabelfernsehen, in epd / Kirche und Rundfunk, Nr. 9, 1. 2. 1978
105) Der Tagesspiegel, Berlin(West), 1.8.1979, S.2
106) nach Dietrich Ratzke (Hrsg.), Die Bildschirmzeitung, Berlin (West) 1977, S. 228 u. 220
107) Vgl. Michael Wolf Thomas, Privatisierung - Gescheiterte Geschichte oder Versuch mit Zukunft?, in Rundfunkpolitische Kontroversen, a. a. O., S. 342 - 356
108) Bert Brecht, Der Rundfunk als Kommunikationsapparat (1932), in derselbe, Schriften zur Literatur und Kunst I, Gesammelte Werke, Band 18, Frankfurt/M. 1967, S. 129
109) Vgl. Horst Holzer, Report: Kabelfernsehen in der BRD, Frankfurt/M. 1976, S. 35 ff.

110) Abb. (Montage v. Erwin Reiss) aus Erwin Reiss, Kabelfernsehen - ein gesellschaftlicher Fortschritt?, in Medienmagazin, Oktober 1978, hrsg. v. Friedrich Knilli, Institut für Medienwissenschaft und Literatursoziologie, Technische Universität Berlin (West); Bildunterschrift vgl. Interdisziplinäre Arbeitsgruppe Kabelkommunikation, Bericht v. Juli 1978, i. A. der Heinrich Hertz-Institut-GmbH, Berlin (West), S. 7
111) Abb. aus Der Tagesspiegel, berlin (West), zum 50jährigen Bestehen dieses Institus für Nachrichtentechnik am 18. 5. 1978; Kabelfernsehwohnzimmer-Vorschlag durch die Heinrich Hertz-Institut-GmbH, Berlin (West); auch die zur Rundfunkausstellung vom 24. 8. bis 2. 9. 1979 IKEA-sommerlich aufgeheiterte „Jetzt bringen wir Sie aus dem Häuschen"-Garnitur vermag daran kaum grundsätzlich etwas zu ändern.
112) Interview in Echo am Morgen, SFB-Hörfunk, 4. 8. 1979
113) Vgl. 33) - 35)
114) Programmankündigung in Fernsehen, Heft 10 1955, Erstsendung 18. 3. 1955, Wiederausstrahlung 15. 7. 1978, III. Fernsehprogramm (NDR, RB, SFB)
115) Umso denkwürdiger, wenn just im noch öffentlich-rechtlichen Fernsehen mit der CDUralten Konkurrenzbelebungs-Devise gegen dieses Organisationsprinzip reklamiert wird, wie in der ARD-Sendung 'Report' vom 21. 8. 1979, zwischen Emil-Geblödel, US-Krimi und Unterhaltungs-Show
116) nicht definitiver Arbeitstitel
117) Vgl. Kapitel IV 341) - 346)
118) Egon Bahr, in epd / Kirche und Rundfunk, Nr. 40, 31. 5. 1978, S. 5; vgl. auch die Erklärung der SPD-Fraktionsvorsitzenden zur Rundfunkpolitik als einstimmiger Beschluß vom 29./30. 6. 1979: „Die sozialdemokratischen Fraktionsvorsitzenden... lehnen daher jede Privatisierung und Kommerzialisierung ab.", in HFF - Hörfunk, Fernsehen, Film, Zeitschrift der RFFU in der GK im DGB, Nr. 8 1979, S. 12
119) Der DGB und die Rundfunkfreiheit, Referat von Heinz O. Vetter, in epd / Kirche und Rundfunk, Nr. 31, 22. 4. 1978, S. 7
120) Bert Brecht, a. a. O., S. 133
121) Abb. aus Gerhart Goebel, Das Fernsehen in Deutschland bis zum Jahre 1945, in Archiv für das Post- und Fernmeldewesen, hrsg. i. Auftrag des Bundesministers für das Post- und Fernmeldewesen, Frankfurt/M., Nr. 5, August 1953, S. 335
122) Ecke Kant- und Hardenbergstraße Berlin (West) 1979
123) aus Joachim Seyppel, Als der Führer den Krieg gewann, Berlin u. Weimar 1965, S. 95 - 97

Nachbemerkung

Die hiermit vorliegende Publikation ist aus einer vom Autor am Institut für Medienwissenschaft und Literatursoziologie der Technischen Universität Berlin (West) eingereichten Dissertationsarbeit hervorgegangen.